民法講義 I
民法総論

藤岡康宏

信山社

民法は社会の基本法として，「人の法」と「財産の法」からなるが，民法の目的は両者あいまって社会の基本的な仕組みをつくり，人格の自由な発展の礎をきずくことにある．民法の長い歴史の中で，さらなる第一歩はどのようなものであるべきか．民法の役割について考える共通の場として送り出されるものが，『民法講義』である．

《民法講義の構成》

民法講義Ⅰ　民法総論　【既刊】
民法講義Ⅱ　物権法
民法講義Ⅲ　債権総論
民法講義Ⅳ　契約法
民法講義Ⅴ　不法行為法　【既刊】
民法講義Ⅵ　親族・相続法【続刊】

はしがき

本書は民法のテキストとして，第1部で民法総論を，第2部では民法の第1編総則を取り上げる．「民法総則」のテキストとしては，総則に入る前に民法総論の基本問題について考える場を設け，全体を2部構成としたものである．民法講義シリーズとしては「不法行為法」(2013) につづく2冊目にあたる．

第1部のタイトルを「基本法としての民法」としたのは民法が転換期にあるため，基本法であるためにはいかなる民法であるべきか，民法のこれまでを振り返り，これからを展望する必要があるからである．あらたな民法を興すときでもある．

第1部であつかうのは，「基本法としての民法」のあり方である．ここでは民法の基本的な仕組みの内容と，運用のあり方を取り上げる．民法は社会の基本法として，社会の仕組みをつくり，権利と義務の関係をあつかう法である．

民法は「財産法」と「家族法」にわかれる．これが一般的な理解である．財産法とは財産（権）をまもるための法的仕組みのことである．しかし，人をまもるための仕組みはまだできあがっていない．財産法を支えるのも人であるから，人をまもるための仕組みをつくることは財産法の発展にもつながるはずである．

民法のさらなる発展のためには「人」の問題を表舞台に出す必要があるのではないか．本書はこのような問題意識から，「人の法」と「財産の法」の2つを柱とする民法の仕組みを取り上げる．民法は両者を中心として，相互に影響し合うことにより発展する．これは民法の役割にもとづく民法のあらたな仕組みである（実質的意義の民法）．これによると，民法を一体的に把握する道がひらかれ，民法の礎が定められることになるのではないか．本書はそのためのテキストとしてまとめられたものである．「人の法」を可能にしたものは，わが国における，人格権法（不法行為法）の発展である．民法の制定当時には想定できなかったことであるが，人格権に正当な地位をあたえることは民法にとって懸案の課題でもあった．

民法のあらたな仕組みはどのようにして運用されるべきであるのか．これについて本書が取り上げるのは3つの課題である．

第1は，「市民の法」としての民法という視点である．「市民の法」であるためには，そのときどきの市民社会が抱える問題と向き合い，その解決に取り組まなければならない．社会の中の民法，社会の変容に対応できる民法であることの課題である．

第2は，「法の国際化」の視点である．グローバル化に対応できる民法であるためには，民法の国際的な立ち位置を確立する必要がある．このことは民法のさらなる発展につながるものである．本書はこの課題を「法の国際化」の問題としてあつかう．

第3は，「基本法としての民法」を実現するための具体的な方法である．民法の継続的な発展のためになすべきことは「何か」である．「民法の適用」のあり方が問われるが，「民法の改正」が必要となる場合もある．「法の適用」と「法の改正」の関係も，取り上げておくべきことである．

法の適用は，法的思考のあり方が問われる実践の場である．法的思考とは具体的問題を解決するための法的判断のあり方である．本書はこの問題を民法の継続的発展との関係で取り上げ，法的判断の階層的装置（法的判断の三層構造）を提案する．これは具体的問題を解決するための法的装置であるが，民法の学び方の問題でもある．

第2部では，「民法総則」を対象とする．第1部と連動させつつ，「基本法としての民法」における「民法総則」の仕組みと役割を取り上げる．

内容的には，まず，「法の適用」に関する民法の基本原則（一般条項）と，民法の基本的な概念，基本的な制度の運用のあり方を取り上げる．

民法の基本原則は，民法の基本的な仕組みのあり方と，具体的なルールの適用のあり方に分かれる．民法の継続的発展のためにできることは「何か」を考えるとき，「法の適用」のあり方に関する基本原則はしっかりと受けとめておくべきことである．

民法の基本原則は，「基本法としての民法」（第1部）と民法の具体的な仕組み・規定（第2部）との間の橋渡しが行われる場所である．基本原則の適用にあたっては，「人の法」と「財産の法」の視点が求められるのはそのためである．

民法の個別的な制度については（本書の第2章から第9章までの8章），いかなる問題を解決するルールであるのか．①制度趣旨，②判例と学説の到達点，③さらなる発展のためになされるべきこと，を取り上げる．ここでの課題は，ルールを適用して具体的な問題を解決するとはいかなる作業であるのかを明らかにすることにある．

第1部で獲得された課題にもとづき，民法総則の役割をさだめることを基本方針とした．

本書は「民法総則」のテキストとしてはいままでのものとは構想が異なるため，「本書の使い方」（民法の学び方）について述べることをおゆるしいただきたい．民法の学び方に決まりがあるわけではないが，民法は対象範囲が広いために民法の全体を見わたす場所が必要である．基本方針を立てて船出する場所でもあり，戻る場所でもある．その繰り返しが民法を近しい存在にし，社会を動かす力にもなる．そのための場所として用意されたのが本書にいう『民法総論』（「基本法としての民法」）である．

第1部の主題は，民法の基本構想とその実現のあり方にある．第1部から読むことを前提として構想されたテキストではあるが，第2部から入る場合は，適宜第1部を参照されることをおすすめしたい．いま自分が直面している問題はいかなる性質のものであるのか，全体との関連をぬきにしては解決策が見つけられない場合があるからである．

本書の基本構想は，私自身が法学部，ロースクールおよび大学院において教育経験を重ねる中で培われたものである．民法の学び方については，重点の置き方に違いはあるものの，どの箇所であれ，本質的な違いがあるわけではない．この点は初学者にもあてはまる．それぞれの目的に応じて民法の理解を深めることに尽きる．

民法の発展をになうのは法律家にかぎられるわけではない．一人ひとりの市民に支えられなければ民法の発展（すなわち社会の発展）はありえない．その意味で本書は民法のテキストであると同時に法実践の書でもある．

本書をまとめるにあたっては，根本尚徳准教授（北海道大学），小野田充宏弁護士（札幌弁護士会）および谷本陽一准教授（北海学園大学）には，お忙しい中，テキストのあり方について，それぞれのお立場から数々の助言をいただいた．

『不法行為法』に引きつづき，信山社にはたいへんお世話になった．とくに稲葉文子氏には，本書をまとめるにあたり細心の注意をはらっていただいた．

3先生および信山社の方々には厚くお礼を申し上げたい．

2014年12月15日　校正の終わる日

本郷の事務所にて　藤岡　康宏

目　次

第2部　民法の仕組み【総則編】

文献案内

本書の第1部（民法総論）については「基本法としての民法」について，主として参照したものを取り上げる．第2部（民法総則）については基本書は数多い．以下にあげるのは，民法総則の現状と課題を把握するために参照した基本書である．順序は逆になるが，テキストとしての性格上，はじめに民法総則の基本書（Ⅰ），次に，民法総則と民法総論の架け橋になる書物（Ⅱ），さらに，（本書にいう）民法総論（「基本法としての民法」）に関連のある文献を紹介する（ⅢからⅤ）．

（太字部分は引用略語）

Ⅰ　「民法総則」の基本書（五十音順）

幾代通『民法総則』（青林書院，初版 1972，第 2 版 1984）
石田喜久夫**編**『現代民法講義 1　民法総則』（法律文化社，1985）
石田喜久夫『口述民法総則』（成文堂，初版 1986，第 2 版 1998）
石田穣『民法総則』（悠々社，1992）
内田貴『民法Ⅰ（総則・物権総論（第 4 版））』（東京大学出版会，2008）
近江幸治『民法講義Ⅰ　民法総則』（成文堂，初版 1991，第 6 版補訂 2012）
大村敦志『基本民法Ⅰ　総則・物権総論』（有斐閣，初版 2001，第 3 版 2007）
加藤雅信『新民法大系 1　民法総則』（有斐閣，初版 2002，第 2 版 2005）
川井健『民法概論 1　民法総則』（有斐閣，初版 1995，第 4 版 2008）
河上正二『民法総則講義』（日本評論社，2007）
川島武宜『民法総則』（有斐閣，1965）
北川善太郎『民法講要Ⅰ　民法総則』（有斐閣，初版 1993，第 2 版 2001）
佐久間毅『民法の基礎 1　総則』（有斐閣，初版 2003，第 3 版 2008）
潮見佳男『民法総則講義』（有斐閣，2005）
四宮和夫=**能見**善久『民法総則』（弘文堂，第 8 版 2010）
鈴木禄弥『民法総則講義』（創文社，初版 1984，2 訂版 2003）
須永　醇『新訂民法総則要論』（勁草書房，初版 1988，第 2 版 2005）
田山輝明『民法総則』（成文堂，初版 2007，第 4 版 2010）
平野裕之『民法総則』（日本評論社，初版 2003，第 3 版 2011）
舟橋諄一『民法総則』（弘文堂，初版 1954，改訂版 1960）
山本敬三『民法講義 1　総則』（有斐閣，初版 2000，第 3 版 2011）
米倉明『民法講義総則（1）』（有斐閣，1995）

II　民法総論につながる基本書

（基本書）

梅謙次郎『訂正・増補・民法**要義**巻之一総則編』（有斐閣・復刻版，2001）

我妻栄『新訂民法総則』（岩波書店，1965）

四宮和夫『民法総則』（弘文堂，初版 1972）

星野英一『民法概論Ⅰ』（良書普及会，初版 1971，改訂版 1983）

川島武宜『**民法Ⅰ**総論・物権』（有斐閣，1960）

於保不二雄『民法総則講義』（有信堂，1951）（復刊，新青出版，1996）

（研究書）

石田穣『民法総則民法大系（1）』（信山社，2014 年）

Ⅲ　「基本法としての民法」のあり方

星野英一『民法のすすめ』（岩波新書，1998）

民法の意義と役割．民法が社会のあり方について考える基本法であることが分かる．

広中俊雄『民法綱要（第一巻総論上）』（創文社，1989）（**広中**として引用）

広中俊雄『新版民法綱要（第一巻総論）』（創文社，2006）（**広中・新版**として引用）

「人の法」と「財産の法」の起点となる考え方は本書で提示されたものである．

吉田克己『現代市民社会と民法学』（日本評論社，1999）（**吉田**・○○頁として引用）

社会の変容と民法の発展をまなぶために．

大村敦志『民法**読解**総則編』（有斐閣，2009）

民法の立ち位置を確立するために．

大村敦志『民法総論』（岩波書店，2001）

民法総論の必要性と課題がわかる．民法（学）の導きの書．

Ⅳ　法学としての民法のあり方

五十嵐清『法学入門』（悠々社，第 3 版 2005（初版，一粒社，1979））

法学としての民法とは．民法の道案内をつとめるテキスト．

笹倉秀夫『法学講義』（東京大学出版会，2014）

法学の学び方についての基本書．

亀本洋『法哲学』（成文堂，2011）

民法が基礎法に支えられるものであることが分かる．

木庭　顕『ローマ法案内：現代の法律家のために』（羽鳥書店，2010）

法学としての民法のはじまりを理解するために．

山畠正男ほか『法のことわざと民法』（北海道大学図書刊行会［現，北海道大学出版

会］，1985）

日常生活の中で民法的なものの考え方に気づかされることがある．民法のはじまりにして到達点．

Ⅴ　本書につながる著者による文献として以下の３点がある．

① **藤岡**康宏『損害賠償法の**構造**』（成文堂，2002）

本書は，わが国における人格権法の発展およびその理論的位置づけを中心に，不法行為法の基礎理論および「不法行為法」と「民法」の関係について論じたもの．民法総論の起点として構想したものである．

② **藤岡**康宏『法の**国際化**と民法』（信山社，2012）

世界の中の日本の民法．民法の継続的発展と法的思考のあり方についてまとめたもの．

③ **藤岡**康宏『民法**講義Ⅴ**　不法行為法』（信山社，2013）

本書に先行する民法のテキスト．不法行為法は権利が侵害された場合の救済規範であるため（権利保護の法），民法総論とつながりがある（不法行為法の現代化を図るテキスト）．

Ⅵ　その他，学修用参考文献（民法総則）

『民法判例百選Ⅰ　総則・物権〔第６版〕』中田裕康＝潮見佳男＝道垣内弘人編（有斐閣，2009年），『百選Ⅰ』として引用．

『民法判例百選Ⅱ　債権〔第６版〕』中田裕康＝潮見佳男＝道垣内弘人編（有斐閣，2009年）

『判例プラクティス民法Ⅰ　総則・物権』松本恒雄＝潮見佳男編（信山社，2010年）

『判例プラクティス民法Ⅱ　債権』松本恒雄＝潮見佳男編（信山社，2010年）

『判例プラクティス民法Ⅲ　親族・相続』松本恒雄＝潮見佳男編（信山社，2010年）

『民法の争点』内田貴＝大村敦志編（有斐閣，2007年）

『民法講座（１）民法総則』星野英一編集代表（有斐閣，1984年）

『民法典の百年　第１巻　全般的観察』広中俊雄＝星野英一編（有斐閣，1998年）

『民法典の百年　第２巻　個別的観察』広中俊雄＝星野英一編（有斐閣，1998年）

Ⅶ　法令等の表記

〈法　令〉 民法については条数のみを掲げた．他の（　）内の法令については『六法全書』（有斐閣）の略記に拠った．

〈判　例〉

最(大)判	最高裁判所大法廷判決	地判	地方裁判所判決
最判(決)	最高裁判所判決(決定)	民録	大審院民事判決録
大判(決)	大審院判決(決定)	民集	大審院・最高裁判所民事判例集
大連判	大審院連合部判決	集民	最高裁判所裁判集民事
高判	高等裁判所判決	新聞	法律新聞

＊なお，カタカナ書きの資料（例，大審院判決）はひらがなに改めた．

〈雑　誌〉

判時	判例時報	論叢	法学論叢
判タ	判例タイムズ	ジュリ	ジュリスト
早法	早稲田法学	法時	法律時報
法協	法学協会雑誌	民商	民商法雑誌
北法	北大法学論集		

民法講義 I

民 法 総 論

第1部
民 法 総 論

第1章　基本法としての民法

第1節　民法の意義

民法は，憲法や刑法と同様に，無数に存在するさまざまな法制度の基礎となる法である．憲法が国家の基本法であるとすると，民法は社会の仕組みと「人」の権利に関する基本法であるということができよう．すなわち，社会の基本的仕組みは，民法によってつくられるともいえる．

社会あるところ法あり，といわれるが，民法の歴史は，2000 年以上も前のローマ法にさかのぼる(1)．また，われわれのもつ民法典は，市民社会の基本法典として，1898(明治 31)年に施行されたものである．では，日本の民法は，社会のあるべき姿についてどのような構想を有しているか．その一端は，民法典の編成方式からもうかがうことができる．まず，この問題から民法の世界に入ることにしよう．

すなわち，現行民法は，旧民法を修正して制定された民法典である(2)．その際に，旧民法のフランス式(3)が改められ（起草者はボアソナード）(4)，ドイツ式の新たな編成方式が採用された（起草者は日本人）．この方式はパンデクテン・システムとよばれる．フランス式およびドイツ式のいずれもローマ法に由来するものであることが重要である．民法は歴史の中で継続的な発展をしてきたことを物語ってあまりある，といえよう．

---

(1)　民法の淵源を訪ねるには，河上正二『歴史の中の民法』（日本評論社，2001），法学の普遍的性格（法的思考のあり方）を「尋ねる」契機となるものに，木庭顕『ローマ法案内：現代の法律家のために』（羽鳥書店，2010）がある．

(2)　旧民法の施行延期派と断行派をめぐる興味深いエピソードについては，岡孝「拓川・梅謙次郎と星野通 ── 星野通編著『民法典論争資料集』の現代的意義」（松山大学）地域研究ジャーナル 23 号 47 頁以下（2013）．基礎資料として，星野通編『民法典論争資料集』（日本評論社，1969［復刻増補版（21013 年 3 月）］）がある．

(3)　インスティテューティオーネン・システムという．

(4)　民法がある程度進んだ段階では，池田真朗『ボワソナードとその民法』（慶應義塾大学出版会，2011）が興味ぶかい．

第2節　民法の仕組み

1　民法典の編成

民法典の目次を見ると，民法は以下の5編から成り立つことがわかる．

第1編　総則 ── 【総則編】
第2編　物権 ── 【物権編】┐財産法
第3編　債権 ── 【債権編】┘
第4編　親族 ── 【親族編】┐家族法
第5編　相続 ── 【相続編】┘

以上のうち，物権編と債権編は一般に「財産法」，親族編と相続編は「家族法」と呼ばれる．総則編は，権利の主体としての「人」に関するルールのほか（法律関係の当事者としての「人」），第2編以下に共通するルールがより一般的な形でまとめられた箇所である．パンデクテン・システムの特徴の1つは，総則編にあるとされる．その理由は総則編によって統一的な体系が確立されると考えられたことにある．

2　財産法の仕組みと家族法

(1)　ところで，物権とは，例えば所有権のように，物に対する排他的支配をその本質とする権利である．

これに対して，債権とはどのような権利のことなのか．金銭債権ということばにはなじみがあるが，債権が何を意味するかは，ただちには分かりづらい．民法典制定当時，債権の概念に違和感があったとされるのもうなずけるところである．

債権とは，ある者（債務者）に対して，ある特定の行為を請求する権利である．物権が「物」に対する権利であるのに対し，債権は，債務者＝「人」に対する権利である．このような「人」に対する権利＝債権に関するルールが「財産法」に分類されるのは，「人」の行為によってもたらされた「結果」が，財産に関連するものであることによる．

債権の発生原因のうち特に重要なものは，契約と不法行為である．ここでは，契約を例に取り上げてみよう．たとえば，ある不動産の売買契約が成立すると，売主には買主に対する代金支払請求権が発生する．同時に，買主には目的物の引渡請求権（および所有権移転登記手続請求権）が与えられる(5)．

このように，契約が成立した場合，契約の当事者には債権が発生するが，同じく法典国であるヨーロッパにおいては，債権法のことを「債務法」とよぶならわしがある．債務とは債権に対応する義務のことであるが，契約に関するルールを債務（者）の観点からとらえると，契約の効力に対する考え方も「債権法」における考え方から変わる可能性がある．

古来，「契約は守られなければならない」との法格言がある[(6)]．契約を守らなければならないことは，債権者も，債務者も同じであるが，債務者の側から見ると，これは，「約束したものはきちんと履行しなければならない」ということを意味する．わが国の民法典が債権法と位置づけられたことからは，民法が権利本位の考え方にもとづいて組み立てられていることが分かる．

⑵　編成方式に関する日本民法のもう1つの特徴として注目されるべきは，権利主体としての「人」に関する規定が総則編に置かれ，「家族法」から切り離されていることである．通常，人には必ず家族がある．人は家族の中から生まれる[(7)]．このように考えるならば，「人」と「家族」について，1つのまとまった形で規律することも民法の編成方式として十分にありうるところである（実際に，フランス民法は，そのような方法を採用している）．このことは，特に親族法によくあてはまる（相続法には財産法に類似する側面がある）．

しかし，日本民法の構成は，そのようにはなっていない．親族関係に関するルールを総則編から切り離すと，親族関係が個人ではなく家族制（「家」制度）によって規律されることが明確になることが主たる理由とされる[(8)]．民法典制定当時のこととはいえ，時代の隔たりを感じざるをえないが[(9)]，このような構

⑸　債権は「人」に対する権利であるが，権利の実現という観点からみると，他人の行為をまってはじめて権利内容を実現できる権利であり，そのような性質をもつ権利を請求権とよぶ．債権は請求権として相手方に対してさまざまの権利を請求できる権利である．

⑹　山畠正男・福永有利・小川浩三『法のことわざと民法』（北海道大学図書刊行会〔現，北海道大学出版会〕，1985）43頁以下．

⑺　「あらゆる社会の中でもっとも古く，まただ一つ自然なものは家族という社会である．」（最初の社会について）とのことばが想起される．ルソー『社会契約論』（岩波書店，1954（2013））16頁．

⑻　利谷信義「日本法社会学の歴史的背景（戦前の『法社会学』）」川島武宜編『法社会学講座2』（岩波書店，1972）192頁．

⑼　現行民法は，明治時代に制定されたため，明治民法とよばれることがある．

成には，理論的には問題があったともいわれる．つまり，このような位置づけは便宜によるものとされるのである[10]．

3　権利主体としての「人」

(i)　さらに，民法という法の本質に直結する問題として，権利主体としての「人」の地位をどのような形で（いかなる権利として）法的に把握し，民法の基本的枠組みを支える柱として確立すべきであるかという問題がある．これは，民法の民法たるゆえんに関わる核心的問題である．すなわち，民法ではひとは「ひと」それ自体としてあつかわれるのではなく，権利義務の主体として登場する（民法ではこの意味の「ひと」は「人」として表記される）．権利義務の主体（法律関係の当事者）としての「人」である．しかし，問題をこのように限定することが民法の発展にかなうことになるのかどうか．改めて問われるべき問題である．

(ii)　現行の総則編には，「人」の能力に関する規定は存在するものの，「人」の地位そのものに関する基本的なルールは見あたらない．たとえば，「人」が第三者の行為によって不利益を被った場合，どのような利益までが法的保護の対象とされるべきか．これは「人」の存在に関わる問題であるが，この点を明らかにするためには，それを「人」の地位に関する権利の問題としてとらえることが必要ではないか．

このような問題意識からすれば，1986(昭 61)年に最高裁大法廷判決によって，いわゆる人格権がわが国で初めて法認されたことは（最(大)判昭 61 年 6 月 11 日民集 40 巻 4 号 872 頁［北方ジャーナル事件］），まさしく画期的なできごとであった．

(iii)　では，人格権という権利は，どのような法律構成にもとづき，いかなる役割をになうべきであるか．本書では，この問題を財産法と家族法に共通する問題として，また先にも述べたとおり，民法という法の核心に触れる問題としてとらえ，さまざまな角度から分析していきたい．もし人格権に，物権や債権と同じような民法（体系）の構成要素としての位置づけがあたえられるとすると，そのことを契機として，現行民法第 1 編 総則を「人の法」として再編成する道が開かれる．「人」と「家族」（「人」と「人」との人格的関係）に関する

(10)　梅謙次郎『民法原理総則編』（信山社，1992）34 頁．なお，民法典の構想については，藤岡康宏「民法典施行以後の民法の歴史」法学教室 181 号 21 頁以下（1995）をも参照．

ルールを1つの編にまとめるという構想が選択肢の1つとなりうるのは，この段階においてのことである(11)．

第3節　社会の変容と民法

1　総　　説

次に，民法の役割（の変遷）を社会の変容という視点から眺めてみよう．社会の変容は，民法が果たすべき役割（その点に関する基本モデル）に転換を迫ることになるが，その主要な要因としては，市場の拡大にともなう経済システムの変容と，「人」の地位に関する権利，すなわち人格権という権利の確立をあげることができる．

2　「商品交換の法」としての民法

民法は「商品交換の法」であるとの考え方が，かつては有力であった．これによれば，「人」は財産（財貨）を所有し，他人との交換により社会生活を行い経済活動を営む．したがって，財貨の帰属を保障し（所有権の役割［所有権の絶対性］），財貨の移転を可能とする仕組みを作り出すこと（契約制度の確立［契約自由の原則］）が民法の課題であるとされる．

このような「商品交換の法」としての民法という理解は，物権と債権を編別の2つの柱とする日本民法の姿にも即したものであった．言い換えるならば，この基本モデルにおいては，物権と債権とが，まさしく「財産法」の柱，すなわち民法の構成原理ともよぶべき権利として位置づけられている(12)．

---

(11)　このように「人」に関するルールの次に「家族」に関するルールを配置することには実質的な理由を認めることができるが，家族をめぐる紛争については，調停による解決（家事調停）が整備されており，財産法とは異なる側面のあることにも注意しておきたい．「家族」の配置については，さまざまな視点から考える必要がある．これは民法の仕組みの構築に関する問題である．

(12)　川島に代表される考え方．「商品交換の法」については，川島武宜『民法Ⅰ総論・物権』（有斐閣，1960）2頁，4頁参照．法規範構造の構成要素として，①私的所有，②契約，③法的主体性があげられている．③は「資本制社会における独立自由な法的人格の普遍性」のことであるが，ここでの課題は取引主体としての普遍性の確立にある（取引の主体としては平等であること）．しかし，「人」が「人」として生活し，活動するためには，「人」の法的地位が実質的にまもられる必要がある．この問題にこたえるためには，「商品交換の法」とは異なる仕組みを考える必要がある．「商品交換の法」が民法の近代化のシステムであるとすると，これからは民法の現代化を図ることが課題となる．これは「基本法としての民法」をいかに構築するかの問題である．

3　基本モデルの転換（民法の現代化）

しかし，社会の発展にともない，このモデルは，２つの点において（根本的な）修正を余儀なくされた．

⑴　**「商品交換の法」と「財産の法」**

１つは，経済システムの変容に合わせて，「商品交換の法」に市場の問題を取り込むことである[13]．ここでは企業の役割が重要になるとともに，公正な取引（競争）が行われる場の確立が求められる．これらは従来の考え方が主に想定していた「人」と「人」との間における（１回的）取引という基本モデルでは十分に対応できない問題である．

近時の消費者法（学）の隆盛はこの点に関係がある．消費者契約では，消費者と企業が取引主体として対置するため，従来の基本モデルでは十分に対応することができない．消費者の利益をまもるための法的措置を講じることが必要である．

以上は，「商品交換の法」モデルの変容としてとらえることもできるが，民法の構成との関連でいえば，「財産の法」の発展形態として把握することもできよう．つまり，「財産の法」は市場の問題を含め，動的側面からもアプローチされる必要がある．これは「家族法」と対置される従来の「財産法」では意識されていなかった問題である．

⑵　**人格的利益の保護**

もう１つは，取引主体としての人というとらえ方によってはそもそも把握することさえ困難な「人」の人格的利益に関する問題（そのような利益の保護）が社会においてますます重要なものになったことである．これは，「商品交換の法」という基本モデルでは，想定さえされていなかった問題（いわゆる「人の法」に関する問題）であるということができよう．

しかし，人格的主体としての「人」こそ，民法のもっとも重要な構成要素であるから（「市民社会の法」としての民法［市民のための民法］），この問題を抜きにして民法の役割を考えることはもはや許されない[14]．すなわち，「財産の法」としての役割と，「人の法」としての役割をともに引き受け，両者の協力関係

⒀　ここでいう経済システムは，貨幣を媒介として商品交換が行われる場の意味でもちいる．「場」が問題とされることにより，経済社会の仕組みを動的に把握することができる．経済システムについては，吉田克己『現代市民社会と民法学』（日本評論社，1999）148 頁，149 頁，206 頁，234 頁など参照．

⒁　詳しくは，藤岡・講義Ⅴ 196 頁以下．

を築くことこそ，民法に課されたあらたな役割であると考えられる．

4　社会の変容に対応する視点

では，以上に述べたような社会の変容に対して，民法はどのように対応すべきか．これに関するさまざまな対応策を考えることが可能である．本書（民法総論）はこの問題に関する検討を1つの軸として構成されるものであるが，ここではさしあたり，2つの分析の視点をあげておきたい．

第1は，民法が規律対象とすべき領域を，財貨秩序と人格秩序の2つに大きくわけ，これらを基本的秩序（根幹秩序）として，それぞれの外側にさらにもう1つの「あらたな秩序」を想定する考え方である[15]．

財貨秩序とは，財貨の帰属（所有権）と財貨の移転（契約）にかかわる秩序であるが（これまで「財産法」が規律対象としてきた領域がこれにあたる），この考え方の特徴は，人格秩序が財貨秩序と対等なものとして認められていることである[16]．

第2の視点は，法の階層的構造における憲法と民法の関係に注目することである．

これは，民法が私法の一般法といわれていることの意味に関わる．私法の一般法である以上，社会の基本的仕組みは民法によって規定される．

しかし，一般法であるならば，憲法や行政法など，公法との関係が重要となる[17]．特に，憲法は国の基本法（最高規範）であるから，民法の具体的問題の解決にあたって憲法が民法の規範に対しどのような効力を及ぼしうるのか，私的自治の原則（契約自由の原則）および基本権の価値実現のあり方をめぐって，憲法と民法の関係が問われることとなる[18]．

第2章では，社会の変容に対応しうる民法の仕組みについて，より具体的に検討しよう．

⒂　外側の秩序は「外郭秩序」とよばれる．財貨秩序には競争秩序（競争法），人格秩序には生活利益秩序（環境法）が対応する．

⒃　広中・新版3頁，13頁による．

⒄　公法の側からの文献として，塩野宏『公法と私法』（有斐閣，1989）など．

⒅　この問題については，山本敬三「現代におけるリベラリズムと私的自治 ── 私法関係における憲法原理の衝突（一）（二）・完」法学論叢133巻4号1頁，5号1頁（1993）をはじめとする一連の研究がある．この構想の民法上の位置づけについては，藤岡康宏『損害賠償法の構造』（成文堂，2002）15頁以下参照．より詳しくは，吉田克己「憲法と民法」同『市場・人格と民法学』（北海道大学出版会，2012）47頁以下がある．なお，基本権保護義務と不法行為法との関係については，藤岡・講義Ⅴ 38〜39頁，95頁など．

第２章　民法の基本的仕組みの法構造

第１節　総　　説

１　私法の一般法としての民法

民法は，社会の基本法として私人間の関係を規律する法である．私人間の関係を規律する法のことを，一般に私法とよぶ．その私法の一般法に当るのが民法である．民法が私法の一般法であるということは，すなわち，私人間の法律関係に関する基本的仕組みが民法によって形づくられていることを意味する．

２　民法典の編成方式に関する２つの考え方

民法典の編成方式には大きく分けて２つの立場，すなわちパンデクテン・システム（ドイツ式）とインスティテューティオーネン・システム（フランス式，日本の旧民法はこちらに則っていた）とがあるところ，現行民法で採用されているのは，前者のパンデクテン・システムである．この編成方式の特徴は，第１編に総則編が置かれていることと，民法の仕組みが権利と義務の体系として構築されていることにある．

民法の編成方式がどちらであれ，私人間に生じる法的紛争は，民法が定めるルールにもとづいて解決される．その意味で，民法は裁判規範に他ならない[(1)(2)]．

３　民法の法発展

ところで，日本民法典の特徴の１つとして，その条文数の少ないことが指摘される（日本民法典が範としたドイツ民法典やフランス民法典のほぼ半分しかない）．

---

(1)　なお，パンデクテン・システムは歴史的には法学教育のモデルとして生み出されたものであった．このことは，民法の理解を深めるうえで（さらには法的思考とは何かを考えるために），記憶にとどめておくべきことがらである．パンデクテン・システムが，法学教育を円滑に行うために案出されたものであることを指摘した文献として，水津太郎「ヨハン・アーペルの法理論 ── 物権債権峻別論の起源」法学研究 82 巻１号 385 頁（2009）参照．

(2)　民法の学び方については，第１部第３章第６節のほか，藤岡・講義Ｖ 57 頁以下参照．

現行民法はわが国の近代化のため（民法典の制定は国家的事業であった），急いでつくられる必要のあったことがその一因であるが，条文が少なかったために，多くの問題の解決が判例・学説の手にゆだねられることとなった．

わが国には，①民法典にもとづく民法と，②判例・学説による「もうひとつの民法」がある，といわれるのは(3)，この間の事情を評する考え方の１つである．「ひとつの民法」であるべきなのか，「ふたつの民法」がより発展的であるのか．どのような民法の形態が，（今後の）日本における法発展にとって適合的であるのか．これは，わが国が経験した「法の継受」と「法の協働」にもとづく法発展（「法の創造」）の到達点をどこにもとめるかという問題である．言い換えるならば，この到達点をひとつの民法典にまとめあげるのがよいのか（この場合にはそれに向けた民法改正が必要となる），それとも，これからも判例・学説による法発展にゆだねることが社会の変動によりよく対応できるのか，この点をめぐる選択の問題でもある(4)．

4　民法における「権利」の意義と，民法上の法律関係の形成のあり方

民法上の法律関係は，権利と義務の関係に還元できる．

本章では，大きく２つの問題，すなわち，民法において「権利」にはどのような役割が与えられているのかという問題と，民法における法律関係（権利義務の関係）の形成のあり方の問題を取り上げ，あらたな民法の基本的仕組みについて考察する．

前者の問題については，民法典が語るところのない，権利義務の主体たる「人」の地位に関する権利，すなわち「人格権」の問題に特に焦点をあてながら「権利」の意義や役割について考察する．そして，「人格権」は不法行為法上の保護法益（救済の対象としての「権利」ないし「法律上保護される利益」．本書ではこれを「救済規範としての人格権」とよぶ）にとどめられることなく，「物権」や「債権」と並ぶ「民法構成上の権利」と位置づけられるべきものであり，こ

---

(3)　内田貴『民法改正』（筑摩書房，2011）96 頁．

(4)　わが国の民法は（ヨーロッパ）大陸法［法典国］から継受されたものであるが（主として参照されたのは，フランス民法およびドイツ民法である），法の協働については，大陸法のみならず，英米法［判例法国］との協働も盛んであった．この点については，第１部第３章第３節参照．

のようにして民法上に定礎せしめられた「人格権」を拠点として，民法が「人の法」と「財産の法」として再構成されるべきことを明らかにする．

また，後者の問題については，人が自己の意思にもとづいて法律関係を形成するための仕組みであり，「日常の行為」と「法律上の行為」を分かつ仕組みである「法律行為（法律上の行為）」を取り上げ，同じく「法律上保護される利益」（709条）あるいは「法律上の原因〔のないこと〕」（703条）などとされて「法律上の規範的判断」がもとめられている不法行為法や不当利得法等の他の制度との比較を通して，「法律行為」という仕組みについて考察する．

そして，「法律行為」が，単にパンデクテン・システムを採用したことによって必然的にもたらされた制度であるにとどまらず，私的自治の原則にもとづいて積極的に法律関係が形成される場面において，さらに人の意思（意思表示）にもとづく行為を「法律上の行為」と規範評価するために設けられた仕組みであり，法律行為規範（契約規範）の設定という規範創造の作業を通して社会の変容や法の継続的発展に対応するという重要な役割を果たす法的仕組みであることを明らかにする．

第2節　権利の意義とあらたな民法の基本的仕組み

1　民法上の法律関係

(1)　**権利と義務の関係**

(ア)　どのような問題か

(i)　すでに確認したとおり，私人間の法律関係は権利と義務の関係（例えば債権債務関係）から成るが，権利と義務が民法の仕組みをつくる構成要素であることは，民法の基本原則に関する第1条からもわかる．すなわち，同条2項は，明確に，「権利の行使及び義務の履行は，信義に従い誠実に行わなければならない」と規定している．さらに，この規定から，私人間における権利義務関係は，財産法上の法律関係についてだけではなく，家族法上の法律関係についても成り立ちうることが理解される．

(ii)　ここでは，財産法上の法律関係とはどのようなものであるか，を具体的に見てみよう．財産法の世界は，財産（財貨）の帰属とその移転によって構成される世界である．

たとえば，Aは父親から相続した土地を手放し，売買代金をもとでとして事業（コンビニエンス・ストアの経営）をはじめることにした．ここで問題となるのは，不動産売買（不動産取引）である（なお，民法では土地を「不動産」としてあつかう）．その出発点（大前提）として，まず，Aに土地の所有権が確かに帰属していなければならない．そのための要件などを定めているのが物権法である．

また，Aは土地の売却にあたり，さいわいにも貸ビル用の土地を探していたBを紹介された．AB間で話がまとまれば売買契約が成立する(5)．その結果，AはBに対する代金支払債権を，BはAに対する目的物引渡債権を取得する．そして，それらの債権が実現されると，AとBのそれぞれに各人が欲した財貨（売買代金，土地の［所有権］利用）が移転する．

さらに，不動産取引では専門家のサポートが必要とされる場合が少なくなく（仲介業者など），売買の当事者と専門家との間における法律関係も契約により処理される（委任契約）．契約は当事者の自由な合意により成立するため，契約には多種多様な形態が存在する（民法典で規律されている契約を典型契約とよぶ）．このような問題を引き受けるのが契約法である．

契約をめぐる事態は一様ではない．契約の詰めが行われる当日，Aが交通事故によって重傷を被ることもありえないわけではない（身体の侵害）．あるいは逆に，Bが名誉毀損の記事に動揺し，売買契約から撤退することも起こるかもしれない（人格権の侵害による精神的損害の発生）．こうした場合，身体を侵害されたAや名誉を毀損されたBは，加害者に過失があればその加害者に対し損害賠償を請求することができる．

しかし，交通事故や名誉毀損によって結果的に契約がまとまらなかったという事態も想定できないわけではない．このとき，契約を締結することができなかったことによって生じた不利益も救済の対象となるのであろうか（これは「人」の権利，すなわち人格権が侵害された場合，どのような利益までが救済の対象となるのか，の問題である）（709条）．

(iii)　以上は，財産関係の問題であるが，契約の当事者には，家族があること

---

(5)　このように当事者の合意（意思の合致）によって成立する契約のことを「諾成契約」とよぶ．当事者の意思が合致する範囲で契約内容を自由に定めることができる（契約自由の原則）．諾成契約としての売買の特徴については，来栖三郎『契約法』（有斐閣，1974）20頁．もっとも，通常，合意がただちに成立するわけではなく，交渉を通じて段階的にその内容が具体化される．この間のプロセスの重要性について，鎌田薫「判例評釈」判タ484号17頁，ジュリ857号114頁参照．

であろう．その家族の関係を規律するのが家族法（親族法・相続法）である．

家族間の関係であっても一般に権利と義務の関係として構成することができるが，親族関係は家族という特別の社会関係（人格的な関係）であるため，財産法上の関係と同様にあつかうことが妥当でない場合もある（相続法は財産法的性格が強い）(6)．

(イ)　民法の基本モデル

(i)　標準的な考え方　　私人間の法律関係が，権利と義務の関係によって説明可能であることが理解されたとして，次に問われるべき事柄は，そのような権利あるいは義務という法的観念にどのような意義あるいは役割をあたえるべきであるかという問題である．この問題を分析することによって，民法の基本的仕組みを明らかにすることができる．

最初に，民法の基本的仕組みに関する標準的な考え方（いわば原点とも目すべき見解）を取り上げよう．

その問題意識は明確である．すなわち，民法は近代市民社会の法として，特定の個人に権利をあたえ，他の者に対してこれを尊重すべきことを命じることによって私法的秩序の維持をはかる．民法典では，財産関係は物権と債権の関係とされる．身分関係（親族関係）は，婚姻・親子・相続などの関係である．親子では親権の関係が問題となるが，婚姻においても，「夫と妻のそれぞれの権利義務の関係が中心」となる．相続において問題とされるのも相続権である(7)．

これはわかりやすい説明である．しかし，前述のように家族間の関係には人格的な要素が含まれているとすると，同じ権利義務の関係であっても，家族法では財産法と同様の意味における権利義務関係を常にそのままあてはめることはできないことになる．たとえば，財産法の分野では，権利侵害があれば私人は裁判所に対してその権利保護を求めることが可能である．しかし，直接には親権（の行使）について問題となったことであるが，家族法の領域においては，権利侵害がある場合であっても，どこにその救済を求めることができるか，民法の救済規範（不法行為法）に照らしても十分に明らかにはならず，この点に関する法整備が必要である．すなわち，親権を財産法と同様の観念にもとづく権利義務の関係として理解することは困難である(8)．

---

(6)　この点については，田山輝明『民法 ― 市民・財産と法』（岩波書店，1990）46 頁参照．
(7)　我妻 31 頁．

(ii)　権利義務の体系としての民法　　民法の役割を理解するためには，権利義務の体系からみた民法の全体像を頭に描くことが必要である．

これについては，まず，民法の構成要素としての権利と不法行為法上の権利を分けて考える必要がある．すなわち，──

① 1つは，民法の構成要素として，権利はいかなる役割をになうべきであるか（現に，になっているのか）ということ，
② もう1つは，ある権利（利益）が侵害された場合に，それがどのように保護されるべきであるかという救済規範としての視点である．

②は不法行為法の問題であるが，709条（不法行為責任に関する一般条項）によると，他人の「権利」または「法律上保護される利益」が侵害された場合には加害者に損害賠償責任が生ずるとされているため，①と②の関係をどのように考えるべきであるか，が問題となる(9)．

(iii)　上記②について，709条の原始規定（2004(平成16)年の民法現代語化以前の規定）では，「権利侵害」が不法行為責任の発生要件とされていた．しかし，これでは被害者の保護が不十分なものとなるおそれがあるため，「権利侵害」を「違法性」と読み替え，違法な加害行為によって損害が発生したのであれば，被害者はその賠償を請求することができる，との学説が提唱され，判例もこれを支持した（違法性理論とよばれる）．

「権利侵害から違法性へ」のテーゼとともに定着した違法性理論の当否をめぐっては，「違法性」という要件ないし概念が709条に規定されていないために，さまざまな考え方が主張された．民法の現代語化に際して709条も改正され，「権利」が侵害された場合のほか，「法律上保護される利益」が侵害された場合にも不法行為責任が生じることが明文化された．

---

(8)　この問題はいわゆるドメスティック・バイオレンスにおいて顕在化した．家族関係については，「生活世界」の問題として，財産法とは別の仕組みで解決されるべきであるとの主張が見られることも注目される．吉田・219頁以下参照．生活世界において問われるのは，法化の必要性と法化からの解放，裁判による解決と調停による解決の当否である．

(9)　不法行為法上の権利が重要であることは，「民法は，侵害に対する救済の体系」であって，「権利の侵害者を常に想定するところが，民法の特色」（内田・前掲注(3)129頁）であるとされることからも分かる．なお，不法行為法は包括的救済規範であることにつき，藤岡・講義V 85頁参照．

(iv)　709条の改正は，判例・学説による法発展が不法行為法の統一的要件として仕上げられたものであるが，これによって権利の保護が拡大される仕組みができあがったため，不法行為法にとどまらないあらたな問題が提起されることになった．それは，民法の基本的仕組みにとっての権利の意義（前記①）と不法行為規範における「権利」（さらには「法律上保護される利益」）の意義（前記②）との関係をどのように理解すべきであるか，という問題である．

(2)　民法構成上の権利と人格権

ところで，権利義務の主体たる「人」の地位は，権利としてどのようにあつかわれているのであろうか．これは，人格権の問題である．物権と債権が民法上の権利の柱であることは編別の名称に取り上げられていることからも明らかであるが，人格権に関する規定は，民法にはそもそも存在しない．人格権は，判例や学説により承認された権利にとどまるのである．

(ア)　権利のとらえ方　　物権編（第2編）や債権編（第3編）を見るかぎり，民法は財産法を中心に組み立てられているということができる．しかし，物権や債権を成り立たせるのは，権利の主体としての人であるから，人の法的地位をどのように構成するかという問題は，民法のもっとも重要な課題であるはずである．なにゆえに，人格権について現行民法典は語るところがないのであろうか．

この問題を突き詰めていくと，つまるところ，権利とは何かという根本問題にゆきあたる．問題をより限定的にとらえるならば，民法にとっての権利の意義とはどのようものであるか，ということになる．

(i)　この問題を考える1つの手がかりとして，人格権を民法の「総論」(「総則」編と区別された，民法の統一的仕組みについて論じる「場」）に関する問題として位置づける考え方のあることに注目したい(10)．この立場から推測できるのは，人格権は民法の基本的仕組みのあり方に係わる権利ではないかということである．

では，人格権は民法の基本的仕組みに対してどのような影響を与えることになるのか．民法の仕組みを再構築する必要があるのかどうか．民法（学）に

(10)　『民法の争点』(2007）では，Ⅰ（総論)，Ⅱ（総則)，Ⅲ（物権)，Ⅳ（債権総論)，Ⅴ（債権各論（1））（契約等)，Ⅵ（債権各論（2））（不法行為)，Ⅶ（親族)，Ⅷ（相続)，の全体構成の中で，人格権のテーマがⅠ（総論）に配置されている．

とって，これはおろそかにできない課題であるといわなければならない．

(ii)　ところが，民法（学）の基礎であった古典的権利観によるかぎり(11)，人格権は，人格的価値の実現という重要な役割をになうものでありながら，それを物権や債権と同じような権利として認めることは容易ではない．なぜなら，人格権に，物権や債権と同様の意味の権利の対象や権利の行使を求めること，すなわち，物権や債権などの財産権と同様の法律構成を人格権に当てはめることは，人格権の本来的性格に照らして困難ではないか，と考えられるからである．

すでに述べたように，物権は物に対する権利である．また，債権は債務者（の行為）をその対象としている(12)．いずれにおいても，それぞれの権利の対象（物，他人の行為）は明確である．また，各権利とも，その行使（物の支配，行為の請求）を語ることができる．

(イ)　保護の対象としての人格権　　これに対して，生命，身体など，本来「人」に備わっているもの（人格）については，所有権のように帰属を観念する必要はない．生命，身体そのものが保護の対象として絶対的なあつかいをうけるのであれば，それで十分である．また，人格権については，権利の行使は通常問題とならない(13)．

このように，人格権は物権や債権とは異なる性格をもつ権利である．また，その特徴の1つとして指摘されるべきは，人格権は他人の侵害からまもられるための権利であり，まもられるべき対象は「人」の法的地位そのものではないか，ということである．このことは，人格権については，主としてその保護が問題となること，そして，その保護のあり方と民法上の構成要素としての権利の意義とは別個の問題としてあつかわれる必要があることをうかがわせる．

(ウ)　北方ジャーナル事件

(i)　人格権の発展にとって転換点となるのは，前述のとおり，北方ジャーナ

---

(11)　権利の古典的理解は，所有権を割当領域に対する意思による排他的支配と解する考え方にもとづいて構想されたものである．

(12)　民法制定当時，債権は人権とよばれていたことが興味深い．

(13)　ただし，人格権の基礎には自己決定権の問題があると考えると，人格権は自己決定権の行使によって権利の実効性を確保する権利である，と解することもできる．この考え方によれば，人格権の意義は，自己決定権をまもることにある，といえよう．人格権においては人格権の保護が重要であるとしても，権利の性質としては，まもられるべき対象であるとともに，権利行使のあり方を根拠づけるものでもある．

ル事件において，人格権の概念が最高裁大法廷判決によって認められたことである．人格権が判例により承認されたことの意義をどのように受けとめるべきか．これは，人格権法の起点となる重要な論点である．

本件は，原告が，自らの名誉を毀損する記事を掲載した月刊誌の発行・販売の差止めを求めて被告を訴えた事件である．判決によると，名誉とは，「人の品性，徳行，名声，信用等の人格的価値について社会から受ける客観的評価」であるが，その名誉を違法に侵害された者は，損害賠償（710条）や名誉回復のための処分（723条）を求めることができる．本件では，そのほかに差止請求を認めることができるか否かが争点となった．これは，差止請求を認める明文の規定が民法に存在しないためである．

(ii)　判決は，「人格権としての名誉権」という法律構成にもとづき，この問題を肯定的に解した．すなわち，名誉毀損の被害者は，「人格権としての名誉権に基づき，加害者に対し，現に行われている侵害行為を排除し，又は将来生ずべき侵害を予防するため，侵害行為の差止めを求めることができるものと解するのが相当である」と判示したのである．名誉毀損の場合に差止めが認められる理由は，「人格権としての名誉権」は「物権の場合と同様に排他性を有する権利」であることに求められる．

(iii)　名誉毀損について差止めによる救済を認める判旨には，「人格権」の概念が最高裁大法廷判決で法認されたことはもちろんのこと，そのほかにも，権利の意義について考えるさまざまな論点が含まれており，興味深い．

名誉毀損が行われた場合には，名誉「権」の侵害（権利の侵害）といわなくても，損害賠償や名誉回復処分を求めることができる（「名誉」が侵害されたといえば足りる．710条参照）．しかし，差止めについては，これを認める根拠規定がないため，差止めの根拠についてあらたな法理が開拓される必要がある．

その1つに権利説とよばれる考え方がある．自己の不動産が他人に違法に占拠されている場合のように，物権に対する違法な侵害がある場合には，物権の権利者は，物権的請求権（差止請求権）を行使して，違法な侵害の除去を請求することができる．

しかし，このような保護は，物権に限って認められるわけではない．物権と同様に権利として構成できる法益（法律上保護される利益）については，権利者はその侵害の差止めを求めることが可能である．これが権利説の主張であるが，判決が「人格権としての名誉権」を物権と対比し，「物権の場合と同様に排他性を有する権利」として位置づけていることに照らすと，差止請求権の根拠については，この説の影響があることがうかがわれる[14].

(エ)　救済規範の対象としての人格権　　人格権の概念が判例によって明確に認められたことは画期的であるとしても，このことが人格権（法）の発展，より一般的には，（民法における）権利の役割を考えるにあたって，どのような意義を有することになるのか．人格権に民法上ゆるぎない地位をあたえるためには，どうすればよいか．これは，民法の基本的仕組みを考えるうえで，避けてとおることのできない問題である．

この点については，上記判例において，人格権が被害者の救済，つまり差止請求（権）との関係で取り上げられていることに注意を要する．すなわち，人格権は，救済規範の法（不法行為法）において重要な役割をになうことができると判断されたのである．

名誉は，単なる名誉としてではなく，「人格権としての名誉権」へと格上げされることによって，物権の場合と同様の権利保護を享受できる対象とされたのである．その実質的な根拠は，名誉が，また人格権が，重大な保護法益として，排他性のある権利として構成されたことにある．

(オ)　人格権の本来的役割　　しかし，「人格権」の保護を「物権」の保護と対応させることは妥当であろうか．物権は物に対する権利であり，物に対する「排他的支配権」の保障が物権法の本来的役割である．これに対して，人格権は，人の法的地位の保障にかかわる権利である．

物権と人格権との間には，排他性の視点によるのみではとらえきれない違いがあると思われるが，このことは物権法と人格権法とでは，その役割が異なることをうかがわせる．人格権を物権と同じ意味における「排他的支配権」としてとらえるとすると，人格権の保護の範囲がせばまることにもなりかねない．また，人格権が人の法的地位にかかわる権利であるとすれば，それは社会における人格的利益の多様化に対応できるものでなければならない．そのためには，そのような役割に適した，物権のそれ（排他的支配権）とは異なる，人格権に固有の法律構成が求められる．

---

(14)　ただし，権利説では救済の範囲が限られるため，差止請求権については，より一般的な理論についての検討が必要である．この点について，根本尚徳『差止請求権の理論』（有斐閣，2011）417 頁以下．

以上からすると，人格権には，民法の基本概念として，その本来的役割に対応する構成があたえられるべきものと思われる．すなわち，人格権の意義をどのように理解するかという問題は，民法における権利の役割，民法の基本的仕組みの中におけるそのあり方をいかにとらえるかという問題にほかならないのである．

2　権利とは何か ── 民法における，その基本的な考え方

権利とは何か．これは民法学習につきまとう問題である．民法が私法上の権利義務関係の体系(法体系)であるとすると，権利とは何かを問うことは，民法の入口にして，出口の問題でもある．

権利とは何か，つまり，民法の中における権利の意義と役割に関する問い掛けは，これまでは主として財産法を対象とするものであった．

民法の骨格となる権利はどのようなものであるべきか．これについては，さまざまな問いかけが可能である．以下では，この問題について考える基本的立場として，２つのアプローチを取り上げる．

１つは，民法の基本的仕組みの中で，権利はどのように構成されるべきであるか，という民法の体系から見た権利の意義に関する考察である．以下で取り上げる第１説は，この問題を考える起点となるべき考え方である．第２説は，この考え方を発展させ，具体的な問題解決のあり方との関係で，民法における権利の意義の全体像を提示したものである．

もう１つのアプローチは，社会との関係で権利の役割の再構成をはかる考え方である．第３説では，民法の対象とする社会のあり方との関係で，権利義務のあり方が規定される．

以下，順次取り上げてみよう（以下の学説を取り上げる理由については「文献案内」参照)．

⑴　**我 妻 説【第１説】**

第１は，我妻説である．この問題を考える起点となる標準的な考え方によれば，民法上の権利（私権）は，「一般的な社会生活における利益を享受する法律的な力」である．私権は，権利の内容とその作用の仕方に従って，さらに次のように分類される．

①　権利の内容，すなわち社会生活において権利者が享受する利益の差異に従って分類すると，権利には，人格権・身分権・財産権・社員権などがあ

る．

② 権利の作用である法律上の力（権利者のなしうる行為）の差異に従うと，権利には，支配権・請求権・形成権などがある(15)．

このまとめ方では，①の分類において，財産権の前に人格権と身分権（親族法上の権利）が置かれていること，とりわけ人格権が他のすべての権利に先だって取り上げられていることが注目される．人格権が民法上の権利の中でも特に重要な権利であることは，この標準的な分類においてすでにうかがわれることである．

⑵ 四 宮 説【第2説】

第2は，四宮説である．第1説を継承・発展させる見解であるが，権利の種類・内容がより具体化されている点にその特徴がある．

㈠ 権利の意義　　まず，権利と義務に関する基本的な考え方が述べられる．「権利とは，法によって保障された生活上の利益を享受しうる地位であり，義務とは，権利に対応する法的拘束である．権利と義務とは，かように相対応するのが通常であるが，近代市民法は個人の自由を基本原理とするところから，権利だけを表面に出すのがならわしとなっている（たとえば，権利義務の主体たりうる資格を『権利能力』と呼ぶ）」．

法は，「各人に権利を賦与することによって，各人の支配しうる生活上の利益を適当に配分し，それを私人相互間でも尊重させるとともに，国家の権力によっても擁護する，という使命をはたすのである」(16)．

㈡ 権利の利益を標準とする分類

(i) 私権の種類については，第1説の立場が継承され，「その内容を形成する利益を標準として」，人格権・身分権・財産権・社員権があげられているが，権利の内容がより具体的に示されている．

人格権とは，「人の人格的利益（身体・自由・名誉・貞操・氏名・肖像・プライバシー）を目的とする私権」のことである．

ところで，生命はもちろんのこと，身体，自由，名誉などの各種の人格的利益が侵害された場合には，被害者（の遺族）は不法行為法上の保護を求めるこ

⒂ 我妻32頁による．

⒃ 四宮33～34頁．なお，同書には第4版（補訂）があるが，第2章の目的にとっては（「民法の基本的仕組みの法構造」），体系的叙述がはじめて提示されたときの構想が重要と考え，以下では初版を引用する．

とができる（709条・710条・711条参照）．それゆえ，それら個別の人格的利益の他に，あえて人格権という権利なり概念なりを一般的に観念する必要はないとも考えられる．にもかかわらず，一般的人格権という観念が形成され，さらには承認されるに至った理由とは何か．この点について，第2説は，次のように説明している．

すなわち，「人格権は，従来は，個別的に ── 身体権・自由権・名誉権というふうに ── 認められるにとどまったが（710条参照），プライバシー権など新たな人格権の承認とともに，「個別的人格権」の源泉ともいうべき「一般的人格権」の観念も認められるようになってきた」．

これは人格権にもとづいて保護される対象の拡大可能性の問題であるが，保護の範囲が拡大すると，それだけ人格権の重要性は高まることになる．第2説によると，「権利能力者は当然に人格権を有するのである．人格権は個人に付着する権利だから，譲渡することもできず，相続されることもない」(17)．

(ii)　人格権は「個人に付着する権利」であるというとらえ方に人格権の本来的な性格が凝縮されていると思われるが，人格権が，物権（物に対する権利）や債権（人に対する権利）のそれとは明らかに異なる特別の法律構成を必要とする権利であることは，このような第2説のとらえ方からも理解されるところである．

(iii)　では，なぜ民法には人格権について何も規定されていないのか．この点については，第2説の主張を足がかりに，次のように考えることも可能である．

人はだれでも生まれながらにして権利能力を取得する(18)．したがって，第2説が主張するように「権利能力者は当然に人格権を有する」のであれば，それは要するに，人はだれでも生まれながらにして人格権を備えていることを意味しよう．なるほど現行民法典には，人格権に関する明文の規定は存在しない．しかし，権利能力平等の原則を宣言する3条1項を，以上のような形で，人格権の根拠規定（の1つ）として把握することができるのではないか．

第2説からうかがわれるのは，人格権を財産権（物権と債権）と同様に民法構成上の権利としてあつかう道は，民法典の中にすでに用意されているのでは

(17)　四宮34頁による．

(18)　これを権利能力平等の原則という（3条1項参照）．権利能力とは権利義務の主体となりうる資格のことである．

ないか，ということである．人格権（法）の問題とは，権利能力平等の原則を実質化することである，と考えることもできよう．

(iv)　すでに確認したとおり，第２説では，「個別的人格権」の源泉として「一般的人格権」があげられている．ここで，その意義について検討しておこう．

「一般的人格権」という概念は，もともとドイツにおいて確立されたものである．ドイツ不法行為法は，私人の絶対権が侵害された場合に損害賠償責任が発生することを原則としている(19)．そのため，被害者の救済が限定的になるおそれがある．

たとえば，先述の人格的利益のうち，プライバシーが絶対権に当らないとすると，プライバシーを侵害された被害者は一切保護することができないという事態が生じかねない．しかし，絶対権としての「一般的人格権」を承認し，さらに（人格権の一般的性格のゆえに）プライバシーをそのような一般的人格権の中に包摂することができれば，ドイツ不法行為法の下でも，プライバシー侵害＝絶対権としての「一般的人格権」侵害として，被害者の権利の回復をはかることが可能となる．このような意図の下に（学説上）創設された概念が「一般的人格権」であった．そうして，ドイツで一般的人格権が提唱された実益の１つは，名誉の保護のほかに私的生活領域（プライバシーにあたる）を保護することにあったのである(20)．

このようにドイツ法上の「一般的人格権」は，（本来，絶対権としてとらえることの困難な）人格的利益に不法行為法上の保護を拡張するために唱えられたものであった．つまり，「一般的人格権」は，人格権（法）を物権（法）や債権（法）と並ぶ柱として民法に位置づける（そのような位置付けをあたえられた人格権のことを「民法構成上の人格権」とよぶこともできよう）という役割をになうものではなかった．

しかし，他方において，まさしく「一般的人格権」が法的に保護されるべき人格的利益の範囲を拡大するために提唱された概念であったという歴史的事実

(19)　一般的人格権については，建部雅『不法行為法における名誉概念の変遷』（有斐閣，2014）131 頁，149 頁，184 頁など．なお，藤岡・講義Ｖ 198〜199 頁参照．

(20)　なお，プライバシーはアメリカ法で生成した観念であり，プライバシーと同様の保護をあたえるためには，それぞれの国で，自国に適合的な法理が開拓される必要がある．わが国のプライバシー権についても同様である．

からも，人格権が，その「行使」においてというよりも，保護対象としてまもられるべきものである点にその本来的性格を有していることが理解されよう．また，そのような人格権（一般的人格権）が，第2説による私権の類型化において財産権よりも先にあげられていることは，記憶に止められるべきことがらである．

(v)　人格権の役割に次いで問題となるのは，人格権と親族法上の権利および財産権との関係である(21)．

第2説では，第1説と同様に，人格権のあとに親族法上の権利（身分権）が取り上げられている．親族法上の権利は，人に付着する権利である点において人格権と類似するが（譲渡・相続はできない），他人との関係に関する権利であることから，人格権とは異なるとされる．このようなとらえ方には，親族関係を契約類似の関係として構成する考え方に通じるものがある．民法の構成原理という視点から見ると，「人」（人格権）に関するルールと家族法とが統一的に把握されるべき対象であることがうかがわれる．

ところで，財産権は人格権と対置される権利として位置づけられる．すなわち，財産権は，権利の内容が財産的価値を有するものとされるのであるが，これに従うと，人格権は人格的価値を権利として把握したものと考えることができよう．

このように，財産権と人格権の役割の違いは明確である．財産権は，民法構成上の権利としては物権と債権に代表されるが，特別法上の財産権としては知的財産権が重要である．なお，社員権は，社員が社団に対して有する包括的権利のことであるが，社員としての資格にもとづいてあたえられる権利である点に特徴がある(22)．

(ウ)　具体的な紛争の場面における権利の役割　　権利とは何かが，民法の基本的仕組みとの関係で問われるとき，もっとも大事な視点は人格権と財産権の関係である．これは以上に述べたとおりであるが，これはいわば民法という法体系において権利はどのようにあつかわれるべきかの，いわば考え方の問題である．

これに対して，権利には，権利の行使を実効性あるものとするために，具体

(21)　四宮35頁参照．

(22)　詳しくは，第2部第3章「法人の役割」にゆずる．

的な紛争の場面でになう権利の役割を考えることができる．従来のまとめ方では，権利の作用とよばれる問題であるが，権利の具体化にあたり不可欠の問題であることから，これについてもあわせ取り上げることにしたい．

第２説によると，権利の作用を標準とした分類には，支配権，請求権，形成権（第１説と同じ），抗弁権などがある．

(i)　権利の内容と密接な関連があるのは，支配権である．第２説によると，支配権とは，権利者の意思のみで権利の内容を実現することのできる権利である[23]．

これは権利内容の意思による支配を（絶対的なものと）認める考え方であるが，意思による支配が成り立つためには，その前提として，支配の対象が排他的に画定されている必要がある．

所有権を例にとるとわかりやすい．所有権の権利内容の実現は，所有者の意思にゆだねられる．すなわち，所有者は，その所有物を原則として，その意思に従って自由に使用・収益・処分することがゆるされる（206 条参照）．

また，所有権の行使が他人によって妨げられる場合には，それは直ちに権利者の意思に反する違法なものと判断される．このとき，所有者は，妨害排除請求権を行使して侵害の排除を求めることができる（妨害排除請求権を認める直接の根拠規定はないが，この効力は所有権その他の物権に当然にそなわる本来的効力であるとされる）．さらに，侵害者に過失がある場合には，損害賠償請求をすることも可能である（709 条）．

物権法と不法行為法（権利の保護を目的とする法制度）はウラオモテの関係にあるといわれるのは，権利の観念が（排他的）支配権として構成される場合にもっともよくあてはまることである．

(ii)　なお，第２説によると，物権のほか，人格権も，支配権に属するとされる[24]．このような理解は，「人格権としての名誉権」が物権と同様に排他性を有する権利であることを理由に，名誉毀損に対する差止請求を認容した前述の北方ジャーナル事件最高裁大法廷判決を想起させる．

確かに，権利（法益）が排他的支配権である場合には権利侵害の予防（差止め）と権利の回復（損害賠償）は容易なものとなる．しかし，人格権を物権と

---

(23)　四宮 35 頁．

(24)　四宮 35 頁によると，無体財産権（知的財産権）も支配権である．

同様の意味における排他的支配権として構成することは，はたして妥当であるか．人格権では，「物」の財産的価値ではなく「人」の人格的価値そのものが保護されるべきものとして問題となるのであるから，人格権の保護については，物権の保護とは別の構成が必要となるのではないか．これは人格権を民法の構成上どのような権利としてつくりあげるかに，つながる問題である．

(iii)　次は請求権である．支配権が（その内容の実現を）万人に対して主張できる権利であるのに対して，請求権は特定の相手方に対してのみ，その権利内容の実現を要求できる権利である．請求権が主として登場するのは債権法の領域であるが，物権法においても請求権の役割は重要である．

物権（所有権）は物に対する排他的支配権であるから，その物が自己に帰属することを万人に対して主張することが可能である．物権においては，権利内容の実現の問題は，その物が侵害されたときに顕在化する．所有権者は，権利内容の実現を妨害する者に対して，物権的請求権を行使して妨害を排除することができる．物権的請求権はこのような妨害者との関係のほか，担保物権の優先権との関係で問題となる場合もある．

債権法では，債権の発生原因として4つの制度が用意されている．それぞれの制度趣旨に対応して，その制度に固有の請求権が発生する．

契約法では，契約上の債権を実現する手段として（代金支払請求権，目的物引渡請求権など），事務管理法では費用償還請求権として，不当利得法では不当利得返還請求権として，そして不法行為法では損害賠償請求権として，特定の相手方に対して債権の実現を求めることができる．

(iv)　形成権　　私法上の法律関係は，契約など当事者の合意を通じて形成されることが原則であるが，例外的に，当事者の一方的意思表示によって権利関係に変動が生じる場合も認められている．これが，形成権とよばれる権利の作用の1つである．形成権の概念は学説により形をあたえられたものである．

形成権は，裁判外の形成権と裁判上の形成権とにわけられる．意思表示の取消権（120条以下）や契約の解除権（540条以下）が，裁判外の形成権の例である．裁判上の形成権としては，債権の効力について特別の制度的措置を講じた（債権者による）詐害行為取消権（424条）がある．

(v)　なお，法律関係の存続において，相手方の権利行使を一時的にさまたげる権利があたえられる場合がある．この権利は抗弁権とよばれる．権利の作用の1つとされているが，契約法でいえば，双務契約における同時履行の抗弁権がこれにあたる（533条）[25].

同時履行の抗弁権が認められると，債務者は相手方の権利行使を拒絶することができ，これによって間接的にではあるが，相手方の任意履行を促して自己の債権の満足をはかることができる．同時履行の抗弁権は双務契約における履行上の公平を実現するために認められた特別の制度である．

㈣　権利に関する補足的問題　　権利については，以上の分類のほか，権利の対外的効力の視点からの分類と，財産の管理を制度的に保障する仕組みとしての財産管理権とよばれる権利がある．

(i)　権利の対外的効力　　権利の分類については，絶対権と相対権の区別も重要である．すなわち，その効力が広く何ぴとにも及ぶものが絶対権である．これに対して，相対権の効力は，特定の相手方にしか及ばない．

また，第２説によると，物権と人格権は絶対権であり，債権は相対権であるとされる[26].

この分類において注意を要するのは，物権と人格権の関係である．前述のとおり，第２説は，私権の内容（を形成する利益）を標準とする分類では，まず人格権を取り上げ，その後に物権（財産権）を取り上げていた．しかし，権利の効力にもとづく分類では，そのようになっていない．絶対権の例としてまずあげられているのは，物権である．人格権は，物権のあとに併記されるにとどまる．ここに示されているのは，人格権の効力を物権のそれと同様にとらえる立場，すなわち，人格権は権利の主体に関わる権利であるから，権利の内容から見ると物権になぞらえることのできない権利であるとしても，人格権はあらたな概念であるため，その効力については，物権をモデルとして考えるという立場ではないかと思われる．

(ii)　物権の効力と人格権の効力　　では，このように人格権を物権と同様の効力をもつ権利として，あつかうことが妥当であろうか．物権と同じように，人格権にも他者の違法な侵害を排除する絶対的な効力があたえられるべきであるとしても，その理由は，物権との類似性ではなく，人格権の本来的役割から導かれるべきものである．

㉕　双務契約とは，契約当事者双方が，相互に，対価的価値を有する債務を負担する契約をいう．

㉖　四宮39頁．

物権は，財貨の帰属を保障する権利である．そのため，その内容は明確でなければならない（物権法定主義）．これに対して，人格的利益は，生命・身体など絶対的に保護されるべき法益のみに限られない．さまざまな性質のものが存在する．それらを「人格権」の概念によってすくい上げ，それぞれの性質に適した保護をあたえること（そのような保護を可能にする仕組みを講じること）が人格権（法）の役割であるとすると，人格権の効力についても，このような役割にふさわしい（物権との類比に止まらない）理解が求められるのではないか．

人格権は，物権や債権などとは異なる性質を有する権利であるから，そのことを踏まえて，その権利としての効力とその保護のあり方について，人格権に固有の法理（法律構成）が用意されるべきである．財産法の仕組みがそのままの形態では妥当しない領域であることを明確にするためには，人格権についてはあらたな仕組みを構築することが必要である．

(iii)　なお，絶対権と相対権の区別は，権利侵害がある場合の違法性判断に関連して，取り上げられることがある（不法行為法および物権的請求権が問題となる場合）．すなわち，絶対権侵害はその事実だけでただちに違法となるが（絶対権侵害即違法），相対権が侵害された場合は，他の要素を考慮した実質判断をまって違法性判断が行われる．

これは絶対権と相対権との権利の効力の違いから説明できることであるが，この区別は，不法行為法においては有用との考え方がある．この点から分かるように，ある権利は絶対権であるという性質決定は，被害者の権利保護との関係で意味をもつ場合があることに注意しておきたい．

ところで，絶対権には，権利の割当領域は絶対的に保護されるべきだということと（権利領域の画定の問題），絶対権の対象となる権利利益には絶対的価値がある，という2つの意味がある．人格権について言えば，生命，身体，名誉などの個別的人格権（人格的利益）の権利領域は，それぞれ個別に画定しなければならないが（その範囲においては価値あるものとして絶対的に保護されるべきであるとする考え方）（従来のアプローチ），人格的利益には多様な側面があることを考えると（平穏な生活の保護や環境の保護など）人格権（法）を発展させるためには，そのような個別的人格権をまとめる（統一的）人格権の観念が必要である．後述のとおり，これを民法の構成要素として人格権（民法構成上の人格権）とよぶこともできよう．

(iv)　財産管理権の意義　　権利の種別について補足すると，特定の財産にかぎることなく，ひろく財産を管理し，財産価値の実現をはかる権利として，財産管理権とよばれる権利がある．この場合の管理は財産の処分をふくむ統一的な観念であるため，その役割は「財産的事務の処理をなす権利」(27)であることにある．この役割がそのまま発揮されるのは財産の主体以外の者に財産管理権があたえられる場合である．

不在者の財産の管理人（25条）や相続財産の管理人（952条）がこれにあたる．契約が代理人によって締結される場合も，ひろい意味では財産的事務が他人によって処理される場合であるから，代理権も財産管理権のなかであつかうこともできるが，これによると，総則編に規定されている代理（99条以下）の本来的制度趣旨が明確となり，代理法の発展に資することになる(28)．

(3)　広 中 説【第3説】

第3は，広中説である．この説を通じて，権利の意義および役割に関するあらたな視点がもたらされた．

前記第2説（四宮説）は，第1説（我妻説）における権利のとらえ方を継承・発展させるものであった．また，その特徴は，権利の内容を形成する利益を標準として人格権の性質などを分析することにあった．しかし，すでに述べたとおり，その結論（排他的支配権としての人格権という理解）にはなお未解決の問題も残されていた．すなわち，人格権の性質や効力は，未だ十分に明らかにされていないと言わなければならない．この課題に正面から向き合うものこそ第3説である．

(ア)　特　徴　　では，第3説にはどのような特徴があるのか．この点は，権利に関する次の説明にすでに最も明確にあらわれているものと思われる．すなわち，権利とは，「社会構成員一般の観念する規範的行動様式によって支えられており且つ個人対個人の関係で発動される種類の法的サンクションを通じて保護されうる利益享受資格」のことである，とされる(29)．

ここでも権利の法律構成にあたり，第2説と同じく，利益の観念が基本的な要素とされている．しかし，第3説は，利益が法的サンクションを通じて保護

---

(27)　四宮 38 頁．

(28)　基本文献として，於保不二雄『財産管理権論序説』（有信堂高文社，1995［復刻版］）がある，「理論」として「大きな魅力がある」ことについて，大村・読解 462 頁．

(29)　広中 101 頁．広中説についても，新版（2006）があるが，四宮説を取り上げたのと同様の意味で，原則として旧版（1989）を引用する．

されるものである点をとくに重視している．たとえば，ある利益が違法に侵害された場合には，その利益の享受主体は損害賠償を請求することができる（709条）．第3説によれば，このような法的サンクションを通じて保護される利益を享受する資格こそ，すなわち権利だとされるのである．

もっとも，法的サンクションを通じて保護されうる利益には制約がある．それは，社会構成員一般の観念する規範的行動様式によって支えられているものでなければならない．ここにみられるのは，権利利益の内容は固定的に理解されるべきものではなく，発展的に把握されなければならないという動態的なとらえ方である．すなわち，社会構成員の規範的行動様式の変容によって，これまで認識されることもなかった利益があらたに権利保護を求めることがありうるとともに，これまで保護されていた利益が従来どおりには保護されなくなることもありうることが示唆されている．

ここで想起されるのは，709条の現行規定によると，法益が保護されうるのは（旧規定の下でのように）「権利」侵害のある場合に限られていないことである．「権利」または「法律上保護される利益」が侵害された場合には，被害者は損害賠償請求を通じて自らの権利利益の回復をはかることができる．この規定もまた，法益保護を動態的・発展的にとらえる仕組みである．

(イ)　意　義　　第3説をどのように理解すべきであろうか．

第3説では，権利の意義はそれが侵害された場合の救済のあり方との関係に視点が置かれるとともに，権利は社会構成員一般の観念する規範的行動様式によって支えられているものであることが必要である，とされる．

権利は社会における規範的行動様式と密接な関係があるという考え方は，民法の体系的な理解との関係で権利の役割を規定する第1説・第2説とは，その出発点を異にするものである．

ここにあるのは社会のあり方との関係における民法の役割という問題意識であり，すすんでは社会構成員の規範的行動様式は，不法行為法を通じて把握できる場合がある，との問題提起である．この点は，権利利益は法的サンクションを通じて保護されうるものであるとの認識からも分かることである．

(ウ)　あらたな利益の観念　　そのうえで，第3説では，民法を「人の法」と「財産の法」に区別し，それぞれに「地位的権利」のあることが認められる．すなわち，現行民法典の構成としては，民法は大きく財産法（物権編・債権編）と家族法（親族編・相続編）に区別される．これに対して，第3説では，民法の構成を実質的にとらえ（社会における民法の役割），これを「人の法」と「財産の法」とに分けることが提唱される．「人の法」という民法のあらたな役割を認め，これを民法の基本的仕組みの中に位置づけたことに，第3説の特徴がある．

権利の意義との関連では，「人の法」および「財産の法」それぞれに核となるべき「地位的権利」が存在する，とされる．

「人の法」に関する地位的権利としては，①「人格的利益の帰属を内容とする権利」（人格権と総称される）と，②「特定的結合関係」を内容とする権利（家族結合上の権利）とがあげられる．

「財産の法」に関する地位的権利には，①「財貨の帰属を内容とする権利」と，②「特定的結合関係」を内容とする権利がある．①は所有権および地上権・抵当権などの制限物権であるが，②にあたるのは，債権である．

第3説のもう1つの特徴は，「人の法」，「財産の法」のそれぞれにおいて，地位的権利にはあたらないものの，しかしこれらとともに民法上保護されるべき（あらたな）利益が観念されていることである．すなわち，「生活利益」（良好な生活環境や平穏な生活を享受する利益〔人格権につながる利益〕）と「競争利益」（公正な競争を通じて享受する利益〔財産権につながる利益〕）である(30)．

3　民法の基本的仕組みと権利の意義

(1)　社会の構成原理と権利の意義

(i)　民法の構成要素としての権利の意義をどのように理解するか．以上に取り上げた3つの立場のうち，第3説（広中説）においては，権利の内容が，民法の規律対象である市民社会の成り立ちと密接に関連する形で把握されている．すなわち，第3説は，市民社会の構成原理をどのようにとらえるか，ということを（権利の意義に関連させながら）問題にする立場であると考えることができよう．このような問題意識は以前から存在していたが(31)，第3説は，この問題に（不法行為法の発展を踏まえつつ）民法の構成要素としての権利の意義，つまりは民法の基本的仕組みという，より大きな視点から向きあうものである．

(ii)　第3説は，市民社会に成立する基本的秩序から民法の基本的仕組みを構

(30)　広中102頁以下，108頁参照．

(31)　我妻栄『近代法における債権の優越的地位』（有斐閣，1997〔1953の復刻版〕），川島武宜『所有権法の理論（新版）』（岩波書店，1987）など．

想する．これによると，市民社会の基本的秩序は，財貨秩序と人格秩序に区別される．

財貨秩序は「財貨帰属秩序」（物権法）と「財貨移転秩序」（債権法［契約法］）とからなるが，人格秩序には，「人格秩序」一般と，家族結合における「人格秩序」（家族法）とがある(32)．

現行民法典には，上記のような「人格秩序」一般に関する規定は，直接には存在しない．それにもかかわらず，（現行民法典をも含めた民法の基礎理論である）第3説では，「人格秩序」が，財貨秩序とならぶ市民社会の基本的な柱として位置づけられるのである（しかも，まさしく「人格秩序」こそ，市民社会の「存在理由」であるとされる(33)）．このことから，この説の構想の核心を成すものは，「人格秩序」という新たな秩序（そしてそれを基礎とした人格権法）の創出であると考えられる．

また，そのような「人格秩序」が民法の基本的仕組みの中に確たる位置を得るためには，人格秩序の構成要素として人格権が承認され，それに人格秩序の礎としての内容があたえられる必要がある．第3説において，人格権が物権や債権と同じく地位的権利とされたのは，このことと関係があると思われる．すなわち，「人格秩序」の礎となる権利は地位的権利として構成されなければならないとの判断がその背後にあったと考えられる．

(iii)　民法の伝統的理解によると，民法は「財産法」と「家族法」とからなる社会の基本法であった．しかし，人格秩序の存在が承認されると，このような従来の二分法とは異なるあらたな二分法，すなわち，「財産の法」と「人の法」という区別に依拠して民法の体系，さらには民法典の編別を再構成する道が開かれよう(34)．

この構想の鍵を握るのは，人格権法の発展である．つまり，「財産の法」が民法の伝統的な仕組み（財産法）を継承するものであるのに対し，「人の法」はあらたに創出されるべき法領域である．しかも，「人の法」が「財産の法」と対等に並びたつほどの重要な位置を占めるためには，そのための実質的な裏づけ（社会における人格権法の重要性の増大）が必要となる．

---

(32)　広中4頁以下，15頁以下．

(33)　広中13頁．

(34)　「財産の法」と「人の法」については，広中89〜91頁．民法を「人の法」と「財産の法」にわける考え方(実質的意義の民法)は，広中・綱要にはじまる．

この点に関しては，不法行為法の分野において，人格権の保護が多様化し，とりわけ近年では，当該法分野の主要な問題領域となったことが注目される．すなわち，従来（たとえば第１説・第２説がはじめて主張されたころには），人格権は，不法行為法上の保護法益の１つに過ぎなかった．さらに，人格権の民法上の位置づけについては，必ずしも関心が集まっていなかった．しかし，現在では，このような法状況には大きな変化がみられる．つまり，第３説が主張するように，人格権（法）（「人の法」）を主要な柱の１つとする民法の基本的仕組みを構想する社会的基盤がすでに出来上がっていると考えられる．

では，そのようなあらたな民法の基本的仕組みは，具体的にどのようなものであるべきか．この問題に答えることこそ，これからの民法（学）にとっての必須の課題であると思われる．

⑵　民法の古典的理論とその現代的展開

㋐　サヴィニーの民法学　　近代民法学（パンデクテン法学）の代表例とされてきたものに，ドイツの法学者・サヴィニーの民法学（1779-1861）がある．サヴィニーが活躍したころのドイツ民法（現代の民法から見ると，これは古典的民法とでもよぶべきものである）は，イギリス（判例法国）からも関心を集めるものであった[35]．

もっとも，当時は，人格権は，「権利」とは認められていなかった．権利が他者への作用（その行使という側面．たとえば物の支配，他人の行為の請求）を持つものとして理解されると，人格権の法律構成はむずかしい．ある利益が他者による侵害からまもられるべきものであることをあらわす点に，人格権という法概念の本来的な役割があると考えられるからである．

サヴィニーは，割当領域に対する意思による支配を，権利の核心的内容と把握した．そのため，その意義，とくに違法性判断におけるその有用性についでは揺るぎがない．わが国においてこの点に関する揺らぎが生じたとき，必ず引きあいに出されるのはサヴィニーの権利論である[36]．

所有権の利用が脅かされる場合が，その典型である．たとえば，公害による被害が深刻であるとき，その事前予防（たとえば，被侵害者の土地所有権に基づく妨害排除）が求められるが，その際に，事前予防の可否を被侵害者の利益と侵

⒇35　藤岡・国際化 200 頁．
⒇36　藤岡・国際化 63 頁．

害者の利益との総合考慮[37]によって判断することはゆるされない，とされる．

なぜなら，土地所有権の本来の効力，すなわち，その排他的支配性からすれば，所有者の自由な意思決定は絶対的に保護されるべきだからである．したがって，所有権の侵害は，原則としてただちに違法と判断されなければならないと．

サヴィニーの権利論は，現代的な問題に対しても，なお応用可能な場合のあることがわかる．権利の問題を考える原点であることにおいて，その意義が失われることはない．

(イ)　人格権の保護とサヴィニーの民法学　　ところで，以上のような伝統的な権利論（古典的権利論などとよばれる）において人格権が「権利」として認められなかったとしても，そのことは人格的利益の保護がおろそかにされてよいことを意味したわけではない．生命や身体などの人格的利益は「権利」成立のための基盤として「権利」以上の価値を有するものであって，これをあえて「権利」と構成することは無用なこと，さらにはおこがましいことであった[38]．

このように，権利の主体である「人」そのものが保護されるためには，「権利」という法概念にたよる必要はなかった．また，そのような考え方は，民法の理論としてはもちろんありうるものである．しかし，実定民法は権利の体系として構築されているのであるから，人格的利益についても，それらを権利と構成することが，民法の継続的発展につながるのではないか．

すなわち，人格権の保護は，サヴィニーの民法（理論）と相容れないものではない．人格権を承認し，その役割を積極的に考えることは，かえって（権利論を展開した）サヴィニーの構想を現代によみがえらせることになると考えられるのである．

(ウ)　不法行為法の発展　　また，以上に関連して，以下の事実にも注意が必要である．すなわち，サヴィニーの時代の民法（学）と現代の民法（学）との間には，大きな違いが存在する．それは，不法行為法が発展し，わが国では，とりわけ人格権に関心がよせられたことである．つまり，サヴィニーの民法

(37)　利益考量とよばれる民法の解釈の方法．これについては，第1部第3章第5節参照．

(38)　この点について，「生命，身体，自由，名誉の如きは，いわば権利以上の存在であって，人が人として法律の世界において人格を認められている以上，当然に保護されるものであって，寧ろ権利の発する根源でありまた権利の帰する乾流であると観なければならぬ」との考え方がある．末川博『権利侵害と権利濫用』（有斐閣，1970）501頁．

（学）と現代の民法（学）とはその前提を異にするともいえよう．

不法行為法は，権利利益の保護を目的とする法制度である(39)．そのため，不法行為法は，あらたな法益が法認される場でもある．さらに，それは民法（学）に対する問題提起が行われる場でもある．すなわち，不法行為法で救済の対象となる権利は，民法の基本的仕組みの中では，どのように評価され，法律構成されるべきであるのかと．民法の基本的仕組みは，このような形で不法行為法によってつくられる，といっても過言ではない．

とりわけ日本では，生命・身体・健康などの身体的利益や名誉・プライバシーなど精神的利益のほか，「人」および「人」の生活（環境）にかかわるさまざまな利益が，その法的保護を求めて，「人格権」として不法行為法の場に登場した．

環境的利益の保護についても人格権による主張がなされるのはわが国に特徴的な法現象であるが，人格権を契機として人の尊厳や自己決定権の議論が深められてきたことも重要である(40)．

(エ)　民法の課題　それでは人格権は不法行為法においてどのように保護さ

---

(39)　藤岡・講義Ｖ 78 頁以下参照．

(40)　人格権（人格的利益）の保護については，判例と学説による人格権法（不法行為法）の発展を民法の全体像の中に位置づける試みとして，藤岡・構造がある．同・講義Ｖ（不法行為法）は，救済規範としての不法行為法の役割は民法の仕組みの構築問題でもあるとの認識のもと，人格権を，「民法構成上の人格権」と「救済規範としての人格権」に分けることを提案するものであった．この点を明確にすることが民法のさらなる発展の原動力となると考えられるからである．

民法ではこれまで人の問題は財産法を中心に考察されてきたが，（人格権の問題も含め）より広い視点からの考察が必要であることについては，つとに星野英一「私法における人間―民法財産法を中心として」『基本法学 1 ―人』（岩波書店，1983）125 頁がある．本書で取り上げた「財貨秩序」と「人格秩序」からなる民法の仕組み（広中）は，不法行為法の発展を踏まえて構想されたものである．この点は民法の継続的発展を支える法の一つが不法行為法であることを意味する．

人については，不法行為法においても民法の視点が必要であることは，大村敦志「『人の法』から見た不法行為法の展開」淡路古稀『社会の発展と権利の創造』（有斐閣，2012）321 頁からもわかる．人格権は不法行為法にとどまらず民法の問題でもあることについては，木村和成「わが国における人格権概念の特徴（二・完）」摂南法学 35 号 95 頁以下においても指摘されていることである．なお，憲法の視点にもとづく人格権の位置づけについては，山本敬三「人格権」争点 44 頁がある．この視点に立つと，憲法上の基本権と民法上の人格権の関係が問われる．人格権法の現状については，五十嵐清『人格権法概説』（有斐閣，2003）．基礎研究として，斉藤博『人格権法の研究』（一粒社，1979）．

れるべき権利であるのか．人格権が「人」の地位に関する権利であるとすると，この問題は不法行為法にとどまらず，民法全体の問題として受けとめる必要があるのではないか．人格権は民法の中でどのような位置をあたえられる権利であるのか，その拠点が明らかにされる必要がある．これは不法行為法といわず，民法の課題でもあると思われる．

⑶　民法構成上の人格権 ── その意義と，その法的根拠

⑺　救済規範としての人格権と民法構成上の人格権

(i)　これまでの分析をまとめると，わが国では，人格権は，従来，物権や債権とならぶ重要な権利（法益）として理解されながらも，その内容や機能については，第3説（広中説）が登場するまでは十分に論じられることはなかった．それまでは，人格権はもっぱら不法行為法の分野における問題とされてきた．

しかしながら，人格権が物権や債権とならぶ柱となる権利であるならば，救済規範のレベル（不法行為法規範）であつかわれるほか，民法の基本的な構成要素として明確に位置づけられるべきではないか（そのために必要な基礎的な研究と社会的実態（判例における人格権法の発展）はすでに整っている）．また，この位置づけがいったん確立されると，その後はこれを拠点として，人格権に関する救済規範のあり方を考えることも可能となる．

(ii)　救済規範のレベルで問題となる人格権を，「救済規範としての人格権」とよぶとすると，民法の構成要素としての人格権は，これと区別して，「民法構成上の人格権」（または民法規範としての人格権）とよぶことができる．

現行民法によると，709条の被侵害利益は，「権利」と「法律上保護される利益」とに分けられているのであるから，「民法構成上の人格権」が確立されると，その保護のあり方が709条の二元的構成にしたがって定まることになる．

これによると，人格的利益の保護は，「権利の保護」にあたいする場合と，「あらたな利益の法実現」としてなされるべき場合に分けることができ[41]，人格的利益の多様化に対応することができる．

さらに，「民法構成上の人格権」を「救済規範としての人格権」から切り離して，独立の法概念として観念することによって，人格権が物権や債権とは本質的に異なる内容・効力・機能を有する権利であることが明確となる．すなわ

---

(41)　それぞれの具体的な意味については，藤岡・講義V 210～212頁，213頁以下参照．

ち，人格権が「人」の地位に関する権利として，物権や債権にさきだってまず問題とされるべき権利であることの共通の了解がえられるのではないかと思われる．

(イ)　人格権の拠点　　では，「民法構成上の人格権」は，どの条文にその存在を読み取ることができるか．

その根拠づけにあたっては，特別の規定をまつまでもないと考えることも可能であるが(42)，その拠点を権利能力平等の原則を規定した3条1項に求めることができる(43)．

すなわち，同条は，「人」が権利義務の主体として平等であることを宣言している．このような宣言が実質的な意味を持つためには，「人」が「人」として保護されることが必要である．従来，不法行為法の領域において個別の事件ごとに判例によって確認されてきたこのような「人」の保護に関する要請を，それらの判例の質量両面における充実（判例法としての人格権法の発展・確立）をふまえて，今やより明確な形で規範化することが求められるようになった．このような必要にこたえるための法律構成が「民法構成上の人格権」という概念である．このように考えることがゆるされるとすると，「民法構成上の人格権」は，近代法の大原則である権利能力平等の原則（3条1項）にその根拠をもつということができる．

(ウ)　「憲法と民法」の関係における人格権　　ところで，「民法構成上の人格権」は，憲法規範によってもこれを支えることができる．

このような人格権の法律構成は民法の基本原則（権利能力平等の原則）に現代的装置を施すものであるが，人格権が尊重されるべきことは憲法に立ち戻ることによっても明らかとなる．私的自治の原則は，民法制定当時すでに民法の指導原理とされていたが，この原則については，私的自治そのものが憲法上の原理ではないのかとの主張があらわれるにいたる．これによると，私的自治の原則や自己決定権の基礎にあるリベラリズムの思想を採用しているのが，憲法

(42)　このことは人格権は現行民法の中にその拠点をもつ権利であることを意味する．そのことを前提としたうえで，これからの展望としては，人格権に関する詳細な規定が必要である．この問題について，広中俊雄「『第一編 人』で始まる新しい民法典の編纂」椿寿夫・新美育文・平野裕之・高野玄逸編『民法改正を考える』（法律時報増刊）（2008）45頁参照．

(43)　さらに，民法2条（個人の尊厳）および憲法13条（個人の尊重）によっても補強されうる．

13 条（個人の尊重・幸福追求権・公共の福祉）である．ここにあるのは，人格権は憲法にもその根拠を求めることができるとの考え方である[44]．

憲法上の人格権がただちに民法上の人格権と同様の効力をもつわけではない．しかし，民法上の権利がどのように保護されるべきかという問題は，私法上の問題にとどまるものではない．憲法においても，行政法においても，刑事法においても問題となりうるのである[45]．

自己決定権は人格権の基礎にある権利である[46]．自己決定権が憲法上の価値判断により導かれるものであるとすれば，その判断は民法上の人格権の規範化をうながすことになる．「民法構成上の人格権」，すなわち人格権に関するあらたな法律構成は，憲法との関係においても重要な役割をになうことができるものである．

(エ)　人格権の法律構成 ── 補足として　　人格権の法律構成については，これを条理にもとづいて説明することも可能である（なお，条理が法源となることについては，後述 106 頁参照）．これによると，「民法構成上の人格権」は，法の欠缺がある場合の条理による補充のうち，「立法者が意識的にか無意識的にか規定を置かなかった場合，あるいは制定後新しい生活関係を生じた場合など，要するに制定法が沈黙している場合（狭義の法の欠缺）」にあたる[47]．

北方ジャーナル事件最高裁大法廷判決で法認された人格権の効力は限定的であったため，その効力を広げ，より一般的な効力を認める必要が生じた．「民法構成上の人格権」という概念（を観念すること）は，そのための手段となりうるものである．

人格権をめぐる法律構成の展開を，「法的判断の三層構造」から説明することもできる（これについては，後述 116 頁参照）．上記大法廷判決においては，人格権は物権と同様，排他性のある権利とされたが，これは具体的な事件を解決

(44)　この問題については，前掲注(18)参照．

(45)　広中 101 頁．「法の問題は直接あるいは間接にすべて権利にかかわるものであるといってよいであろう」（同 102 頁）とされる．これは人格権にもあてはまることである．

(46)　藤岡・講義Ⅴ 239 頁．

(47)　四宮 12 頁．なお，「一般条項的な人格権保護の体系」の構成について，民法 1 条の 2（現 2 条）あるいは憲法 13 条が手がかりになりうる，との考え方がつとに存在していたことが注目される．広中俊雄『民法論集』（東京大学出版会，1971）228 頁（初出，同「不法行為に基づく損害賠償請求権をめぐって」日本弁護士連合会昭和 41 年度特別研修叢書(1967)）．

するために既存の法理（物権＝排他的支配権＝物権的請求権による保護）の応用をはかるもので，現実問題対応型判断（第1段階）にもとづくといえよう．しかし，人格権という権利によりひろい効力を認め，「人格権法」を構築するためには，人格権（法）の基礎理論が確立されなければならない．この要請にこたえる民法上の仕組みが，「民法構成上の人格権」と「救済規範としての人格権」からなる人格権のあらたな法律構成である(48)．

⑷　「人の法」と「財産の法」

民法における人格権の位置づけおよび役割が定まると，そのことから，多くのことがらについて，いままでとは異なる視点を獲得することができる．

まず，民法の役割に関しては，民法の構成に従ってこれを考察することが習わしであった．すなわち，民法は財産法と家族法に区別され，かつ，民法の仕組みは財産法にもとづいて構築されてきた．民法の仕組みが「商品交換の法」ととらえられていたのはこの間の事情をよく物語るものである．

商品交換を成り立たせるのは財貨の帰属と財貨の移転であり，その役割をになうのが物権法と債権法であった．民法の仕組みが物権法と債権法を中心として組み立てられていたのには，十分な理由がある．あとに残るのは物権と債権の関係をどのように考えるかである(49)．

㋐　「人の法」の独立化　　「人」の権利それ自体が，他人の侵害からまもられるべきものであることについて異論はないとしても，「人」の法的地位そのものの権利性については，十分に論じられることはなかった．「商品交換の法」モデルのもとでは，その必要性はなかったともいえる．商品交換法のもとでの課題は，物権法と債権法に固有の役割を分析すること，そしてそれらの関係を解明することである．人格権（法）は不法行為法における問題にすぎなかった．

しかし，人格権が物権や債権とならぶ「民法構成上の権利」であるとすると，民法の基本的仕組みも，そのことをふまえて構成されなければならない(50)．

すなわち，人格権の役割が定まると，「人」の法的地位にかかわる法を「人

(48)　それぞれの具体的な意味については，藤岡・講義Ｖ 90 頁参照．

(49)　それぞれの本来的役割については，(34)の文献参照．近代社会の財産法秩序は所有権秩序であることにつき，来栖三郎「民法における財産法と身分法（三）」『来栖三郎著作集Ⅰ』（信山社，2004）340 頁（初出，1943）．

の法」として独立させることができる[51]．これは財産法と家族法の両者にまたがるために，「人の法」の視点から財産法と家族法を統一的に理解する視点が獲得されることになる．すなわち，従来の「財産法」と「家族法」の対置は，人格権を中心とする「人の法」と財産権を中心とする「財産の法」（「財産に関する法」）の２つを柱とする，両者の相互関係から成り立つ仕組みとして理解することができるのではないか，ということである[52]．

(イ)　「人の法」としての家族法その他

(i)　「権利の主体」に関する法は「人の法」の基礎を構成する部分にあたるが，「家族法」も「人の法」である．家族の問題とは，すなわち家族関係のあり方が問われるということであるが，家族関係が人格的な結びつきの場であることの認識は（人格的利益がまもられるべき場），従来必ずしも十分でなかったと思われる．「家族法」が「人の法」として位置づけられると，この点が明確となる．「家族法」の礎をどこに定めるかの問題である．

被害者の権利保護を目的とする不法行為法もそうである．「人」の権利は最終的には保護されるとの観念にもとづいて成立するのが不法行為法である．不法行為法もまた「人の法」であるといわなければならない．

「財産の法」もあらたな対応を求められる．財産関係の規律はどのようなものであるべきか，取引の行われる場（市場）を含めた財産関係のあり方が問われる．法的空間としての「財産の法」という視点の必要性である．

(ii)　ところで，「人の法」と「財産の法」は民法の役割を実現する２つの柱であるにとどまらず，相互に影響しあう関係でもある．「家族法」は「人の法」であるとしても，相続法では，財産関係の視点も必要である．反対に，消費者契約は，法形式としては「財産の法」に属するが，消費者という「人」が当事者となるため，消費者の利益はいかにしてまもられるべきかが問われざるをえない．その点では，消費者法はまさしく「人の法」でもある．

---

(50)　「人の法」の独立化は，財産法を中心とした民法とは異なる「もうひとつの民法」をつくることを意味する．

(51)　「人の法」と「財産の法」の内容については，広中旧版と新版との間には意識的な発展がある．新版によると，「人の法」は人格権法・家族法のほか生活利益法をも含む用語，「財産の法」は財貨帰属法・財貨移転法のほか競争利益法をも含む用語である（99 頁）．

(52)　市民社会の出発点で想定されていた「強い個人」（強く自律的な家長）と「弱い個人」の登場について，吉田・259 頁以下．

民法はもともと独立した「人」と「人」との取引を想定して組み立てられた法であった．そこには経済社会の仕組みの原点がルール化されているのであって，民法は，そのルールを基礎として，経済社会の変容に対応可能なルールが積みあげられて出来上がったものである．そうであれば，「財産の法」についても「人の法」とのつながりを考えておく必要があるのは当然のことである，といえよう．

(ウ)　２つの柱と，その相互関係　　以下，より詳しく(i)〜(iii)で３つの問題を取り上げる．

(i)「人の法」について　　「人の法」は，「人」の法的地位にかかわる問題，言い換えるならば，人格権（民法構成上の人格権）をめぐる諸問題をその主題とする法領域である．人格権は，物権や債権などとは異なり，行使することではなく，他者による侵害からまもられるものであることをその特徴とする．

人格権（保護）の目的は，「人」に関わる権利利益を他者の侵害からまもり，人格的価値の実現をはかることにある．人格権の基礎にあるのは，「人」が「人」であることの本来的な特質，つまり自己決定権の問題である(53)．

では，人格権は，他人からの侵害から，どのようにしてまもられるべき権利であるか．これは救済規範からみた人格権の効力の問題であるが，この具体的な救済規範のレベルで問題となる人格権を，「民法構成上の人格権」と区別して，「救済規範としての人格権」とよぶことができる．

民法709条によると，他人から損害を被った場合は，これを「権利」侵害があったものとして保護される場合と，「法律上保護される利益」の侵害と評価されて保護される場合との２つに分けることができる．

人格権侵害にあてはめると，（民法構成上の）人格権には多様な人格的利益が包摂されており，保護のあり方も一様ではありえない．ここでは，人格権が民法構成上の権利として，その地位が確立されていることと，ある具体的な人格的利益がどのような場合に，いかなる要件の下で保護されるのかという問題を区別して考えなければならない．

後者の問題は，709条の問題である．すなわち，人格的利益（救済規範としての人格権）の具体的保護のありようは，同条にもとづき，それぞれの性質に応じて決定される必要がある．

(53)　吉田・258頁以下参照．

さらに，不法行為法は「人」の法益が侵害された場合に関する救済規範である．したがって，不法行為法はそもそもそれ自体が「人の法」に属すると考えることも可能である．すなわち，「他人による違法な侵害から守られる」という信頼が成り立ってはじめて，「人」は，その信頼の下に社会活動を安心して行うことができるのであるから（そのような信頼に応えることは民法の重要な任務の1つである），不法行為法は，まさしく「人の法」そのものである，とも考えられるのである．

ここで想起されるべきは，人格権は，もともと不法行為法の領域で立ち上げられ，形づくられた権利であるという事実である．そのような人格権を「民法構成上の人格権」としていわば再構成し，民法の構成要素として把握するという考え方は，不法行為法における法発展に民法上の礎をあたえるという役割をになうものである．さらに，この考え方によれば，そのような法発展を支えてきた，そしてこれからも支え続ける不法行為法（包括的救済規範）もまた，「人」の保護に関する法として，「人の法」の中に位置づけられることとなる．

以上は，「人の法」における人格権（法）に固有の問題である．「人の法」における人格権の役割が定まると，前述のとおり，「人の権利」および「人と人との関係」にかかわる問題も，「人の法」の問題としてあつかうことができる．

(ii)「財産の法」について　　これは，これまで「財産法」とよばれてきた法領域が経済社会の仕組みをあらわす法的空間として再構成されたものである．

財産法は，一般に，財貨の帰属に関するルール（物権法）と財貨の移転に関するルール（債権法）を規律するシステムであるが，「財産の法」の下では，「商品交換の法」モデルによっては把握できなかった問題を取り込むことができる．すなわち，「財産の法」では，人の活動とともに，企業による経済活動の規律が必要とされるが，この法システムでは，（市場にもとづく）経済活動が法的空間として構造的に把握されることになる．

「財産の法」の下，公正な競争や取引が行われなければならない．そのために民法にできることは何かが問われる．財産関係の規律のみならず取引の行われる法的空間としても把握されると，民法の対象領域が拡大されることになるが，これも民法の発展形態と考えることができる（競争秩序や取引秩序など，あるべき法システムそのものの仕組みも，民法の対象に加えられる）[54]．

(iii)　相互関係の実現　　民法の仕組みが「人の法」と「財産の法」の，2つの柱を起点として考察できるとすると，民法の総則編（第1編）の意義も変わってこよう．

総則編では民法の基本的な諸制度がルール化されているが，そこには「人の法」に関する制度と，「財産の法」に関する制度がともに存在する．いずれも民法の礎となる制度であるが，「人の法」に関する制度であっても，「財産の法」に関する視点が必要となる場合がある．同じことが「財産の法」においてもあてはまる．すなわち，「財産の法」に関する制度であっても，「人の法」としてのアプローチが求められる場合もある．民法の役割はそのような相互関係のもとで実現されるものである．

4　社会の構成原理としての人格権

「人の法」と「財産の法」からなる民法，という考え方の基になるのは人格権法の発展である．人格権は財産権とどのように違うのか，権利の意義に関する従来の考え方との関係をまとめておこう．

⑴　権利に関する従来の考え方

㈠　利益の享受　　人格権を「民法構成上の人格権」と「救済規範としての人格権」にわけることは，権利に関するこれまでの考え方とどのような関係に立つことになるのであろうか．

従来，権利とは社会生活における利益を享受する「法律的な力」とか，「地位」であるとか，あるいは「資格」であると説明されてきた．いずれの説においても共通するのは，利益の享受が権利の核心とされていることである．これによると，利益の享受を保障することが権利の目的であるといえよう．

㈡　権利の内容　　ところで，権利については，権利の内容による分類と，権利の作用による分類が行われる．

権利の内容からみると，物権や債権など財産権については対象が明確であるが，人格権については人の人格的利益を目的とする権利であるといわれてきた．人格的利益は「人」に関する利益をいうのであるから，その範囲をはじめ

---

(54)　民法の役割の変遷は，法律関係の事後処理にも影響を及ぼす．すなわち，人の活動により，結果的に不当な利益が生じた場合には（法律上の原因のない場合），利益を受けた者（受益者）はそれを返還する義務を負う（703条）．これは法律関係の後始末の問題である（あるべき状態に戻すこと（矯正すること））．法的措置が講じられる場面は，全法秩序に及ぶため，「財産の法」および「人の法」の双方の法にまたがる役割をになうことになる．すなわち，民法の役割の変容は，不当利得法にもあらたな視点をあたえることになる．

から決めておくことは難しい．人格権は権利ではないといわれることがあるのは範囲の確定に困難をともなう場合があるからである．

しかし，これは，どのような人格的利益が保護にあたいするのか，規範的判断を経なければわからないところがある，ということにすぎず，権利の内容による分類という点では，人格権は，物権や債権と同様，人格的利益の総称として権利であることに変わりはない（人格的利益の全体が人格権である，ということもできよう）．

⑼　権利の作用　　権利の作用についてはどうか．物権は物に対する権利，債権は人に対する権利ととらえると，物権や債権については権利の作用，つまり権利の行使（権利にもとづく働きかけ）を語ることは容易である．というよりも権利の観念の基にあるのは，物権と債権など財産権の仕組みをどのように法律構成するかということであった．

この法律構成を人格権にあてはめると，権利の作用については，困難な問題が生じる．比喩的にいえば，人格的利益は権利の主体である「人」そのひとに付着する権利であるから，物（物権の場合）とか，相手方（債権の場合）に向けられた権利と同じような作用を，人格権に求めることはできない．

人格権において権利の作用を考えるとすると，他人に対する働きかけ，すなわち，自分に付着する権利を他人がまもることを請求することではないかと思われる．この点に人格権に特有の法律構成，すなわち権利の作用を認めることができよう．これは権利の作用からみた人格権に固有の問題である．

⑵　人格権の場合

本節で述べてきたことは，人格権とは「人」の法的地位をまもるための権利ではないか，という考え方である（民法構成上の人格権）．「人」の法的地位にともなう利益には，さまざまのものがある．

これは，生命，身体など「人」の存在そのものである利益と，社会生活にともないまもられるべき利益に分けられる．これらの人格的利益の総称を人格権とよぶこともできるが，人格権の基礎には自己決定権，すなわち，法生活においては自分で判断し，行動するための権利が存在する．この権利もまたまもられるべきものである．

権利の分類に従って，人格権の特徴をまとめてみよう．権利の内容からみると，人格権は「人」の法的地位をまもるための権利であることにその本来的目的がある．しかし，これは人格権の目的であって，すべてではない．権利の作用から見ると，人格権とは，法的地位にともなう人格的利益がまもられるべきことを請求できる権利，すなわち，まもることを他者に請求することのできる権利である．

上記の意味において，人格権は，物権や債権と同様，民法の構成要素としての権利の一翼をになうものである．これは「民法構成上の人格権」であるが，この人格権がどのように保護されるべきであるかは，不法行為法の判断基準による．これが「救済規範としての人格権」の問題である．

⑶　社会の構成原理としての人格権

(i)　以上のように考えると人格権は権利の意義に関する従来の考え方とあいいれないものではない．従来の法律構成にもとづき，そこにあらたな発展の要素を取り入れたもの，これが判例，学説がつくりあげた「民法の構成要素としての人格権」である．「民法構成上の人格権」は「人の法」の基になる権利であり，「人の法」と「財産の法」からなる民法の礎石となるべきものである．

(ii)　人格権の意義を民法における「人」との関連で位置づけておこう．民法の仕組みの中では，ひとは権利義務の主体としてあらわれるが，民法の対象とすべき「人」についてもう少し視点を広げると，生まれながらの「ひと」には法律上3つの側面がある．それは権利義務関係の主体としての「人」に限られるわけではない．その問題にはいる前に考えておかなければならない問題がある．すなわち，――

①　権利の主体としての「人」のほかに，

②　社会の構成員としての「人」，家族の構成員としての「人」の問題がある．

③　さらには，人間としての「人」の問題が根底にあることを認めなければならない．ここでは「人」の存在（生命，身体など根源的価値）と尊厳（名誉など人格的価値）をまることが至上課題となる．

①と②と③と，それぞれの立場でまもられなければならないが，②と③はこれまでは不法行為法や家族，法の課題にとどまるものであった．しかし，「人」の問題を進展させるためにはこれを民法の全体の問題として受けとめる必要がある．そのための拠点となるのが「民法構成上の人格権」である．すなわち，「人」としての地位をまもるための権利が人格権である．

(iii)　民法は社会の基本法であるから，「民法構成上の人格権」は「社会の構成原理としての人格権」でもある(55)．

社会の変容とともに権利の意義も変わらざるをえない．このことは絶対権の観念にもあてはまることである．所有権の侵害はただちに違法となる，というのは絶対権の内容・作用について考える起点となるものであった．しかし，所有権の侵害であっても，さまざまの要素にもとづく規範的判断が求められる場合がある．このことは権利の意義も，民法の役割に応じて変わる可能性があることを物語る．

人格権は社会の発展にあわせて権利としての地位を獲得した権利である．人格権が民法の構成原理であると同時に社会の構成原理でもあることは，民法のおのずからなる発展の証でもある[56]．

5　人格の自由な発展と民法の仕組み

(i)　これまでの考察から，民法の基本的仕組みのあり方について考えるとき，そこには2つの課題が存在することが理解されよう．①1つは，現行民法典の仕組みがどのような特徴をもつものであるか，を理解することである．これはその仕組みを客観的に明らかにすることである．②もう1つは，民法とは，どのような役割をになうべき法であるか，ということを分析することである．これは，現行民法典の仕組み（その意義や機能など）を，民法の役割（民法の制度目的）に則して（ときには批判的に）検証することに通じる．

民法の役割は，当然のことながら，社会の発展とともに変わる．そうでなければ，民法を社会の基本法と位置づけることはできない．すなわち，民法は社会の発展とともに前進する，そのための基本法典である．社会の基本的仕組みは，民法によってその基礎がつくられる．民法はその意味でまさしく社会の基本法である．

さらに，以上の考察において述べてきたことは，要するに，民法の役割の変容にともない，民法の基本的仕組みも，（実質的な）転換を迫られているのではないか，ということである．従来，民法は，財産法と家族法からなる法領域として説明されてきた．これは民法の仕組みを表現すると同時に，民法の役割を

---

(55)　藤岡・構造130頁．なお，③にいう名誉の保護については，建部雅『不法行為法における名誉概念の変遷』（有斐閣，2014）がある．

(56)　権利の観念が絶対的・固定的なものでないことについてについて，藤岡康宏「差止の訴に関する研究序説－その根拠と権利（絶対権）について」北法21巻1号108頁（1970）参照．藤岡・構造323頁以下．わが国における人格権の承認はこの考え方の延長線上にあると考えることもできる．

もあらわすものであった．これに対して，「人の法」と「財産の法」という理解は，社会の発展をどのように受けとめるべきかの視点から，民法の役割を規定するものである．

また，「人の法」は，「財産の法」の基礎ともなるべきものであった．そうすると，民法の役割は，つまるところ，人格の自由な発展の礎を築くことにある，といえよう．それを実現するための仕組みと，動かし方を考えること．これが社会の基本法としての民法の役割である．

(ii)　民法の継続的発展をどのようにすすめるか．これについては，第3章で取り上げる．

以下では，民法の仕組みに関連するもう1つの要素として，法律関係の規整のあり方を取り上げる．権利と義務の関係（民法の基本モデル）は，どのようにして構築され，効力をもちうるかという問題である．

第3節　法律関係の規整のあり方

1　総　　説

(i)　民法の構成要素としての権利につづき，本節では，民法における法律関係（権利義務の関係）の形成のあり方を取り上げる．これについて，民法では「法律行為」という法的仕組みが用意されている（第1編第5章参照）．

売買とか，賃貸借とか，契約を抜きにしては日常生活を送ることはできない．日常生活においてもっとも身近に法律の存在を感じるのは契約であるが，民法では，契約は「法律行為」という法的仕組みの中であつかわれる．

「法律行為」とは，「人」が自己の意思にもとづいて法律関係を形成する仕組みのことである．契約についていえば，契約は申込みの意思表示と承諾の意思表示の合致により成立する法律行為である．意思を基本とする仕組みであるため，どのような意思表示であれば，効力があるといえるのか，意思表示の構造も問題となる．

法律関係の形成において「法律行為」の仕組みが設けられたのは，契約を「法律上の行為」として「日常の行為」から分かつところにある．この点の問題意識を明確にすることが求められたのである．契約を締結するとは，当事者が「法律の世界」にはいることをみずから承認することであり，このことを制度としてつくりあげたものが，「法律行為」の仕組みである．

当事者は契約を通じて法律行為規範の設定にたずさわることを約束するので

あり，いわば規範創造の作業を通じて社会の変容や法の継続的発展に対応する役割をになう存在として位置づけられる．

(ii)　法律行為および意思表示の規定の詳細は第2部にゆずる．民法の仕組みを理解するためには，はやい段階で法律関係形成の全体像を把握することが必要である．以下であつかうのは，「法律行為」の必要性，「法律行為」と他の諸制度との関係，「法律行為」と家族法などの問題である．

2　法律行為 ── その法的仕組みの意義

契約を結ぶと，当事者は契約に拘束されることになる．約束をまもらなければ約束の履行を求められるし，履行できなかった場合には，そのための（法律上の）責任を問われることとなる．日常生活で繰り返される約束がどのような場合に契約と認定されるのか．これが法律関係の形成をめぐるもっとも重要な問題である．

(1)　法律上の行為と日常の（非法律的な）行為

民法によると，契約（第3編債権第2章契約521条以下）は，「法律行為」の一種である（第1編総則第5章法律行為90条以下）．

法律行為とは，法律上の行為のことである（日常的な行為ではない）．契約ということばは日常よく使われることばであるが，法律行為と聞くと，ある種の緊張感がはしる．すなわち，日常生活から一歩踏みこんだ扉を開ける，それが法律行為という概念にこめられた民法（典）のメッセージである．

では，法律行為としての契約は，どのような場合に成立するのであろうか．そのために民法が用意しているものが「意思表示」という仕組みである．

たとえば，Aがむずかしい法律問題がからむ事件に巻き込まれたため，その処理を弁護士Bに依頼することにしたとしよう．これは（準）委任の契約によって行われるが（643条以下），契約が成立するためには，そのための「意思表示」が行われなければならない．

上記の例では，委任契約を成立させる意思表示であるが，申込みの意思表示(A) と承諾の意思表示 (B) とが一致すると，契約の成立する（521条以下参照）．

人が他者との間に積極的な法律関係を形成したい（権利の変動と義務の設定を行いたい）と考え，行動をおこすこと，これが意思表示である（したがって，意思表示のことを，一定の法律効果の発生を意欲してなされる行為と定義することもできる).

このように，意思表示とは，契約という法律行為を実現するための手段である．契約を日常の約束と分かつための起点が意思表示であるが，法律行為の側から見れば，意思表示とは，契約などの法律行為を構成する要素である，ということになる(57).

(2) 契約と法律行為の関係

(i) 契約と法律行為との関係については，それぞれに関する規定が現行民法典では離れて規定されていることも気にかかるところである．すでに説明したように，両者の間には緊密な関係が存在する．なぜ，それにもかかわらず，契約に関する規定は第3編（債権）の中に，そして法律行為に関する規定は第1編（総則）の中にそれぞれ規定されているのか．

これは意思表示を要素とする権利変動の原因が契約のほかにも存在し(58)，それらを統一的に理解するためには，契約に関する具体的な問題とは別に，契約の基本的仕組みをひろく民法全体の法構造のなかで位置づけておくべきである，との考えによるものである．ここにみられるのは，法律行為の構成要素としての意思表示の重要性に対する認識である(59).

(ii) ところで，法律関係の形成という任務をになうのが契約であるとすると，問題となる具体的な契約について，その成立および内容を検討すれば十分であり，契約（法）のほかに法律行為の制度を設けることは屋上屋を重ねることにならないか．このような疑問もわいてこよう．

意思表示を構成要素とする法律行為（法律要件）が契約のほかに存在するとしても，他方で，もっとも重要な法律行為が契約であることにもまちがいはない．そのため，契約に関する詳細なルールを整備し，法律関係の形成については，これを契約法の問題として考えれば足りるとすることも，1つの立法政策としては成り立ちうるものである．それにもかかわらず，わが国の民法では，

---

(57) この点について，四宮=能見170頁．なお，日常の行為は「社交上の行為」といわれることもある．

(58) 単独行為，合同行為など，詳しくは第2部第5章第1節2にゆずる．

(59) 意思表示が効力を生じるためには，その中に効果意思（民法上の効果の発生を意欲する意思）が含まれていなければならない．この点が問われた判例として，酒場のざれ言により法律関係が生じるか，生じるとしてどのような法律関係が設定されるのか，が争われた「カフェー丸玉女給事件」（大判昭和10年4月25日法律新聞3835号5頁）がある．ここで問題となったのは，効果意思の存否および内容である．

ドイツ民法（パンデクテン・システムを採用した）にならって，契約は法律行為というより一般的な制度の主翼をになうものとして位置づけられた．その理由を尋ねることは，民法の（あらたな）仕組みの構築にとって必須のことがらである．

(iii)　法律行為ということばは，当初もちいられていた「法律上の行為」ということばが改められたものであるが(60)，しかし，民法の他の制度との関連を考えると，こちらのほうがわかりやすい．すなわち民法の起草者の1人である富井は次のように言っている．「法律上ノ行為ト云フガ正シイト云フ訳ハ人ノ行為ノ中デ法律ノ権利義務ヲ生ゼシメ，即チ法律関係ヲ生ゼシムル所ノ行為ヲ規定スルノデアル，然ウ云フ趣旨カラ法律上ノ行為ト云フ言葉ガ正シイト思ヒマスルノデアリマス」（富井［起草委員の1人］）．

(3)　法律行為制度の必要性

(ア)　サヴィニーの「法律行為」　　ところで，法律行為制度の必要性を主張したのは，権利の問題と同様，ここでもまた，サヴィニー（1779〜1861）であった．権利に関する古典的理解に従うと，権利の本質は権利者の自由意思による割当領域の排他的支配にある．しかし，権利の基礎にある人の意思という要素は，契約にも存在するし，その他の行為のなかにも意思をもってその基礎をなすものがある．このような理解から契約（双方行為）と単独行為（契約の解除など，当事者の一方の側からの意思表示のみによって効力が生ずる場合）の上位概念として，「法律行為」という観念が引きだされた(61)．

すなわち，法律行為は，意思表示（意思の表明）にもとづいて権利義務の関係に変動を生じさせる行為である．日本の民法では，権利の得喪および行使に関する通則が第1編（総則）に規定されることになった．そのため，法律行為制度を採用することは，いわば必然的なできごとでもあった．

(イ)　法律行為と民法　　このように，法律行為という概念あるいは制度は，もともとはドイツ民法（学）あるいはパンデクテン・システムに由来するものであった．その点はまちがいないとしても，この制度には，民法典にその趣旨の規定が見あたらないフランスからも強い関心が寄せられていたことが注目さ

(60)　これは，ドイツ民法の Rechtsgeschäft ということばに由来する．以下については，民法主査会議事速記録 109 頁（日本近代立法資料叢書 13）．

(61)　単独行為とは，契約の解除，取消しなど，当事者の一方的意思表示により，法律関係に変動を生じさせる行為をいう．

れる[62]．このことからは，法律行為という制度が民法の役割と深い関わりを持つ制度であることがうかがわれよう．

(i)　第1に，私的自治の原則との関係がある．「人」は契約によって相手方に対し義務を負うことになるが，その根拠としてあげられるのが，本人の自由意思である．すなわち，自己の意思にもとづいて合意をしたがために，「人」は契約に拘束されるのであると．

これは契約の拘束力の根拠を意思に求める考え方である．これによると，この考え方を実現するための法的仕組みが法律行為ということになる[63]．

(ii)　第2に，法律行為（論）は意思表示（論）にとらわれすぎた考え方である，と批判されることがある．意思表示に重きがおかれると，問題が抽象化されるおそれがある，とされる．

しかしながら，法律行為は，同じように意思の表明でありながら，「日常的な行為」と「法律上の行為」を分かつ仕組みである．そこにはおのずから規範的評価が加えられるのであり，ある意思表示が法律行為であると認められると，そこに1つのルール（法律行為規範）が設定されることとなる[64]．

このように日常の生活と法律の世界とを分かつ「扉」が法律行為である．そのような境界の指標としての法律行為を観念することには，一定の意義を認めることができる[65]．

(iii)　第3に，法律行為と自己決定（権）とのかかわり方の問題がある．

具体的な契約類型にのみ着目すると，法律行為としての統一的な視点が失われかねない．この点に関連して，まさしく法律行為としての統一的な視点を回復するために，契約類型に共通する視点として，自己決定の観念をあげる考え方がある．すなわち，ここでは，法律関係の形成における自己決定の重要性が（再）認識されている．自己決定の観念は，法律行為の基本問題として位置づけられるべきものである．法律行為（論）における統一的な視点には，このよ

---

(62)　大村・読解451頁．

(63)　四宮=能見150頁によると，私的自治の実現のための手段が法律行為である．なお，広中俊雄『契約とその法的保護』（創文社，1974）4頁によると，「契約の拘束力一般および契約の法的拘束力の根拠を人の『自由な意思』に還元する試みは，社会の一定の発展段階においてはじめて成立するに至ったところの，すぐれて歴史的なものである」．

(64)　法律行為規範の用法は，四宮14頁による．

(65)　ただし，法律上の具体的世界では，抽象的・一般的な法律行為は存在しない．問われるべきは売買や賃貸借など具体的な契約類型に対応する法律行為規範の設定である．

うな意味が込められていることが重要である．

(ウ)「人の法」とのつながり　　また，このように法律行為の基礎には自己決定の問題があるとすると，そのことから，法律行為は人格権，さらには「人の法」とのつながりを持つ制度であることが理解される．

人格権，とくに「民法構成上の人格権」は，「人」の法的地位をまもるための権利として，物権や債権と同じように民法を構成する基本的な権利である．人格権の基礎には自己決定権があり，自己決定権の侵害は不法行為として救済措置が講じられる必要がある．このことは，法律関係があらたに形成される場面においてもあてはまる．これが法律行為における自己決定の問題である(66)．このように考えることが許されるとすると，法律行為制度は，「人の法」とともに，民法を構成する重要な制度として位置づけられることとなる．

(4)　法律行為規範の設定

(ア)　契約規範　　法律行為は，意思表示そのものを問題とするのではなく，意思表示にもとづく行為を「法律上の行為」と規範的に評価する制度である．とすると，法律行為は法の継続的発展に対応可能な法的仕組みである，と考えることができる（法律行為規範（契約規範）の設定)．

すなわち，ある意思の表明（意思表示）が法律行為と認められるためには，法律的な評価を経なければならない．ここで問われるのは法律行為規範のあり方である．ナマの事実がそのまま取り上げられるわけではない．法的評価のプロセスは規範創造作業の1つである．その意味で，法律行為は，パンデクテン・システムの基本的な仕組みであると同時に，民法の現代的な課題（あらたな法現象への対応）にもこたえられる制度である．

(イ)　法律行為と民法　　法律行為の役割を他の諸制度と比較してみよう．

法律関係の形成にかかわる制度としては，契約法（法律行為の代表例）のほかにも，事務管理法，不当利得法および不法行為法がある．債権の発生原因としてそれぞれの制度趣旨は異なるが，統一的な視点を見出すことも可能である．

(i)　ある約束が「契約」として法的拘束力を得るためには，その合意が法律行為であること，すなわち，「法律上の行為」であることが必要である．法律

(66)　錦織成史「取引的不法行為における自己決定権侵害」ジュリ1086号86頁以下（1996)，橋本佳幸「取引的不法行為における過失相殺」ジュリ1094号147頁以下（1996）参照．

行為規範が設定されるのであるが，これによって契約は日常の約束ごととは峻別されることとなる．

(ii)　契約法と対置されるのは不法行為法である．契約法が法律関係形成の積極的な手段であるのに対して，不法行為法は「人」の権利の侵害が行われた場合に関する救済規範である．すなわち，不法行為法における法律関係は，第三者による権利侵害が認められる場合にはじめて生じる，被害者と加害者との間の救済規範の適用をめぐる法律関係である．

どのような法益が不法行為法によって保護されるのか．この点について，民法 709 条は，他人の「権利」または「法律上保護される利益」が侵害されたときである，と明確に規定している．その適用範囲はひろい範囲に及ぶ．

しかしながら，そこにはおのずから限界もある．法律上保護にあたいする利益と認められなければ，救済の途は閉ざされる．不法行為法が包括的救済規範であることはまちがいないとしても，その世界はあくまでも法律の世界なのである．つまり，「法律上保護される利益」(不法行為の場合) の判断については，「法律上の行為」(契約) と同様，規範的判断が求められる．両者の違いは，後者にあっては，法律行為規範が当事者により設定されることにある (私的自治の原則)．

(iii)　不当利得法では，法律関係の形成にまつわるいわば後始末が問題となる．いちど成立した法律関係に欠陥があるとき (このような法律関係を表見的法律関係という)，事後処理のために発動されるのが不当利得法である(67)．

どのような場合に不当利得と認められるのか．他人の財産または労務によって利益を受けたことに，「法律上の原因［のないこと］」(703 条) が判明したときである．この「法律上の原因」という要件も，①②と同様の「法律上の規範的判断」という役割をになうものである．

(iv)　ところで，法律関係の形成は，契約がなくても，つまり頼まれもしないのに，よかれと思って他人のためにする行為についても問題となる場合がある．これについて民法では，一定の要件のもとでその行為の継続を求めるとともに，一定の場合に費用の償還ができることとされている (697 条・700 条・

(67)　これはいわゆる「給付利得」の返還が行われるべき場合である．「不当利得法の基本的機能は，財貨 (利益を含む) 移転秩序に瑕疵がある場合に財貨の移転を矯正し財貨の帰属を回復することにある」．加藤雅信『財産法の体系と不当利得法の構造』(有斐閣，1986) 297 頁．

702条参照).

これは，事務管理とよばれる特別の制度である．契約の認められない場合について，「法律上の行為」に準じる効力があたえられる場合である．事務管理は法律が認めた特別の制度であるため[68]，ここでの課題は事務管理制度が必要とされる趣旨とその限界を明らかにすることである．

(v)　以上をまとめると，法律関係の形成が問題となる場面においては，いずれについても法律上の判断が求められることが理解されよう．あたりまえのことではあるが，私的自治の原則に直接にかかわる積極的な法律関係形成の場合に関しても，法律行為制度が用意されていることの意義を考えなければならない．ここでもまた法律上の判断が求められていることにおいて他の制度との間に違いはないのである．契約法も，他の制度との関連においてその役割を規定される必要がある．

法律行為には，民法の仕組みの全体をみわたす拠点としての役割があたえられていると見ることもできよう．

(ウ)　贈与契約　　これまで述べてきたように，法律行為は，契約を民法の全体の中に位置づける役割をになった制度である．その中でも，不法行為法との関係が重要である．法律行為は自由な意思によって法律関係を形成するための仕組みであるから，意思表示と法律行為の関係をあらためて確認しておくことにしよう．

たとえば，物を贈ること，すなわち贈与の約束が行われる場合には，売買などとはちがって，当事者に贈与の意思がほんとうにあったのかどうか，判断のむずかしい場合がある．この点は，既に述べたところであるが（「カフェー丸玉事件」参照），それでは贈与の効果意思（贈与の効果を生じさせる意思）が認められるとすると，その約束はただちに有効となり，相手方は常に，目的物の引渡しを請求することができるのであろうか．必ずしもそうであるとはいえない．この段階にいたると，贈与の目的・内容が問われることとなる．

贈与の目的が公序良俗（90条）に反するものであれば，そのような契約の効力を認めることはできない．ここで問われるのは法律行為としての贈与契約の社会的妥当性である．すなわち，ここでは，意思表示そのものの効力が問題となるのではない．有効な意思表示があったとして，贈与契約，つまりは法律行

(68)　私的自治の原則と抵触するおそれがある．

為の内容が法律上是認できるものであるかどうかが審査されるのである．法律行為とは，当該意思表示が法律上の行為として内容的に受け入れられるものであるかどうか，そのことに関する法的判断を行う仕組みである．

㈎　民法による解決とは ── 判例の場合　　このような判断は，実際，どのように行われるか．法的判断の性質に触れておくことは，早すぎるということはないと思われる．その実例として，最㈹判昭和45年10月21日民集24巻11号1560頁の判断が興味深い．

(i)　X男とY女とはいわゆる不倫の関係をつづけていたが，XはYに自活の道（理髪業）を歩ませるために，建物を新築し，これを（未登記のまま）Yに贈与した（549条）．ところが，のちにXとYとが不仲になったため，XはYに対し所有権にもとづく建物の明渡請求訴訟を提起した．Yに贈与したはずの建物は，実はXの所有物だと主張したのである．この請求を認めることができるか．

(ii)　本件で問題となっているのは，贈与の内容の社会的妥当性である．贈与が有効であるとすると，建物の所有権はすでにYに移転しているはずである．ところが，本件では，Xはこの建物の所有権はまだ自分にあるという．すなわち，本件の贈与は，不倫関係の維持を目的としたものであるから，公序良俗に反して無効である．したがって，建物の所有権はYに移転していないという．

なるほど贈与の効力としてはXの主張するとおりである（伝統的理解では，人倫に反する契約は無効とされる）．このことから，意思表示の効力がないということと（効果意思がない，あるいは効果意思と表示行為が一致していないこと），法律行為としてその内容が社会的妥当性を欠き，法律的には無価値判断を受ける，ということは異なる局面を問題にするものであることが分かる．

もっとも，法律行為（論）としては，そのとおりであるとしても，Xの主張は虫がよすぎるとはいえないだろうか．いったんはすすんで贈与しておきながら，形勢が不利になると，こんどは一転，贈与の無効を主張し，建物の取戻しを企てる．このようなことを黙って見すごすことがゆるされるであろうか．

(iii)　この場合には，不当利得法による処理が問題となる．この制度は一度形成された法律関係の後始末を役割とするが，贈与が無効であれば，（建物の所有権はYに移転していないことになるため）Yは建物の占有をXに返還しなければならない．しかし，建物は現にYが使用しているのである．Xの請求を認めることはYの生活を脅かすことにもなりかねない．

法律的には筋がとおっているとしても，いわば形式的な理由によるのみで，Xの請求を認めるのは妥当でない，と考えることもできないわけではない．

法律家の真価は，このような局面においてこそ発揮されるべきである．そして，まさしく不当利得法には，それを可能にするための手段が用意されていることが注目される．すなわち，Xによる建物の引渡しが「不法原因給付」（708条本文）にあたる場合には，Xは建物の返還を請求することができない．このような結論が導かれるのは，「同条は，みずから反社会的な行為をしたものに対しては，その行為の結果の復旧を訴求することを許さない趣旨を規定したものと認められるから」（前掲・最（大）判）である．

(iv)　では，このような解決方法を本件の最終的な落としどころとしてよいであろうか．なるほどXによる返還請求は認められないから，Yとしては当面建物の使用を継続することができる．しかし，建物の所有権がYに帰属するわけではない．XY間の贈与契約が無効であることに変わりはないから，建物の所有権がXからYに移転することは，法律的にはありえないことである．だが，これでは，どちらつかずの解決といえないだろうか．

法律上の解決とは，浮動状態をつくらないこと（権利と義務の関係を明確にすること）であるとすると，このようなあいまいな状態からさらにもう一歩前に進むことが必要である．すなわち，判旨によると，「贈与者において給付した物の返還を請求できなくなったときは，その反射的効果として，目的物の所有権は贈与者の手を離れて受贈者に帰属するにいたったものと解するのが，最も事柄の実質に適合し，かつ，法律関係を明確ならしめる所以と考えられる」．つまり，判例は，不法原因給付（708条）の効果として，Yに建物の所有権が帰属することを認めたのである．

(v)　債権法に端を発する紛争でありながら（不当利得法），最終的な落ち着き先としては物権法上の処理が妥当とされたわけである．法的解決とはどのようなものであるべきか，さまざまなことを考えさせる事件である．

3　法律行為法と不法行為法の関係

(i)　ところで，法律関係の形成に違法行為がかかわっている場合はどうなるのであろうか．民法によると，詐欺・強迫による意思表示は取り消すことができる（96条．なお，消費者契約法4条参照）．取り消した行為は，はじめから無効であったものとみなされるため（121条），被害者はすでに給付したもの（相手方から見ると不当利得）の返還を求めることが可能である（不当利得法）.

(ii)　しかし，詐欺・強迫にはあたらないとしても，それに準ずる行為によって不利益な判断を余儀なくされた者（例えば，ある薬品の販売会社がその薬品の副作用について十分な説明をしなかったために，その薬品を購入してしまった（さらに副作用による被害を受けた）消費者）はどうなるのであろうか．詐欺・強迫による被害者ではないため，法律行為法では救済することはできないとしても，相手方の行為が違法と評価されうるものであれば，不法行為法による救済をあたえることはできないか．不法行為法では「法律上保護される利益」（709条参照）が違法に侵害されるのであれば，損害賠償というかたちではあるが，だれでも救済を求めることができるとされている．

(iii)　このような場合に支援の手をさしのべるのは，不法行為法が包括的救済規範といわれる証でもあると考えることもできよう(69)．ここで問われているのは法律行為法と不法行為法の役割分担である．法律上の判断が必要とされることに変わりないとしても，どのような役割分担の下でそれを行うかが問題である．

この問題は（法律行為法と不法行為法との）「制度間競合」（論）とよばれ，不法行為法の発展（被侵害利益の拡大）にともない提起された問題である．

これについては，法律行為法と不法行為法とでは，救済の方法が異なるため抵触は生じないと考えることもできるが，法律行為法で救済を拒絶されながら，不法行為法で損害賠償が認められるのは，評価矛盾（法規範適用上の矛盾）になるのではないか，が問われた．

この点，不法行為法上の救済について，これを肯定する説と否定する説，さらに折衷説（過度的な問題処理方法として，不法行為法による救済を許容する）の3つの考え方がありうる．この問題が「制度間競合」とよばれることにかんがみると，これは法律行為と不法行為の，2つの制度目的の違いにまでさかのぼる問題でもある(70)．

---

(69)　不法行為法の包括的救済規範性については，藤岡・講義Ⅴ 33頁参照．

(70)　意思表示（論）からの立法上の対応策として，消費者契約法4条が注目される．なお，大村敦志『消費者法〔第4版〕』（有斐閣，2011）98頁，奥田昌道編『取引関係における違法行為とその法的処理 ── 制度間競合論の観点から』（有斐閣，1996）など参照．

4　法律関係の形成と家族法

(1)　意思と公序

(i)　さらに，これまで検討してきた財産法上の法律関係だけではなく，婚姻や養子縁組など家族法上の法律関係の形成も意思表示（法律行為）によって行われる．しかし，このような家族関係の形成は戸籍法の定めるところにより届け出ることによって，その効力を生ずるものとされている（739条・799条）．

家族関係の形成について届出が必要とされた理由は，身分行為に対する法的統制を確立するために，成立時期を明確にすることが要請されたことにある．婚姻にあてはめると，事実婚と法律婚とを区別するためにその届出が求められるのである．このような届出の必要性は，財産法上の法律行為には存在しない[71]．

(ii)　ところで，身分行為（身分法）という概念は財産法との役割の違いを際立たせるために提唱されたものであるが[72]，身分という観念は法的統制につながりやすいものであるため（法律行為（私的自治の原則）の考え方にそぐわない），その有用性については消極的な考え方も存在する[73]．

しかし，家族関係を身分行為としてまとめるかどうかはともかくとして，届出の必要性は，身分行為を行う意思の重要性をあらためて確認させるものであった．財産法にあてはめると，法律行為の要素としての意思（表示）の役割をどのように考えるか，という問題である．

(iii)　なるほど，身分行為は届出によって成立するとしても，届出そのものの効力はいつ発生するのであろうか．当事者の意思は揺れうごくこともあるであろう．このような事態を想定してなお，明確な意思の存在を確認するとすれば，どのような方法があるか．

これは現実的な問題でありながら，身分行為にともなう本質的な問題でもある．この点について，より簡明に受付時とすべきであるとの考え方がある．こ

---

(71)　事実婚は事実上の婚姻関係を意味することばであるが，これには法律婚を絶対とする非法律婚のイメージがともない，消極的評価を背負うことがある．現代の家族関係は多様化していることからすると，婚姻家族と，非婚姻関係に分けることも考えられる．

(72)　中川善之助『身分法の総則的課題』（岩波書店，1941）など．

(73)　平井宜雄「いわゆる『身分法』および『身分行為』の概念に関する一考察」四宮古稀『民法・信託法理論の展開』（1986）273頁，水野紀子「中川理論――身分法学の体系と身分行為理論――に関する一考察」（山畠正男・五十嵐清・藪重夫先生古稀記念）『民法学と比較法学の諸相Ⅲ』（信山社，1998）279頁など．

れは，受理時とすると，届出の審査に要する時間の長短によって，不合理な結果の生じることが懸念されるからである．

(iv)　身分行為の成立の時期は，ある意味では，ささいな問題であるかもしれない．しかし，その中にも，われわれは家族法の世界（の実像）を垣間見ることができるのであり，これは意思の表明（私的自治）と法的統制（届出）との関係を考えるうえで興味のつきない問題であると思われる(74)．身分行為における意思の評価は，「人」の問題であると同時に，公序（家族法のあり方）の問題でもあるのである．

(2)　家族法と「人の法」

財産法と家族法との関係については，後者を前者の特別法的なものとみる考え方（富井［起草委員］）のほか，財産法と家族法にパンデクテン編成上の論理的関連性を肯定する考え方もある．これによると，財産法は自由・平等で，独立した個人間の法的メカニズムであるのに対して，家族法（親族法）は自由，平等，独立でない人間を自由，平等，独立な社会に対応させる法領域である．その典型例は後見制度であるとされる．これは家族法を財産法の「舞台裏」の装置ととらえる立場である(75)．

(ア)　身分法としての家族法　　以上に対して，身分法（学）というまとめ方の特徴は，そこでは，家族法（共同社会）と財産法（利益社会）との間に本質的な差異のあることが前提とされていることである．家族関係は，きわめて人間的な結びつきであると同時に，国家による法的統制（公序）をも必要とする．身分法は，身分（という地位）に対する法的統制と保護の問題をともに包摂する概念であるが，これによると，家族法と財産法の役割の違いは明らかである．

家族法が身分法とよばれる場合は，家族関係のあり方というよりも，家族を公序の対象として理解する視点が強くなると思われる．

身分法という考え方は，家族法の捉え方（家族法上の基礎理論）として一時期を画するものであったが，もともとは旧法時代に提唱された構想である．

戦後，新憲法の施行にともない，民法では，「個人の尊厳と両性の本質的平

---

(74)　この問題については，山畠正男「身分行為の届出と意思」争点316頁参照．

(75)　山畠正男「家族法の世界」法学セミナー25巻5号124頁以下（1981）．なお，家族法の特質については，藤岡康宏「山畠教授の『家族法の世界』」北法38巻5・6号下509頁以下（1988）．

等」（２条）が解釈の基準として採用されることになる．憲法的価値の実現にかかわる問題であるため，制度設計にもかかわることになるが，家族関係の（民法上の）規律については，家族関係の多様化を前提としたルールのあり方が求められる．社会の変容にともなう家族関係の多様化に対する適切な対応策の必要性である．

(イ)　家族関係の多様化　　家族関係の多様化は，家族のあり方にもあらたな問題を提起する．すなわち，共同生活の形態として，婚姻を選択すると届出が必要とされる．この場合は法律婚が成立するのであるから，法律婚としての保護のあり方のルール化が求められる．しかし，婚姻という形式は選択しないが，家族として共同生活はつづける，ということもありうるであろう．

(i)　共同生活の形態は多様化することが想定される．問題は，当事者が婚姻を選択した場合と，そうでない場合とで，明らかに一線を画すべきであるのか，ということである．

婚姻関係の保護が「身分」（という地位）をまもるためのものではなく，「人」としての地位をまもるための保護であるとすると，婚姻を選択しなかった当事者には保護の手をいっさい差しのべない，という選択肢はそもそも存在しないというべきである．婚姻関係にある当事者が「人」として保護されるのであれば，婚姻を選択しなかった「人」にも法的保護があたえられるべきことは，法律婚の制度目的と抵触するものではない．

すなわち，婚姻を選択した場合と，選択しなかった場合は，保護・非保護の二者択一で区別されるべき領域として位置づけられるのではなく，それぞれの領域に妥当する保護のあり方が具体化される必要があるのではないか．これは家族関係の多様化にともなう保護のあり方の多元化の問題であるが，これは家族関係が「人」と「人」との関係としてあつかわれることによる帰結ではないかと思われる．

(ii)　家族関係は「身分」という地位にともなう特別の関係ではない．家族を「人」の団体としてとらえると，家族における「人」の役割を明らかにすることが団体としての家族(法)の課題となる[76]．

すなわち，家族法は「人の法」として構築されるのが妥当な領域であると考えられる．家族関係に対する法的統制は必要であるとしても，それは「人」と

(76)　この点について，水野紀子「団体としての家族」ジュリ 1126 号 72 頁以下（1998）参照．

しての家族の団体をまもるための措置と考えられるべきものである（家族法における「公序」とは，団体としての家族のあり方の問題である）.

(iii)　家族法には，扶養や子の監護など，財産法には見られない特有の問題が存在する．扶養は社会保障の問題でもあるが，子の監護については，だれがどのように面倒をみるのか，権利と義務の関係に還元できない場合があることも確かである(77).

家族法には，ルール化の追求によるだけでは処理できない領域が存在することを認めざるをえない．その意味で家族法は，「非訟の世界」（裁判でシロクロの決着をつけないこと．調停（審判）による解決が重要となる）でもあるのであって(78)，財産法と家族法との（本質的）差異をあげるとすると，このような紛争処理のあり方に求めることもできる.

ところで，家族法は「非訟の世界」である，ということばから，われわれはどのようなことを学ぶことができるであろうか．家族関係も，もちろん，権利と義務の関係としてとらえることは可能である．家族法が「非訟の世界」といわれるのは，このことを当然のこととして，紛争処理のあり方としては，調停（審判）による解決が必要となる場合のあることを指摘するものである．これは紛争解決のあり方として，「人間関係の調整」という考え方の必要性を想起させるものである(79).

(ウ)　家族の保護法　　なお，学説には，家族法を「家族の保護法」として位置づける立場がある(80)．家族法は（国家法として）そのような役割をになうべきものとされるのであるが，このことの意味するところは，家族関係における民法の役割の重要性，すなわち民法による家族の保護と規律を指向するところにある.

(エ)　家族法の現代化　　民法の個別領域と全体の仕組みとの関係は，本章で詳述したところであるが，それは，家族法にも同じようにあてはまる．家族法

(77)　なお，親権に関する民法改正（2010）が実現されたことに注意を要する．親権の行使は「子の利益」のために行われることが改めて宣言されるとともに（820条），親権停止の制度が創設された（834条の2）.

(78)　この点については，藤岡・前掲注(75) 514頁をも参照.

(79)　この点について，河上「はじめに」(iv)参照.

(80)　水野・前掲注(76)76頁．「わが国においては，これまで十分に家族の保護法としての機能を果たし得ないできた家族法に，民法としての家族法，実定法解釈論としての家族法学を，確立することのほうが急務であるように思われる.」とされる.

を「人の法」として位置づけることの意義は，家族法を特別な法領域とはとらえないということにある．家族法は財産法と対置されてその特色が明らかになる，というものではない．それは「人の法」として，「財産の法」とともに民法の統一的視点のもとに位置づけられるべきものである．

第3章　民法の継続的発展の法構造

第1節　総　　説

1　基本的仕組みの動かし方

民法の基本的仕組みの内容につづいて問題となるのは，その動かし方である．

第2章においてすでに指摘したように，民法は，社会の変容とともに進展する（進展しなければならない）．そのため，民法の基本的仕組みは，民法典（制定法）の構造を前提としながらも，このような社会の変容に対応できるように，動態的に把握されるべきものであった．

他方において，そのようにして理解された民法の基本的仕組みを，たとえば実際の具体的紛争を契機としながら，どのようにさらに発展させていくべきか．これは民法の基本的仕組みのとらえ方とは区別して検討されるべき問題である．

本章が対象とするのは，そのような発展の方向性を見極める際に重視されるべき2つの基本的視点とこの発展を支えるための具体的方法である．

2　具体的発展の諸相

ところで，そもそも民法の基本的仕組みは，どのような形で発展するのか．まず，この点を確認しよう．

日本のように制定法主義を採用する国においては，民法の社会に対する作用の仕方として，制定法としての民法，つまりは民法典の解釈および適用が最も重要な意味を持つ．また，解釈・適用を行うのは，主として判例と学説である．したがって，民法の発展は，

① 第1に，判例と学説（による議論）の発展という形であらわれる（そのため，判例と学説との間における議論の仕組みを分析し，その協働のあり方を探る必要がある．そのための理論の1つが，後述する法的判断の三層構造（論）である）．

② 第2に，現行民法典の解釈・適用によっては問題を適切に解決すること

ができない場合には，民法の改正など，民法の仕組みの再構築が求められる．これも発展の一形態であるといえよう．

③　第3に，法実務あるいは社会における法慣行が民法の発展をもたらす場合もある．この点については，より詳しくみておきたい．

(ア)　不動産取引にみる法実務

(i)　まず，不動産取引を考えてみよう．一般に，契約は，当事者間における意思の合致があれば成立するとされている．このことは，不動産など重要な財産の売買契約にもあてはまる．もちろん，不動産取引では契約書が交わされるのがならわしであるが，それはあくまで，当事者の意思表示の存在と内容とを証するための文書（書証）にすぎない(1)．

このように当事者間における意思表示の合致のみによって成立する契約のことを，一般に，諾成契約とよぶ（これに対して，その成立に一定の形式の具備（たとえば書面の作成）を必要とする契約のことを「要式契約」，さらに，その成立に目的物の引渡しを要する契約のことを「要物契約」という）．

また，日本の民法では，契約は諾成契約であることが原則とされている．その理由としては，契約自由の原則を契約成立の形式についても貫徹させるために，諾成契約が象徴的存在としての役割をになうことになったとされる．

ここにあるのは，民法の基本原理に忠実であるために，あえて諾成契約を原則とする，という立法政策上の判断である．すなわち，民法典制定当時，国家の西欧化を急いでいたわが国にとっては，近代民法の基本原理を民法典の中で具体的に表現することが必須の課題であったと思われる．

(ii)　このように，諾成契約を契約成立形式に関する原則とすることにも，確かに一理ある．しかし他方で，不動産という重要な財産に関する売買契約までもが意思表示の合致のみによって容易に成立してしまうとすれば，当事者が，意思表示をしたあとになって，判断をいそぎすぎたと後悔する場合も出てくるのではないか．ときには，そのような軽率な意思表示の撤回を許すべき場合もある．ところが，諾成契約では，それを認めることができない．このような結論は，はたして妥当であろうか．これは，諾成契約についてだれしもがいだく疑問であろう．

(1)　なお，買主による登記は（177条），物権変動（所有権移転）に関する第三者対抗要件であって，売買契約の成否とはそもそも無関係である．

もし民法が定めるルールの内容と社会の法実態とがかけ離れているのであれば，その埋め合わせをすることも，やはり民法（学）の役割である．この点，フランスにおいては，不動産取引に関する合意は，わが国と同じく諾成契約とされながらも，公証人役場で，公証人の面前において，しかも公正証書による売買契約書の作成という形で行われることとされており，当事者による慎重な意思表示の担保が行われていることが注目される(2)．

日本には，これに類する制度的保障は見あたらない．フランス法を参考にすると，（不動産に関する）契約の成立過程を，法律上の責任が（段階的に）生じるプロセスとしてとらえ，それに則した制度設計を行うことが考えられる．これによれば，諾成契約を原則とする民法の仕組みを存続させながら，その難点を克服することが可能となろう．

(iii)　法実務があらたな問題を提起し，学説がこれにこたえるという意味で，ここにあるのは，「理論と実務」の相互関係によるあらたな法発展の可能性である．

(イ)　届出実務　　次に家族法に目を転じると，家族に関する法律関係の形成（身分行為）には届出が必要とされる．すでに説明したとおり，これについては，届出意思の確定時期を受付時と解する立場，受理時と解する立場の２つが主張されているが，このような問題提起もまた，家裁実務に精通することによってはじめて可能となったものである．その背後にあるのは，「ひと」の意思の浮動性である．

この問題に決着をつけることが法律の役割であることはまちがいないとしても，どのような結論が妥当であるのか．はじめから１つの答えが定まっているわけではない．まさに熟慮されるべき事柄である（法の叡智が問われる）．このことは，特に身分行為の領域についてあてはまる(3)．

(ウ)　契約実務

(i)　さらに，契約についても同様のことがあてはまる．契約を結ぶという行為は，当事者が自らの意思で「法律行為規範」をつくりだすことにほかならない（私的自治の原則）．その意味で，契約の締結は法実務そのものであるが，法

(2)　この点について，鎌田薫「フランスにおける不動産取引と公証人の役割――『フランス法主義』の理解のために（１）（２）」早稲田法学 56 巻 1 号 31 頁（1980），２号 1 頁（1980）参照．

(3)　この点は，家族法における「非訟の法」としての役割につながる問題である．

律行為規範は国家法による規範的評価をうけなければならない．

すなわち，契約実務はそのまま無条件に承認されるわけではなく，その妥当性について民法の規範的判断による裏打ちを必要とする．このような法実務と国家法との間における緊張関係は，民法の継続的発展にとってその原動力になりうるものである．契約実務の問題提起を民法規範はどのように受けとめるべきか．そのような判断を行うための場の設定が求められる．

(ii)　また，契約には，「人」と「人」の関係（個と個の関係）にもとづいて結ばれる契約もあるが，とくに近時では消費者と企業との間の契約（消費者契約）や企業どうしの継続的契約がその重要性を増すなど，契約実務にあらわれるその形態はさまざまである．

それぞれが特別の役割をになう契約形態であるが，契約法の基礎には「人の法」が存在していると考えると，現実の契約形態がどのようなものであれ，契約実務の批判原理となることも「人の法」，つまりはそれを基礎とする民法の役割ではないかと考えられる．「人の法」の核心的内容とは，要するに，「個」の視点を尊重することであり，この点は企業間契約にも妥当する(4)．

3　具体的発展を支える２つの視点

以上に見たように，社会のすみずみにわたる法的営為の積みかさねによって，民法は発展する．民法は，なによりも社会の基本法である．では，民法には，そのような社会の基本法として，どのような発展が求められているのか．

第３章の対象は，「民法の基本的仕組み」（第２章）を民法の継続的発展につなげるための基本的視点と，それを実現するための具体的手段のあり方である．

(i)　まず，継続的発展を支える視点としては，①「市民の法としての民法」という視点と①「法の国際化と民法」という視点の２つをあげることができ

(4)　「個」の視点の必要性について，吉田 159 頁参照．なお，民法が，「人の法」と「財産の法」とからなるとしても，民法の想定する「人」の概念をどのように規定するかという実質的な問題はなお残る．この点は，「消費者」の民法上の位置づけとも連なる．この問題は，民法（債権関係）改正のあり方を考える場合の重要な論点である．「消費者に関するルールを民法典に取り込むか否かは，民法が想定する「人」の概念についての反省を迫り，民法典とはどのような法典であるかという問題に連なる」．後藤巻則『消費者契約と民法改正』（弘文堂，2013)「はしがき」による．

る[(5)].

① 「市民の法」として，民法は，そのときどきにおける市民社会が抱える問題と向きあわなければならない．本章では，これを，市民社会の変容にもとづく民法の基本原理の再編成の問題としてあつかう．

② これに対して，「法の国際化」とは，日本の民法の役割を国際的な法発展の中に位置づけることである．民法の（あらたな）礎は，このような国際的な緊張関係の中から築き上げられる．すなわち，「個」としての日本民法であることが（民法のあらたな創出），民法の国際的な法発展につながるものと考えられる（民法のグローバル化）．

(ii) 次に，民法の継続的発展を実現するための具体的手段としては，一般に，①民法の適用（判例と学説）と②民法の改正の２つをあげることができるが，本書ではさらに，③理論と実務の相互関係および民法上（法律上）の問題を処理するための法的思考の仕組み（「法的判断の三層構造」）を取り上げる．

第２節　市民の法としての民法

１　市民社会における民法の課題

(1) **近代民法の出発点**

(i) 民法は社会の基本法であるとして，そこではどのような社会がある「べき」ものとして想定され，いかなる民法が必要とされていたのであろうか．この点を問うことが「市民の法としての民法」という視点の眼目である．

民法の淵源は，ローマの社会にまでさかのぼる．さらに，現代の民法の原型となる諸要素（「財産の法」の原型としての「商品交換の法」としての民法）は，古代ローマ時代にすでに出来上がっていた．すなわち，前章で取り上げた物権と債権をはじめ，意思表示や占有など，民法の基本的仕組みを構成する諸概念はローマ法に由来する．民法の基本的な法概念，法制度および紛争解決のための法技術は，歴史の中で鍛え上げられてきたものであり，日本の民法典もその到達点の１つにほかならない．

(ii) 「民法は市民社会の法」である，といわれる．市民社会とはどのような社会のことを指すものであるか．それ自体大きな歴史的問題であるが，民法の役割をより具体的に考えるためには問題を限定することも許されよう．すなわ

(5) 藤岡・国際化「はしがき ―― 『法の国際化における日本の民法』」参照．

ち，ここで問われるべきは，市民社会（論）の一般ではなく，民法にとっての市民社会の意義，より具体的に言えば，民法がその規律を通じて実現すべき市民社会の姿，そこに妥当すべき基本原理（指導原理）とはどのようなものであるか，ということである．

わが国の民法はどのように構築されるべきであるか．起草者たちが考え抜いた事柄であるが，西欧法の継受にあたり範とされたのはフランス民法およびドイツ民法であった．しかし，日本の民法典は，内容的にはそれらにとどまらず，より広くヨーロッパの諸国および英米法をも参照して制定された．

(iii)　近代市民社会の民法の代表例としてあげられるのは，フランス民法(1804)である（これは，ナポレオン法典と通称される）．同法8条は，「フランス人はすべて，民事上の権利を有する」と規定する．これは「市民社会の原理を私法の領域において具体化したもの」とされるが，このような原理の基礎にあるものとして引きあいにだされるものに，「人および市民の権利宣言」（いわゆる人権宣言．1789）1条がある．これはフランスの市民革命の原理を宣言したものであるが，それによると，「人は，自由かつ権利において平等なものとして出生し，かつ，そのようなものであり続ける．社会的差別は，共同の利益に基づくものでなければ，設けることができない」(6)．

フランス民法の立場に照らすと，日本の旧民法の内容には新しいところがある．しかし，他方で，現行民法では内容が後退したといわれることもある．このことは，市民社会（論）がときに批判原理として機能することを物語るものである．

(2)　民法の基本原理（民法の出発点）

(i)　ところで，市民社会の原理は実定民法において具体化される必要があるが，近代民法の基本原理としてあげられてきたものに，以下の4つの一般原則がある．すなわち，──

① 契約自由の原則（第1編第5章第1節（総則）および第2節（意思表示）参照）
② 所有権の絶対性（所有権の絶対的保護）（206条参照）

(6)　以上については，吉田・126~127頁による．なお，大村敦志『フランス民法』（信山社，2010）40頁．

③　過失責任の原則（709条参照）
④　権利能力平等の原則（3条1項参照）

の4つである．

(ii)　以上の4つの原則のうち，①②③の各原則は，財産法の基本原理である．これに対して，④で宣言されているのは，人は生まれながらにして市民社会の構成員になるということ，その点において万人は平等であるということである．そのことを明文で規定している点に民法の市民社会の法としての性格の一端をうかがうことができるが，ここで念頭に置かれているのは，財産法上の取引に参加しうる資格，つまりは取引能力における平等性である（権利の主体としての平等性）．

これに対して，財産法上の問題を離れた人の生活，人としての尊厳がどのようにまもられるべきであるか．それが人の法的地位に関わる問題であることはわかるとしても，あるべき保護の内容は必ずしも自明ではない．

(iii)　このように，上述の4つの一般原則がもっともよくあてはまるのは，民法が「商品交換の法」としてわれわれの前にあらわれる場合である．しかしながら，社会の変容とともに，民法の役割も変わってこざるをえない．基本原理の変容が迫られるのは，まさしくそのような局面においてである．

(3)　市民社会の変容と民法

市民社会の変容が，民法にどのような課題をあたえることになるのか．これは民法の基本原理と社会的現実との間における乖離と架橋をめぐる問題である．

(i)　ところで，民法の基本原理がそのまま妥当する典型的な事例とは，財産を所有する対等な当事者が各自の自由な意思決定にもとづいて契約を締結する場合である．ここでは，財産と判断能力を持つ市民によって，十分な情報収集とそれにもとづく合理的な交渉・判断とが行われる．すなわち，近代民法の一般原則が前提としている当事者は，あくまで「強い人間」である．強い人間による契約であればこそ，契約自由の原則も，その最良の長所を発揮しうる(7)(8)．

(ii)　しかし，経済社会の進展とともに，そのような「強い人間」と「強い人間」との間における取引ではなく，企業間の取引（法人間の取引）が市場という競争の場の重要な柱として登場することになる．またそれにともなって，多くの財産を持たず，情報収集能力および交渉力において契約の相手方（それはしばしば企業である）に大きく劣る「弱い人間」が，労働者や消費者として市場に投げ出されることになった．

民法の基本原理（「強い人間」どうしの対等な交渉・取引）と社会的現実（企業間取引の増大・情報収集能力や交渉力が対等ではない当事者間における契約の締結）との乖離のはじまりであるが，これに民法（学）はどのように対応すべきであるか．結論を先取りするならば，民法（学）に求められるものは，その柱を成している基本的視点そのものの転換である．

以下，この点を，深く掘り下げて検討しよう．

2　民法の機能する場の変容

⑴　市場における取引の類型化

今日，市場において展開されている経済取引を，その主体に着目して類型化すると，すでに示唆したように，それらは大別して次の3つに分けることができる．すなわち，──

① 第1は，企業と企業との間で取引が行われる場合である．

② 第2は，生活にともなう取引が，企業と市民との間で行われる場合である．

③ 第3は，日常生活において市民と市民との間で取引が行われる場合である．これは「人」と「人」とが契約を通じて財産的に結びつけられる場合である．

(i) 民法が主たる取引類型としてもともと想定していたのは，③であった．しかし，経済社会の進展は，民法の規律対象の質的拡大をもたらした．すなわち，③のほかに，①と②の類型が，やはり民法によって規律されるべき取引として登場したのである．③の当事者（として想定されていた主体）は，特に情報収集能力・交渉力において基本的に対等な関係にたつ「人」と「人」であった．だが，①と②では，そのような当事者の対等性がそもそも損なわれている

⑺ 「強い人間」という観念，さらにはこれと対比される「弱い人間」という観念については，星野英一「私法における人間──民法財産法を中心として」岩波講座『基本法学Ⅰ──人』(1983) 138頁，154頁参照．また，そのような「強い人間」の典型は，家長であった．旧民法における「家」制度下の家長を思い浮かべると，分かりやすい．

⑻ また，ここで実現されるのはまさに自由な合意にもとづく，「人」と「人」との間の契約である．その意味において，契約（法）もまた「人の法」の視点を必要とする領域である．

おそれがある．

(ii)　すなわち，①については，対等な関係に立つ企業間における取引ももちろんありうるものの，企業と企業とがいわば横の関係において，さらには縦の関係において（下請関係など），グループ内の継続的な取引関係に組み込まれており，そこから容易に抜け出せない場合もある．これは，民法がほんらい想定していた③の関係とは異質な結びつきである．

次に，②においては，③で想定されていた「強い人間」に代わって「弱い人間」が登場する．すなわち，消費者や労働者である．労働者については，企業組織内部においてまもられるべき労働者としての地位の保護が問題となる．これに対して，消費者は企業との直接的な取引関係に立たされる．

(iii)　では，①と②のような「あらたな」取引類型について，どのように考えるべきか．

もし③の取引類型における契約（繰り返し指摘したとおり，これこそ民法における契約の原型である）の特徴あるいはその背後にある契約観（対等な当事者による自由な意思決定の実現）が①と②それぞれの契約についても貫徹されるべきであるとすると，まず，企業間における継続的な取引関係においても，③で前提とされていた「人」あるいは「個」の観念ないしは理念がその基礎とされるべきであろう．すなわち，①における契約は，「人」と「人」との直接的な結びつきではないものの，（自由・対等な）「人」ないし「個」という理念が，①の場合についても，なお妥当性を持つべきである．

次に，②の取引類型においては，企業との間の情報格差・交渉力格差から消費者や労働者をまもり，消費者・労働者を対等な当事者の地位に立たせることが必要である．いわゆる消費者契約の問題であり，また労働法の問題であるが，消費者・労働者は「人」である点においては，③の「人」と共通に論じられる要素がある．その意味では，消費者契約・労働契約は，民法の基層にある契約（③の場合における契約）のあらたな形態である[9]．

(2)　契約成立過程のしくみ

---

(9)　「人」としての消費者の保護については，後藤巻則『消費者契約と民法改正』（弘文堂，2013）第2章（消費者契約における人間像），「人」としての労働者の地位の保障については，山野目章夫「『人の法』の観点の再整理」民法研究第4号（2004）12頁．ここで対象とされているのは，抽象的な「人」ではなく，具体的な「人」（「消費者」や「労働者」）としての権利（地位）である．

以上のような契約類型の多様化は，さらに民法の仕組みにもあらたな課題をつきつける．このことを，契約の成立過程に関する仕組みについてみてみよう．

(i)　民法の基本ルールによると，契約は「申込み」と「承諾」という両当事者の「意思表示」[10]の合致によって成立する[11]．これは「人」の「意思」を起点とし，そこに契約の拘束力の根拠を求める考え方（意思主義または意思理論とよばれる）にもとづく仕組みであるが，これがもっともよくあてはまるのは③の類型である．

(ii)　これに対して，②については，企業・消費者間における意思表示が対等な立場で行われる仕組みをつくる必要がある[12]．③の仕組みを前提とすると，消費者の利益をまもるためには，意思表示が行われる段階（契約締結に向けた交渉段階および契約成立の段階）において，企業に対する対等な地位を消費者に保障し，その権利行使の実効性を確保する必要がある[13]．

(iii)　それでは，①の類型については，どうであろうか．企業と企業との間の意思表示として想定されているものは，いかなる（法的）構成物なのであろうか．それは「意思」表示として分断的にとらえられるべきものではなく，２つの企業によってつくられた「１つの約束ごと」を法的にどう評価すべきか，という問題である．

このような理解を推しすすめると，①の契約（企業間の取引）については，意思理論そのものではなく，（あるいは意思理論に加えて）両当事者間における継続的関係の形成・存続に関する（「人」あるいは「個」の理念を基礎とした）規範的評価こそが重要であるといえよう[14]．

---

(10)　民 93 条以下参照．

(11)　民 521 条以下．

(12)　雇用者・労働者の問題については，労働法という独立の法領域がすでに確立されているため，これ以降においては，とくに言及しない．

(13)　この点は，消費者契約法（2000 年）において，一定の範囲で実現された．民法との関係では，消費者契約法のルールを民法の一般原則（民法の一般的ルール）とすることができないかが問題となる．これは，①②③の関係をどのようにとらえるか（段階的構造のとらえ方），特に③に関する契約観をどこまで貫徹するか，という問題である．

(14)　この問題を考える端緒となるのは，「関係的契約」の理論を提唱する内田貴『契約の再生』（弘文堂，1990），同『契約の時代－日本社会と契約法』（岩波書店，2000）である．この考え方の民法上の位置づけについては，吉田・８～13 頁，78～82 頁．

このように，市民社会の変容（経済取引の発展）は，民法の根幹的な問題に対しても，あらたな光を当てることになるのである．

3　民法の基本原理の変容

さらに，これまでに検討してきたような市民社会の変容とともに，近代民法の一般原則の役割も，それに合わせて変化せざるをえない．すなわち，いずれについても，民法の社会化，弱者の保護，さらには，民法の人格化（法的主体としての地位をまもること）が求められるようになる．起草者が構想していた（個人主義的な）指導原理は，必ずしも貫徹されることはなかったのである[15]．このことを個別にみてみよう．

⑴　「財産の法」の基礎としての所有権

㋐　所有権概念の変容　　所有権については，何人も，自らの意思のみに従って，自らの所有権を自由に行使することができる．他者（国家権力を含む）は，それを正当な理由なく妨害してはならない，という原則の，近代市民社会を支える基本理念としての重要性は，現代においても失われていない．

財産の帰属が保障されなければ市民社会の仕組みは成り立たない．所有権は民法のもっとも基本的な構成要素である．この点に変わりないとしても，帰属の保障という所有権の役割にも変化がある．

財産の帰属を保障するのが所有権であるから，自分はこの土地の所有権者であるということの意義は絶対的なものである．しかし，所有権の絶対性というのは支配対象に対する（法律上の）絶対性のことである．反面，自分の物であってもみずから支配することにより他人に損害をあたえた場合は，被害者の救済をはからなければならない．これは所有者という法的地位にともなう責任であって，財産の所有者は自分であるということと，所有者の地位にともなって生じる責任は分けて考える必要があるのではないか．所有者としての法的地

⒂　梅委員は，法解釈の実質的な価値基準として，①私的自治の尊重，②過失責任主義，③土地の利用権よりも所有権を尊重すること，④物権変動においては（例，土地・建物など不動産を売買すること），公示制度の広範な適用により取引秩序の確立をはかること，等をあげている．④で意図されているのは，より勤勉なものを保護するという早いもの勝ちの論理（177条・178条の無制限説）であって，信義則の問題（1条2項参照）は考えられていなかった．梅説につき，瀬川信久「梅・富井の民法解釈方法論と法思想」北法41巻5＝6号418頁（1991）．なお，藤岡康宏「民法典施行以後の民法の歴史」法学教室181号22頁（1995）参照．

位はどのようなものであるべきか，これは所有権法といわず，民法の全体として考えねばならない課題である（不動産の利用など物の所有と利用の分離が問題となる場合も，（権利の帰属とは別に）所有者としての法的地位のあり方が問われる）.

(イ)　「物」の概念の変容　　もう1つは，支配対象の拡大にともなうあらたな問題の登場である．たとえば，「身体」をめぐる取引をどのように法的に把握し，規律すべきであろうか．人間は「物」ではないから（物権としての）所有権（物権法）を前提としては，この問題に対処することはできないとも思われる.

知的財産も民法にいう「物」（有体物）（85条）ではないから，知的財産をめぐる問題についても（私法の一般法である）民法の問題として，民法の仕組みないし理論の中に位置づけるとすると，「物」とはなにか，「物」の概念の変容が求められる．これは所有権の観念では把握することのむつかしい問題である.

「物」の概念の変容は，「物」の財産価値そのものに目を向けさせることになるであろう．「財産の法」の新たな展開が待たれるところである（この点について第2部第3章参照）[16].

(2)　過失責任の原則の変容

不法行為法では，過失責任の原則がどこまで妥当するかが問題となる．過失責任主義とは，加害者といえども自らに過失がなければ損害賠償責任を負わされることはないとの原則である．しかし，事故被害者を救済するためには，このような過失責任主義によるのみでは十分でない.

危険な活動の増加にともない，被害者の救済を図るためには，無過失責任が必要であるとの認識がうまれた．無過失責任を実現するためには，それを基礎づける責任原理が求められる．代表的なものとして危険責任がある．危険責任とは，危険な物を支配管理する者は，危険な物であることを原因として生じる損害については賠償しなければならないとの，責任原理である．わが国では，自動車損害賠償保障法（1955年）や原子力損害賠償法（1961年）がこれにあたる.

---

(16)　人の「身体」をめぐる取引については，吉田克己「身体の法的地位（1）（2・完）」民商法雑誌149巻1号1頁，2号115頁（2013），櫛橋明香「人体の商品化と人間の尊厳 ── 臓器・精子・卵子ビジネスから」法社会学80巻150頁（2014），同「人体の処分の法的枠組み(1)〜(6)」法協131巻4号725頁〜10号1992頁（2014）など参照.

無過失責任の立法が進むと，被害者保護をはかることができよう．将来無過失責任（危険責任）の一般条項ができると，わが国には過失責任と無過失責任の2本の柱からなる不法行為法が誕生することになるが，それまでは無過失責任の特別立法によるほかない．

過失なければ責任なし，との責任原理は，ある意味では緊張感をともなう責任原理であり，社会の発展の原動力でもあったのである．しかし，それだけでは，企業社会における危険の増加に対応することはできない．過失責任と無過失責任，2つの責任法の役割分担を構想することが，不法行為法の課題である．

もう1つは，人格権（人格的利益の総称）や経済的利益の侵害など，多種多様な利益の侵害に対して被害者はどのように保護されるべきかの問題がある．これは不法行為法が包括的な救済規範としての役割をどこまで貫徹できるかの問題である．

社会の変容は，不法行為法に対し，責任法としては，過失責任と無過失責任の役割分担，権利保護の法としては，包括的救済規範の実現（709条）をはたらきかけることになった，といえよう．民法の仕組みからみると，「人の法」としての不法行為法の立ち上げである．

(3)　契約自由の原則の相対化

(i)　契約自由の原則については，それが近代法の原則であることは明らかであるが，私的自治の原則との異同の有無が問題となる．両者を区別し，契約自由の原則の内容は，それが前提とするあるべき市民社会の姿に従って変わりうる（政策判断に規定される）との見解[17]に立つと，契約自由の理念は相対化される．これを民法の基本的仕組みからみてみよう．

(ii)　まず，「財産の法」という観点からみると，契約は，市場における公序，すなわち取引秩序や競争秩序（公正な競争の確保）に違反するものであってはならない．契約自由の原則の相対化を認める上記の見解は，この原則が，それ自体として価値をもつものではなく，実質化されるべきものであることを示唆している．

また，契約自由の原則の相対化に関連するものに，「給付の均衡」の法理がある．これは，契約に関する実質的価値の実現を，当事者間の給付の均衡に求

(17)　星野英一「現代における契約」同『民法論集第3巻』（有斐閣，1972）27，67頁．

める考え方である．ここにあるのは，政策判断（契約自由の原則の相対化）の問題も，あくまで契約法の一般理論の中で解決されるべきであるとの1つの態度決定である．この法理が「契約正義」の問題としてあつかわれるのは，「給付の均衡」法理の役割を表してあまりある．つまり，「契約正義」という法思想を実現する法理論が，まさしく「給付の均衡」の法理である⒅．

契約正義において求められるのは「人の法」としての契約のあり方である．その点では，契約という「財産の法」に関する法制度は，「人の法」の視点から相対化されるわけである．

(iii)　契約自由の原則については，その根拠を憲法に求める考え方も唱えられている．これは，民法上の規律も憲法上の価値判断によって支えられなければならない，という考え方の1つの具体的あらわれである．これによると，契約自由の原則は，政策判断ではなく，私的自治の原則（幸福追求権．憲法13条）にもとづいて憲法により根拠づけられた民法の一般原則の1つである，ということになる⒆．

憲法と民法との関係は，不法行為法においても問題となる．私人の権利侵害についても（709条参照），基本権保護義務違反という憲法上の規範的判断が必要とされる，との考え方である．不法行為法・契約法の両者あいまって，それらに関する民法の一般原則は，憲法に関連づけられる．この点を明らかにした点に，「憲法と民法」という視点が設定されたことの意義がある⒇．

⑷　権利能力平等の原則

さらに，権利能力平等の原則（3条1項）は，人格権の法の拠点として再構成される必要がある．

(i)　「人」は権利と義務の帰属点として平等である．民法が「人」の法である以上，これは自明のことであるが，わが国の民法が近代民法に属することを

⒅　「給付の均衡」を本格的に取り上げるものに，大村敦志『公序良俗と契約正義』（有斐閣，1995）がある．「契約正義」については，星野英一「契約思想・契約法の歴史と比較法」（岩波講座）『基本法学4契約』（岩波書店，1983）47頁以下．契約法の課題として「『契約自由』から『契約正義』へ」と「『意思』から『理性』へ」の2つの命題があげられている．

⒆　基本文献として，山本敬三『公序良俗論の再構成』（有斐閣，2000）がある．私的自治と自己決定権の尊重を柱とする契約法理論の意義については，吉田16頁以下．

⒇　このテーマをどのように論じるべきかが問題となる．不法行為法については，藤岡・講義Ⅴ208頁．契約法（法律行為法）については，山本敬三『公序良俗論の再構成』（有斐閣，2000）．

示すものは，まさしくこのような権利能力平等の原則（それを宣言した3条1項）である[21].

もっとも，同条で規定されているのは，「人」の取引能力が問題となる場合である．これに対して，「人」の法的地位にはさまざまな側面があり，それぞれに適した保護を図らなければならない．すなわち，――

① 取引における「人」,

② 生活の主体としての「人」,

③ 家族の構成員としての「人」,

それぞれに適した保護のあり方を考える必要がある．

(ii) これらのうち，民法総則（第1編）で規律されているのは①の場面であって，これは取引の場面における「人」の通則的規定である．②については，生活空間における「人」の保護が課題となる．③に関しては，家族における人格的関係のあり方が問われる．さらに，④いずれの「人」であっても，およそ社会的存在として，「人」の尊厳それ自体がまもられなければならない．

このように，権利能力平等の原則は，取引の場面における取引主体（上記①）の形式的平等に関する原則であって，その適用範囲にもおのずと制約が出てくる．

(iii) しかし，他方において，すでに取り上げたように，権利能力平等の原則の根底には，（民法構成上の）人格権の観念が存在すると考えることが可能である（現行民法典の下でも，3条1項にもとづき人格権という権利の存在を基礎づけることができることはすでに詳述した）．権利能力平等の原則（3条1項）は，権利の主体としての平等性にとどまるものではない．「人」の法的地位に関する基本原則（根拠条文）を体現するものとしてより広い視点から位置づけられるべきものである．

(iv) 近代法の出発点にあったのは，「強い人間」像であるが，市民社会の変容とともに，「弱い人間」が登場する．「弱い人間」に対しては，その自己決定権を実質的に保障する必要がある（労働法や消費者法の登場・隆盛もそのような必要にこたえるためのものである）．権利能力平等の原則の行きつくところは，「人」の実質的平等を実現すること，すなわち自己決定権の保障である，と考えられ

---

(21) この原則の歴史的な経緯については，エールリッヒ［川島武宜・三藤正共訳］『権利能力論』（岩波書店，1952）など．

る[22].

4　民法の基本的仕組みのあり方

⑴　**「財貨秩序」と「人格秩序」**

㈠　基本的秩序　　これまで詳しく検討してきたように，市民社会の変容は，民法の規律内容を多様化・実質化するが，民法（学）は，そのようにして豊富になった法的規範を，市民社会あるいは民法の基本的仕組みとしてどのように受けとめるべきか．この問題を考える契機をあたえたものに，市民社会に成立する法的仕組みを，基本的秩序（根幹秩序）と外郭秩序に分けて構想する考え方がある[23].

基本的秩序として選択されるのは，「財貨秩序」と「人格秩序」である．

財貨秩序は，「財貨帰属秩序」と「財貨移転秩序」から構成される．財貨帰属秩序とは，財貨の帰属に関する秩序である（所有権など物権の帰属について規律する物権法を想定するとわかりやすい）．これに対して，財貨移転秩序は，財貨の移転に関する秩序である．その1つである契約法（法律行為法）を想定すると，その必要性はただちに了解されよう．

次に，人格秩序とは，「人」（1人ひとりの人間）がすべて人格的利益の帰属主体として扱われる仕組みのことを指す．人格的利益の帰属主体たる地位を，包括的に人格権とよぶとすると，個別的人格権は時代の推移とともに多様化する特徴がある．

㈡　外郭秩序　　2つの基本的秩序には，各々に対応する「外郭秩序」が存在する．すなわち，財貨秩序には「競争秩序」が，また人格秩序には「生活利益秩序」がそれぞれ配置される．

それら2つの外郭秩序のうち，まず競争秩序とは，財貨獲得をめぐる競争に関する秩序であり，ここでは財貨の帰属は問題とならない．ここで対象となる法的利益は，財貨獲得をめぐる「競争利益」である（競争利益とは，「競争が可能となっている経済環境から個別主体（個々の経済主体）が ── 事業者としてであれ一般

---

(22)　自己決定権とはどういう問題か．問題設定の必要性について，吉田・258頁以下参照．人格権は「人」の法的地位をまもるための権利であるが，憲法規範によるときは，より積極的に，自己決定権の行使そのもののあり方が問題とされる（権利の実効性の保障が課題となる）．憲法的視点から見た人格権の役割について，山本敬三「人格権」争点44頁．

(23)　広中3頁以下，13頁以下．これは，権利の意義に関する第3説における「市民社会に成立する基本的諸秩序」の内容である．

消費者としてであれ――享受しうる利益」のことである[24]．ある競争利益が，競争秩序に違反する行為によって侵害された場合，その行為者に不法行為責任が生じる．

これに対して，生活利益秩序で問題となるのは，環境からの生活利益の享受である．生活利益秩序が人格秩序の外郭に位置づけられる理由は，生活利益が，「人間がある生活環境から『人格秩序』の要請たる健康な生活の確保（生命・身体の安全の確保）に加えて享受しうる利益」であるからである[25]．ここで問われるのは，生活環境から享受しうる利益の保護のあり方である．

㈦　民法の機能する場としての秩序　「基本的秩序」と「外郭秩序」とから形成されるこのような構想から，何を学びとることができるか．ここにいう秩序とは，民法の仕組みを考える基本的領域のことであるが，民法の機能する場としてこれを理解することもできる[26]．

基本的秩序の特徴は，財貨秩序のほかに，人格秩序があらたに構想されたことである．財貨秩序は，「商品交換の法」にあてはまる法的仕組みであるが，人格秩序にあたるものはここでは取り上げられていない．その意味で2つの基本的秩序は，従来の法モデルを継承しながら，市民社会の変容にともなう，「人」（の地位）の重要性の変化を正面から受けとめるものである．

㈣　あらたな利益をまもるための法的仕組み

(i)　この構想のもう1つの特徴は，競争利益と生活利益という2つの「あらたな利益」，そしてそれらをまもるための法的仕組みの必要性を提唱したことにある．競争利益や生活利益は，「人」に帰属するものではない．しかし，それらは，競争秩序（競争環境）や生活利益秩序（生活環境）から「人」が享受する利益として，不法行為法上まもられるべき法的利益である．このような利益

---

(24)　広中11頁．

(25)　広中19頁．

(26)　なお，ここにいう秩序とは，権利の概念と対立するものとしての秩序（権利の行使に抑圧的に作用するもの）を指すものではない．財貨秩序に即して言えば，「財貨帰属が侵害されないことのなかに「秩序」が観念される，すなわち財貨帰属が侵害されれば，その状態はただちに「秩序」に反するものと評価される」（広中5頁）というように，法的権利・法的利益の侵害をも含めた様々な社会的な（負の）現象を表現するために使われたことばである．本文では，これを法的仕組みの問題と等置しているが，これは本書の問題意識（「基本法としての民法」の法構造）と対応させるために行ったものである．なお，この構想にいう秩序の意義について，より詳しくは，藤岡・国際化121頁以下．

をまもるための法的仕組みとして結実したものが「外郭秩序」である．

(ii)　以上の構想からうかがわれるのは，不法行為法の発展との密接な関連性である．すなわち，不法行為法が民法のあらたな仕組みを要求することになったのではないか，ということである．不法行為法は包括的救済規範としてあらたな事態に対応することができる．民法の仕組みの作り方の原動力にもなりうるのである．

残る課題は，このような構想を具体的な法制度としていかに実現するか，ということである．社会の変容を，民法の法的仕組みとして，どのように受容すべきか．

これは「民法の基本的仕組みの法構造」（第２章）において扱った問題である．民法の基本的仕組みは，社会の変容に合わせて自らを発展させうる能力を備えていなければならないといえよう．

(2)　「社会の構成原理」と「民法の構成原理」

(i)　上記の構想は，民法の対象となる社会の構成原理を取り上げるものであるが，社会の構成原理は，どのようにして民法の構成原理となるのか．これは民法の基本的仕組みのつくり方に関する問題である．前章であつかったように，民法の法システムは，権利と義務の関係及び権利保護（「人」の権利が侵害される場合の包括的救済規範）の仕組みとして説明することができる．

民法典は，財産法（物権と債権）と家族法（親族・相続）からなるが，上記ののような財貨秩序と人格秩序の仕組みに照らすと，民法典に足りないものは，人格権の位置づけであった．人格権の保護は，従来，救済規範の問題とされるにとどまり，（民法構成上の）人格権の拠点は定まることはなかった．この点から見ると，財貨秩序（財産法）と人格秩序が対置されたことの意義は大きい．

(ii)　人格秩序を，民法の法システムの中に位置づけることが課題となるが，これは要するに，社会構成原理としての人格秩序を，民法構成原理として，民法の基本的仕組みの中に，権利という民法の構成要素によって具体化することである．そして，そのようなものとして具体化されたものこそ，「民法構成上の人格権」である（民法の構成原理としての人格権）．

民法の役割に照らして考えると，民法は「人の法」と「財産の法」から成るものとして理解できるが，このような理解の起点となるのは，民法の構成原理としての人格権という考え方である（これを民法の構成要素として民法の仕組みの中に具体化したものが，「民法構成上の人格権」である）．

(3)「人の法」と「財産の法」

「人の法」と「財産の法」という考え方を，上記の構想と比較してみよう．

(i) 財貨秩序は「財産の法」に，人格秩序は「人の法」にそれぞれ対応するが，「人の法」と「財産の法」は，民法の仕組みを，民法はどのような役割をになう法であるのかの観点から，いわば動態的に把握する方法である．

また，生活利益秩序は，「人」の生活利益の保護，すなわち「人の法」の一部として位置づけられる．さらに，競争利益をどのようにしてまもることができるかという問題は，まさに市場の法的空間をも対象とする「財産の法」が取り扱うべきものである．より正確に言えば，競争秩序は，競争の前提となる市場の問題を民法の法領域に取り込むものであるが，「商品交換の法」から「財産の法」への転換をうながしたものこそ，市場の発展であった．

「商品交換の法」から「人」の問題を独立させる（そして，これを「人の法」の問題として位置づける）一方で，市場の問題をあらたにそこに取り込んだものが「財産の法」である．競争のあるべき姿を問題とする競争秩序は，財貨の帰属と移転に関する規範である財貨秩序とともに，これを「財産の法」として統一的にあつかうことも可能である．

(ii) これまで述べてきたとおり，民法は，「人の法」と「財産の法」との2つから成り立つ統一的なシステムとして確立されるべきものである．そして，そのような統一的なシステムを，「人」と「人」との間における権利と義務の関係および権利保護のシステムとして具体化したものが，「民法の基本的仕組みの法構造」である(27)．

5　社会の発展と民法

(1) 基本法としての民法と，私法の一般法としての民法

民法は，私人間における権利義務関係の構築と権利保護とを目的とする法である．さらに，それは社会の基本法であるため，社会の変容にともない，その役割もまた変化せざるをえない．

ところで，一般に，私人間の権利義務関係を規律する法は，私法とよばれ

---

(27) 民法の役割として，「市場の価値」と「人格の価値」の実現をあげる考え方がある．「人の法」と「財産の法」に関する価値を取り上げるものである．2つの価値は相互補完的にも働きうるが，多くの場合，緊張関係に立たされる，との指摘もある（吉田克己『市場・人格と民法学』（北海道大学出版会，2012）はしがきⅰ）．

る．その私法の一般法にあたるものが民法であるが（商法は私法の特別法である），民法の規律すべき対象領域の拡大に合わせて，それらと関連する他の法領域との協働が不可欠となる．

すなわち，まず，私人間の権利義務関係の形成や私人間における権利保護に直接に関係する諸法との連携が求められる．憲法，行政法，刑法など実体法のほか，民事訴訟法（民事執行法）など，手続法との関連も重要である(28)．

また，法制度の全体の中で民法がどのような役割をになう（べきである）かによって，民法自体の基本的仕組みの内容も変化しうる．このような観点からも，他の法領域における動向に注意をはらわなければならない．

(2)　公共の福祉と，民法の基本的仕組み

民法第1編（総則）では，民法の基本原則として，「公共の福祉」についての規定がある（1条1項）．これによれば，「私権は，公共の福祉に適合しなければならない」とされる．詳細は第2部にゆずるが，公共とは，「人」と「人」との関係，つまり，ある者と他者（社会）との関係のあり方であるとすると，公共の福祉に適合するとは，社会との関係のあり方を尊重する，ということでもある．民法にあてはめると，民法典の役割を規定する実質的意義の民法，つまりは民法の基本的仕組み，より具体的には，「人の法」と「財産の法」としての民法の仕組みに適合的な法発展が行われる必要がある(29)．

公共の福祉に適合するとは，「人の法」と「財産の法」における社会との関係における民法の役割を実現すること，そのことが目指されるべきことが，条文として宣言されている，と考えることもできよう．

第3節　法の国際化と民法

1　法の国際化とは

(1)　あらたな視点

民法の基本的仕組みの動かし方（その発展の方向性）については，もう1つ，法の国際化の問題についても考えておく必要がある．

そもそも，法の国際化とは何か．国際化という言葉によく似たものの1つに

---

(28)　このような問題意識からまとめられたものに，小粥太郎『日本の民法学』（日本評論社，2011）がある．

(29)　なお，本書では，形式的意義の民法ということばを民法典の構成に対応して民法の役割を考える場合に用い，実質的役割が問われる場合には，実質的意義の民法とよぶことにする．

「グローバル化」という言葉がある．一般に，グローバル化とは，国境を越えること，すなわち，ものごとについて国境，あるいはそれによって画される(主権) 国家という観念を取りはらって考え，行動することである，といえよう．このようなグローバル化を法に関して推し進めると，通常，それは複数の(国家) 法の統一あるいは平準化へと行き着くこととなる．

これに対して，本書が唱える法の「国際化」とは，ある法を国際的な法発展の中に位置づけ，それを通じてその特徴を明らかにすること（その国際的な立ち位置を確立すること）である．このような視点は，法がときに統一されることを否定はしないものの，むしろ，相互に異なる複数の法が同時に存在しうることを前提として，それらの法どうしにおける緊張関係（協働）の中から法の創造が行われる，との考え方によるものである．すなわち，そのような緊張関係こそ，法のさらなる発展を可能とする原動力である，と解する．

⑵ **「法の継受」と「法の混合」**

㈠ 日本民法と比較法との協働

(i) このような法の国際化の視点は，日本では，民法典が制定された当初からすでに意識されていたものであると思われる．

すなわち，わが国の民法典は「比較法の所産」[30]であるといわれる．近代化(西欧化) を図るために，日本は，ゼロから出発して近代民法典を制定しなければならなかった．しかし，その際，ある1つの国の法をそのまま引き継いだのではなく，当時すでに存在したさまざまな外国の法を幅広く参照して，日本の民法典を作り出したのである．

(ii) ところで，「比較法」（の役割）とは何か．これもまた，民法典制定の前後から問われつづけてきた問題である．

その結論を端的に示すと，日本民法にとっての比較法とは，他の国の法との協働によってわが国の民法の発展をうながす作業である[31]．ただし，法の協働のあり方については，民法を①継受法ととらえる視点と，②混合法，すなわちさまざまな法の混合としてとらえる視点の2つがありうる．

それらのうち，前者は，わが国の民法典制定の歴史的由来にもとづく視点で

---

(30) 穂積陳重（起草委員）のことばとして知られる．

(31) この問題については，「日本民法の歴史と展望（1）（2）」民商131巻4・5号521頁，6号739頁（2005）参照．

ある．日本の民法典はいわゆる大陸法の継受にはじまり（法の継受），民法の「基本的仕組み」もそれによって構築された．それにつづく民法の法発展も，(大陸）法の継受という歴史的な経緯を踏まえることがもとめられる．ここで追求されていることは，要するに「大陸法の日本化」である．

これに対して，後者（混合法の視点）においては，（大陸法に止まらない）さまざまな法の混合を通じてあらたな法が生みだされることにその力点がおかれる．

⑴　法の国際化への道のり

(i)　これまでわが国で主流を占めてきたものは，①の視点にもとづく民法典の理解である．その下では，特に現行民法典の「母法」にあたるフランス法とドイツ法が大きな注目を集めることとなる．現行民法典は旧民法典の修正によって成立したものであるが，旧民法典の内容はフランス法に近いものであった．また，法典の編成方式としてはドイツ民法の編成方式（パンデクテン・システム）が採用されたため，ドイツ民法の法伝統を受け継いでいることも明らかである．

(ii)　しかし，民法の骨格（基本的仕組み）がフランス法およびドイツ法によって形づくられたことは確かにそのとおりであるとしても，イギリス法やアメリカ法など判例法国への門戸が閉ざされていたわけではない．例えば，民法典制定以前からすでに，日本の契約法学にはイギリス法に対する強い関心が存在していた[32]．さらに，不法行為法についても，基本的な責任要件である過失(709条）の意味内容に関して，大審院（現在の最高裁判所に相当する当時の最上級審）が，当時のアメリカ法における最先端の議論に影響を受けながらその判断を示すこともあった[33]．また，日本におけるその後の法発展がアメリカ法・イギリス法などに大きな影響を受けつつ発展を遂げてきたことも歴史的事実である（例えば，後に述べるように，709条の「過失」に関する不法行為法理論の発展は，アメリカ法におけるネグリジェンスの法理に対する大きな関心に支えられていた）．

(iii)　このような事実に照らすならば，これからの民法典の発展の方向性を見極めるためには，①の視点に加えて，さらに②の視点も必要とされるのではないか．さらに，②の視点が重視する，多様な法の協働による（それらの間におけ

---

(32)　吉田邦彦『債権侵害論再考』（有斐閣，1991）など．

(33)　この点については，藤岡・講義V 52頁以下参照．

る緊張関係を通じた）あらたな法の発展というプロセスは，法の創造一般にとって必要なものであり，普遍的なできごとではないかと思われる．

以上のような「混合法」の視点は，従来，取り立てて注目を集めるものではなかった．しかし，これからの「法の国際化」にとっては，決定的に重要である．民法のあらたな歴史のはじまりである(34)．

2　民法の発展能力

⑴　民法の歴史

ここで民法の淵源を振り返ってみよう．

㈠　ローマ法　　民法の歴史は，古代ローマ法にまでさかのぼる．ローマ法が行われなくなる時期もあったが，12 世紀に，中世イタリアにおいてローマ法が復活する．その中心となったのはボローニャ大学である．ローマ法を学ぶために，ヨーロッパの各地からボローニャに学生が集まった．ローマ法は「普通法」として，広く適用されることになった．わが国の民法の母法であるフランス民法やドイツ民法は，ローマの法伝統を受け継ぐものである．

㈡　混合法　　当時の法学は，すなわちローマ法学であった．イタリアがその聖地であったわけであるが，現代における法学の中心地はどこか．日本の民法が占める国際的位置を考えると，わが国がその 1 つに数えられない理由は見あたらない．前述のように，民法は西欧の継受法であるとはいえ，民法の法発展を可能としたものは，西欧法だけではなかった．イギリス法・アメリカ法の影響も大きい（判例研究が盛んなことも重要である）．すなわち，日本には，そのような大陸法・英米法双方の法伝統を踏まえた混合法としての民法，そしてそれを基礎とした独自の民法(学) が存在するのである．

㈢　法の継受と法の協働　　さらに，わが国の民法は，アジア法の一翼をになうものでもある．ヨーロッパ仕込みの民法とはいえ，100 年を超える歴史を持っている．法の国際化において，日本民法は大陸法を相対化することができると同時に，英米法に対しても独自の立場（判例法国に対する法典国としての立場）を主張することができる．

わが国の民法は，法の継受と法の協働により培われた法創造の場であったのであり（それは日本の法伝統であるということもできる），このような立ち位置を占

(34)「混合法としての民法」の視点の必要性については，藤岡・国際化 195 頁．

める国（法）はほかには見あたらない．わが国が法学の聖地となることも，理由のないことではないのである．

(エ)　ローマ法と日本法

(i)　ローマでは世界にみたび法律が行きわたった，といわれる（イェーリング）．1度目は，国家の統一のために，2度目は，教会の統一のために，そうして3度目は，中世におけるローマ法の継受，すなわち法の統一のためである．1度目は武力により行われたが，あとの2回は精神の力によるものである，と．

この歴史が物語るものは，ローマ法の伝播力（発展能力）の強さである．現代でも，ローマ法の中に現代の問題を考えるヒントを発見することができる．このことから分かることは，ローマ法とは法の起源，いわば民法のオリジン（origin）である，という歴史的事実である．

(ii)　ローマ法と日本法とのつながりを考えてみよう．売主の瑕疵担保責任について（商品に欠陥がある場合の売主の責任のこと），民法では瑕疵を発見してから1年という期間制限がある（570条）．この点，ローマ法では，期間制限が必要とされたのは，物が使われているうちに変化するからである，とされていた．現代の問題に置きかえると，これは品質保証の問題である，ということもできよう．そうであるとすると，民法の規定を品質保証の任意規定として再構成する，という考え方も出てこよう．契約実務から見ると，ローマ法も日本法も共通の視点をもつことができるからである(35)．

(2)　ローマ法の発展能力

(i)　それでは，このようなローマ法の発展能力はいったい，何に由来するのであろうか．占有権（民法では，所有権に関する規定の前に占有権に関する規定が置かれている）をはじめ，物権，債権，意思表示などの基本概念のほか，さらには契約や不法行為などの基本的法制度の原型もすでにローマ法にみられたものである．つまり，現代の民法を支える基本的要素はローマの法伝統の中で彫琢されたものであるが，それだけではローマ法の強固な発展能力の説明としては不十分である．

---

(35)　この点について，小川浩三「瑕疵担保責任の請求制限について —— 問答契約研究の一環として」桐蔭法学12巻2号1頁以下（2006）．藤岡・国際化215頁以下参照（「ローマ法からの問い掛け(法理論と法実践の相互連関)」）．なお，上記イェーリング（1818–1892）の考え方は『ローマ法の精神』（1852）序文による．

(ii)　ローマ法は6世紀前半に『ローマ法大全』(ユスティニアス法典) としてまとめられたが，ローマ法が現代でもなお関心を引き寄せるのは，民法の諸制度の淵源 (ローマ法源) のみならず法学の原点をも見つけることができるからである．具体性と抽象性 (一般性) を兼ね備えたもの，現実の問題に向き合いながら普遍的な解決のあり方を探るという考え方において，いつの時代にも応用できるものであった．ローマ法の伝播力の根源はその法学，法的思考のあり方にあったということができる(36)．

(iii)　このようなローマ法に関する考察から，われわれは，現代の法発展にとっても判例法 (個々の具体的事件に関する法的判断の積み重ね) がその原動力として重要な役割をになうであろうことを理解することができる．また，そのような判例法の進展を支えるために，学説 (理論) と判例 (実務) とのあるべき関係 (それらの間の架橋の仕方) について検討することの必要性についても了解されよう．本書では，理論と実務の関係を段階的・階層的にとらえ，民法の継続的発展の法的装置として位置づけるが (法的判断の三層構造 (「法理論と法実践の相互連関の三層構造」．これについては後述する))，このような発想のオリジンはローマ法にある，ということもできる．

3　混合法としての民法 (法発展の原動力)

(1)　**「法の継受」と「法の協働」**

(i)　これまでに詳しく述べてきたとおり，日本の民法は，混合法としての性格を持っている．また，このような視点から眺めてみると，民法の発展過程は，①「法の継受」というタテの関係 (タテ軸) における法発展と②「法の協働」というヨコの関係 (ヨコ軸) における法発展とが重なりあったものとして，これをいわば立体的にとらえることが可能となる．

あらためて指摘するまでもなく，民法はフランス法やドイツ法などの大陸法の継受によって制定された法典である(37)．

このような「法の継受」は，民法の歴史的遺産とその現代的役割に関わる事

(36)　ローマ法は英米法 (判例法の国) ともつながりのあることにつき，木庭・前掲書 (5頁注(1)『ローマ法案内：現代の法律学のために』)12頁．なお，ローマ法学の役割については，田口正樹「小菅芳太郎教授〔ローマ法〕の経歴と業績」北法44巻6号477頁，479頁，483頁をも参照．

(37)　旧民法の起草者ボアソナード (フランスからの招聘教授) に関心があつまるのは，民法が継受法 (フランス法を母法とする) であることによるところが大きいと思われる．池田・前掲書 (5頁注(4)『ボワソナードとその民法』) 参照．

柄として，タテ軸にあたるものと理解することができよう．これに対して，「法の協働」はヨコ軸を成すものである．これは，外国法とのヨコのつながりを考える視点である．わが国では，フランス法やドイツ法などの母法にとどまらず，英米法もまなびの対象であった．そこで行われていたのは，国際的規模における「法の協働」である．

(ii)　さらに，ここで重要なことは，「法の協働」という観念を突き詰めると，その結果として，それら母法と日本法との関係を，前者が後者に対して一方的に働きかける関係としてではなく，両者が相互に影響しあう対等・発展的な関係としてとらえることにつながるということである．すなわち「法の協働」という視点は，母法の相対化をもたらしうるのである(38)．

(iii)　①「法の継受」(タテ軸）と②「法の協働」(ヨコ軸）との2つによって「法の創造」を行うこと，民法の役割がこの点にあるとすると，「法の統一」は②のヨコ軸の問題に位置づけることができよう．また，日本法と東アジア法との関係も，「法の協働」に関する問題である．

(2)　「法の創造」と民法 ── 不法行為法の場合

では，以上に述べたような「法の継受」と「法の協働」とによる「法の創造」は，実際にはどのように行われるのか．その好個の具体例として，日本の不法行為法をめぐるいくつかの議論を取り上げてみよう．

(ア)　被侵害利益の拡大に関する議論

(i)　2004年の民法現代語化以前における709条原始規定によれば，私人の「権利侵害」がないかぎり，被害者を救済することはできないとされていた．そのため，加害者の責任が成立しうる範囲が狭くなり，不法行為法が救済規範として十分に機能しないおそれがあった．そこで，「権利侵害」に代えて「違法性」を責任成立の要件として採用すべきであるとの提案がなされた．

この提案によると，権利侵害の要件にこだわる必要がなくなるため，不法行為法は，包括的救済規範としての制度目的を十分に果たすことができるように

(38)　不法行為法における「法の協働」について，藤岡・講義V 45頁，53頁．「法の協働」から見ると，物権変動論に関するフランス民法系譜の議論とドイツ民法系譜の議論は，それぞれ対立するものとしてではなく，日本における「法の創造」に関わる課題としてあつかわれる必要がある．この点についてあらたな問題提起を行うものに，大場浩之『不動産公示制度論』(成文堂，2010）がある．なお，母法との関係，すなわち，物権変動論の国際的位置づけについては，大村敦志『もうひとつの基本民法Ⅰ』(有斐閣，2005）79頁以下に詳しい．

なる．だがその一方で，権利侵害の要件がはずされることにより，加害者の責任の範囲が無限定に広がり，歯止めが利かなくなることも憂慮された．

(ii)　このような事態を解消すべく，709条の趣旨を明確にすることがもとめられた．2004年の現代語化においては，被侵害利益の要件について，他人の「権利」または「法律上保護される利益」の侵害がある場合に加害者の責任成立要件を充足する，とされた．すなわち，救済の範囲を拡大するとともに，そこには限界があることもまた明文で規律されることになったのである．

(イ)　不法行為法の基本ルール

(i)　このようにして改正された（文言上，2つの法益を保護することとなった）709条現行規定を今後，どのように解釈すべきであるかについては，さまざまな見方がありうるであろう．たとえば，「権利」が侵害される場合と「法律上保護される利益」が侵害される場合とをどのように区別すべきであるか（あるいは区別すべきではないのか）．現行規定に定められた「権利」が絶対権を意味するのであれば，これと「法律上保護される利益」とを区別することは，それほどむつかしいことではない．しかしながら，そもそも「権利」侵害を絶対権侵害と理解してよいのかどうかは，1つの解釈問題であり，その答えが当然に導きだされるわけではない．

(ii)　そこで，709条現行規定の意義を別の視点，すなわち不法行為法の制度目的から問いなおしてみると，不法行為法は包括的救済規範であるから，多様な不法行為現象に対応することのできる法的仕組みを用意することが必要である．そのためには，709条原始規定に定められていた権利侵害という単一の要件（基準）ではなく，より細分化された複数の要件（基準）をあらかじめ設定しておくことが，理論的にも，また実際にも求められるのではないか．

また，このように考えてくると，709条現行規定における「権利」侵害と「法律上保護される利益」の侵害という2つの要件の関係について，それらは互いに峻別されたものではなく，2つの標準型をあらわしたものと理解することも可能である(39)．

(iii)　要するに，709条現行規定は，不法行為法が持つ包括的救済規範性を個別的ルールの形に整備したものである，ということになる．すなわち，現行規定は，フランス民法（1382条．包括的救済規範として規定されたルール），ドイツ

(39)　藤岡・講義V 122頁．

民法（823条1項．いわゆる絶対権にあたる権利が列挙されている），そして英米の判例法（さまざまな不法行為現象を個別・具体的に規律する）のまさしく混合形態として，まさに日本において「創造」されたルールである，と解することができる．

これは，「法の継受」と「法の協働」をその発展の基盤としてきたわが国の民法にしてはじめて作り上げることのできた，不法行為法の基本ルールである[40]．

(iv)　もっとも，被侵害利益をめぐる議論は，（不法行為法の）責任成立要件の解釈問題という範疇を超えて，日本の民法のあり方そのものが問われるものであった．「法の継受」と「法の協働」との関係（さらには，母法からの独立の問題）について本格的な問題提起が行われたことが重要である[41]．

(ウ)　違法性と過失の関係

(i)　このように，わが国では「違法性」の概念の導入によって，被侵害利益の範囲の拡大が理論的に裏づけられることになった（違法性理論の判例・通説化）．ところが，その後，この「違法性」は，もともとはドイツ不法行為法上の概念であって[42]，709条には，そのような概念についてまったく語るところがない，との批判が生じた．

被侵害利益を拡大することが目的であるならば，民法の規定の解釈（解釈論とよばれる作業）としては，709条が侵害対象として規定した「権利」の内容（種別）をひろげることによっても，それを達成することができるはずである．「違法性」概念の導入（違法性理論の台頭）によって，不法行為の成立範囲はかえって狭くなるのではないか．

(ii)　すなわち，ドイツ民法においては，もともと「違法性」要件は「過失」要件と対置されている．そのため，「違法性」は行為者の客観的な行為態様に関する客観的要件として，他方，「過失」は行為者の主観的（心理的）態様に重きを置く主観的要件としてそれぞれ判断される．しかし，「過失」をこのように主観的に理解すると，過失の認められる範囲が狭まることになるため，「違

(40)　この問題については，藤岡・国際化211〜212頁．

(41)　これは民法（不法行為法）の国際的地位を確立するための議論でもあった．議論の契機となったのは，平井宜雄『損害賠償法の理論』（東京大学出版会，1987）である．

(42)　ドイツ民法823条1項は明文で「違法性」を不法行為責任の成立要件の1つにあげている．

法性」によってたとえ加害者の責任範囲が広げられたとしても，当該具体的事件においては「過失」が存在しなかったとして，被害者の救済が拒絶される事態が生じることも少なくないことが想定される．このような帰結は，不法行為法の包括的救済規範としての制度目的に反することにならないであろうか．

(iii)　日本におけるその後の議論では，709条の「過失」は損害（結果）回避義務違反をあらわすものとして理解されるようになったため（これを「過失の客観化」という），上述のような形で被害者の救済が（不当に）拒絶されるおそれはなくなった．だが，議論がこの段階に至ると，あらたな別の問題（疑問）が生じることとなる．すなわち，もしこのように「過失」が行為者の客観的行為態様の評価をなすための要件であるとすると，これに加えて「違法性」の要件をさらに設定することは不要ではないか，との疑問である．この考え方（違法性不要説）を徹底させると，不法行為の要件は，過失を中心に展開される（べき）ことになる（過失一元説）．

(エ)　あらたな提案

(i)　責任成立要件の構造をどのように把握すべきであるかという以上の問題の詳細は，不法行為法の体系書・教科書の説明に譲ることとしよう[43]．しかし，ここで確認しておくべきことは，この問題をめぐる従来の議論では，民法のルールの解釈にとどまらない，より大きな問題，すなわち「法の国際化」における日本の民法(学)のあり方そのものが問われていたのではないか，ということである．

(ii)　すなわち，議論の契機となったのは，「違法性」はドイツ民法に特有の概念であって，日本民法にとっては無用である，との疑問あるいは批判であった．「違法性」概念がドイツ法から輸入されることによって，709条本来の役割，つまりはその包括的救済規範性（十分な範囲において加害者の責任成立を認め，被害者を救済すること）がそこなわれてしまうのではないか．むしろ，そのような709条の機能は，同条自身が明確に定めている「過失」要件の解釈・運用によってこそ（「過失」を損害回避義務違反＝客観的行為義務違反として法律構成することによってこそ）達成することができるのではないか．そのような問題意識であった．

そして，このような問題意識にもとづいて構想されたあらたな不法行為理論

(43)　藤岡・民法講義シリーズでは『不法行為法』(2013) がある．

(過失一元論) がその範としたものは，英米法（ネグリジェンスの法理．特にアメリカ法に対する関心が強い）およびフランス法（フォートの法理）であった．

(オ) 法の創造

(i) 以上の経緯を「法の国際化」の視点から眺めてみると，ドイツ法からの独立が明確に志向されている点と，あらたな範型の基礎が（特に）アメリカ法に求められている点の２つが注目される．

すなわち，第１に，「法の継受」というタテの関係においてドイツ法は日本法の母法にあたるが，その母法からの離脱が提案されているのである．また，第２に，アメリカ法はヨコの関係において，いわば「法の協働」の相手方として選択された，と考えることもできよう．

(ii) もっとも，このような理解ですますことができるかどうかについては，なお検討を要する問題がないわけではない．なるほど「違法性」はドイツ法から持ち込まれた基本概念であるとしても，わが国で「違法性」概念にあたえられた役割は，ドイツ法におけるものと同じではない．前述したように，日本では，「違法性」は被侵害利益の範囲を拡大するために提案されたものであった．そのため，使い方によっては，権利の保護のあり方を規定する要件として，重要な役割をになうこともできるものであった．

(iii) このように考えてくると，違法性の概念を不要なものとして直ちに捨て去ってしまうのではなく，「違法性」と「過失」という２つの要件を維持したうえで，それらの間に，不法行為法の包括的救済規範性に適した関係を構築することこそ肝要であり，それによってわが国独自の不法行為法理論の構想も可能となるのではないか，とも考えられる．

これも，まさしく「法の国際化」における「法の創造」に関する問題である．ここで必要とされているのは，英米法（特にアメリカ法）との協働だけではない．母法としてのドイツ法とも相互的な協働の関係をつくることが，「法の創造」にとって必須の課題である(44)．

---

(44) この点の詳細は，藤岡・講義Ｖ 44 頁以下，54 頁以下にゆずる．

第４節　民法の継続的発展を実現するための具体的手段

１「法の適用」と「法の改正」の関係

次に，民法の継続的発展を実現するための具体的手段に目を向けてみよう．そのような手段として，一般に，①「民法の適用」と②「民法の改正」の２つをあげることができる．

(1) 民法の適用

まず，①と②との関係であるが，現行民法が定めるルールの適用のあり方を検討することが解釈論とよばれるのに対して，そのルールの改正（あるいは考案）に関する議論は立法論とよばれる．

しかし，両者は必ずしも対立するものではない．一方で，解釈論（ルールの意味内容とともに，解釈の限界が明らかにされる）を通じてルールの改正がうながされることがあるし，他方で，立法論として提案される事柄の中にはルールの解釈の幅を広げることによって実現可能なものもある．

このように，ルールの解釈も，ルールの改正も，ルールの適用問題であることにおいて変わりはない．いずれも民法の継続的発展を実現するための盾の両面である[45]．

(2) 民法の改正

以上に述べたこと（ルールの適用と改正との関係）を民法（学）にとって普遍的に問われる課題として位置づけ，さらに深く掘り下げると，次のようになる．

すなわち，民法は，社会の基本法であるといわれる．このことを「社会の構成原理としての民法」[46]と表現することもできるが，そのように民法が「社会の構成原理」であるとすると，民法ということばが使われるかどうかはともかくとして，どのような社会にも民法は必ず存在する，ということになる．またしたがって，約１世紀以上前に制定されたわが国の現行民法典も，それ以前にすでに存在した民法を改正して制定されたものである，と考えることができる[47]．

(45) 立法論によって，ある問題に最終的な決着が着くわけではない．ルールの改正が実現したということは，まさしくその瞬間から，あらたな適用問題（解釈論）が始まるということでもある．立法論と解釈論の緊張関係こそ民法の発展の原動力である．

(46) 大村敦志『民法改正を考える』（岩波書店，2011）181 頁．

このような考え方によると，民法の改正は，その継続的発展のために，いつの時代においても求められる普遍的課題である．また，改正（に向けた議論）が引き起こす現行民法との緊張関係が，民法のさらなる発展の原動力となることもたしかであるといえよう．この意味において，民法の改正とは，現行民法の意義について考えること，そのものでもある⑷⑻．

2　「民法の改正」が問題となる場合

民法の改正が具体的に問題となるのは，社会の変容に現行民法のルールが追いついていないと考えられる場合である．現行民法典は近代市民社会に関する法として出発したが，これを現代市民社会の法に転換しなければならない．つまり日本の現行民法典の現代化には，そのルールの改正が必要である，といわれる．このような考え方の根底にあるのは，「社会の構成原理としての民法」という法思想である⑷⑼．

たとえば，以下の①〜⑥のようなことがらが俎上にのぼることになる．

① **確立されたルールの明文化**　わが国の現行民法典は，フランス法やドイツ法に比べて，その条文数が少ない．そのため，具体的な問題の解決にあたって拠るべきルールの内容が分かりにくい，と批判されている．判例や学説がこれまでその埋め合わせをしてきたのであるが，それらによってすでに確立されたルールについては，それらを条文化すべきであるといわれる．民法は市民にとって分かりやすいものでなければならない，というのがその理由である．

② **民法の規定が時代遅れとなる場合**　民法の条文の中には，制定時には妥当であったものの，現代ではすでに時代遅れとなってしまったものもあろう⑸⑽．そのような条文についても，判例および学説の解釈にまかせておくことは，法の継続的発展にとって望ましいことではない．ここでは改正の必要を是としたうえで，どのようなルールが妥当であるのか，改正の内

⑷⑺　大村・前掲注⑷⑹24 頁．なお，同書 28 頁によると，民法改正は「社会の構成行為としての民法改正」にあたる．

⑷⑻　なお，民法改正の経緯・展望については，椿寿夫『民法改正を考える』（法律時報増刊，2008），内田貴『民法改正』（筑摩書房，2011），大村・前掲注⑷⑹，森田宏樹『債権法改正を深める』（有斐閣，2013），後藤巻則『消費者契約と民法改正』（弘文堂，2013）など参照．

⑷⑼　大村・前掲注⑷⑹181 頁以下参照．

⑸⑽　短期消滅時効など．

容を検討すべきこととなる．

③　**あらたな規律が必要となる場合**　社会の変容にともない，取引のあり方[51]や家族関係のあり方[52]など，あらたな規律が必要となることがらもある．

これらは，基本原理の転換をともなうものではないが，いままで規律がないか，あっても不十分であるときに，あらたなルールの制定が求められる場合である[53]．

④　**基本原理の転換**　さらに，より深刻な問題として，債務不履行法（契約責任）の運用や法律行為法の措定など，民法の基本要素に関するものでありながら，その根本的な転換が論議される問題もある．これについては，制度設計の具体的な内容に加えて，そもそもこのような基本原理に係わる問題はどのように議論されるべきか，ということが問われざるをえない．ここには，ある意味で，日本の民法（学）の力量が試される課題が存在することは明らかである．

⑤　**法の統一が問題となる場合**　国際的な視点に立つと，商取引など，それに関連する「法の統一」が要請される場合がある．これは，市場のグローバル化によって提起されたあらたな問題であるが，グローバルな取引には契約法が関わることになるため，その改正（特に売買法の改正）には，「法の統一」に対する態度決定が求められる．

法のグローバル化の動きにどのように対応すべきか．これは契約法にとどまらず，「財産の法」としての民法において，ひろく考えておかなければならない問題である．

この点については，「法の国際化」の観点に照らして，わが国にオリジナルな道を模索すべきであると解すると，そのような立場から，「法の統一」に対

---

(51)　たとえば，新しい契約類型の登場，詐害行為取消権など債権実現の方法（破産法との調整が必要とされるかどうか，制度目的に係わる議論が必要とされる）など．

(52)　公序にかかわることがらであるため，どの範囲までの自由度が認められるのか，制度設計に関するコンセンサスが必要である．

(53)　例えば，根抵当，根保証の明文化，特別養子縁組の導入は民法の個別的なルール，個別的な制度の仕組みについて，あらたなルールの制定が求められたケースである．成年後見制度の導入は民法の基本的な骨格にかかわる問題である（次の④の場合である）．なお，ドイツでは「患者の権利の向上のための法律」の制定（2013 年２月 26 日施行）にともない，医療契約（典型契約としての医療契約）が民法典に導入されたことが注目される．

してどのように対応すべきであるかが問われる．これは混合法としての日本民法に突きつけられたあらたな課題である[54]．

⑥　**民法の基本的仕組みに関わる問題**　　民法の改正は，（最終的に）民法の再編成にもつながる可能性がある．民法の継続的発展を期すのであれば，個別問題を統合する視点が必要とされる．統合の視点はどのようなものであるべきか，ということである．

そのような視点（の内容の当否）がもっとも強く問われるのは，民法の編成方式をめぐる考え方においてである．現行民法はドイツ民法にならって，パンデクテン・システムを採用するものであった．これは権利と義務の関係にもとづいて民法を組み立てるものである．次に求められるのは，この仕組みを社会の変容に対してどのように発展させてゆくのかである．

民法のこれまでのあゆみを継承しつつ，社会の発展に対応可能な民法を実現するための方策はどこに求めることができるか．これまで述べてきたことは，その拠り所を「人の法」と「財産の法」に求めることであった．その基にあるのは，日本の民法には発展能力がそなわっているとの「法の国際化」からみた視点である．

3　「法の国際化」と「民法の改正」

以上で取り上げた民法の改正に関する６つの具体的課題のうち，①と⑥の２つでは，民法のあり方そのもの（特に「法の国際化」における日本の民法（学）の位置づけ）が問題となる．これに対して，②～⑤の４つについては，それぞれの性質に対応した考え方が求められる．

⑴　ルールの変更と統一

(i)　本書では，まず法理論と法実務との関係を段階的・階層的に把握する（法的判断の三層構造論．後述 116 頁以下参照）．このような三層構造論は，民法の適用（解釈）の局面において，そのルール（をめぐる判例・学説による議論）の意義を明らかにするのに有用であるだけでなく，民法の改正のように，そのルールの変更が問題となる場面においてもこれを応用することができる．すなわ

⑸4　「法の統一」が要請される場合は，特別法として解決することが考えられる．ただし，その場合でも，統一法の中に含まれている基本原理は一般法としての民法にも影響を及ぼすことが予想される．その意味で，「法の統一」は，民法の継続的発展にとって重要な関心事であるといわなければならない．

ち，ルールの変更もまた，そこで問題とされる事柄の性格に即して，それらを３つの段階にわけることが可能である．

第１に，現実問題に対応する解決を迫られている法改正であるのかどうか（現実問題対応型判断）．

第２に，ルールの改正について，基礎理論の開拓が求められる問題であるのかどうか（基礎理論対応型判断）

第３に，法制度の基礎に変革を迫る構想が対象とされているのかどうか（制度的基礎対応型判断），である．

(ii)　前記６つの課題をこれら３つの段階に振り分けてみるならば，まず，「わかりやすい民法」（①）として求められているものは，第１段階の現実問題対応型判断であるといえよう．これに対して，②③④については，それぞれさらに，第２段階の基礎理論対応型判断も行われることになろう．とりわけ，④は民法の基本原理に触れるものであるため，第２段階そのものにあたるが，制度目的の変更に関わることから，第３段階の判断もあわせて必要となる．

⑤の「法の統一」については，そもそもそのような統一が必要であるのかどうかの判断が前提となる．これはきわめて重要な判断であるが，政策判断をともなわざるをえない．その点では，法的判断とは性質を異にするが，政策判断も構造的にとらえることができるとすると，法的判断にならって，段階的に検討されることになる(55)．

以上のことを前提として，民法の改正について，ここでいくつかの指摘をしておきたい．

(2)　「わかりやすい民法」ということ（①）

これは，改正のいわば入口にあたる問題である．

(i)　判例と学説によってすでに確立されたルールは，民法典の中に明文で規定されるべきである，とされる(56)．ルールはアクセスしやすいものでなければならず，そのためには，わかりやすいものであることが必要である（「市民のための民法」）．この点については，もちろん異論のないところである．しかし，そこで言われている「わかりやすさ」とはいったい，どのようなことを指しているのか．このことを，法律家は考えておかなければならない．

---

(55)　この点について，曽野裕夫ほか『私法統一の現状と課題』別冊 NBL144 号（2013）参照．
(56)　内田・前掲注(48)18 頁，113 頁．

すなわち，ルール（条文）が一見分かりやすい言葉と表現によって書かれているとしても，必ずしも，そのルールの意味内容が明確に理解されるとは限らない．ましてや，そのようなルールにもとづいて，事件がいわば自動的に解決されるわけではない．ルールの意味内容は具体的事件を通じて明らかにされるのである．その意味で，民法のルール（社会の基本法としての民法）の機能と限界は，それが実際に適用される，まさにその現場においてはじめて了解されるのではないか．

(ii)　ルール（少なくともその一部）がそのようなものであるとすると，「わかりやすい民法」を実現するためには，ルール（条文）のわかりやすさに頼るだけでは十分ではない．「わかりやすい民法」をつくり出すためには，さらに，ルールのつくり方と使い方（適用のあり方）について，つくり手と使い手（そこには法曹だけでなく，広く国民一般が含まれる）との間に共通の理解が成り立っていることが必要となろう．

(iii)　具体的問題を解決するための法的思考のあり方（法的判断の仕組み）について国民一般のより良い理解を増進することは「法教育」の目指すところであるが，民法の改正は，そのような「法教育」と連動してはじめて，民法を真の意味で「わかりやすい」ものにすることができる，と考えられる．すなわち，ルール（条文）の文言や表現をわかりやすくすることが，民法を「市民の法」にするための万能薬ではないのである．

(iv)　さらに，フランス法やドイツ法と比較して，条文数の少ないことが現行民法の欠点として指摘されるが，その補正をどのように行うべきかについては，日本民法の混合法としての性格をふまえて考える必要がある．

民法は，タテの関係（「法の継受」）としては法典国であるが，すでに述べたようにその発展は判例にゆだねられてきたところが大きく，（法典国としては）判例研究の盛んな国である．この点には，イギリス法やアメリカ法などの判例法国の影響がうかがわれる．これはヨコの関係（「法の協働」）からの影響であり，タテの関係にもあらたな刺激（大陸法の相対化）をあたえることができる．

(v)　このように，混合法の視点から眺めてみると，民法の発展は，さまざまな法的装置によって支えられていることがわかる．判例準則の明文化は，具体的な解決策の1つであるとしても，それが唯一のものとまでは言うことはできない．民法の技術的性格に係るルールはともかくとして，判例法理の発展にゆだねるのが妥当な場合がある．すなわち，既存のルール（判例準則）の明文化が必要であるとしても，ルールの発見（創造）が行われる場を確保することこそ，民法の発展の原動力となるのではないか．

そうであるとすると，「わかりやすい民法」をつくるということは，わかりやすいルールに置き換えればよい，ということですまされる問題ではない．ルールがつくられるプロセスのあり方が問われざるを得ない（裁判所における司法判断）．

⑶　**「民法の基本的な仕組み」と「法の国際化」**

㋐　パンデクテン・システム

(i)　民法の改正が「法の国際化」の問題でもあるとすると，その論議は民法の基本的仕組みの当否にまで及ばざるをえない（⑥）．現行民法典の編成方式は，パンデクテン・システムとよばれるドイツ民法が採用する方式である．

このシステムでは，冒頭の総則編にもとづいて，民法典が財産法（物権と債権）を中心に組み立てられ，家族法（親族・相続）は，財産法とは対置される存在として位置づけられる．このシステムは（古典的な）権利の体系として出来上がったもので，論理的につじつまのあったシステムであるが，社会の変容に対応できるための工夫を要するところもある．

(ii)　システムのあり方を考えるうえで大切なことは，民法であつかわれる対象にどのようなものがあるのか，ということを見極めることである．「人」，家族，財産が中心であるのであれば，そのような具体的な対象に応じたルールが作られるべきであって，それらが最終的に１つの統一体としてまとまったシステムが民法典である，と考えることもできよう．

わが国の民法を，このような「開かれたシステム」として構築することができないか．現行民法典については，このような批判がつきまとってきた．民法の改正において，この点に関する問題提起が行われるのは，いわば当然の成り行きである．

この点について本書が取り上げるのは「人の法」と「財産の法」からなる民法という，民法の役割からみた民法の統一的理解の必要性である．民法の役割からみると，民法はおのずから「開かれた民法」となるはずである（実質的意義の民法）．

㋑　法システムとしての民法

(i)　パンデクテン・システムがそれ自体問題があるというわけではない．権利と義務の関係にもとづく統一的かつ体系的なシステムは，法学教育にとっても有用である．個と個の関係および全体と個の関係が，一目瞭然と理解できるからである（実際，もともとこのシステムには，法学教育のテキストとしての役割があたえられていた(57)）．そうであるとすると，われわれがなすべきことはシステムの運用に工夫をこらすことではないか．この点は従来必ずしも十分でなかったと思われるのである．

(ii)　フランス方式（インスティテューティオーネン・システム）では，対象となる問題領域ごとにルールが規律されるため，ドイツ方式（パンデクテン・システム）に比べて，システムとしてはやわらかく，あらたな問題への対応にも優れているといわれる．しかしながら，どのような場合であれ，民法上の問題は最終的には権利と義務の関係に還元されるのであるから，この関係を法律上の仕組みとしてあらかじめ提示しておくことは，全体と部分の関係をわかりやすくすることにもつながり，パンデクテン・システムの長所であるといえよう．

(iii)　ただし，それは長所の１つではあっても，それによって民法の発展能力が拡大されるわけではない．この点，わが国の民法では，不法行為法の被侵害利益について，権利を中心としながらも，保護法益の範囲が拡大されていることが注目される（この点については，前述参照）．すなわち，「権利」にはあたらない新しい利益であっても，「法律上保護される利益」として認められると，不法行為法による救済があたえられるものとされている．

これは，同じくパンデクテン・システムを採用する国同士でありながら，ドイツ民法（パンデクテン・システムにもっとも忠実であると思われる．また，すでに説明したように，ドイツ不法行為法は，権利，しかも絶対権を保護法益の中心に据える）と日本民法との違いとして銘記されるべきことがらである．わが国の民法は，不法行為法を通じて「開かれたシステム」に転換した．これによって，日本の民法は，他の国の民法にはみられない発展能力を獲得した，ということができる．

(iv)　そして，日本の民法のシステムが，このようにドイツ民法が採用する「創始パンデクテン・システム」とは異なる「開かれたもの」であるとすると，現行システムの課題は，それを転換することにあるのではない．開かれたシステムの下では，民法に課されるその時代ごとの役割に応じて，このシステムを

(57)　この点について，水津太郎「ヨハン・アーペルの法理論 ── 物権債権峻別論の起源」法学研究82巻1号385頁以下（2009）425～426頁参照．

柔軟に運用することが可能だからである．むしろ，そのような，すでに現行民法に備わっている柔軟な運用能力＝発展能力をさらに伸ばすことこそ，日本の民法(学) が取り組むべき課題である，と思われる．

(v)　民法の役割に対応した実質的なシステムが，「人の法」と「財産の法」からなるシステムである．第2章で取り上げた「民法の基本的仕組みの法構造」はこの趣旨を具体化したものである．「創始パンデクテン・システム」との違いは，人格権を保護するために，人格権の拠点を民法典の中に創出したことにある（民法構成上の人格権)．「人の法」および「財産の法」からなる民法の基本的仕組みの原型は，不法行為法によって作り出された，ということもできよう．

(4)　「オリジナルな民法」という考え方

(i)　以上をまとめるならば，民法の基本的仕組みは，民法の役割に対応したものでなければならない．またしたがって，民法の基本的仕組みは，動態的に把握されるべきものである．これらの観点は，日本民法の特徴（発展過程）を混合法のそれとしてとらえることから得られるものである．さらに，これらを「法の国際化」の視点から眺めると，日本民法（学）は，「法の継受」（タテの関係）と「法の協働」（ヨコの関係）との緊張関係の中で，そのオリジナリティー(「オリジナルな民法」) を確立することを課題としてきた，と考えることができる．

(ii)　しかし，民法典はひとたび成立すると，その時点からすでに過去のものとなるのであるから，憲法，刑法，行政法，手続法など諸法との協働についても，より「開かれた関係」を築くことが必要となる．

比較法的には，「法の協働」が「法の創造」に結びつくためには，フランス民法やドイツ民法など母法についても，制定以前の段階における法発展についても注目する必要があるのではないか．そこには，制定法には直接採用されなかったかもしれないが，現代の法律問題を考えるうえで有益なヒントが隠されているかもしれないのである(58)．

(iii)　サヴィニー（1779〜1861）の構想が，その登場以来，現代においてなお，研究の対象とされていることは，以上のような問題とも関連のあることがらであると思われる．すなわち，サヴィニーの民法は，制定法を離れたところで，

(58)　たとえば，金山直樹『時効理論展開の軌跡』（信山社，1994）．特に第1章，第3章参照．

あるべき民法の基盤を構想するものであったが，そうであったからこそ，現代のわれわれに訴えかける力を持っていたとも考えられる．

(iv)　さらに，このように民法の役割を考えるにあたっては，母法国の民法典制定以前の法状況を探ることも重要であるとすると，そのことは，現代法とローマ法とのつながりを改めて再認識させることにもなろう．既述のとおり，ローマの法学は現実の問題に向き合いながら，普遍的な判断をさがし求めるものであった．その意味でローマの法伝統は，理論と実務の相互関係からなる現代の民法(学）ともつながりのある法であるといわなければならない(59)．

民法の基本的仕組み（および基本的仕組みを動かすための具体的手段）は，長いときを経て鍛え上げられたものである．このことを改めて認識させる契機となったのは，「法の国際化」の問題である．

第5節　「民法の適用」に関する具体的方法

1　法　　源

次に，民法の継続的発展を実現するための具体的手段，とくにその中心を成す民法（ルール）の解釈・適用を取り上げ，その意義や特徴などについて検討する．その前提として，そもそも，解釈・適用されるべき「ルール」とはなにを指しているのか，すなわち，何をもって解釈・適用されるべき「ルール」（民法）ととらえるべきか，という問題について考えておかなければならない．これは，従来，法源(論）として議論されてきたことがらである．

(1)　制定法主義と判例法主義

(ア)　法 の 源 泉

(i)　どのような規範を法源，すなわち「裁判官が，裁判において，紛争解決基準として拠り所にすることのできるルール」（法の源泉）とすべきであるのか．この点については，制定法主義と判例法主義の2つの基本的立場がありうる．

制定法主義とは，立法機関が文書の形式で制定した法（制定法）を第1順位の法源とする立場である．これに対して，判例法主義においては，司法機関によって過去になされた裁判（先例的判断）に「最も重要な法源」の地位があたえられる（ただし，判例法主義の国においても制定法は存在する）．日本は，フラン

(59)　この点について，藤岡・国際化 18〜19 頁．

スやドイツなどの大陸諸国と同様に，制定法主義によっている．他方，イギリスやアメリカは判例法主義の国である⁽60⁾.

(ii) 憲法76条3項によると，すべて裁判官は，「その良心に従ひ独立してその職権を行ひ，この憲法および法律にのみ拘束される」とある．日本が制定法主義の国であることはこの規定からも明らかであるが，制定法主義の採用は「太政官布告103号裁判事務心得」(1875〔明治8〕年6月8日)にはじまる．同年4月には大審院（現在の最高裁判所にあたる当時の最上級審裁判所）が創設されていることが注目される⁽61⁾.

また，同条3条では，「民事ノ裁判ニ成文ノ法律ナキモノハ習慣ニ依リ習慣ナキモノハ条理ヲ推考シテ裁判スヘシ」とされる．

(イ) 判　例　上記太政官布告からわかるように，民法の法源には，制定法に加えて，慣習法（習慣）や条理があるが，このほかに，さらに判例（裁判の先例）が法源に含まれるか否かが問われることがある．

日本は制定法主義に立脚しているため，判例が当然に法源（裁判規範）となることはない．しかし，最高裁判所が示した裁判はその後の下級裁判所による判断に影響をあたえるため（このような場合を指して，事実上の拘束力があるという)，判例の裁判規範性の有無が問題となるのである⁽62⁾．この点は後述するが，「判例による法形成」は民法の継続的発展にとって重要な課題であるといわなければならない．

(2) 法源の種類

(ア) 制 定 法　条約と法律のほかに，命令その他の下位規範が含まれる．

もっとも重要なルールは法律によるものであるが，これについては，ルールの適用が問題となる．民法を理解することとは，すなわち，そのルールの適用の仕方を理解することであるため，この点は後に改めて取り上げることとする．ここでとくに注意を喚起しておきたいことは，法は，1つのまとまりのある体系として，段階的に把握されなければならないということである．

次に，条約とは，国家と国家との間で締結される合意のことである．これに

(60) 以上は，広中29頁による．

(61) 広中41〜42頁．

(62) なお，判例とは，原則として，最高裁判所による先例的裁判のことを指す（民事訴訟法318条1項，刑事訴訟法405条2号・3号)．これに対して，下級裁判所が過去に行った裁判は裁判例とよばれる．拘束力に違いがあるため，区別した議論が必要である．

よって，国家間に国際法上のルールが設定される．ある条約の内容が国内法上のルールである民法と抵触をきたす場合に，それをどのように調整すべきかが問題となる．憲法（国の最高法規）では条約および国際法規の遵守が規定されているため（98条2項），条約に優先的効力があたえられる．

なお，法の段階的構造については，──

①「上位の法は下位の法に優先する」，

②「特別法は一般法に優先する」，

③「後法は前法に優先する」（同一序列の法相互間），

の原則が適用される(63)．

(イ) 慣習法　法律と同一の効力を有するものに慣習がある．もともとは法例2条で規定されていたことであるが，これは「法の適用に関する通則法」3条（2007年施行）に引き継がれた．

同条によると，「公の秩序又は善良の風俗に反しない慣習」は，①「法令の規定により認められたもの」または②「法令に規定されていない事項に関するもの」について，「法律と同一の効力」を有する．同条は，慣習一般に法律上の効力を認める規定ではないが，特定の場合に慣習（社会のルール）を国家法の中に位置づけるものである．そのかぎりで慣習に法源性が認められ，制定法を補充する役割があたえられたことになる．このような慣習は「慣習法」とよばれる(64)．

なお，法律行為法（契約法）の領域では，当事者が任意規定とは異なる慣習による意思を有していると認められるときには，慣習が任意規定に優先する，とされる（92条．通則法3条と民法92条との関係については，第2部にゆずる）．

(ウ) 条理による制定法の補充

(i) 慣習は一定の条件のもとで法律と同一の効力を認められるが，そのような慣習も存在しない場合はどうなるのであろうか．ある事態に対して適用できるルールを制定法の中に見つけられない場合である．制定法にはすき間がある

(63) 四宮9頁による．

(64) 以上と関連して，「国家の法」と「社会の法」を（できるだけ）一致させるよう努めるべきである，との考え方があることに留意しておきたい（四宮11頁）．これによると，慣習が制定法（強行法さえも）を改廃することも否定されるべきではないことになる．さらに，判例や学説の「慣習」化も考えることができる．これは判例・学説の法源性にもつながる問題である．

と考えるのであれば，そのすき間を埋める必要がある．これが条理による欠缺補充の問題である

欠缺の補充とは，制定法の中に拠るべきルールがないときに，あらたなルールを発見することであるが，これを「国家の法」（制定法）と「社会の法」との関係としてとらえると，その間の「つなぎ」の役割をになうのが条理である，ということになる．

(ii) どのような場合に条理による判断がゆるされるか．これは，制定法の欠缺はどのような場合に認められるのかという問題と表裏の関係にある問題である．条文の類推適用あるいは信義則・権利濫用などの一般条項の適用（１条）によっても，補充は可能であると考えると，条理による補充は上記の操作ができない場合にはじめて認められることになる(65)．

その場合に，条理による欠缺補充が無秩序・不公平に行われないためには，そのあり方に関する基本原則が必要である．この点，民法の解釈の基準（旧１条の２，現２条）および憲法への適合性が指示されていることが注目される(66)．

(3) 法源(論) に関わる問題

(ア) 法律行為規範（契約規範）の法源性

(i) 契約が成立すると，それには当事者を拘束する効力が認められる．すなわち，契約当事者は当該契約を尊重し，まもらなければならない．裁判官もその契約に関する紛争の処理にあたっては，当事者が契約によって設定した権利と義務の関係にもとづいて裁判をしなければならない．そのため，契約もまた法源の１つと考えるべきか，が問題となる．

(ii) 積極説は，次のように主張する．すなわち，契約にもとづくルールは，当事者のみが拘束される個別的規範であるとはいえ，それが裁判の規準となる

---

(65) 条理による補充を広く認める考え方がある．「国家の法制定権自体が社会の意思に基づくものであり，制定法が社会の現実を妥当に規律することができなくなった以上，裁判官が社会に妥当する規範に従って裁判すべきことは，法（国家法）の目的を達成するゆえんである，といわなければならないのである.」「裁判官が裁判に際して制定法・慣習法のほかに拠るべき基準を自ら発見しなければならないことは，── 憲法第 76 条３項の表現にもかかわらず ── すでに立法と司法との分化という国家組織のうちに予定されている，と考えられるのである.」（四宮 12〜13 頁）．

(66) 広中 71 頁．なお，（人格権としての）名誉権にもとづく差止請求権の承認（「北方ジャーナル事件」）は，条理による公然欠缺の補充の場合であるとされる．本件では，憲法 21 条１項が参照されている．

点においては，民法の一般的規定と変わるところはない．また，法源性を認めることは，私的自治の原則にかなうことにもなる(67)．

他方，契約規範に法源としての地位をあたえることに，消極的な立場もある．この立場は，法源とは「一般的な裁判規準に関するもの」であるとの前提のもとに，法律行為（契約）に関する裁判においても，法源として第1次的に問題となるのは民法典であると考えるものである．すなわち，私的自治にもとづくルールであっても，その拘束力の根拠は制定法上のルールに求められるべきである，ととなえる(68)．

消極説の主張からも明らかなように，法律行為（契約）に法源性を認めるかどうかは，法源（制度）の意味内容によって左右される．法源を一般的な裁判規準ととらえると，個別規範は法源ではないことになる．この考え方の背後には，わが国は制定法主義の国であるとの問題意識があると解される(69)．

(iii)　しかし，それでもなお，契約規範の法源性を肯定してもよい理由としては，法律行為制度の存在をあげることができる．すなわち，契約は意思表示にもとづく行為として，法律行為制度の中で，規範的効力をあたえられる．裁判官が当事者の設定した法律関係を規準としなければならないのは，法律行為制度が導入されているからである，と考えることもできる．

法律行為（契約）は，個別規範ではあるが，規範的効力を有する点において，民法の規定と変わりない．私的自治の原則を支えるものとして，法律行為規範に法源に準ずる地位をあたえることは，民法の継続的発展にとって有用である(70)．

(イ)　判例と学説の位置づけ

(i)　法源の境界にあたる問題として，判例および学説がある．

判例には「判例による法形成」ということばがあるが，学説にはそれに類する表現は見あたらない．学説が法源ではないことはこの点からもわかるが判例については，確立された判例とか，判例準則とか，判例の法源性に関連のある

(67)　積極説として，四宮 14 頁．なお，川島 153〜155 頁参照．

(68)　広中 44〜45 頁参照．一般的には 91 条の規定であるが，その他のルールもある．

(69)　私的自治の原則も制定法上の具体的根拠づけが必要である．

(70)　法律行為規範を法源と解するとしても，法律行為の効力は民法の規定に基づき判断される（例，90 条）．したがって，その点においては，民法規範と法律行為規範とは，上位法と下位法の関係にある．

ことがらが語られる.

判例の法源性をうかがわせるものであるが，これがすすむと，裁判の基準となるべき判例は民法典に規定を設けるべきであるとの考え方に発展する(71).

(ii) まず，判例の法源性が問題となるのは，判例は，裁判規準そのものではないとしても，ルールとして一定の拘束力をもつと考えられるからである(72). そのような判例の拘束力は，裁判所の審級制度に関わるものであるほか，さらに，判例というものが本来備えているルールとしての一般的特性（それが普遍的な規準であること）にも関連する．すなわち，判例は，目の前に存在する具体的な事件（紛争）の解決を行いながら，しかし同時に，その作業を通じて，当該事件とその本質を同じくする他の事件にも適用できる，より一般的な規準（普遍的な規準）を発見している．このような一般性・普遍性のゆえに，判例は，他の裁判に対する拘束力を（いわば自ずと）獲得するものと考えられる(73).

日本の民法は制定法主義の下で作られた制定法としての民法であるが，判例は民法の継続的発展にとって原動力となるものであった（「判例による法形成」). 判例による法形成を判例（法理）としてとどめておくことがどこまで許されるのかは，制定法主義をどのような制度として受けとめるか，そのあり方に関わる問題である.

(iii) 次に，学説の法源性については，結論として，学説はそもそも法源にはあたらないと解される．ただし，学説は，「判例による法形成」に能動的に働きかけることができるし，その点において民法の継続的発展に，やはり重要な役割をになっている．また，このように考えるならば，民法の継続的発展にとっては，判例と学説との関係（学説の判例に対する働きかけの仕方）について議論を深めることが必要となる．この点については，具体的な問題を解決するための法的思考のあり方という観点から，後でもう一度取り上げることにする（第6節参照).

---

(71) この点は，民法改正の理由（の1つ）としてあげられる「わかりやすい民法」の問題である.

(72) この意味における拘束力は，判例法主義の国において判例が法源としての効力（規範的拘束力）をもつことと区別して，「事実上の拘束力」とよばれる．広中43頁.

(73) 普遍的な規準については，四宮13頁による.（法的）「判断の個別性と普遍性」について，原島重義『法的判断とは何か』（創文社，2002）46頁.

2　民法の適用

民法の適用とは，民法のルールを適用して具体的事件を処理することである．民法典の適用を例にとると，まず①法規の意味内容を確定し（民法の解釈とよばれる作業はこれにあたる），②その法規を具体的事件にあてはめることである．あてはめた結果については，その妥当性が問われる．

では，それぞれは，具体的にどのような性質の作業であるか．次に，この点について検討しよう．

(1)　法規の意味内容の確定

(i)　まず，法規の意味内容の確定である．これは，ある規定が設けられた理由（立法趣旨）について行われる．具体的には，どのような紛争が当該法規の適用対象として想定されているのか，が特定される．

ただし，そのような立法趣旨の特定の仕方をめぐっては，①立法者意思説と②歴史的解釈説の2つの考え方がある．具体的な法規が制定されるまでには通常，さまざまな議論を経るため，その立法趣旨についても複数の理解（の仕方）が成り立ちうるからである(74)．

(ii)　この点，①説は，立法趣旨を，立法者の意思にもとづいて判断する考え方である（立法者はどのように考えていたかが主題となる）．これは，ルールの成立するプロセスではなく，具体的なルールとして成立した結果そのものに拠り所を求める立場である．この結果は立法者意思を体現したものと受けとられるため，この（唯一の）正解によって具体的事件はおのずから解決される．これによると，民法の適用については格別の問題は生じない．

(iii)　これに対して，②説では，立法趣旨を理解する際に，ルールの成立するプロセスに比重が置かれる．すなわち，ルールが成立するまでには意見の対立もあったであろうし，社会的諸条件による制約を免れることもできなかったはずである．②説は，こうした，さまざまのファクターを考慮しなければ，規定の趣旨を明らかにすることはできない，と考える．

ここにあるのは，立法趣旨は，（立法者意思という主観的立場から離れて），法規本来の趣旨に照らして客観的に判断されるべきである，との考え方である（客観説とよばれる）．民法の適用が社会に開かれたものであるためには，この考え方が妥当であると思われる．

(74)　①②の用語法については，広中 60～61 頁による．

⑵ 文理解釈

文理解釈とは，ある法規に書かれていることば（法文）の法律上の意味内容を確定する作業である．法文の解釈がその文理に忠実でなければならないことは当然のことである．しかし，法文の意味内容は，ときには，それを具体的事件にあてはめることによってはじめて明確になる．これは，法文の意味内容には解釈の幅があることを意味する．

それゆえ，文理解釈とは，ある法文にどの程度の解釈の幅が認められるかを検討する作業であるともいえよう．解釈の幅が広がる場合の対応策が類型化である．処理されるべき事件をその特性に応じて類型化することによって，ルールの明確さを損なうことなく，社会の変容に対応することができる[75]．

⑶ 類推解釈

（i） ある規定の趣旨をその直接の適用対象以外の事例に類推することによって，その事例に妥当な解決を与えようとする場合，そのような解釈のことを類推解釈という．また，類推解釈によって正当化される法規の適用のことを，類推適用とよぶ．これは，ある事例に直接適用することのできる制定法規（条文）が見つからない場合に行われるものである．

すなわち，既存のルールのワクをこえる問題を，そのワクと関連づけることにより（そのような形で民法の適用範囲を広げることにより）解決しようとするアプローチである．類推解釈（適用）の例として，法律行為法の分野では，94条２項（虚偽表示）の類推適用を，不法行為法の領域からは過失相殺（722条）の類推適用をあげることができる．

（ii） 類推解釈が選択されるのは，既存のルールを紛争解決の拠り所とすることがもっとも説得的であると考えられるためであるが（制定法主義のあらわれ），類推解釈では，規定の類推に頼ることによって実現しようとする目的が明確にされる必要がある．その点では，類推解釈は，あらたな制度を生み出すために，既存のルールがいわば「操作」される場合である，ということもできよう．類推解釈が許されるための理由が求められるのは，そのためである．

⑷ 解釈については，その他にも，反対解釈，拡大・縮小解釈の方法もある[76]．

---

(75) 概念化と類型化の違いについて，藤岡・講義Ｖ 122頁参照．

(76) 五十嵐清『法学入門〔第３版〕』（悠々社，2005）159〜162頁参照．

⑸　さらに，民法のルールには，具体的な規定こそ見あたらないものの，民法の仕組み全体から基礎づけられるルールもある．物権的請求権がその典型である．物権的請求権は，割当内容に対する排他的権利である物権に当然にそなわる効力（「もちろん解釈」）として認められたものである[77]．

3　民法の解釈・適用に関連する問題

⑴　判例の法源性

(i)　民法の解釈・適用に関する問題として，（現行法の下ではそれが認められないことを前提に，いわばそもそも論として）判例に法源性を肯定することが妥当であるかという問題がある．

すなわち，法源に関する説明において述べたように，現在の日本では，判例は，法源ではない．それは，あくまで下級裁判所に対する事実上の拘束力をもつに過ぎない．

しかし，これに対して，判例に法源としての地位（規範的拘束力）を認めるべきである，との考え方がある．判例を法源として扱うことになれば，裁判規準は明確となる．しかし，判例変更は難しくなる．

他方で，判例の法源性をあくまで否定すべきであると考える立場は，これによって，判例変更に対する過重な抑制を防止し，「判例の法形成機能」が適切に発揮されることを保障しようとする[78]．

(ii)　このように，判例の拘束力を事実上のものにとどめておくべきか，あるいは制定法に準ずる規範的拘束力にまで高めるべきかという問題は，民法の継続的発展に係わる問題である．

制定法主義の評価にかかわることであるが，民法を制定民法と判例民法の相互作用からなる法体系と理解すると，判例に制定民法と同様の規範的拘束力をあたえないことが，民法の発展の原動力になるともいえる．これは民法の発展能力の確保につながる問題であるといえよう[79]．

⑵　紛争処理のあり方に関するルール

---

(77)　これも制定法の解釈という形での正当化が行われる場合である．この延長にあるものが，一般的差止請求権の承認である．民法にはこれに関する明文の規定はないが，その実定法上の根拠について本格的に検討したものとして，根本尚徳『差止請求権の理論』（有斐閣，2011）がある．

(78)　広中43頁．

次の問題は，民法の解釈・適用においては，ルールの意味内容の確定にとどまることなく，紛争処理のあり方に関する具体的な基準の発見も大事な作業である，ということである．なるほど，民法の適用とは，制定法規の意味内容を確定し，具体的事件にあてはめることであるが，ルールをあてはめるためには，事実の分析・評価が必要である．この点の評価を通じて妥当な結論を得ることができる．

事実の評価という視点を設定すると，当該事件を構成するさまざまの利益が取り上げられ，法的評価にゆだねられる．民法の適用は諸利益の総合的考量にもとづいて行われるべきもので，法規の意味内容の確定により当然に可能となるものではない．諸利益の考量にもとづいて，はじめて，民法の妥当な適用が確保される．

⑶ 利益考量（衡量）論

（i） このような考え方の基本的な原型は利益考量(論）とよばれる（創始利益考量論)．すなわち，ある規定（ある制度）の意味内容については，どのような利益の実現が目的とされているのか，具体的に明確にされる必要がある．民法の適用は，そのような判断にもとづいて行われなければならないが，適用の結果が妥当なものであるためには，（紛争の対象とされている）事実関係のレベルでも，事実の分析・評価による比較考量が行われなければならない．このような事実関係の総合的評価にもとづいて，ルールの妥当性が確保される[80]．

（ii） この考え方によると，民法の解釈とは，ルールの意味内容の確定に終わるものではなく，ルールを適用した結果の妥当性を確保するためのプロセスである，ということになる．すなわち，ルールの意味内容はおのずから定まるものではない．事実関係の総合的評価にもとづいて，ルールの妥当な意味内容が明らかにされるのである．

---

(79) 判例・学説により確立されたルールは制定法化すべきであるとの考え方は，この点に関わる問題である．なお，慰謝料請求権の相続性について，当然相続説を採用した最高裁大法廷判決（最(大)判昭和42年11月1日民集21巻9号2249頁）のあとで，これに追随しない下級審裁判例がつづいたことが注目される．

(80) 利益考量論について，加藤一郎「法解釈学における論理と利益衡量」同『民法における論理と利益衡量』（有斐閣，1974）（初出1966）3頁，星野英一「民法解釈論序説」同『民法論集第1巻』（有斐閣，1970）（初出1968）1頁など．詳しくは，瀬川信久「民法の解釈」『民法講座別巻1』（有斐閣，1990）1頁以下．なお，山本敬三「法的思考の構造と特質」岩波講座『現代の法15』（1997）232頁以下をも参照．

ルールの意味内容を所与のものとして考える必要はない．ルールの意味内容は，ルールを具体的事件にあてはめるプロセスの中で，つまり紛争処理の現場において発見されるのである．

(iii)　このような「発見」という契機に焦点をあてると，ここで行われる作業の実体は民法の（形式的な）適用というよりも，民法の規定の具体化，すなわち実質的なルールの発見である．

また，ルールの発見という考え方が徹底されると，条文に規定されている要件と効果の関係が逆転することもある．民法のルールは，要件が規定され，その要件が充足すると効果が生ずるものとされている．しかし，妥当な結論を得ることが民法の解釈・適用の最優先の課題であるとすると，あるべき効果（結論）がまず決定された後に，そのような効果を実現（正当化）するためには，その要件をどのような内容のものとして構成しなければならないか，が問われることとなる．これは効果アプローチとよばれる民法適用上の考え方である(81)．

(iv)　なお，利益考量(論）は，ときに利益衡量(論）とよばれることもある．しかし，両者は基本的な発想を異にするものであることに注意が必要である．

すなわち，利益考量論においては，諸利益の比較による総合的評価が基準となる．これに対して，利益衡量論は，原告と被告との間における代表的な利益の対立を取り上げ，両者を比較衡量することによってあらたな価値を創造しようとする規範的作業である．基本的なところで（価値の）対立があることを前提にするため，ここでの課題は，対立をこえる解決策をいかに提示するかということにある．

(v)　価値の対立という考え方は民法(学）にもみられるが(82)，憲法では，基本権をめぐる対立としてあらわれる（例．人格権と表現の自由）．この対立構造を発展的に解決する方法の1つが基本権の衡量というアプローチである．

基本権は国の基本的価値を体現するものであるため，比較考量を超える衡量原則の設定が求められる(83)．しかし，この意味の衡量原則は，民法でも応用で

(81)　利益考量(論）の方法が実践された（先駆的）例として，星野英一「いわゆる「権利能力なき社団」について」同『民法論集第1巻』（有斐閣，1970）227頁（初出，1967）がある．

(82)　いわゆる権利論とよばれる議論は，民事紛争においても対立する利益（権利）を明確にすべきである，と考えるものである．この問題に関する基本文献としては，原島重義「わが国における権利論の推移」法の科学4号54頁（1976）がある．

きる，との考え方がある．民法の適用に関して，「憲法と民法」の関係が直截に問われることは，民法が憲法とともに基本法（民法は社会の基本法）であることの証でもある(84)．

第6節　法的思考のあり方─民法の継続的発展とのつながり

(1)　民法の学び方

これまで述べてきたことは民法を適用するための手段・方法であるが，それはどのような考え方にもとづいて使われ，結論が引きだされるのであろうか．

民法の適用は最終的には判決という形に結実するため，裁判官の行う判断とはどのような性質のものであるかが問われる．しかし，これは裁判官にかぎって問題となるわけではない．裁判に対してはわれわれも意見を述べることができるし，法律問題の処理を抜きにしては社会生活をおくることはできない．民法の適用のあり方は，われわれ自身の問題でもあるのである．

この問題については，さまざまの視点から取り上げることができる．民法は，そのルールの解釈と適用とを通じて（あるいは，ときに，その改正作業によって）継続的に発展する．民法の解釈と適用を行うものは，一方において判例であり（「判例による法形成」），他方では学説である．判例と学説の関係はどのようなものであるか（また，あるべきか）．

判例が学説にその基礎づけをもとめることがあるとともに，あらたな問題に対して，学説が，判例を導くこともある．従来の判例に満足できない場合は，さらなる発展のためにあらたな理論を提示することも学説の役割である．

ところで，判例と学説の関係を問うことは，具体的な問題を解決するための，基本的指標をどのように定めるか，つまり法的思考のあり方を問うことでもある．法の体系の中でルールに適合的な結論を獲得するためにはどのようなプロセスを経ることが必要かということである(85)．

---

(83)　憲法上の衡量原則について，小山剛『「憲法上の権利」の作法〔新版〕』（尚学社，2011）．

(84)　このテーマの意義を包括的に検討するものとして，吉田克己「憲法と民法 ── 問題の位相と構造」同『市場・人格と民法学』（北海道大学出版会，2012）47頁以下．

(85)　法的判断のあり方については，原島重義『法的判断とは何か』（創文社，2002）において問題提起がなされた．この問題意識を具体的問題の解決，および民法の継続的発展のための装置としてまとめたものが「法的判断の階層的装置」（法的判断の三層構造）である．この装置が成立する経緯については，藤岡・国際化227頁以下参照．

これは民法の使い方の問題であると同時に，学び方の問題でもある．判決がどのようにして導かれるか（また，導かれるべきものであるか）に関心をもつことは，民法の理解を深めることにつながる．その意味で，民法の適用のあり方は法学教育ともつながりのあることがらである．

⑵　理論と実務の関係 ── 階層的理解の必要性

判例と学説との関係については，より一般的に「理論と実務」の関係としてとらえることができる[86]．理論と実務の関係については，「理論と実務の架橋」ということがいわれる．すなわち，理論と実務とは，お互いかけ離れたものであってはならない．両者の間を結びつける橋が架けられなければならないと．

この考え方は，わが国にロースクールが設立されたときに広まったものである．この標語には，民法はどのようにして学ぶべきものであるのか，改めて考えさせる契機が含まれていると思われる．理論と実務との間に密接な関係があるとすると，その関係をどのように理解するかに応じて，民法の学び方も変わってこよう．民法学修の入口においてこのような問題意識をもつことは，民法の理解を深めることにつながる．

では，どのような橋が架けられるべきであるのか．以下で取り上げるように，本書はこの問題を法的思考のあり方（法的判断の仕組み）の観点から取り上げ，これを階層的に理解することを提案するものである．すなわち，民法の継続的発展を支えるためには，理論と実務，より具体的には判例と学説の関係を階層的に把握し，問題の性質に応じた対策を考える必要がある．以下，第３章のしめくくりとして，民法の適用に関する法的判断の仕組み，法的判断の三層構造を取り上げる．

１　法的思考のあり方

⑴　法的判断の三層構造

(i)　この点について，本書は，判例と学説との間で展開されるさまざまな議論（そこでは法的思考のあり方が問われるが，法の適用においては具体的な問題を解決するための判断が求められるため，以下では法的判断のあり方の問題としてすすめる）を，その内容や性質に応じて３つの段階に整理し，それらを階層的・立体的に把握する「法的判断の三層構造」（論）（「法理論と法実践の相互連関に関する三層構

⑻　「理論と実務」との対応を重視すると「学説と判例」の順序が適切と思われるが，「判例と学説」という表現が慣例化しているため，この用法に従う．

造」）が，「理論と実務との架け橋」として適切である，と考えるものである．三層構造については，民法講義のシリーズでも取り上げられているが（『民法講義Ⅴ』第1部第7章（不法行為法の場合）参照），法的思考のあり方に関する装置であるため，民法総論においてこそあつかわれるべき問題である．

(ii)　三層構造は，理論と実務の関係を，3つの階層にわけて考えることを提唱するものである．1つは，現実的な問題の解決のレベルで，2つ目は，現実的な問題解決の基礎とすべき理論のレベルで，3つ目は，そこではどのような制度が問題となっているのか，制度目的のレベルで，というように各レベルそれぞれに階層的に行われる必要がある，ということである．

これは理論と実務の関係を規定する装置であるため，「法理論と法実践の相互連関に関する三層構造」とよぶことができるが，そこで行われる法的思考に着目すると，「法的判断の三層構造」として受けとめることができる．

以下では，理論と実務の関係にいう（法）実務を法実践とよぶことにする．これは裁判など法実務は法律上の問題を処理するための判断作用であり，積極的な判断行為であることを示すには，法実践とするのが適切と考えられるからである．

民法の発展は，ピラミッドの石を積み上げるようなものといわれることがある（星野）．法的判断の積み上げはピラミッドの石の積み上げにあたる．以下で取り上げるのは，法的判断が行われる基本的な仕組みである．

まず，理論と実務の階層的関係を取り上げ，次いで，この階層的装置から引き出される法的思考のあり方を説明する．これが「法的判断の三層構造」である．

(iii)　法理論と法実践の関係は，以下の3段階の相互連関としてとらえることができる．

①　第1段階は，現実問題対応型の相互連関である．

②　第2段階は，基礎理論対応型の相互連関である．

③　第3段階は，制度的基礎対応型の相互連関である．

以上の3段階は，どの段階がより重要であって，どの段階はそれほど重要ではない，というものではない．むしろ，それぞれの段階に固有の役割が備わっており，その意味でいずれも不可欠なものである．

①では，たとえば，具体的な問題が突きつけられる．その問題が新しい問題であれば，通常行われるのは，従来の判例，学説を検討して，そこにある法理

を見つけ，それを適用することである．これは既存のルールの適用であるが，ルールの適用には幅がある．ルールの幅を超えるときはルールの基礎にある考え方を転換させる必要がある．このようなルールの適用に対する具体的な判断，すなわち，現実的な対応策が講じられる場が①の現実問題対応型相互連関の段階である．

②の基礎理論対応型相互連関の段階では，①の現実問題対応型判断を裏づける場合と，ルールの基礎にある考え方を転換させる必要があるかどうかが問われる場合とがある．あるいは既存のルールが存在しないため，あらたなルールを作るための理論の開拓が必要となる場合もある．第2段階の相互連関は民法の継続的発展の支えとなるものである．

③では，制度的基礎対応型の判断が問われる．すなわち，あるルールはどのような制度目的を実現するためにつくられたものであるのか．このような制度的基礎に立ち入らなければ解決の困難な問題がある．その場合には制度目的が問いなおされ，ときには，その再構築が課題となる[87]．

(iv)　以上のような三層構造(論) は，民法の解釈・適用が問題となる場合にその道筋をつけるための装置であるが，民法の解釈・適用において通常想定されているのは，第1段階の相互連関である．しかし，法的議論には，3段階（3種類）のものが存在することを明確に認識することは，第1段階の議論を，まさしくそのようなものとして（第2段階・第3段階の議論と区別し，混乱を避けながら）適切に進めることにもつながる．三層構造が民法の継続的発展にとって有用な装置と考えられるのはそのためである．

(2)　債権侵害の場合

(87)　例として，事情変更の原則をあげることができる．契約の成立後，当事者が当初，前提としていた事情（契約の基礎とされていた事情）が変更された場合（契約の基礎が失われた場合），契約の当事者を当初の約束どおりに拘束しておくことが妥当であるか，という問題が生じる．これは契約の拘束力の根拠に関わる問題であるが，当事者を契約から解放するための手段として（契約の解除など），わが国の判例も一定の範囲で事情変更の原則を認める（最判平成9年7月1日民集51巻6号2452頁)．事情変更の原則を契約内在的な制度として見ると，事情変更の原則もその枠内で処理されることになるが，事情変更を契約外在的リスクと捉えると，事情変更の原則は，契約外在的なリスクの配分に関する問題となる．その点で，事情変更の原則は，契約法のリスク配分をどのような視点からとらえるかに関連する，制度的基礎対応型の判断が求められる場合である．この問題については，石川博康「契約外在的リスクと事情変更」論究ジュリ6号13頁（2013）参照．

(ア)　第三者による債権侵害　　具体的な適用場面については，すでに若干の例を取り上げてきたが，法律行為法の分野から，第三者による債権侵害をあげておこう．これについては不法行為法の視点から論じることもできるが[88]，ここでは，民法の基本的仕組みの問題として（法律行為法の視点から）分析の光をあてる．

(i)　たとえば，ＡとＢとが契約を締結したが，同じ目的の契約がＣとＡとの間でも成立したとする．ＡＢ間の契約とＡＣ間の契約とが抵触することになるが，第三者のＣはあとから参入したのであって，（ＡがＣに対して履行したときには）ＣがＡと契約したことによって，Ａと先に契約を交わしたＢがその契約上の利益（Ａからの給付によって得られるはずであった各種の利益）を失う結果となる．

(ii)　契約自由の原則の下，このようなＣの行為は，なんらの制約なしに是認されるのであろうか．これは「第三者による債権侵害」という不法行為法の古典的な設例である．債権は民法構成上の基本的な権利であるが，その債権の保護（Ｂの立場）が上述のようにいっさい否定されるとすれば，何を根拠としてそのような結論が正当化されるのかが問われることとなる．

(イ)　不法行為としての債権侵害

(i)　第三者による債権侵害は，原則として不法行為にはならない．このように考えるのが民法学の伝統的な考え方であった．すなわち，債権は相対権である（ＢはＡに対して権利を有するにすぎない）から，第三者(Ｃ)が第１契約の存在に干渉したとしても，それによってただちに（Ｂに対する）不法行為が成立するわけではない．それが違法な行為となるためには，公序良俗違反（90条）などの著しい違法性が当該債権侵害に認められる必要がある．これによると，第三者に過失があったというだけでは（709条参照），Ｂは第１契約者たる地位を守ることができない（ＢはＣに対して不法行為法上の救済を求めることはできない）．これが第三者による債権侵害に関する伝統的な処理方法であった．

このような処理方法の背後には，債権は相対権である，という権利の概念をめぐる伝統的観念のほかに，契約自由の原則という民法の基本原理が存在する．

(ii)　これに対して，第三者による債権侵害を他の不法行為から格別に区別すべき理由はない．契約の尊重ということに忠実であるならば，むしろ第１契約こそが尊重されるべきであって，まもられるべきは，第三者（第２契約の締結

---

(88)　藤岡・講義Ｖ 64頁．

者）であるCではなく，第1契約の締結者であるBではないか．このような議論が登場してきたが，これによると，Cに過失が認められるにすぎない場合であっても，Cの不法行為が成立する可能性がある(89)．

(ウ)　三層構造の使い方

(i)　以上は，契約の保護に関する基本的な考え方に変更が迫られた1つの例である．すなわち，Bが保護されるためには，契約の保護に関する民法の基礎理論について，その転換が必要と考えられたのである．これは当事者以外の第三者に対する効力（限界）という契約の制度的基礎に関わる問題でもある．その点において，従来の伝統的なアプローチが第1段階（現実問題対応型相互連関）の議論にとどまるものであるとすると，あらたな展開は，第2段階（基礎理論対応型相互連関），第3段階（制度的基礎対応型相互連関）の議論を通じて可能となったものである．

(ii)　では，第三者による債権侵害をめぐる以上の議論は，どのように評価されるべきであるか．契約の尊重はいわば契約法の理念として提唱されるものであるが，民法典の具体的な仕組みに目を転じてみると，民法には「法律行為制度」が存在することに気づかされる．この制度については，法律行為（契約）には法律行為規範としての効力が認められるべきである，との立場が主張されていた(90)．

これによると，契約の尊重は，法律行為規範の効力，つまり第三者との関係では法律行為規範にどの範囲までの効力を肯定すべきであるか，という問題としてあらわれる．これについては，法律行為（契約）の当事者間に生ずる拘束力が，当然に第三者を拘束するとまでいうことはできない．どの範囲まで拘束されるべきかについては，その時代・社会における政策的判断に左右される部分が大きい．

(iii)　しかし，このような判断も，法律行為規範の効力に関する第2，第3段階の検討を経てより積極的な議論が展開できるではないか．さらに，債権侵害法理の転換をもたらした契約の尊重の理念は，もともとイギリス法から継受されたものであるが，そのイギリスが判例法主義の国であることも興味深い．

---

(89)　この問題を本格的に検討したものとして，吉田邦彦『債権侵害論再考』（有斐閣，1991）がある．このテーマはさまざまの立場から検討を要する問題であることについて，磯村保「民法学のあゆみ」法時64巻9号74頁（1992）参照．

(90)　この点については，108頁参照．

日本は制定法主義の国であるが，制定法主義の国であるからこそ，判例法主義の国における契約の保護を，制定法（法律行為制度）の問題として実現できるのである．このように考えると，民法の解釈・適用には，さまざまな視点からの検討が必要であることがわかる．その役割をになうことのできる装置の1つが，（「理論と実務の相互連関」に関する階層的装置から引きだされる）「法的判断の三層構造」である．

⑶　身近な存在としての三層構造

三層構造は法的思考の装置であるから，いたるところに応用できる場所を見つけることができる．たとえば，不動産取引など熟慮を要する契約については，良い物件が見つかったとしてもただちに契約が成立するわけではない．当事者が交渉を通じてよくよく判断し最終的な合意にいたるものであるが，契約成立の見通しが立ったあとで，交渉が破棄された場合はどうなるか．

相手方に非があれば責任をとってもらいたいところであるが，契約の成立する前段階であるため，契約責任を問うことはできない．しかし，契約の成立を信頼していた当事者が交渉の破棄により不当に不利益を被る事態を放置しておくわけにはいかない．契約の成立過程について何らかの法的規整が必要であることもたしかである．

契約の前段階については，「契約締結上の過失」とよばれる理論がある．しかし，契約締結上の過失責任といわれても，どのような場合に，どのような考え方にもとづいて適用されるべきものであるのか，明確な基準がつくられていたわけではない．

この状況を破るためには，突破口が必要である．ここに登場したのが，契約の成立過程をプロセスとして把握する考え方である．つまり，過失があるとかないとかいう前に，どのような状況にいたると相手方の過失が問題となるのか，この点の解明こそが最重要の課題ではないか，ということである．

これによると，契約関係は段階的に成熟してゆくものであり，契約の成熟度に応じて，相手方の責任のあり方も変わってよいのではないか．さらには，契約交渉がすすむと，契約が最終的にまとまる前に，中間的な合意にいたることもあるであろう．この場合は合意の拘束力の問題として法的処理を行うことができる[91]．

これは「熟度論」とよばれる考え方である．契約の前段階を規律するために，契約の成立過程に焦点をあてたものである．前段階を処理するためのルールが見あたらないとき，どのようなルールが適切であるのか，ルールをつくるにあたっての，指針となるべきものとして提示された考え方である．

三層構造から見ると，この指針は具体的な紛争処理のあり方として提示されたものであり，現実問題対応型判断（第1段階）の中からうまれた指導原理である．この指針がルールとして具体化されるためには，さらに第2，第3段階の議論が必要であるが，どのようにして議論が行われるべきか，この指針が判例研究の中からうまれたことの意義はすくなくない．民法の継続的発展の契機は判例（法実務）の中から見いだすことができる．熟度論が語りかけるものはこの点にある．

⑷　一般条項と三層構造

ルールの発見という点では，一般条項の役割を忘れることはできない．この問題についても三層構造をあてはめることができる．

民法の適用については，後述のとおり信義則（1条2項）と権利濫用法理（3項）の基本原則がある．信義則は権利の行使と義務の履行についての原則であるが，権利の行使のあり方を通じていままで表に出ることのなかったあらたなルールの発見・創造が行われる場合もある．同じことは権利濫用法理にもあてはまる．権利の濫用はゆるされないため，権利濫用は違法な行為であることはたしかであるが，権利行使を違法と判断することにより，まもられるべき利益とは何か，この点を明確にすることを通じてあらたな利益の保護をはかることができる．この点からみると，権利濫用法理も，ルールの発見・創造（法規範創造）をになうことのできる法原則である．

このルールの発見・創造の契機となるものは具体的な事件に直面して行われる現実問題対応型判断（第1段階）であるが，ルールにかたちをあたえるためには，第2段階の判断が必要になる．そこから，あらたな制度の創設が促されることもある（第3段階の問題）．

民法の基本原則は三層構造をつうじて，民法の継続的発展の礎ともなりうるのである[92]．

---

(91)　鎌田薫・判タ484号17頁（評釈），ジュリ857号114頁（評釈）．なお，池田清治『契約交渉の破棄とその責任』（有斐閣，1997）50頁以下，245頁以下参照．なお，契約締結過程の行為が契約内容の形成にもつながりがあることについて，山城一真『契約締結過程における正当な信頼』（有斐閣，2014）269頁以下参照．

(92)　信義則・権利濫用法理のルールの発見・創造の機能については，133頁，138頁参照．

2　法の適用と法的思考のあり方

⑴　法的思考の普遍的性格

(i)　三層構造は，法的判断の妥当性が担保されるための装置であるが，民法の適用に関する法的思考のあり方として，具体的事件の解決にとどまらない，より広い射程範囲をもつ装置として応用することができる．

(ii)　すなわち，「法的判断の三層構造」が威力を発揮するのは，民法の解釈・適用の場面に限られない．

立法論においても，どのような解決が目指されているのか，①現実問題対応型判断，②基礎理論対応型判断および③制度的基礎対応型判断，など階層的判断が必要とされよう．

法実務はどうであろうか．さらには，市民の日常生活においても，法的判断が必要とされる場面は少なくない（市民による法生活）．通常，法実務や法生活で行われるのは第1段階の判断であるが，法的処理の筋道としては，3段階あることの認識が重要である．このような理解があれば第1段階の判断に幅が生じる．

(iii)　以上要するに，法的判断については，裁判官（立法者）によって特別な判断が行われているわけではないのである．法的判断の装置に関するかぎり，市民も共有できるものであることの認識は，民法の発展の原動力になるものである．

⑵　民法の継続的発展 ── 戦略的装置としての三層構造(論)

民法は，ヨーロッパ大陸の民法典を継受して制定された法典であるが（ヨーロッパ仕込みの民法），大陸法の継受を通じて，ローマ法（民法の淵源）との間にもつながりが生じた．民法は長い歴史の中で鍛えられた法であるが，日本の民法が国際的モデルになり得るとすると（ヨーロッパ法の相対化，アジア法の中の民法），民法の基本的仕組みの柱となる要素がそうであったように（「人の法」および「財産の法」としての民法），基本的仕組みの動かし方についても，発展能力をそなえたものであることが必要となる．

民法の国際化（グローバル化）には，民法の立ち位置の明確化と民法の役割を実現する戦略的装置が不可欠である．本書はこれを「法的判断の三層構造」に求めるものである[93]．

(93)「より広く，深く，遠くから」の検討の必要性について，星野英一「日本民法学の現代的課題」同『民法論集第7巻』(有斐閣，1989) 317頁．法的判断の三層構造は，この課題を実現するための法的装置として位置づけることができる．とりわけ，「人の法」が「法の国際化」においてどのような役割をになうことができるか．日本の民法の国際的な課題である．なお，法的思考のあり方については，民法の継続的発展とのつながりのほか，さまざまな視点から取り上げることができる．裁判官の立場からみた法的思考のあり方については，小粥太郎『民法学の行方』(商事法務，2008) 第2章 (裁判官の法的思考)，第6章 (裁判官の良心) 参照．

第２部
民法の仕組み【総則編】

第1章　民法の基本原則

第1節　総　　説

(1)　3つの基本原則

日本の民法典は，第1条において，民法の基本原則について規定することからはじまる．基本法としての民法をどのように受けとめるか．基本原則とは，民法の基本的仕組みの運用に関する法原則のことであるが，日本の民法で選択されているのは，以下の3つの基本原則である．すなわち，——

① 第1に，私権は，公共の福祉に適合しなければならない（同条1項）．
② 第2に，権利の行使及び義務の履行は，信義に従い誠実に行わなければならない（2項）．
③ 第3に，権利の濫用は，これを許さない（3項）．

以上の3原則である．

(2)　基本原則の位置づけ

ところで，第1条は，民法典の制定当時から存在していた規定ではない．日本国憲法の施行にともない民法改正（1947年）が行われた．主たる目的は，第4編（親族）・第5編（相続）を改正することであったが，その際，第1条（基本原則）と第2条（解釈の基準）があわせて規定されたのである．

1項（公共の福祉）・2項（信義則）・3項（権利濫用法理）の関係であるが，2項と3項の基本原則は民法に規定のない時代から判例・学説により認められていた法原則である．これに対して1項は，戦後の日本国憲法の制定にともない導入された規定である．

この経緯から分かるのは，信義則と権利濫用法理は，明文の規定があると否とにかかわらず適用されるべき民法に内在的な法原則であった，ということである．2つの基本原則がそのような性格のものであるとすると，この原則がどのように適用されるべきかについては，民法の継続的発展の中で検討される必要がある．社会の変動にともないその時代に応じた適用のあり方がありうると考えられるからである．

⑶　公共の福祉の位置づけ

これに対して，公共の福祉は，憲法の要請により，民法の命題として１条１項において具体化された基本原則である（「公共の福祉」については，憲法 13 条参照）．

「公共の福祉」は民法の命題としてどのような役割をになうことができるか．そのになうべき役割（の構想）は，日本国憲法の制定にともなう民法のあらたな課題であって，信義則や権利濫用法理とは別に論じられるべきことである（１項２項３項の関係については，第３節参照）．

⑷　権利行使のあり方

２項や３項で問題となるのは，１項のような「私権」一般に関する原則というよりも，具体的な権利行使のあり方である．権利濫用の禁止は，物権など権利の帰属が確立している場合，信義則は契約など法律関係があらたに設定される場合に，もっともよくあてはまる法原則であるが，そのような場合にかぎられるわけではない．物権法も債権法も民法典の基本的な構成要素であるが，民法の仕組みが変わると，信義則や権利濫用法理の適用範囲も変わってこざるをえない．その点では，民法の３原則はいずれも，権利行使の具体的なあり方にとどまらず，民法の基本的仕組みのあり方に関する基本原則でもあるといえよう．

第２節　基本原則の意義

１　公共の福祉

⑴　民法における「公共の福祉」

１条１項によると，私権は，公共の福祉に適合しなければならない，とされる．当初の規定では，「遵（したが）フ」のことばがあてられていたが，2004 年の現代語化により「適合」しなければならない，との命題に改められた．この命題が冒頭に置かれていることからしても，「公共の福祉」に向きあうことが総則編の最初の課題となる．

では，１条１項にいう「公共」とは何か．「公共の福祉」が強調されることにより私権が不当に制限されることが懸念されることもあったが[(1)]，ここにあるのは公共優先の思想（国家の超越的利益の尊重）ではない．

憲法の要請によるものとはいえ，1項は，民法の命題として定立された規範である．そのことの意義を考えることが，すなわち，民法における「公共の福祉」の本来的役割である．

⑵　**生活利益の保護と競争利益の保護**

(i)　ところで，「公共の福祉」に適合しなければならないということは，私権には内在的制約があることを意味する[(2)]．この点は確かにそのとおりであるとしても，内在的制約をいうためには，必ずしも「公共の福祉」を持ち出す必要はない．権利の内在的制約を取り上げるのであれば，権利濫用法理ですませることもできたはずである．

それにもかかわらず，「公共の福祉」に関する規定が置かれたのであるから，「公共」については，もう少し積極的にとらえる必要があるのではないか．この問題を考える契機となるのは，「人」の保護そのものではなく，「人」の生活利益や取引における「競争利益」の保護を公共の福祉との関係で取り上げる考え方があることである．

(ii)　生活利益とは，生活環境に関する利益のことである．良好な環境を1人でつくりあげるには限度がある．生活環境は人びとが協働で形成し，生活利益はそこから共同で享受すべき利益であるが，生活利益をまもるために他者の私権が制約を受けることもある．しかし，生活環境をまもることは，「公共」に関わることであるから，その限度で，私権は「公共の福祉」に適合しなければならないと考えることができる．

(iii)　次は，競争利益である．「財産の法」は財産の帰属と財産の移転に関する法である．財産の移転，すなわち取引行為は，公正な競争の下で行われなければ，事業者や消費者は不利益を被る．競争により享受されるべき利益を競争利益とよぶとすると，競争利益の保護は「公共」に関わることがらであり，公正な競争の確立，すなわち競争利益がまもられるための仕組みが構築される必要がある（自由な経済活動といえども，「公共の福祉」に適合したものでなければならら

⑴　最判昭和25年12月1日民集4巻12号625頁．発電用ダムの建設による，流水権の侵害が問題となった．公共の福祉について考える契機をあたえた判決である（私権が不当に制限されるおそれはないか）．

⑵　近江19頁など．「私人の権利は絶対ではなく，その存在および行使は，社会共同体の利益に反してはならないこと ── すなわち権利の社会性 ── を，一般的に表明しているものである」．なお，四宮40頁参照．

ない．すなわち，競争利益が保護される仕組みにもとづいて行われる必要がある)[(3)]．

(iv)「生活利益」や「競争利益」の享受が「公共」にかかわる問題であるとすると，この課題を実現するための具体策が講じられなければならない．「公共の福祉」に適合しなければならないとの命題の趣旨はこの点にあると思われる．これについては現行民法の「基本的仕組み」が生活利益や競争利益の保護にとって適合的であるのかどうかが問われなければならない[(4)]．

「基本的仕組み」が十分に整備されていない場合，「生活利益」や「競争利益」の保護のあり方は，不法行為法において争われる（生活利益や競争利益を侵害された被害者による損害賠償や差止請求訴訟）．不法行為法は権利保護のあり方を通じて，「公共」の問題について考える場でもあるのである．

(3)「公共の福祉」と「共通の利益」

それでは，「公共」に関することがらは，「生活利益」や「競争利益」の保護が問題となる場合に限られるか．「生活利益」の保護や「競争利益」の保護が「公共」に関係することがらであるのは，それが生活環境を同じくする者，および（市場における）取引にかかわる者にとって，「共通の利益」の問題であるからである[(5)]．

「公共」を（社会における「人」と「人」との）「共通の利益」という視点からとらえると，第1項の適用範囲は，生活利益の保護や競争利益の保護に限られる必要はなくなる．人格権の保護は民法の重要な課題であるが，しかし，どのような権利であれ，そこにはおのずから制約もある．絶対的に保護されなければならないというものではない．人格権の保護についても，「共通の利益」の存在が認められる場合は，「公共の福祉」を考慮した判断が求められる[(6)]．

(4)「公共の福祉」と民法の仕組みとの関係

(i)「公共の福祉」が「共通の利益」にかかわる問題であるとすると，1項は，「民法の基本的仕組み」のあり方と関連のあることが分かる．民法は，民

---

(3)　この構想については，広中116頁以下による．この構想のもとになるのは「人格秩序」の外郭に「生活利益秩序」，「財貨秩序」の外郭に「競争秩序」を位置づける考え方である．

(4)　これは「人の法」と「財産の法」の仕組みと運用のあり方の問題である．

(5)「共通の利益」については，大村・読解12頁による．

(6)　最判平成12年2月29日民集54巻2号582頁（エホバの証人事件）参照．人格権（「自己決定」）と「生命の価値」の対立，自己決定権の保護のあり方について，「個人の尊厳」と「公共の福祉」が衡量されたのではないか，との見方もできる．大村・読解12頁による問題提起．なお，大阪高判昭和50年11月27日判時797号36頁（大阪国際空港公害訴訟）は公共性を制限的に解する．川井健「民事紛争と『公共性』について」判時797号4頁参照．

法典の構成としては「財産法」と「家族法」からなるが，第1部で述べたように，民法の役割からみると，「人の法」と「財産の法」に分けることができる．生活利益の保護は「人の法」，競争利益の保護は「財産の法」の役割として対応されるべきことがらである．人格権の保護のあり方は，まさに「人の法」（人格権法）としての運用のあり方に関する問題である．

(ii)　1項では，2項3項における「権利」とはちがい，「私権」の「公共」性が取り上げられている．権利行使の具体的なあり方ではなく，より一般的に「私権」にともなう内在的原理が取り上げられているとすると，1項がかかわるのは，「民法の基本的仕組み」のあり方そのもの，すなわち，基本的仕組みのつくり方と運用のあり方に関する基本原則である，といわなければならない(7)．

2　信義誠実の原則

(1)　民法上の法律関係と信義則の関係

民法上の法律関係は権利と義務の関係として構成されているため，具体的な場面における権利の行使および義務の履行のあり方が問題となる．これについて2項が取り上げているのは信義誠実の原則である．略して信義則とよばれる．

民法の基本原則といわれるが，それほどむずかしい考え方ではない．たとえば，期日が到来しても，約束をしていた金額の全部を支払うことができなかったとする．弁済金がわずかに不足していたにすぎない場合であっても，債務不履行が生じたことに変わりないとして，どのような場合でも，ただちに債務者の責任を問うことができるであろうか．

債権法の規定を，文言どおりにあてはめると，債務者は責任を免れることができないかもしれない．しかし，当事者の事情を勘案すると，規定の形式的な適用では妥当な解決を得ることが困難な場合もある．このような場合，信義則にもとづいて妥当な解決をはかることはできないか．信義則に求められているのは，民法の規定がそのまま適用されたのでは妥当な解決を得ることができない場合における，問題解決のための基本原則を提示することである(8)．

---

(7)　この問題を考える契機となるものに，原島重義「民法における『公共の福祉』概念」法社会学20号1頁（1968）がある．吉田克己「公共の福祉・権利濫用・公序良俗」争点48頁も参照．

⑵　信義則の意義

（i）　では，信義誠実とはどのような内容の原則であるのか．これについては，以下のような考え方がある．すなわち，信義誠実とは，「社会共同生活の一員として，互に相手の信頼を裏切らないように，誠意をもって行動することである」(9)．これは判例・学説の発展をふまえてまとめられた（当時の）通説を代表する考え方であるが，どのような場面で適用される原則であるのか．2つの類型が区別されていることが注目される．

すなわち，2項は，まず①当事者間に認められた権利の行使と義務の履行について規定する．しかし，それだけにとどまらず，②「法律および契約の解釈によって」当事者間にいかなる内容の権利義務が生ずるかを決定するにあたっても，信義誠実の原則を標準とすべきことをも要請するものである(10)．

（ii）　①と②の違いであるが，①は，民法の具体的な規定の適用にあたって信義則にもとづく判断が要請される場合である．これに対して，②で想定されているのは，既存の規定の適用にとどまらない問題，すなわち，あらたな権利義務の関係が信義則にもとづいて設定される場合である．それまでの信義則（論）を代表する見解において，①のほかに②が併記されていることは，信義則が民法の継続的発展と関連のある基本原則であることをうかがわせる．

信義則が本来適用されるのは①の場合であると考えると，②は，信義則の適用が拡大される場合である．信義則が民法の基本原則であるためには，民法の継続的発展の支えになるものでなければならない．そのための基本類型が，すでに，2つの場合を区別して，取り上げられていたことは記憶にとどめておくべきことがらである(11)．

⑶　信義則の機能

（i）　信義則は基本原則を表しているため，その適用については場合を分けて検討すべきであるとされる．これは信義則の機能とよばれる問題である．信義則は，ドイツ法（信義則は債権法の原則とされていたが，適用範囲は広がっている）やフランス法にも存在する．

わが国で信義則の機能を類型的に考える契機となったのは，直接的にはドイ

⑻　弁済金不足の場合について，大判大正9年12月18日民録26輯1947頁．

⑼　我妻34頁．

⑽　我妻34〜35頁．

⑾　①を信義則の「本来的場面」，②を「拡張的場面」とよぶこともできる．大村読解17頁．

ツ法の議論であった．基本原則の機能は，後述の権利濫用法理（3項）においても有益な視点とされているが，権利濫用については，わが国の判例にもとづいた分析がなされた．権利濫用法理は，権利と権利とが対立する場面において特別の働きをする法理として発展したが，これは判例にもとづく類型化によるところが大きい．

(ii)　信義則の機能は，以下の4つの基本類型に分けることができるとされる(12)．

① 第1は，職務的機能である．裁判官が職務として（当然に）行うべき機能である．上述の，弁済金不足の場合はこれにあたる．

② 第2は，衡平的機能である．これは裁判官が妥当な判断を獲得するために信義則を適用すべき場合であるが，衡平を旨とすべきであるとされる(13)．

③ 第3は，社会的機能である（法修正機能とよばれることもある）．規定の趣旨を修正して社会的要請にかなう適用が行われるべきと判断される場合である(14)．

④ 第4は，権能授与的機能である．適切な規定が存在しないため，裁判官にあらたな規範を定立する権能をあたえる機能である．法創造的機能とよばれることもある(15)．

(iii)　以上の4つの機能は，信義則にもとづく判断が必要される場合の類型であるが，民法の規定の適用のあり方から見ると，2つの場合に大別することができる．すなわち，①と②は，民法の規定の趣旨が具体化される場合である．これに対して，③と④は，すでにある規定の趣旨が修正される必要がある場合

(12)　好美清光「信義則の機能について」一橋論叢47巻2号73頁（1959）による．

(13)　たとえば，被用者（会社の従業員）が仕事中に他人にあたえた損害については，使用者が賠償しなければならない（715条1項）．使用者が賠償した場合は，その金額を被用者に求償することができるとの規定がある（同条3項）．しかし，この規定を文言通りに適用したのでは，被用者が思わぬ不利益を被る場合もある．信義則を援用して求償権の行使を制限する判例は，信義則の衡平的機能にかなうものである．最判昭和51年7月8日民集30巻7号689頁参照．

(14)　たとえば，不動産の賃借人が賃貸人に無断で，他人に転貸する場合を考えてみよう．このとき賃貸人はもとの契約を解除することができる（612条2項）．しかし，現実の不動産利用者の立場を考えて，信頼関係が破壊されていない場合は，無断転貸であっても解除できないとの判例法理がある．これは不動産利用者の保護を念頭において信義則が適用される場合である．最判昭和28年9月25日民集7巻9号979頁ほか．

とか，民法に適切な規定が存在しないため，具体的な事件を解決するためにあらたな法規範（法原理）の確立が必要とされる場合である.

信義則の本来的な機能は前者にあると考えると，後者は，法規範の創設が信義則にゆだねられる場合である．前者を第1の機能（本来的機能），後者を第2の機能（法規範創造的機能）とよぶこともできよう(16).

(4)　法的思考のあり方と信義則

(i)　2つの機能のいずれも民法の発展にとって重要な役割をになうが，社会の変動に対応できる民法という視点からは，信義則の法創造的役割に注目する必要がある．信義則にもとづく判断とはどのようなものであるのか，法的思考のあり方としても，学ぶべきものがある(17).

(ii)　信義則の機能を三層構造からみるとどうなるであろうか．本来的機能では，具体的な規定の適用のあり方（信義則にもとづく適用）が問われるわけであるから，ここで求められる判断は現実問題対応型判断（第1段階）である．しかし，法規範の修正・創造の段階になると，問題を解決するためのより一般的な規準，すなわち法原則に関する議論が求められる．これは基礎理論対応型判断の段階（第2段階）であるが，法原則を確立するためには，制度目的にかなうものであるのかどうかの判断を経なければならない．これは制度的基礎対応型判断（第3段階）である.

(iii)　たとえば，契約交渉の段階で生じた責任の所在の問題を取り上げてみよう．明文の規定がないため，信義則にもとづく判断が必要であるとしても，こ

---

(15)　たとえば，契約締結の前段階において，突然に契約がまとまらなかった場合がある．どちらかに責任があるとしても，契約が成立していないのであるから，契約責任を問うことはできない．契約責任（415条）と不法行為責任（709条）のはざまに生じる問題であるため，この事態に対応するためには，あらたな責任法理が確立される必要がある（いわゆる「契約締結上の過失」の問題)．裁判官に規範創造の権能があたえられるべき場合である．この点について，最判昭和59年9月18日判時1137号51頁参照.

(16)　2つの基本類型については，「本来的機能」と「欠缺補充機能」（広中)，「本来的場面」と「拡張的場面」（大村)，「権利義務の具体化」と「規範の創設」（四宮＝能見）などの，分け方がある.

(17)　信義則を，「法律家集団や法共同体員一般の正義・衡平感覚を個々の具体的事件に即して汲み取り，実定法的規準を創造的に継続形成してゆく法的拠点を形成する」と見る考え方がある．遠藤浩ほか編『民法注解財産法1』（青林書院，1989）37頁，39〜40頁（山本敬三)．信義則の判例を「関係的契約規範」の形成の視点から分析したものに，内田貴『契約の時代――日本社会と契約法』（岩波書店，2000）69頁以下がある.

の判断の結果が法規範として認められるためには，制度目的にともなう判断をまたなければならない．契約の前段階をどのように把握するのが妥当であるのか．契約の問題として位置づけるのであれば，契約の制度目的との関連までさかのぼらなければならない．これは契約法の構造をどのように理解するかの問題でもある．

⑸　取引慣行と信義則

（i）信義則が民法の適用を社会の発展に対応させるための基本原則であるとすると，取引慣行と信義則の関係が問題となる．取引慣行は信義則を介して民法の法準則（ルール）になりうるのではないか．この問題は取引慣行（契約実務）の法的あつかいをめぐって議論されることとなった[18]．取引慣行を取引社会における規範ととらえ（内在的規範とよばれる），そこで適用されるルールを実定民法に吸い上げる役割をになうのが信義則ではないのか，との問題提起である[19]．

（ii）このような問題意識は，上述の２つの基本類型のいずれにもあてはまることであるが，信義則は民法の適用を社会の発展に対応させるための基本原則であるから，どのようなルールが妥当であるのかについては，内在的規範は判断材料の１つにあげておかねばならない要素である．ただし，取引慣行は取引上の内在的規範であって，法規範としての評価を獲得したものではない．裁判規準であるためには内在的規範の発見にとどまることなく，ルールとして認めることができるかどうか，そのための法的判断が行われるプロセスが確立される必要がある．信義則が民法の基本原則であることの証は，この点にあるといわなければならない[20]．

三層構造は内在的規範をルールとして確立するための法的装置とみることも

⒅　取引当事者の構造的理解の必要性については，第１部第３章第２節２参照．この点に関連する興味深い文献として，棚瀬孝雄（編）『契約法理と契約慣行』（弘文堂，1999）所収の各論稿がある．とりわけ河上正二「現代的契約についての若干の解釈論的課題」同書 185 頁，山本敬三「民法における『合意の瑕疵』論の展開と検討」同書 149 頁．また，取引慣行の実際と私法の関係に着目した文献として，北川善太郎『現代契約法Ⅰ・Ⅱ』（商事法務研究会，1973〔Ⅰ〕，1976〔Ⅱ〕）．

⒆　ここにいう「内在的規範」とは，「近代契約法に対峙する，契約実践の中の契約規範」のことである（内田・前掲注⒄61 頁）．「一般条項（特に信義則）の活用は，内在的規範の実定法への吸い上げとみることができる」のであり（同 63〜64 頁），このようにして実定契約法に吸い上げられた内在的契約規範が「関係的契約規範」である（同 69 頁）．

できよう．

3　権利濫用の禁止

(1)　権利濫用が問題となる場合

3項で規定されているのは，権利の濫用は許されないとの基本原則である．権利が濫用されたとはどのような場合をいうのであろうか．これについては，

①　大判大正8年3月3日民録25輯356頁（信玄公旗掛松事件）

②　大判昭和10年10月5日民集14巻1965頁（宇奈月温泉事件）

の2つの代表的判例がある．

①では，由緒ある松樹が近くに敷設されていた鉄道を走る機関車の煤煙により枯死した．松樹の所有者は鉄道会社に対し損害賠償を請求したところ，社会生活上「認容」すべき程度を超えて他人に不利益を及ぼす行為は，権利行使の形をとっていても不法行為責任を生じさせると判断された（709条）(21)．

②では，温泉に湯を送る湯管の一部がわずかではあるが他人の土地を通過していたため，土地の所有者が湯管の撤去を求め，所有権にもとづく妨害排除請求権を行使したところ，「権利の濫用」があるとして棄却された．

①と②は権利濫用（論）の起点となる判例であるが，権利濫用に関する判例は多数存在する．以下で取り上げるのは，3項が適用される場合の基本的な仕組みである．

(2)　権利濫用の判断基準

(i)　どのような要件が備わると，権利の濫用があったと判断されるのか．3項は民法の基本原則をあらわす一般条項である．民法の具体的な法準則（ルール）におけると同じような意味での要件とは異なるが，3項（権利濫用法理）にもとづく解決が行われる場合の判断基準として，主観的要件（主観説）のほか，客観的要件（客観説）がある．

主観的要件とは相手を害する意図（害意）があるなど，権利を行使する側の主観的態様に重きを置く考え方である．客観的要件とは，両当事者の利益状況

---

(20)　以上については，内田貴『契約の再生』（弘文堂，1990）229〜231頁．これは「現代契約法の新たな展開」にかかわる問題であり，三層構造にあてはめると，契約法における第2，第3段階の議論の必要性をうながすものである．この点については，内田・前掲書（契約の時代）41頁以下．

(21)　ただし，「権利の濫用」との判断は原審判決によるもので，大審院はこの法理について直接には言及していない．

その他の要素の比較衡量にもとづく判断基準である．主観的要件から客観的要件に重きが置かれるようになったが，上記の②判例では，客観的要件と主観的要件とがともに要求されている．客観的要件は権利が衝突した場合の妥協点を見つける考え方である．客観的要件がもっともよくあてはまるのは，権利が対立する場合の権利間調整のあり方が主題となる場合である．

(ii)　以上は，権利濫用の判断基準に関する一般的な考え方である．実際には，権利濫用法理はどのような場面で適用されるのか．３項にもとづく判断が必要とされる場面に即した対応が求められる．

たとえば，権利の濫用によって他人の権利が侵害された場合は，不法行為法にもとづいて損害賠償を請求することができる．加害者に損害賠償義務が発生するかどうかは，不法行為法の問題である（709条）．権利濫用は不法行為の成立要件の充足が判断される過程で対象とされるべきことがらである．

この点から権利濫用法理の役割を考えると，権利濫用の判断基準も変わる可能性がある．上述の一般的基準がそのままあてはまるわけではないのである．権利濫用の判断基準について考えておかなければならないことである．

(3)　権利濫用法理の意義・目的

(ア)　権利濫用の効果　　権利の濫用とは，法律上是認できる範囲を超えて権利が行使される場合であるから，違法な行為である．違法な行為が行われた場合の後始末をどうするか．権利濫用の効果とは，後始末の仕方を考えることである．

この問題については，３つの場合をあげることができる．違法な行為が行われたのであるから，①被害者は救済規範（不法行為法）の発動を求めることができる．これは後始末としては，一般的な方法である．この方法は，権利行使の相手方から見た権利濫用の効果である．

権利者の側に立つと，権利濫用の効果として考えられるのは，②権利の制限と，③権利の剥奪である．

以上の３つの方法のうち，②は権利間調整の問題であるから，具体的な紛争処理を通じて判断されるべき事柄である．しかし，③の権利の剥奪については，そのための手続を確保する必要があると思われる．あらかじめ立法的措置を講じておくことも選択肢の１つである(22)．そうすると，３項の適用につい

(22)　権利剥奪については，834条「親権喪失の審判」参照．

て，民法（裁判規範）の役割として残るのは，①と②にもとづく後始末である．

(イ)　**権利濫用の機能**　　権利濫用の効果が違法な行為が行われた場合の後始末のことであるとすると，ここで問題とされるべきは，具体的なルール適用の効果ではなく，権利濫用法理の適用のあり方である．権利濫用法理とはどのような紛争をどのように解決すべき法理であるのか．「権利濫用の機能」とよばれてきた問題の実質はこの点にある[23]．

権利濫用の機能といわれるのは，「権利濫用法理」の機能のことである．これには3つの場合がある，とされる．

第1は，権利濫用があるといっても，単に不法行為が行われたと同じことをあらわす場合である．権利濫用があると，不法行為の成立を認めることが容易になる場合があるのではないか．権利濫用法理には，被害者を救済し，被害者の権利をまもる機能がある，ということである（(被害者の)「権利保護機能」）．

第2は，これまで当然のこととして認められてきた権利が，制限される場合である．不動産賃貸借における賃貸人の解除権が制限される場合がこれにあたる．解除権の制限は，見方を変えると，権利の範囲が明確になることでもある（権利範囲明確化機能）．

第3の場合はこうである．土地の不法占拠があると，所有者は妨害排除請求権（物権的請求権）を行使して明け渡しを求めることができる．このとき，権利の濫用があるとして所有者の請求が棄却されると，土地の利用については，現状が維持されることになる．これは土地利用のあり方について，強制調停が行われたと同じことではないか，ということである（強制調停機能）．

(ウ)　**権利濫用の法規範創造的機能**　　以上の3つの機能のうち，第2，第3の機能は，特定の状況における紛争処理のあり方に関する機能である．これに対して，第1の機能は，不法行為訴訟の一般にあてはまる機能である．権利濫用があると不法行為の成立が認められやすくなるが（権利濫用そのものがすでに違法な行為である），これによると，新しい法益であっても，権利濫用が認められると，救済の門戸が開かれることになる．これを権利濫用のもう1つの機能とみることはできないか．権利濫用には，新しい法益であっても，これを保護

(23)　幾代通「『権利濫用』について」名古屋大学法政論集1巻2号39頁（1951），鈴木禄弥「財産法における『権利濫用』理論の機能」法時30巻10号（1958）（同『物権法の研究』（創文社，1976）51頁所収）にはじまる．

の対象にすることができる機能，すなわち，「法規範創造機能」があるのではないか，ということである．

法規範創造機能は，不法行為法だけでなく，民法の発展そのものの原動力になりうるものである．

このことは，特に生活利益のようなあらたな利益にあてはまる．あらたな利益の保護が積みあげられると，あらたな利益は権利としての保護を要求することにもなる．このような権利保護のプロセス（発展的展開）の起点となるのは権利濫用法理である，とみることもできよう(24)．

第3節　民法の基本的仕組みと3原則

1　基本原則相互の関係

(1)　**2項と3項の関係**

民法の基本原則は相互にどのような関係に立つのであろうか．1項は民法の仕組みの運用に関する基本原則であるとすると，2項と3項は民法の仕組みを構成する具体的な規定の適用に関する基本原則である．民法のルールは権利と義務の関係として構築されているため，基本原則の相互関係としては，主として，2項と3項の関係が取り上げられてきた．

これについては，区別必要説と区別不要説がある．区別必要説によると，信義則は債権関係に，権利濫用法理は物権関係に適用されるべき法理である，とされる．区別必要説は民法典の構成からも分かりやすい考え方である．

しかし，2項と3項の間では，適用範囲が限定されているわけではない．規定を見るかぎり，1項では，私権一般について，2項と3項では，権利の行使と義務の履行のあり方が一般的に取り上げられているにすぎない．つまり，権利の行使と義務の履行に関する一般的な原則が定立されているにすぎないのである．さらに，権利行使のあり方を民法典の構成にしたがって規律することが妥当であるのか，ということもある．

2項と3項については，民法典の構成をはなれてみることも必要となるのではないか．それにより，民法の継続的発展を支える基本原則として，その役割が明確となるのではないか，と思われる．

---

(24)　この問題について，藤岡康宏「権利濫用に関する一覚書 ── 生活妨害（公害）における法規範創造的機能」北法26巻2号1頁（1975）（同・構造218頁所収）参照．

⑵　紛争処理のあり方と基本原則

この点，２項と３項は，当該紛争の実質にあわせて適用されるべき基本原則であると考えることもできよう．民法上の関係は，権利と義務の関係として構築されているが，権利行使のあり方が問われるとき，３つの場合を分けることができる．

第１は，紛争処理にあたり，権利行使そのものが，中心となる場合である．この場合は，主として３項が適用される．

第２は，法律関係が中心となる場合である．ここでは権利と義務の関係が問われる．契約など法律関係が積極的に形成される場合がこれにあたるが，法律関係のあり方が問われるのは，この場合に限られない．ここでは，主として２項が適用される．

第３は，不法行為法が適用される場合である．不法行為法は権利が侵害される場合の救済規範であるが，ここでは権利行使のあり方と損害賠償請求権（法律関係）のあり方が問われる．不法行為の成否については，３項の適用が問題となるが，不法行為が認められた場合の被害者・加害者間の法律関係については，２項の適用が問題となる．

２　「人の法」および「財産の法」との関係

以上は，２項と３項の関係であるが，１項とあわせると，３原則は，どのような考え方にもとづいて適用されるのであろうか．民法の基本原則は民法の仕組みの運用に関する法原則である．したがって，民法の仕組みをどのように解するかが，基準となる．

（i）　この点，「基本法としての民法」の役割（実質的意義の民法）からみると，民法は「人の法」と「財産の法」とに分けることができる．この点から，３原則の関係をみてみよう．１項にいう「公共の福祉」であるが，民法の役割から考えると，ここにある「公共」は，民法の役割，すなわち「人の法」および「財産の法」に応じて具体的に判断されるべきことである．「人の法」にとっての公共，「財産の法」にとっての公共とは何かという課題である．これは前述のとおり，民法の仕組みの運用（つくり方）の問題として解決される場合であるが，２項と３項の適用を通じて実現される場合もある．

(ii)　２項と３項は，民法の具体的なルール（法準則）の適用に関する基本原則であるが，権利の行使に関する基本原則である点において，両者は軌を一にする．「人の法」と「財産の法」それぞれにおいて，「人の法」における権利行使のあり方，「財産の法」における権利行使のあり方が，この基本原則にもとづいて問われることになる．

(iii)　３つの基本原則は，いずれも民法の継続的発展と関わりのある原則である．民法の運用にともなう命題として第１条に規定されていることの意義を確認しておきたい．

第４節　個人の尊厳と男女の平等

１　民法の解釈・適用に関する指導原則

(i)　民法の基本原則につづき，２条で規定されているのは，解釈の基準に関する指導原則である．民法は，「個人の尊厳と両性の本質的平等を旨として，解釈しなければならない」とされる．

同条は，日本国憲法の制定にともない，1947 年の民法改正により，個人の尊厳と男女の平等という憲法上の基本的価値を民法において実現するために導入された規定である．

個人の尊厳と男女の平等は憲法 24 条において規定されている．しかし，同条で対象とされているのは家族生活における個人の尊厳と男女の平等であり，民法でも同じようなあつかいになるのかどうかが，問題となる．しかし，民法２条では，規律の対象が家族生活における場合に限定されているわけではない．きわめて包括的な規定である．

(ii)　それにもかかわらず，通説的理解によると，２条は，主として親族法・相続法において意味がある，とされてきた．親族法・相続法は憲法の制定にともなって改正されたのであるから，親族法・相続法は２条にもとづいて，解釈・運用をはかるべきである．この点にこそ２条の本来的意義があるとされるのである．これによると，２項は実際には家族法にあてはまる原則ではないか，ということになる．

しかし，個人の尊厳と男女の平等という憲法的価値が保障されるべき場面は家族生活にかぎられるのであろうか．２つの価値は全法秩序に及ぶ効力をあたえられるべきものではないのか(25)．このように考えることが許されるとすると，個人の尊厳と男女の平等とは，家族生活における場合の基準のように「一

(25)　この点について，大村・読解 25 頁．

つのセット」としてあつかわれる必要はない．個人の尊厳それ自体が独立してあつかわれることも，２条の適用としてありうることである．

２　民法の継続的発展と２条の役割

(i)　すなわち，個人の尊厳は，民法上の権利としては，人格権との関連でまもられるべきものである．人格権はこれを認める明文の根拠規定を存在しないが，民法の構成要素として認められるべき民法上の基本的な権利である[26]．「個人の尊厳」には「人格の尊厳」も含まれるとすると[27]，「個人の尊厳」を旨とする解釈が行われるべきであるということは，すなわち人格権がまもられなければならないことを意味する．これは２条が人格権を確立するルートの１つであることにほかならない．この点は，人格権法の発展にとって重要な意味をもつ．

(ii)　民法は「財産法」と「家族法」からなるが，これは民法の構成を重視する考え方である．しかし，民法の役割を重視すると，「人の法」と「財産の法」として把握することができる．前者が形式的意義の民法であるとすると，後者は実質的意義の民法にあたる．「人の法」はどのようにしてつくられるのか．「人の法」の独立化をうながすものは，人格権法の発展である．すなわち，人格権が確立されると，「人の法」を独立させることができるとともに，民法は「人の法」と「財産の法」からなる基本法として，社会の発展に対応可能な法システムがつくりあげられることになる．

以上の意味において，第２条は，民法の解釈・適用にとどまらない，民法の継続的発展の原動力になりうるものである．

３　１条と２条の関係

２条が家族生活に適用される場合を「本来的適用」ととらえると，それを超えて適用される場合は，「拡大的適用」とよぶこともできよう．「本来的適用」と「拡大的適用」の関係は，１条のテーマでもあった．民法は基本原則と解釈原理の双方において「拡大的適用」が重要となりつつある．社会の発展に対応できる民法をつくることが「基本法としての民法」の役割であるとすると，１条と２条は，それぞれの役割に応じて民法の現代化をはかる，民法の統一的な原則である．

---

(26)　人格権の民法構成上の位置づけについては，第１部にゆずる．

(27)　大村・読解 29 頁．

第2章　人――法人格

第1節　総　　説

(i)　法律上の関係は，権利と義務の関係により構成される．一方に，権利者，他方に義務者がいる関係であるが，それでは，権利と義務はだれに帰属することになるのか．これは民法における「人」，すなわち「権利の主体」の問題である．法律の世界に足を踏み入れる起点となる場所，これが法律関係の起点としての「人」である．

(ii)　ところで，土地の所有者は自分の土地を不法に占拠している者に対しては妨害排除請求権を行使し，その者の退去を求めることができる．それができるのは，彼が権利（所有権）の主体であるからである．子どもが親の財産を相続すると，幼児であったとしても，土地の所有権を取得する．子が親の財産を相続できるのは，幼児であっても，権利の主体となることが認められているからである（886条）．

(iii)　もちろん，所有権の主体となるだけでは世の中は動かない．財貨を交換することで社会は成り立っている．契約の主体となって他人と売買契約を締結すると，債権と債務が発生する．売主は，代金債権を取得するが，反対に目的物を引き渡す義務および登記移転義務が生ずる．買主には，代金支払義務という債務，および目的物引渡請求権，登記移転請求権の債権が発生する．

(iv)　それでは，だれが権利の主体になることができるのか．民法の世界は，この，いわばわかりきったような問題を説明するところから始まる．

結論から述べると，権利の主体，すなわち，「人」には，「自然人」と「法人」がある．以下では，まず「自然人」を取り上げ，次いで，団体に権利の主体性を認めた「法人」（法律が認めた法律上の「人」）という法技術について述べる．

第2節　自然人の場合

1　権利能力

(1)　権利能力の意義

(i)　私法上の法律関係において，権利・義務の主体として認められるものは，だれか．これが「権利の主体」(法的主体とよばれることもある) の問題であるが，権利・義務の主体たりうる資格のことを「権利能力」があるという(1)．

大切なことは，人間はだれでもそのような資格がある，ということであり，このことを確認する民法の基本原理が「権利能力平等の原則」である．生まれたばかりの赤ん坊にも，もちろん権利能力がある (第2章「人」第1節の題号は「権利能力」である)．

(ii)　ところで，民法には権利能力が平等であることについては，それにあてはまる文言をどこにも見出すことはできない．民法で規定されているのは，権利能力の始期であり，「私権の享有は，出生に始まる」(3条1項)，としか書かれていない．しかし，この条文は，「凡(およ)そ人は私権を享有し」という含意を前提として規定されたものである．蛇足に類することは規定しないとの考え方 (立法技術) で出来上がったものであるが，簡潔を旨とする制定法のあり方を垣間見ることができる(2)．

民法は西欧大陸法を継受して近代的民法典として出発した．近代民法の基本原理が当然のこととして礎とされたのである，といってしまえばそれまでであるが，しかしながら，歴史的にみると，この原則はローマ法の時代からの長い歴史を経て獲得されたものである(3)．

そうであれば，現代の民法は権利能力平等の原則が実質的に保障されるべく努めなければならない．権利主体としての「人」の保護は，民法が第一義的に考えねばならないことではないのか．これは民法における「人の法」の独立化，本書の第1部で取り上げた「民法の基本的仕組み」の法構造につながる問題である．「人の法」の拠点となるのは人格権であるが，物権や債権とならぶ

(1)　権利・義務が帰属することができる存在を『法的人格』，その資格を『権利能力』と呼ぶことについて，星野英一「私法における人間」(岩波講座)『基本法学1－人』(1982) 128～129頁．

(2)　須永醇「権利能力，意思能力，行為能力」講座1　99頁参照．

(3)　日本では，明治3 (1870) 年6月以降の諸法令による士農工商の身分制の廃止に始まる．

「民法構成上の人格権」はその根拠（の1つ）を3条1項に求めることができることについては，第1部で詳述したとおりである．

⑵　法人の問題

(i)　自然人のほかにも，人の集合体（社団）および財産の集合体（財団）が一定の要件を充たせば，法（的）人格が付与される場合がある．法人とは，人間ではないが，権利・義務の主体となり得るもののことである．つまり，自然人ではないが，自然人と同じように権利義務の主体となりうることが法律で認められる場合がある．これが法人のことである．

(ii)　権利主体としての「人」が「自然人」とよばれるのは，「法人」と対比する意味があるからである．この構成によると，「法的人格（法人格）」（権利能力があること）には，「自然人」と「法人」が存在することになる．「法的人格」ということばを通じて発せられたメッセージは象徴的である．「法的人格」はラテン語の persona に由来するといわれる．「ペルソナとは元来演劇に用いる面〔マスク〕という意味であり，ひいては演劇における役者の役割を意味したといわれる．『法的人格』とは，人間の全体ではなく，そこから一応切り離された人間が，法律の舞台において演じる地位・役割であるから，この語源は象徴的である．」「『法的人格』とはこのような意味であるから，進んでは人間以外の存在であっても，私法上の権利義務の主体とするにふさわしいものにつき，これが認められている．」[(4)]

2　権利能力の始期と終期

⑴　権利能力の期間

権利能力には，始まり（出生）と，終わり（死亡）がある．

出生は法的舞台への登場であるが，死亡は相続開始の原因である．出生と死亡は，戸籍上も時間（時と分），場所が記載される．

⑵　権利能力の始期

(i)　出産（分娩）という連続的な過程のどの時点を出生（生まれた時点）とみるか．これについては，3つの考え方がある．

①　全部露出説　　赤ん坊の全身が母体外に出てきた時を基準とする考え方

②　一部露出説　　一部が露出していれば足りとする考え方

⑷　星野・前掲注⑴132頁．

③　独立呼吸説　　へその緒を切ったときに生きておれば，その時点を出生と認めてかまわないとする考え方

(ii)　出生の意義をどのように考えるか．これは一見ささやかな問題であるように思われる．しかし，これは相続に重大な影響を及ぼす問題でもあるのである．生きて産まれるのと，死産とでは，あつかい方が全く異なる．生きて産まれたのであれば，すぐに死亡したとしても，出生により権利能力を取得したことに変わりない．相続権を取得し，そののちに権利能力を喪失したというあつかいになる．

(iii)　通常は争いにならないことについても，万が一のことを想定して，ルールを考えておかなければならない．民法の適用については，ぎりぎりの事態についても対策を講じておくことが必要であるが，①説のメリットは，出生の時点がより明確になることにある（通説）．②説は，刑法で主張されている考え方である．刑法上の法益保護にとっては，この基準で足りると思われるが，刑法と民法では，その役割が異なる．民法の適用について考える契機をあたえる問題でもある[(5)]．

(3)　胎児の法的地位

(i)　権利能力の始期を出生時とする原則をつらぬくと，胎児に不利益となる場合が生じる．たとえば，父親が死亡した時点で胎児であった者は，父親の財産を相続することができないし（887条1項），父親の死亡が交通事故によるものだとしても，損害賠償を請求することはできない（709条・711条）．胎児の法的地位をどのようなものとして構成すべきか，問題が生じるのである．

人間は，いのちある存在になったとしても，生まれるまでは胎児である．胎児は法人格をもたないが（権利能力がない），一定の場合に，権利能力が擬制される．これは個別主義とよばれる解決策である．すなわち，──

①　胎児の損害賠償請求権については，胎児は既に生まれたものとみなされる（721条）．

②　胎児の相続権についても，胎児は既に生まれたものとみなされる（886条1項）．

③　遺贈の場合も（遺言による遺産の処分），相続権と同様のあつかいがされる（965条）[(6)]．

---

(5)　佐伯仁志＝道垣内弘人『刑法と民法の対話』（有斐閣，2001）316頁参照．

(ii)　ところで，胎児はすでに生まれたものと「みなす」，という「法律構成」には，どのような効果があたえられるのであろうか．「みなす」とは，ある法律関係について本来とは異なるあつかいがなされる場合のことであるが（法的擬制），特別のあつかいからどのような結果が生じるか．たとえば，①について，胎児には損害賠償請求権があるとしても，胎児がみずから損害賠償請求権を行使できるわけではない．誰かが代理して（例，母親），行使することになるが，どのような効果が認められるか．これについて，停止条件説と解除条件説とがある．胎児の権利能力取得という法律効果の発生ないし解除の要件をそれぞれ「出生」，「死産」とする説である．

停止条件説によると，胎児は生きて生まれてくると，胎児のときにさかのぼって権利を取得する．胎児の間は権利を取得していないと構成されるため，母親が胎児を代理することは認められない．これに対して，解除条件説は，胎児のときに既に権利を取得していると構成する．しかし，生まれたときに死んでいた場合は，はじめから権利を取得していなかったと考えるものである．これによると，母親は胎児のときに，胎児を代理して損害賠償請求権を行使することができる．

(iii)　胎児の立場から見ると，解除条件説は，胎児の間に母親が（いち早く）胎児の権利を行使できるため，胎児の不利益を回避できる構成と考えることもできるが，この構成では，遺産分割のときに胎児が不利益を被るおそれがある．胎児の利益とは別の視点から遺産分割の手続がすすめられることも想定できるからである．

解除条件説が技巧的構成にすぎるとすると，「みなし」規定の法理としては停止条件説が妥当と考えられるが（判例），法的判断の三層構造によると，これは現実問題対応型判断（第1段階）にもとづくものである(7)．

(6)　783条1項によると，胎児も認知を受けることができる．これも権利能力の個別主義的現れとみることができよう．なお，①について，大判昭和7年10月6日民集11巻2023頁（阪神電鉄事件）．

(7)　この問題の背後には「胎児の法的地位」をいかに構成するかの根源的な問題がある．基礎理論対応型判断（第2段階）および制度的基礎対応型判断（第3段階）が求められる．

⑷　権利能力の終期

権利能力は死亡によって終了する．死亡診断書が必要であるが，認定死亡の制度もある．では，死ぬとどうなるか．財産についていうと，財産は権利の主体を失い，死んだ人のものではなくなる．つまり相続がおこるのである．相続については多少やっかいな問題が発生する．死亡の前後関係が明確でない場合があるからであるが，（推定）相続人のうちでどちらが先に死んだのかという問題である．

死亡の先後が確定されていれば，相続順位に従うことになるが，どちらが先か分からないこともある．分からないとき，同時死亡を推定して，死亡者の間で相続は起こらない，との解決策が講じられた．これが同時死亡の推定という制度である（32条の2）．

しかし，世の中には，不幸にして，生死不明ということもある．東日本大震災で経験したところでもある．死亡の証明が困難な場合に対処する法制度としては，同時死亡の推定の他に，認定死亡および失踪宣告（30条）がある．これらについては，財産管理（権）を含め，後述する．

第3節　意思能力・行為能力

1　法律関係の形成

⑴　意思表示

法律関係の積極的な形成は，通常の場合，契約（法律行為）により行われる．契約が成立するには，当事者はその旨の意思表示をしなければならない．この物を売りたい，この物を買いたい，ということばを発することが必要であるが，申込みと承諾の意思表示が合致すると，売買契約は成立する（555条・521条以下）．もっとも，ことばがなくても意思が通じるということはある．A男とB女は双方とも結婚してもよいと思っていたが，その趣旨の表示がなければまとまらない．ことばが重要であることはわかるが，しかし，相手の態度をみていると分かる，ということもある．これは「黙示の意思表示」があったと評価される場合である．

⑵　意思能力

（i）ところで，人はだれでも権利能力があるのであるから（権利能力平等の原則），契約の主体になることができる．しかし，この物を売りたい，この物を買いたい，という意思表示は，だれもが行うことができるものではない．たとえば，赤ん坊は，親が死亡すると，財産を相続することができる．つまり，権利の主体となることはできるとしても，その親から相続した財産について，それを売りたいという意思表示を行うことはできない．このことは何を物語るか．意思表示をするためには，すなわち自分で物事を判断し，決定するためには，それなりの能力，知能が必要だ，ということである．

(ii)　この，物ごとを判断し，決定する能力のことを「意思能力」とよぶ．すなわち，意思能力とは，ある法律効果を発生させようとする意思を持ち（決断を下し），それを相手方に伝える（表示する）知能のことである．契約とは，自分で決めたことに拘束されることを意味する．しかし，自分で決めたと（法的に）評価されるためには，一定の基盤が備わっていなければならない．これが意思能力の必要とされる理由である(8)．

幼児や泥酔者にはこの能力はない．つまり，法律効果に対する判断能力がない．このような者のした意思表示に法律上の効果をあたえることはできないから，その意思表示は「無効」とされる．無効とは，意思表示，つまり契約は効力を生じない，ということである（その契約は，はじめからなかったもの，としてあつかわれる）(9)．

(iii)　意思能力のなかったことを理由とする無効は，意思無能力者を保護するための無効であるから，当該意思表示をした者のみが無効を主張することができる（有力説）．つまり相手方は無効を主張することができない．片面的無効とよばれる．

意思能力はどのような場合に問題となるのか．高齢社会では老年認知症が増加しているが，高齢でなくとも，精神障害の重い人の対応が必要となる．意思能力は取引行為の効力のほか，遺言能力の有無について争われることがある(10)．

---

(8)　なお，意思能力とは「自己の行為の法的な結果を認識・判断することのできる能力」のことである．四宮＝能見30頁．

(9)　この能力は，大体，6～7歳で備わるとされる．ただし，7歳から10歳の子供の判断能力とする説もある．四宮＝能見30頁．

(10)　高裁レベルの裁判例では，遺言の「法律効果を弁識するのに必要な判断能力たる意思能力」の有無を判定するために具体的な事実が詳細に述べられているが，法的判断基準についてのそれ以上の言及は見当たらない．たとえば，東京高判平成25年3月6日判時2193号12頁（遺言者が重度のうつ病・認知症のケース）．

⑶　契約の拘束力

(i)　ところで，意思能力そのものについては，民法に明文の規定はない．しかし，「意思能力のない者」のした契約を無効にするのは，ある意味では当然のことである．近代法では，契約（約束）の拘束力の根源を「意思」に求めたからである（私的自治または意思自律の原則）．

(ii)　もっとも，これと異なる考え方が成り立ちえないわけではない．人が契約するのは相手があってのことで，契約の効力を考えるには，なによりも意思表示を信頼した相手方の立場を考えなければならない．

これによると，表示を信頼した相手方の保護をはかる必要が生じる．このような考え方は十分に成り立ちうるものである．そうすると，意思無能力の場合は当然に無効である，ということにも留保が必要ではないか，が問われる．ところが，民法の歴史を紐解くと，人の意思を基本において，民法の世界が構築されてきたことがわかる．古典的立場からすると，意思無能力の場合を無効とすることは，自明のこととされてきたのである．

(iii)　契約の拘束力については，その根拠を意思に求める考え方が根底にあることは間違いないとしても，信頼の保護という相手方の視点の必要性が重要な課題となりつつあることも認めなければならない．契約の拘束力は，２つの視点の衡量が求められる問題である．

２　行為能力制度の仕組み

⑴　基本的な仕組み

(i)　ところで，「意思能力のない者」（行為無能力者）のした契約は無効である，とすることが当然のことであるとすると，「経済システム」を効率的に運用するためには，それを補完する特別の制度が必要とされることになる．

ここで，具体的に考えてみよう．

① 意思能力についても意思無能力を理由に契約の無効を主張する者は，契約当時，意思無能力であったことを証明する負担を負う．しかし，この点の証明は通常は困難である．証明ができなければ，契約は有効なものとしてあつかわれる．他方で，この証明が成功すると，契約は無効となり，相手方は思わぬ損害を被ることもある．

② さらに考えると，意思能力は備わっているとしても，「独立の経済人」として取引できるほどには十分ではない者も存在する．そのような人を保

護するために特別の措置を講じる必要はないか．該当者をサポートし，該当者に代わって契約を行う者を配置する必要はないであろうか．この場合にも，相手方が安心して取引ができるようにするためには，定型的な制度の構築が求められる[11]．

(ii)　①と②は，視点の置き方が異なる問題である．

①では，意思能力が完全でない者が定型的に保護される．

②では，意思能力が十分でないからではない．そうではなくて，社会的な経験が十分でないために適切な判断ができないことを考慮して，特別の保護が必要となる場合である．

民法では，２つの問題を同時に解決する仕組みが講じられた．すなわち，意思能力のほかに，「行為能力」とよばれる概念を設定し，「行為能力」が一定の場合に制限を受ける，という仕組みでもって，対処することにしたのである[12]．

(2)　行為能力

(i)　行為能力とは「独立して取引をする能力」[13]のことである．これは人の能力をそのつど問題にするものではなく，いわば客観的な基準からみた能力である．

民法で設けられたのは，一定の者の行為能力を制限して，その者の保護を図る制度である．

(ii)　保護システム（行為能力制度）の基本型としては，①と②がある．

①　保護者は，法定代理人として，被保護者に代わって法律行為（契約）をする．これは代理人が自分の名前で契約することではない．実際に契約するのは代理人であるが，代理人は本人の名前を出して，自分は本人に代わって契約をする．代理人のした契約の効果は本人に及ぶ．

②　被保護者が保護者の関与なしに（同意なしに）単独で契約をしたときは，その契約は無効ではないが，取り消すことができる，ことにする．すなわち，本人または保護者は，この契約を取り消して，はじめからなかったこ

(11)　以上につき，副田隆重ほか『新・民法学１総則（第３版補訂）』（成文堂，2010）50〜52頁参照．

(12)　各能力概念の横断的整理・検討を試みる文献として，磯村保ほか『民法トライアル教室』（有斐閣，1999）１頁（中舎寛樹）がある．

(13)　四宮＝能見 32 頁．

とにすることができる．

以上は，あくまでも基本型である．実際には，保護すべき必要性の程度に応じて，基本型の内容が変わることに注意を要する．

⑶　**制限行為能力者**

(i)　ところで，行為能力を制限された者は，かつては「行為能力のない者」(行為無能力者) とよばれていたが，1999 年民法改正 (平成 11 年法律 149 号) により，「制限行為能力者」に改められた (20 条・21 条)．

旧法で無能力者とされていた者が，どうして新法では制限行為能力者に変わるのか．これは保護システムの考え方が転換したからであるが，行為無能力者の呼び方は旧法でも疑問があったところである．

行為能力がない，ということは何もできないことなのか．1人でしたことは，あとから全部取り消されることになるのか．行為無能力者のことばからイメージできるのは，このようなことである．しかし，旧法では，「未成年者」，「禁治産者」，「準禁治産者」が行為無能力者とされていたが，未成年者は単独でも行うことのできる行為があった．未成年者を一括りにして行為無能力者とよぶのは問題があることがわかるが，行為無能力者の概念があてはまるのは，禁治産者くらいである．禁治産者は心神喪失の常況にある人であるため (旧7条)，禁治産者の行為は取り消すことができる，とされていた (旧9条)．

(ii)　しかし，1999 年民法改正により，(行為無能力者にあたる者を) 何から何まで保護するということではなく，できることは自分でやってもらう．自己決定を尊重し，普通の生活をしてもらう (ノーマライゼーション)．そのために，すべての行為を取り消すのではなく，日常生活に必要な行為は自分1人でもできるようになった (9条ただし書参照)．

「行為無能力者」が「制限行為能力者」に改められたことの意義は大きい．ことばの違いにとどまるものではない．制度的基礎の転換が行われたのであり，保護システムであると同時に，自立を促す制度として構築されるべきものとなった⒁．

3　保護システムの全体像

旧法で保護の対象とされていたのは，未成年者，禁治産者，準禁治産者であ

⒁　三層構造にあてはめると，制度的基礎対応型判断 (第3段階) にもとづく立法的措置にあたる．

るが，あとの2つ，禁治産者と準禁治産者については，成年後見制度の創設にともない（1999 年)，「成年被後見人」「被保佐人」「被補助者」に改められた(15).

⑴　**未成年者の場合**

(i)　未成年者とは，満 20 歳に達していない者である（4条)．たとえば 18 歳のAが父親から相続した自己名義の不動産をBに譲渡（売買や贈与などにより，財産や権利を他人に譲る行為のこと．所有者（権利者）が替わること）したとする．

未成年者が法律行為（契約）をするには法定代理人の「同意」が必要である（5条1項本文)．これが原則である．法定代理人（親，場合により後見人[未成年後見人]）(824 条）の同意を得ないで単独で不動産の売買契約をした場合，法定代理人は，この契約を取り消すことができる（5条2項)．契約をした未成年者についても同様である（120 条)．取消しがあると，契約ははじめから無効であったとのあつかいを受ける(16).

(ii)　未成年者が法定代理人の同意なしにした行為は，利害関係者が黙っていれば，その契約も法律上の効果を生ずる（有効)．そうして，最終的には裁判所を通じて権利・義務の変動を強制的に実現することができる．しかし，取消権のある者が取り消せば，その法律行為ははじめから無効だったものとみなされる（何らの法律上の効果も生じない)．取消しがあると相手方は不利益を被るおそれがあるが，未成年者保護のためにはそれでもかまわないと考えられたわけである．

(iii)　しかし，未成年者にも，一定の場合は，単独で契約をすることを認める必要がある．これは単独で契約をした未成年者を保護する必要がない場合である(17).

①　単に権利を得，義務を免れる法律行為（得があっても損はないようなこ

⒂　形式的意義の民法の枠をこえると，行為能力を制限するという従来の制度設計に代わって「保護システム」という視角を設定することができる．この場合は，「私的主体による保護」に加えて，「公的主体による保護」，すなわち，保護者制度を見すごすことはできない．同制度と成年後見制度との関係については，久保野恵美子「精神障害者と家族──保護者制度と成年後見」水野紀子編『社会法制・家族法制における国家の介入』（有斐閣，2013）135 頁参照.

⒃　成年年齢が満 20 歳であることが妥当かという問題はある．この点について，大村・読解 44 頁.

と）．このような場合はいちいち法定代理人の同意はいらない（例，贈与）（5条1項ただし書）

② 処分を許された財産（5条3項）．これについては，目的を定めて処分を許した財産と，目的を定めていない財産とがある（お小遣いを使う場合）．

③ 営業を許された未成年者は，その営業に関しては，成年者と同一の行為能力を有する（6条1項）．これによって未成年者は包括的な取引能力を与えられることになるが，ただし，未成年者がその営業に堪えることができない事由があるときは，その法定代理人は，その許可を取り消し，またはこれを制限することができる（2項）．

(iv) 取消しがあるとどのような問題が生じるか．ここで1つ例をあげて考えてみる．さきほどのＡＢ間の売買で，Ａは父親Ｃ（法定代理人）の同意なくして不動産を売却したのだから，売買契約を取り消すことができる（5条2項）．取消しは契約関係にどのよう影響を及ぼすか．2つの場合を分けて考える必要がある．

未履行の場合．相手方Ｂの請求に対して契約を取り消した場合【問題①】．

既履行の場合．取り消すと，契約はさかのぼって無効になるため，後始末が必要となる（契約関係の清算）【問題②】．当事者間の公平を図るため，相互に受領した給付をそのまま返還する．現物返還（価格賠償）と代金返還である．

(v) しかし，民法は制限行為能力者の保護を考え，制限行為能力者は現受（存）利益を返還すれば足りるとしている（121条ただし書）．現に利益を受けている限度で足り，受領した利益のすべてを返還する必要はない，ということである．

上述の例の場合，Ａは自己所有の不動産の売主であるから，契約の清算のために返還を要するのは，Ｂから受領した代金である．この代金返還の範囲について，「現受利益」を返還すればよいわけであるから，受領した代金のうち，なお余りがあるとき，残りを返還すればよい．浪費してすでになくなっているときは，返す必要はない．

では，生活費に使われた場合はどうか．生活費は本来であれば自分で負担し

(17) 取消しのリスクをおそれて相手方が契約を拒むことがあることについて，内田108頁．判例・学説については，渡辺達徳「制限行為能力者による法律行為の取消しと返還されるべき利益」水野編前掲注(15)53頁に詳しい．

なければならない出費である．売買代金をそれに充てることは他人の財産によって自分は支出を免れたことになるから，利得は残存していることになる．したがって，この場合は返還を要する（通説）．

法律の論理とはどのようなものであるのか．いわれてみればそのとおりであるとしても，この結論に違和感はないか．すなわち，他人から受けとったものは，浪費するのが得策となるが，これでよいのであろうか．民法の入口で突きあたる難問である．

(2)　成年後見制度

(i)　禁治産者および準禁治産者の場合については，成年後見制度の導入より，制度改革が行われた（1999 成立，2000 施行）(18)．

民法のもっとも基本的な部分が（「人」に関する法，特に，法律行為の起点となる問題），制度趣旨を含めて大幅に改革されることになった．総則編（能力）と親族編（後見）にわたる改正であるが，「法定後見」のほか，あらたに「任意後見」（契約法）が創設された．戸籍に代わる登記の制度も重要である(19)．

(ii)「判断力が不十分であっても，それが全く失われていない限り，残っている判断力を尊重し生かそうということ」（星野），これが成年後見制度の基礎にある考え方である．ここにあるのは各人の「自律ないし自己決定の尊重」と「残存能力の活用」（ノーマライゼーション）である．その基礎にあるのは，障害者を健常者と区別して特別視するのではなく，一般社会の中で普通の生活が送れるような条件を整えるべきであり，社会の中で共生することが通常であるという考え方である．

(iii)　成年後見制度の実現に伴い，全体の方向性としては，「保護から自律・自己決定へ」との転換となるが，自律がひとり歩きすると，自分で決めたことについては自分で責任を負わなければならない．まずいことがあっても，その結果は引き受けなければならない．このような帰結を生じかねないことになるが，それがはたして妥当であるか．この点を取り上げると，制度理解として

---

(18)　成年後見制度の趣旨と仕組みについては，星野英一「成年後見制度と立法過程」ジュリ 1172 号 2 頁（2000），能見善久「成年後見制度の可能性と限界」書研所報 46 号 25 頁（2000），岩志和一郎「あたらしい成年後見制度について ── その意義と特徴」書斎の窓 495 号 18 頁（2000）に詳しい．

(19)　従来の戸籍に代わり，「後見登記等に関する法律」では，後見，保佐，補助，任意後見に関する登記が法務省で行われる．

は，保護から自律・自己決定への転換ではなく，両者の調整を考えることが，もっとも重要な課題である[20].

(iv)　成年後見制度は「人の法」としての民法の充実を物語る．三層構造にもとづくと，制度的基礎を固めるには要保護者の身上にも配慮することが必要であるが（第3段階の議論），この問題を含めた成年後見制度の統一的な運用を図ることが求められる．

(3)　法定後見と任意後見[21]

(i)　法定後見とは，後見の内容が法律によって定まっている制度のことである．ここでは，要保護者本人の意思とは関わりなく，法律の規定にもとづいて本人の保護がはかられる．これに対して，任意後見は契約にもとづく後見のことである．この制度では，本人にまだ判断能力がある間に保護者となる者を選び，事務の執行を委任することとなる．

(ii)　法定後見，任意後見のいずれを利用するかは，本人の選択に任される．任意後見は，従来も一般の委任契約（643条以下）の枠内で行われることもできたが，「任意後見契約に関する法律」（任意後見契約法）の制定により，任意後見契約は，本人と任意後見受任者との間で，公正証書によって締結されることが必要になった（同法3条）．また，登記も要求された（同法4条1項）．

(iii)　任意後見と法定後見の関係であるが，任意後見は，家庭裁判所が任意後見監督人を選任したときから開始する（同法2条1号）．法定後見は任意後見の補充的なもので，任意後見と法定後見が併存することはない．任意後見が優先するのは，本人の意思を尊重するという考え方にもとづく．任意後見があるときは，本人の利益のためにとくに必要と認められる場合に限り，法定後見開始の審判をすることができる（同法10条1項）．

(4)　法定後見制度

(i)　法定後見制度とは，以下のような制度である．

法定後見には3つの保護類型がある．従来は，禁治産，準禁治産の二本立てであったが，①「後見」，②「保佐」，③「補助」の3類型に改められた．

①　後見（成年後見）は，「精神上の障害により事理を弁識する能力を欠く常況にある者」について（7条），

---

(20)　以上につき，星野・前掲注(18)3頁，4頁参照．

(21)　これについては，岩志・前掲注(18)のほか，能見・前掲注(18)参照．

② 保佐は，「精神上の障害により事理を弁識する能力が著しく不十分な者」について（11条），

③ 補助は，「精神上の障害により事理を弁識する能力が不十分な者」について（15条），

本人を含む一定の者の申立てにもとづいて，家庭裁判所の審判により開始する（家事審判法9条1項甲類1号）[22]．

(ii) 従来の行為無能力者制度との関係では，後見は禁治産宣告に，保佐は準禁治産宣告に相当する．これに対して補助は，あらたに創設された保護類型である．準禁治産制度との比較では，不十分ながらも事理弁識能力のある者（準禁治産宣告の対象者ではなかった）について設けられた制度である．この点について，家庭裁判所が本人以外の者の請求により補助開始の審判をするには，本人の同意を得なければならないとされているのが注目される（14条2項）．

3つの保護類型は，本人の事理弁識能力の程度により分けられたものである．事理弁識能力とは，ものごとの当否を見極める能力のことであるが，成年後見にあてはめると，この能力が備わっていないことが通常であること（事理弁識能力の「欠ける状態が通常であること」）が後見開始の要件となる．

(iii) なお，後見，保佐および補助のいずれについても，請求者として，本人，配偶者，四親等内の親族のほか，検察官（公益代表者）が加えられていることに注意しておきたい．

さらに，成年後見制度の充実をはかるため，配偶者が当然に後見人・保佐人となる制度が廃止された．法人の選任も認められたことが注目される（老人保健施設など）．

(5) 3つの制度の相互関係

成年後見制度は本人の意思決定をサポートする制度であるが，サポートには消極的な側面と積極的な側面がある．要保護者の意思と保護者の権限の調整をはかることが必要とされる[23]．

(ア) 後見（成年後見）の場合

(i) 成年後見人は，被後見人の財産を管理し，その財産に関する法律行為に

---

(22) 首長申立については，老人福祉法32条，知的障害者福祉法28条，精神保健及び精神障害者福祉に関する法律51条の11の2による．

(23) 以下，主として，岩志・前掲注(18)による．

ついて被後見人を代表（代理）する（859条1項）．成年被後見人がみずから法律行為をしたときは，成年後見人はこれを取り消すことができる（9条本文，120条）．この点は，未成年者の場合と同じである．

しかし，成年後見制度では，「日用品の購入その他日常生活に関する行為」については，被後見人が単独で行うことができる，と改められた（9条ただし書）．被後見人の不利益がそれほど大きくないことと，残存能力を尊重し，社会参加を促すことに力点が置かれたことが，その理由である．なお，成年後見人はそのまま単独でできる．

(ii)　以上が成年後見人によるサポート体制であるが，手続的には申立てに理由があるとき，成年後見開始の審判がなされる．この審判により成年後見人となるため，本人が，日常生活において「精神上の障害により事理を弁識する能力を欠く常況」（7条参照）にあったとしても，手続が終わるまでは，成年後見人としての職務を開始することはできない．審判がなされても確定するまでは動けない（審判確定まで2週間）．この点は注意を要するところである．

(イ)　保佐の場合

(i)　被保佐人の行為について，重要な法律行為については保佐人の同意が必要である（13条1項）．この点は従来の準禁治産者の場合と同じである．被保佐人が保佐人の同意を得ないとき，保佐人はこの行為を取り消すことができる（13条4項）．

保佐人の同意を要する行為には，以下のものがある．

①　元本を領収し，または利用すること．

②　借財または保証をすること．

③　不動産その他重要な財産に関する権利の得喪を目的とする行為をすること[24]．

④　訴訟行為をすること．

⑤　贈与，和解または仲裁合意をすること．

⑥　相続の承認もしくは放棄または遺産の分割をすること．

⑦　贈与の申込みを拒絶し，遺贈を放棄し，負担付贈与の申込みを承諾し，または負担付遺贈を承認すること．

---

(24)　旧法3号の「不動産又は重要なる動産」は，「不動産その他重要な財産」とされたため，知的財産権や債権も対象となる．

⑧　新築，改築，増築または大修繕をすること．

⑨　602条に定める期間を超える賃貸借をすること．

(ii)　13条1項所定の以上の行為については，保佐人は法律上当然に同意権・取消権を有する．この意味で被保佐人の行為能力が制限されている．なお，保佐人が不当に同意しないときは，被保佐人は家庭裁判所に同意に代わる許可を求めることができる（同項）．

保佐人の代理権については，従来から議論があった．代理権を認めることはできないとされてきたが，成年後見制度のもとでは，代理権付与の審判（家庭裁判所）により，個別的に認められることになった（876条の4第1項）．ただし，被保佐人以外の者の請求によって代理権付与の審判をするには，本人の同意を要する（同条2項）．本人の意思（自己決定）が尊重されるわけである．

(ウ)　補助の場合

(i)　従来の準禁治産者の要件（心神耗弱）にはあてはまらないが，なお，サポートの必要な場合があるのではないか．すなわち，成年被後見人・被保佐人の要件には該当しないものの，「精神上の障害により事理を弁識する能力が不十分」な状態にある人の保護である．この段階では，成年被後見人・被保佐人に増して「自己決定の尊重」が必要となるが，本人保護との調整が課題となる．従来，これに該当する制度がなかったため，成年後見制度で創設されたのが，「補助類型」である．

(ii)　制度設計の基本とされたのは，通常の行為については「一応の」判断能力があるため，「高度の」判断を要する場合にだけ，本人保護のために介入するという考え方である(25)．この点は制度設計において具体化された．補助制度を利用するかどうかの場面では，本人の意思が尊重される．本人以外の者が補助開始の審判を請求した場合は，補助の開始について本人の同意が必要である（15条2項）．

(iii)　被補助人は，単独で有効な法律行為をすることができる．しかし，家庭裁判所は，「特定の法律行為」につき補助人の同意を得ることを要する旨の審判をすることができる（17条1項）．すなわち，補助開始の決定により補助人が付くが，これにより被補助人の行為能力が当然に制限されることになるのではない．被補助人の判断能力については場合を分けて考える必要がある．行為

(25)　四宮＝能見45頁．

能力を一律に制限することは妥当でないと考えられたのである．

(iv)　補助人の同意を要する行為につき，被補助人が同意を得ないとき，補助人には取消権がある（120条1項．被補助人にも取消権がある）．また，家庭裁判所は，補助人に「特定の法律行為」についての代理権をあたえることができる（876条の9）．

(6)　取消権の意義

(i)　以上の3類型を自己決定の尊重から見ると，保佐人および補助人に与えられる取消権の意義について考えておく必要がある．従来の制度では，準禁治産者が保佐人の同意を要する行為について保佐人の同意を得なかったとき，保佐人がこの行為を取り消すことができるかが問題とされた．旧法では，保佐人には同意権はあるが取消権はないと考えられていたため[26]，本人保護に十分でないとの批判がおこった．この点について，成年後見制度では保佐人に取消権が付与されたほか，補助人にも取消権が認められた（17条4項）．

(ii)　保護者に付与された取消権の役割をどのように考えるか．この点は，特に補助人にあてはまることであるが，補助人に取消権を与えることで本人の行為能力を制限することは，自己決定の尊重にそぐわない，との考え方がある[27]．被補助人は判断能力が「不十分」であるというだけであって，判断能力を「欠く常況にある」者ではない．自己決定の尊重は従来の制度には存在しなかったあらたな制度目的であり，この制度目的からみると，上記考え方には肯けるものがある[28]．

(iii)　なお，行為能力の制限によって取り消すことのできる行為は，「制限行為能力者又はその代理人，承継人若しくは同意をすることができる者に限り，取り消すことができる」（120条1項）．つまり，本人も取消権者に含まれることに注意しておきたい．取消しの効果は遡及的無効である（121条本文）．

また，成年後見人・保佐人・補助人が，被後見人等に代わって，その居住の

---

(26)　保佐人の追認権を肯定した判決として大判大正5年2月2日民録22輯210頁，保佐人の取消権を否定した大審院判決として大判大正11年6月2日民集1巻267頁（傍論）がある．保佐人の取消権に関わる重要文献として，広中俊雄「我妻民法学と反制定法的解釈」同『民法解釈方法に関する十二講』（有斐閣，1997）108頁がある．

(27)　四宮＝能見48頁．

(28)　民法の基本原則にはてはめると，権利の行使のあり方の問題として処理されることになる．権利濫用ないし信義則に関連する問題である．

用に供する建物またはその敷地について，売却・賃貸・賃貸借の解除または抵当権の設定その他これに準ずる処分をするには，家庭裁判所の許可を得なければならない（859条の3・876条の5第2項・876条の10第1項）．これは，成年後見人等による権限の濫用を防止し，生活の基盤である住居を確保するためである．

4　保護システムにおける運用のあり方

⑴　相手方の立場

㋐　保護システム　　保護システムとは，権利義務の主体になることは誰でもできるけれども，自分で積極的に法律関係を形成しようとするとき，行為能力を制限される場合がある，ということである．これはもちろん行為能力を制限すること，そのことに意義があるのではない．行為能力を制限することが本人のためになる．そばで黙ってみているだけではその人の大事な財産がなくなるかもしれない．つまり，本人の経済生活を保護するために行為能力が制限されるのである．

㋑　ルールの基本方針

（i）　では，本人がどのように保護されるのか．被保護者が単独でした法律行為（契約）は「取り消すことのできる行為」（120条）となる．このような性質をもつ契約は相手方からみると，どのように受け取られるであろうか．取り消されると，その契約ははじめから無効になる（その契約は一度も締結されることはなかったとの評価を受ける）．反対に，取り消されなかったとすると，その契約は100パーセント有効となり，契約をした目的が達成される．

相手方は「無」か「有」か，どちらに転ぶかは取消権者（制限行為能力者の側）の考え方しだいとなる．取消権者には生殺与奪の権利があたえられているのである．相手方の立場も考える必要はないのであろうか．

(ii)　もっとも，ここまでくると，逆に1つの疑問が生じるかもしれない．相手方Bは契約をする前に本人Aの能力について調査すれば分かるはずである．そのために公示制度が整備されているのではないか．未成年者については戸籍簿，それ以外の制限行為能力者については後見登記（後見登記ファイル）がある．あらかじめ注意しておけば後から心配する必要はないはずである．

(iii)　これはもっともな意見である．しかし，それでも相手方が調査しないで完全な能力者だと思って契約する場合もあるかもしれない．制限行為能力者にしても，いちいち調査されてはいやな思いをすることもあろう．相手方にしても，いちいち調査することの煩わしさを考えて，A を契約の相手として選択しないかもしれない．これは A にとっては契約社会からの締め出しを意味し，かえって不利益をあたえることにならないか．

契約には慎重でなければならないとしても，すみやかに話がまとまるのであれば，それにこしたことはない．「取り消すことのできる法律行為」においては取り消された場合のリスクを一方的に相手方の B に負担させるのではなく，それ相当の理由がある場合には，相手方の立場も配慮する必要がある．これが「制限行為能力者の相手方の保護」の問題である．

(iv)　民法は社会の基本法である．取引社会にあてはめると（民法は「人の法」であるとともに，「財産の法」である），取引というのは，「お互いさま」の世界である．相手方の立場を十分に考えて当事者が納得できる解決がなされる必要がある．これは1つのバランス論であるが，バランスをとるということは，民法の適用にとって重要な指導原理の1つである．

(ウ)　ルールの内容

(i)　では，民法は，どのようなバランスを考えているのであろうか．

制限行為能力者（旧法では行為無能力者）のすべてにあてはまるルールが設けられているのが注目される．未成年者，成年被後見人，被保佐人，被補助者で区別しないで，ひとまとめにしてあつかう．従来の「無能力者」の概念の廃棄にともない「制限行為能力者」のことばが登場するのは，相手方の保護の問題においてであった，ことも注目される．

どのようなルールかというと，

①　相手方の催告権，および

②　制限行為能力者の取消権の剝奪，という二つの手段が用意されている．

(ii)　催告権とは，契約が取り消されるのかそうでないのか，こういう状態がいつまでもつづくのは相手方Bとしてはたまったものではない．どちらにするのか速やかに態度決定してほしい．こういうことを催促できる権利のことである．すなわち，取り消すことのできる行為について，制限行為能力者側に対して，一定の期間を定めて，追認するか否かの確答を促すことができる権利である．

なお，取り消すことのできる行為は，取り消すまでは有効な行為とみなされるため，追認とは，「取消権の放棄」のことである[29]．

催告権の立法趣旨として，起草委員の説明が示唆的である．すなわち，制限行為能力者（旧法下では行為無能力者）と取引するものは，「多少不注意」であることはなきにしもあらずである．しかし，この者を「斯く久しき間不確定の位置」に置くのは「酷に失する」のきらいがある．のみならず「経済上頗る不得策」なことである(30)．

(iii)　ところで，「相手方の催告権」は，取消権を放棄するのかどうか早く決めてほしい．つまり制限行為能力者にボールを投げる話である．これに対して，「取消権の剥奪」は，制限行為能力者の対応はともかくとして，そのことはおかまいなしに，「取消権そのもの」を奪ってしまおうという解決策である．制限行為能力者が相当に非難に値することをしていなければ，このような解決策を認めることはできない．この点を考慮して，自分は能力者であると信じさせるために「詐術」を用いたときは，取消権を失うという強硬措置が採用された（21条）．

(エ)　ルールのつくり方

(i)　ルールの趣旨は以上のとおりであるが，具体的な内容についてもう少し触れておくことにしよう．ルールのつくり方について早い段階で馴染むことも，「民法の世界」（ここでは具体的なルールの仕組み）を知る手がかりとなるからである．

相手方の催告権（20条）であるが，頭が痛くなりそうな規定である．このような規定に接すると，民法はむずかしい，と先入観を与えることになるかもしれない．それを乗りこえると，視界は無限に広がる．社会の基本法として，民法はローマ法にはじまる2000年を超える遺産を背負ってきたのである．

(ii)　20条は比較的詳しい規定であるが，決して複雑な規定ではない．ルールのすじは，むしろ明解で，なるほどということが分かる．すみやかに態度決定してほしいとAに促す．こういうときに返事がこないとき，承諾したものとしてあつかうのか，それとも拒絶したものとしてあつかわれるのか．このような問題があつかわれているのであり，この観点から20条をみると，同条から示唆深いものを垣間見ることができる．つまり，ここにあるルールは，日常生活でも参考になることがらをあつかっているのである．

---

(29)　122条参照．

(30)　梅・要義51頁．

(iii)　1項ではどうか．これは制限行為能力者が行為能力者（行為能力の制限を受けない者をいう）となった後で（未成年者は成年に達し，被後見人らは能力を回復した後），催告する場合に関する規定である．1カ月以上の期間内に確答を求める．とくに返答がないときは，法律上は追認したものとしてあつかう．

なぜ，このような規定がつくられたのか．制限行為能力者がすでに能力者となっている．自分で一人前に返答することができる（はずである）．だから返答しないのは，追認があったものとして，契約を有効なものとしてあつかってよいのだ．このようにしても，制限行為能力者が不利益を被ることはない．このような判断にもとづいて規定されているのが1項である．

(iv)　2項は，制限行為能力者その人ではなく，その保護者に対して催告する場合である．1項と同様，返答がないときは，その行為を追認したものとしてあつかわれる．1項・2項に共通するのは，「取り消すことができるのに確答期間内に取り消さないのは追認した（有効なまま確定させる．取消権を放棄した）と扱ってよい」ということである．

そうすると，催告の受領者が自分の一存では返答できないときは，返答しないからといってその者が不利益になるようなあつかいをすべきでないことになろう．このような場合は逆に働き，その契約は取り消したものとみなされる．

(v)　3項・4項はこのような場合をあつかう．すなわち，特別の方式を要する行為については（後見監督人の同意を要する行為について催告した場合），前2項の期間内に「その方式を具備した旨の通知を発しないときは，その行為を取り消したものとみなす」（3項）．また，被保佐人または被補助人（17条1項の審判を受けた者）に対しては，1項の期間内に「その保佐人の又は補助人の追認を得るべき旨の催告をすることができる」．この場合において「その被保佐人又は被補助人がその期間内にその追認を得た旨の通知を発しないときは，その行為を取り消したものとみなす」．

(vi)　これは一例であるが，当該の規定を以上のように読み込むと，民法のルールに対する近しさを感じることができよう．20条は常識にかなうルールである．立法時のエピソードを取り上げてみる．

同条の起草にあたりいちばん議論されたのは催告期間の長短であった．「1箇月以上の期間」を定めてその期間内に返答を求める．当初原案は2週日以上とあった．それでは「余り短か過ぎはせんか」との意見が出たため，「1カ月以上」の修正案が出た．西園寺公望（議長）によると，「一体日本人の癖として実際短いと斯う短うてはと苦情を云ふやうだが，余り長いと却て熟考をしない」[31]．

これはなかなか味わい深いことばではある．議論は二転三転する．最終的には修正案が採択された．2週間というのは短縮に過ぎないかというのがその理由である[32]．

⑵　**取消権の剝奪**（21条）

（i）制限行為能力者が，自分を行為能力者であると信じさせるために詐術を用いたときは，その行為を取り消すことができない．取消権が剝奪されるわけであるが，このようなサンクションが加えられる理由はどこにあるのであろうか．

起草者見解（梅委員）によると，詐術を用いることは不法行為にあたる（709条参照）．損害を被った者は相手方に損害賠償を請求することができる．この理は当然のことであり，明文の規定を要しない．

しかし，損害賠償は被害者の受けた一切の損害を金銭に見積もることである．これでは被害者は十分の救済を受けることはできないのではないか．梅委員によると，無能力者（制限行為能力者）の詐術によって生ずる損害は結局のところ（「畢竟」），法律行為の取消しによって生ずる損害である．そうであれば，この損害の根を絶つために無能力者をして当該行為の取消しができないようにすると，相手方は必ず十分な救済を得ることができる（はずである）[33]．

（ii）詐術については，能力を偽る場合（年齢を偽る）と，親の同意を得ているとして，同意の有無を偽る場合とがある．規定があるのは前者であるが，後者を区別する格別の理由は見あたらない．前者に準ずるあつかいが妥当と思われる[34]．

いかなる行為が詐術にあたるか．従来の基準をまとめた，さらなる発展のための枠組みが判例により提示された（最判昭和44年2月13日民集23巻2号291

---

(31)　西園寺公望，政治家．議長を務めていた．民法主査会議事速記録314頁（日本近代立法資料叢書13）．

(32)　同委員においては，どうしても2週日でなければならないという理由はけっしてない．余り長くてはいけないのは，関係者のことを考えてのことである，との趣旨の発言がある．前注同頁．取引の安全は民法の基本原則として梅が力説していたところである．

(33)　梅・要義54〜55頁．

(34)　両者を区別する理由はないことにつき，大判明治37年6月16日民録10輯940頁，大判大正12年8月2日民集2巻577頁．

頁)[35].

この事件は旧法下で起こったものである．準禁治産者A（知能程度が低く，浪費癖があったとされる）による農地売買（110坪）のケースであるが，保佐人の同意を得ていなかったとして，売買が取り消されたのである．準禁治産者であることを黙秘していたため，黙秘も詐術にあたるかが問題となった[36].

(iii)　黙秘といっても，どのような状況であれば，黙秘とされるのであろうか．さらに，どのような黙秘であれば，詐術にあたるのであろうか．

本件では，売買契約におけるAの関与の程度が問題となった．代金額の決定，登記関係書類の作成，知事への許可申請（農地売買では必要）などの場面である．仲買人から「畑（本件土地）は奥さんも作っているのに相談しなくてもよいか」と問われたとき，「自分のものを自分で売るのに何故妻に遠慮がいるか」と応じたとされる．

(iv)　詐術の内容について，同最判によると，

①　詐術とは，「無能力者［制限行為能力者］が能力者であることを誤信させるために，相手方に対し積極的術策を用いた場合」に限られず，

②　「無能力者が，ふつうに人を欺くに足りる言動を用いて相手方の誤信を誘発し，または誤信を強めた場合」をも包含する[37].

このうち，②が詐術に取り込まれたことにより，詐術の意味内容（ルールの解釈）に，新しい展開がもたらされた．取引の安全の方向に振り子が傾いた．すなわち，行為無能力者制度（制限行為能力者制度）においても，相手方の信頼はまもられなければならないとの視点である（信頼の保護）．

(v)　この視点が重要視されると，無能力者であることを黙っていたときどうなるか．これも詐術にあたるのか，が問われるのは時間の問題であった．

しかし，これを全面的に認めると，どういうことになるか．本件原審判決の考え方は的を射たものである．「無能力者が同意を得ずして法律行為をなす場合，相手方に自己が無能力者であることを黙秘するのは，むしろ当然のことで，いわば世間普通の状態であり，もし単なる黙秘が詐術となるとすれば，無能力者であることを善意の第三者に対抗しえないというのとほとんど同じ結果

(35)　『判百Ⅰ』（第6版）6事件（新井誠）．

(36)　旧法下では浪費者は準禁治産者とされていた．

(37)　大判昭和8年1月31日民集12巻24頁では，「自分は相当の資産信用を有するを以て安心して取引せられ度き」と述べたことが問題とされた．

になり，無能力者を保護するために取消権を与えた法の精神を全く滅却するに至る」とされる．

(vi)　この点についての最高裁の対応は以下のようなものであった．

「[②が包含されるのであるから] 無能力者であることを黙秘していた場合でも，それが無能力者の他の言動などと相俟って，相手方を誤信させ，または誤信を強めたものと認められるときは，なお，詐術に当たるというべきであるが，単に無能力者であることを黙秘していたことの一事をもって，右にいう詐術に当たるとするのは相当ではない．……そして，詐術に当たるとするためには，無能力者が能力者であることを信じさせる目的をもってしたことを要すると解すべきであるが，所論Xが黙秘していたことから，同人に自己が能力者であることを信じさせる目的があったと認めなければならないものではない」．

(vii)　これによると，黙秘していたことのほかに，相手方を信じせる目的があったかどうかが重要となる．これは時と場所によっては黙っていることが詐術を用いたことになる場合もある，ということである(38)．上記の目的は主観的な意思の態様として，無能力者の他の言動などとの関連で判断されることになる．ここにあるのは，無能力者の黙秘といっても，それだけで相手方を画一的に保護するのは妥当でない．具体的状況に応じた保護のあり方を講じる必要があるという考え方である．信頼の保護といっても，そこにはおのずから限度があるといわなければならない．

5　三層構造との関連

三層構造に照らすと最高裁判決は現実問題対応型判断（第1段階）にもとづくといえるが，最判の基準を超えるためには，制限行為能力者の制度目的が改めて問われざるをえない．特に成年後見制度の導入により，問題解決のアプローチが転換することになるのかどうか．保護と自律（自立）の調整をどのようにはかるか，これは第2，第3段階の問題である．

6　制限行為能力者制度の課題

制限行為能力者制度とは，本人の行為能力を制限し，保護者を付けるという

---

(38)　石田71頁．したがって，判例は，未成年者が契約をするとき，自分は未成年者です，と述べることを求めているわけではない．

制度である．しかし，契約は本人の意思表示により行われる，という基本原則に立つと，①判断能力が劣る者であっても，意思表示を自分で行ってよい場合があるとともに，②本人の意思表示を問題とする必要のない場合もあるであろう．このうち，①に該当するのは生活必需品契約であるが（9条ただし書参照），②については，このような問題をあつかう法理として，社会類型的（典型的）行為ないし事実的契約論とよばれる考え方がある．

交通機関の利用や自動販売機での購入など取引の安全がとくに必要な一定の行為類型では，行為能力を問うことが妥当でないのではないか．当該行為を行ったこと，そのことによって法的拘束力が生ずると考えることはできないか，ということである．意思主義に反するとの考え方もあるが，この法理を認めないと，制限行為能力者が不利益を被る事態も生じる．社会類型的行為については，原則，例外の関係として，原則として法的拘束力を認める．社会生活を円滑に営むために許容されるべきことである(39)．

第4節　住　　所

1　住所規定の意義

権利能力・行為能力（意思能力）は権利義務の主体としての「人」の，取引社会における活動の基礎にかかわる問題である．きわめて抽象度の高い概念で取引社会のメカニズムが説明されるわけであるが（民法の仕組みの出発点にあたる），その一方で，取引主体としては，人は事実として，どこかに住んでいる具体的な存在である．

どこに住んでいるのかが住所の問題である．住所を基準として，法律関係が処理される場合がある．その点で，住所規定は，実際には大変，重要な意義をもつ．

たとえば，お金を借りたとき，どこに行って支払えばよいか．合意があればよいが，それがない場合である．この点については，民法に規定がある．弁済は債権者の現在の住所においてすることを要する（484条）．

(39)　この問題については，須永醇「いわゆる事実的契約関係と行為能力」熊本法学創刊号1頁（1964），五十川直行「いわゆる『事実的契約関係理論』について」法協100巻6号1102頁（1983）．

2　住所を決定する基準

(1)　民法の規定

民法は，この点について，きわめて簡単な規定を用意する．

すなわち，住所とは，各人の「生活の本拠」である（22条）．住所が知れない場合は，「居所」が住所とみなされる（23条）*．

＊「居所」を訓読みして，「いどころ」と読めば，まさに人の居るところ，としてたちまちにして具体的イメージを喚起するが，本文にあるのは法律用語としての「居所」（きょしょ）である．

(2)　形式主義と実質主義

ところで，住所の定め方については，①形式主義（旧民法）と②実質主義（現行民法）がある．①では，住所は原則として本籍地であるが，②によると，各人の生活関係の中心をなしている場所，すなわち生活の本拠が住所となる．実質主義の採択について，本籍は有名無実に化している場合が多いことがあげられているが（法律上の生活を行う地と同じでない），住所と居所を分けたことについては，起草者見解（梅委員）が示唆的である．すなわち，――

「住所は普通の言葉で居所である，しかしながらその居所がその人の生活して居る中心と言つて宜いと思ふ．住む所が其処が本家，それから外へ出張して居る所があるとも出張所は居所である．それで本と［原文ママ］の方が住所であってそれを生活の本拠と云う．たとえばある人が番町に家を持ってそこで通常生活して居る．ところがその人は何にか商売の都合で日本橋に居ってそこで商売をして居る，このような人は日本橋の方が居所であって番町の方が住所である」(40)．

3　住所規定の問題点

(1)　なぜ概括的な規定であるのか

(i)　住所規定が重要であるとして，民法では何故，概括的な定義規定（それもトウトロジー的規定）しか置かれなかったのか．もっと具体的な基準を設定するほうが有用ではなかったのか．これは理論的には興味深い問題である(41)．

この点については，前提として，住所規定をめぐる一応の説明が必要である．

(40)　梅謙次郎・民法主査会議事速記録319頁（日本近代立法資料叢書13）．
(41)　この点については，米倉146頁以下参照．

「生活の本拠」といえるためには，問題の場所がその人の生活関係の中心となっている（定住しているなど）ことで足りるのか（客観主義），それとも，そのような客観的な事実に加えて，その場所を「生活の本拠」とする意思（定住の意思など）があることを要するか（意思主義）.

住所の認定に本人の意思を決め手にすると，相手方が困りはしないか．前述の弁済の場所のことを考えてみよう．債務者が（客観的事情にもとづいて）判断したところと別の場所を債権者が住所とする意思があったときはどうなるか．意思の有無は外部からは分からないものである．この点を考慮すると債務者に余計なリスクを負わせないためにも，客観説が妥当だということになる．

(ii)　それでは住所は単数か複数か．つまり住所は1つしかないと考えるのか，それともそのように限定的に考える必要はないのかである．なぜこういう問題が生じるかというと，住所複数説は，住所を「生活の本拠」とする定義規定に矛盾するのではとの疑問が起こるからである．

本籍，本店が必ず1個に限られるのと同じく，「生活の本拠」も2個あることはないのではないか（梅起草委員）．つまり本拠という以上は，2つあるとは考えられないのではないかということである．この点はたしかに理論的にはそのとおりであろう．しかし，現代では生活関係が複雑化しているため，「生活の本拠」を1つに限る必要はないと考えられる．

たとえば，東京の本社に勤めていた人が札幌に単身赴任したとする．札幌は社会的活動を行う生活面での本拠であるが，東京は，親族・相続関係の拠点である．権利能力・行為能力が取引社会の仕組みを説明する抽象的概念であるのに対して，住所は，具体的な取引主体として，人は事実として，どこかに住んでいる，ということを出発点とする規定である．社会・経済生活の仕組みをつくることが民法の役割であるとすると，住所の規定もこの役割に対応するものであることが必要である．問題となる法律関係に対応して，住所を定めることは，民法の役割にもかなうことである（住所複数説〔法律関係基準説〕）.

(2)　判例の考え方

(i)　この問題をあつかった判例に最(大)判昭和29年10月20日民集8巻10号1907頁（茨城大学学生寮事件）がある．公職選挙法上の住所（住所地に選挙権がある）に関する事件であるが，学生の選挙権について，（選挙法上の）住所は学生寮にある（学資は親元からの送金によっていた），としたものである．

(ii)　この結論は妥当であるとしても，これをどのように説明することができるか．素直に考えると，住所複数説をとったといえるが，これは公職選挙法の解釈の問題としてこうなったというだけで，民法上の問題として，住所は複数あってよいか，との考えをとるものではないとの理解も可能である．

この点は民法の定義規定は民法上の問題のみを念頭において規定されているのかどうかという問題に関連する．他の法分野で問題となる住所もこの定義規定が適用されるとすると，判例は住所複数説にたつと理解してかまわないことになる．しかし，そうであるとすると，他の法領域にもかかわる問題がなぜ民法に規定されたのか，ということも考えておかなくてはならない．

⑶ 住所規定と民法（学）

（i） ここまでくると，「住所」の概念には，理論的には興味深い問題が秘められていることがわかる．住所を基準として処理される法律問題は，民法よりも他の法領域に多い（とくに行政法）．それでは，なぜ，住所の定義規定が民法に置かれたのであろうか．しかもその定義たるや非常に漠然としたものである．

(ii) この点，民法学（私法学）が一般法学としての役割をになっていたことに関連づける考え方がある[42]．かつては，法学とは民法学のことであった．歴史的には，パンデクテン法学はそのような役割をになうものであったが，わが国の民法で採用された編成方式はそのパンデクテン・システムであることが想起される．

これによると，住所規定はパンデクテン法学の遺産を受け継いだ帰結と考えられるのである．他の法領域にまたがる問題が民法に規定されたのは，民法を法（律）学の中心に据える考え方がかつて存在したことがあるからである．そうすると，定義規定が漠然としているのは，そのほうが多様の問題を包摂しうるからである，と考えることもできる．

⑷ 住所規定の役割

以上は，住所規定の民法上の位置づけである[43]．しかし，住所の問題を，住所はどのような場面で問題となるのか，住所の役割を機能的に把握すると，各法領域はその目的に応じて固有の「住所」概念を形成すればよいのであって，民法で定義規定を設けた意義はあまりない，ことになる．住所複数説に立つ

⑿ 川島武宜「民法体系における『住所』規定の地位」同『民法解釈学の諸問題』（弘文堂，1949）227 頁以下．

⒀ 住所規定は「法の一般原則」が民法に規定されたものである．

と，このような帰結が導かれる[44].

一見きわめて簡単と思える規定にも，歴史的な背景があるのである．民法の発展はそのような遺産に支えられつつ，あらたな役割を見出すことにある．「住所」規定が投げかける問題は少なくない．

第5節　失踪宣告その他

1　権利能力の終期に関連する問題

自然人の権利能力は死亡により消滅する．死亡の証明が困難な場合に対処する制度として，認定死亡，同時死亡の推定（32条の2）および失踪宣告（30条）がある．このうち，失踪宣告は不在者の財産管理に関連するため，以下ではまず失踪宣告を取り上げる．

2　失踪宣告 ── 不在者の財産管理と失踪宣告

たとえば，ある人が借金に追われて家出したとする．あとに残した家族や財産はどうなるか．財産については，財産管理人をおいているときは，問題がないが，通常はそうではないであろう．財産を放置しておくことは本人にとっても，利害関係人にとっても不都合なことである．隣人にとって，迷惑なことでもあろう．

「不在者」（25条1項参照）に関する法律問題を規律するため，「不在者の財産管理」（不在者制度）と「失踪宣告」の2つの制度が設けられた．

失踪宣告があると，一定期間生死不明の不在者は死亡したのと同じあつかいがなされることになる．不在者の財産は相続財産となり，残された配偶者の再婚が可能となる．

(1)　**不在者の財産管理**

(ア)　不 在 者

(i)　不在者とは，「従来の住所又は居所を去った者」である（25条1項）．文理上は明確であるが，住所・居所を去って「容易に帰る見込みのない者」，として絞りをかけるのが通説的理解である．どちらを取るかは，不在者制度の制度趣旨にかかわる問題である．この制度は放置されたままの財産の管理にあるとすると，「容易に帰ってくる見込みがある」のであれば，「不在者」としてあ

---

(44)　そこで行われるのは規定の趣旨（特に行政関係で問題となる）をどのように解するかの判断であって，三層構造にあてはめると，現実問題対応型判断（第1段階）にあたる．

つかうまでもないことになる(45).

生死不明の不在者も失踪宣告がなされるまでは,「不在者」としてあつかわれる.すなわち,不在者制度は本人はまだ生存しているものとしてあつかわれるのに対して,失踪宣告では本人は死亡したものとしてあつかわれ,それにもとづくあらたな法律関係が開始する.この点を素直に受けとると,民法では2つの異なる制度が同じ箇所に規律されていることになる(46).

(ii)「不在者」の財産管理については,財産管理人がおかれている場合と,財産管理人がおかれていない場合に分けられる.前者については,不在者本人の意思を尊重しなければならないため,格別の問題は生じない.管理人の権限・職務は本人との間の契約(通常は委任契約)によって定まる.ただし,不在者の生死が明らかでないときは,家庭裁判所は利害関係人・検察官の請求により,管理人を「改任」することができる(26条).ここにあるのは国の関与はできるだけ控えるとの考え方である.

(イ)　財産管理人がおかれていない場合

(i)　家庭裁判所は利害関係人・検察官の請求によって,その不在者の財産管理について必要な処分を命ずることができる(25条1項).利害関係人とは,不在者の財産保全について法律上の利害関係を有する者である(たとえば推定相続人).

ところで,後述のとおり,「失踪宣告」の場合は,失踪宣告を請求できる者の範囲は「利害関係人」に限られ,「検察官」は含まれていない(30条1項).財産管理人の選任の場合と異なるあつかいがされていることに注意しておきたい.

この問題は起草者見解(梅委員)においても「余程」迷った問題であった.失踪宣告の場合は検察官を入れるだけの「十分な理由」が見つからなかった,とされる.

(ii)　以下の説明にはうなずけるものがある.すなわち,ある人間が死亡したとして利益があるというときは,必ず利害関係人がいる.その利害関係人が申し出るのを待てばよい.その者が請求して出ないならば,うっちゃっておいてよいのだ.たとえば,子があとにいてその財産を管理している場合であれば,

(45)　以上については,米倉162頁参照.
(46)　第4節の表題参照(25条から32条まで).

失踪の宣告をしなくても自分の親の財産であるから，いくら遅くなっても親が返ってくるほうを望んでいるであろう．また，失踪宣告を受けるのは，「縁起でも無い事」である．

まだ死んだかどうか分からない者を「死んだ者」と裁判所が「極める」ことを望まない者もあるだろう．それを検察官がもう10年（現行法では7年〔30条1項〕）たったから失踪宣告を認めるというのは，「穏やかでない」．「是は余程考慮した上で矢張り無い方が宜いと思って入れなかったのであります」(47)．

⑽　管理人の地位　　管理人の改任（26条），管理人の職務（27条），管理人の権限（28条），管理人の担保請求および報酬（29条）についての定めがある．

⑵　失踪宣告

㈠　失踪宣告とは

（i）　不在者の財産を管理するといっても，不在者は死亡したわけではないので，いろいろな問題が生じる．残存配偶者は再婚できないし(48)，相続も開始されないため，不在者の財産を処分することもできない．生活に困る場合も生じるであろう．

不在者のうち生死不明の状態が一定期間継続している者について，失踪宣告という制度が設けられた．失踪宣告がなされると，本人は死亡したものとみなされる（31条）．あるいは生きているかもしれない．しかし，とにかく法律上はひとまず区切りをつけるということであり（擬制主義），死亡が推定される，というのとは異なる(49)．

(ii)　生死不明の状態が一定期間継続していることが要件であるが，この要件については普通失踪と特別失踪に分けられている．

①　普通失踪（30条1項）とは，生死不明の状態が7年間つづく場合である．

②　特別失踪（30条2項）とは，戦争や船の沈没などで死体が確認できなかったときに適用される制度である．同項によると，危難が去った後1年間生死が明らかでないときも，①と同様に失踪の宣告をすることができ

(47)　以上の経緯については，米倉163〜164頁参照．

(48)　なお，770条1項3号により，配偶者が3年以上生死不明であれば裁判上の離婚が可能．ただし，相続はできない．

(49)　「推定」は反証をあげてくつがえすことができるが，みなし規定ではそれが許されない．両者の間には決定的な違いがある．

る[50].

(iii)　失踪宣告があると，不在者本人は死亡したものとしてあつかわれるため，これを前提して法律関係が処理される．ただし，これは従来の住所地における法律関係にとどまり，他の土地で生存・生活しているとき，当該地における法律関係には影響をあたえない．この点は注意を要するところである．

(イ)　失踪宣告の取消し

(i)　失踪宣告は，法律上，死亡したものとしてあつかう特別の制度であるが，現実には，生存していたこと，または，死亡したとしても失踪宣告の効力の生じる時と異なる時に死亡したとの証拠が出てくることもある．このときは，家庭裁判所は，本人又は利害関係人の請求により失踪の宣告を取り消さなければならない（32条1項）．死亡が擬制されているため，その効果を取り消すために特別の手続が求められるのである．

(ii)　失踪宣告の取消しがなぜ必要とされるのか．この点については，失踪宣告の効力と比較して考えてみよう．A男とB女の婚姻中に，Aが行方不明になったとしよう．ABには，CとDの2人の子がいたとする．

生死不明の状態が一定期間以上継続すると，利害関係人の請求により，家庭裁判所は，失踪宣告をなすことができる．そうすると，Aは，普通失踪では，生存が証明された最後の時から「7年間」の期間が満了した時，特別失踪（危難失踪）では「危難の去った時」に，死亡したものとみなされる（31条）．

Aが死亡したものとしてあつかわれると，利害関係者にどのような変化が生じるか．まず，失踪者の財産について，相続が開始される（882条）．妻Bは2分の1，子が2人いるとして，2分の1の半分，すなわち，Cについては，4分の1を相続する．これにもとづいて，遺産分割の結果，CがAの甲家屋を相続したとすると，Cはその家屋の所有者になる．

また，妻BについてはAが死亡したことにより，A・B間の婚姻は解消され，BはE男と再婚可能になる．Eと再婚しても重婚禁止の規定に触れることはない（732条）．

このように，不安定な状況がつづいていた利害関係者の立場は，失踪宣告に

---

(50)　なお，①と②の順番について当初原案では②が1項におかれていた．ところが，②は特別の危難に遭遇したときの例外規定であるとの修正意見が出たため（短い期間で請求することができるのはそのためである），①を原則規定として1項に規定することに改められた．これが現行規定である．法文の書き方についての興味あるエピソードである．

よって区切りをつけることができる．ここに現出されるのは「法律の世界」そのものである．

(iii)　では，Ａが死亡していなかったとすると，どうなるか．関係者（のこころ）は揺れ動くことになるかもしれない．財産関係では，ルールがあるとルール通りに適用されるのが合理的でもあるが，家族は人と人とのつながりであるから，家族関係では，ルールの形式的な適用によるのみでは，割り切れない問題が生じることもあるであろう（いわば「法律の世界」から「文学の世界」のはじまりでもある）．

残存配偶者が再婚していた場合は深刻である．生きているとは露知らなかった．思いもつかない事態になったとき，法はどのような解決方法を用意することができるか．これが失踪宣告の取消しである．

(ウ)　取消しの効果

(i)　取消しによって失踪宣告は，はじめからなかったことになる．相続は開始せず，婚姻の解消はなかったことになる．失踪宣告にもとづいてあらたに構築された法律関係が覆される．取消しが制度的措置として認められているため，当然のことであるが，利害関係者の立場も配慮される必要がある（32 条 1 項参照）．

民法で手当てされるべき要点はこの点にある．これには財産法上の問題と家族法上の問題がある．

(ii)　失踪宣告によって財産を得た者は，取消しにより権利を失うことになる．しかし，当該財産については，「現に利益を受けている限度においてのみ」返還する義務を負う（現存利益）（32 条 2 項）．これは主として，相続人を想定した規定である．取得した財産が破損していれば，破損したままの状態で返還すればたりる．これは不当利得による返還義務にあたるが，善意（ある事実を知らないこと．失踪者の生存または異時死亡の事実）・悪意（ある事実を知っていること）により区別されていないことに注意を要する（703 条・704 条参照）．

(iii)　善意取得者の保護（32 条 1 項後段）　　失踪宣告が取り消されると，失踪宣告にもとづいて形成された法律関係が覆される．説例では，相続は開始しないことになるため，ＣはＡの財産を取得することができない．Ｃは無権利者となり，ＣからＤが譲り受けていたとしても，Ｄは所有権を取得することはできない．しかし，それではＤが不測の損失を被ることになる．そこで，Ｄを保護するため，ＤがＣから「善意」で取得したのであれば，Ｄはその目的物の所有権を取得する．この場合の「善意」については，ＣＤの両当事者に必要とされるとする考え方と（判例〔大判昭和13年2月7日民集17巻59頁〕・通説）と，Ｄのみで足りるとする考え方がある（有力説）．失踪者の保護か取引安全の保護か，選択の問題であるが，これは失踪宣告の制度目的に係わる問題でもある．

(エ)　配偶者の立場

(i)　ところで，失踪宣告が取り消されると，他方配偶者Ｂの立場はどうなるのであろうか．

Ｂは E と再婚し，生活も安定していたとしよう．そこに突然Ａがあらわれ，失踪宣告が取り消されたとする．失踪宣告が取り消されると，失踪宣告を原因とする法律関係の変動は生じなかったことになるため，Ａの死亡を原因とするＡ・Ｂ間の婚姻の解消はなかったことになる．そうすると，ＡＢはもとの婚姻関係に戻ることになるのであろうか．そうであれば，現に存在するＢ・Ｅ間の婚姻はどうなるであろうか．

(ii)　Ａ・Ｂ間の婚姻を「前婚」，Ｂ・Ｅ間の婚姻を「後婚」とよんで，この問題を考えてみよう(51)．まず，このような問題を考えるルールは民法にあるであろうか．通説はこれを肯定する．財産関係の問題を処理するために適用したと同じルール（32条1項）を適用すべきだ，とされるのである．

これによると，ＣＤ間の譲渡と同じに考えることになるから，

①　双方善意の後婚の場合は，後婚を認めることになる．すなわち，前婚の復活は否定される（新婚姻の効果のみを認める）．

②　反対に，後婚が悪意の場合．前婚は復活する．そして後婚は現に存在しているわけであるから，前婚と後婚の重婚関係を生じる，と考える．

(iii)　以上のとおり，通説は一見，明快で，疑問の余地のない結論が導かれているように思われる．しかし，当事者の立場にたって考えると，必ずしも妥当ではないようにもみえる．

この考え方は以下の点を問題とする．すなわち，善意の後婚の場合は，失踪宣告が事実に反することを知らないで再婚した場合であるから，失踪配偶者が現に生きていることを知っていれば他方配偶者は再婚しなかったかもしれないのである．つまり，通説に従うと，前婚復活の希望が考えられる場合に画一的

(51)　以下の問題提起については，遠藤浩＝川井健＝西原道雄編『演習民法（総則物権）』（青林書院，1971）48頁以下参照（山畠正男）．

にこれを否定するという結論をもたらすことになる．

反対に悪意後婚の場合は，失踪者が現に生きていることを知っているのに再婚をしたわけであるから，この場合には前婚の復活を後婚の当事者は望んでいない場合である．しかし，通説によると，当事者の意向とは反対に前婚復活を認めるという不合理な結果を承認することにならないか．

(iv)　これは妥当な結論であろうか．当事者の立場が十分に配慮されていないともいえる．この点を考慮すると，32条1項の適用から離れ，別の視点を設定することが考えられる．すなわち，──

①　1つの考え方は，重婚の成立が望ましくないことは当然としても，当事者の善意悪意にかかわらず，前婚・後婚の選択可能性を認めることである．あとの問題は関係当事者間の離婚の効果として合理的に処理すればよいと考えることもできる．これによると，どちらの婚姻を存続させるかは，当事者の判断にゆだねられる(52)．

②　もう1つの考え方は，常に後婚を有効とすべきで，あとは慰謝料・財産分与の問題として処理すべきとするものである(53)．これは後婚の当事者が悪意であったとしても，（長期間の不在があった）前婚の復活を認め，現に生活している後婚をなかったものとするのは妥当でない，との判断によるものである．

①と②を比較すると，①では，どちらを取るかは当事者の選択にまかされる点に特色がある．これは32条1項適用否定説の趣旨を具体的な形でまとめたものとして，理論的には首尾一貫した考え方である．

(v)　反論のむずかしい提案であるが，しかし，翻って考えてみると，①で求められている判断は，当事者にとっては，なかなかにむずかしい判断である．この種の問題について割りきった判断を求めることは，当事者を苦境に追い込むことにならないか．当事者が決められないからこそ，法律において決めておく必要があるのではないか．その点では，②は現実的な判断にもとづくものであり，このような判断にも相当の理由のあることは確かである．

(オ)　失踪宣告制度の課題

(i)　以上は，失踪宣告取消しの場面にたまたま現出した問題であるとして

(52)　遠藤ほか編・前掲注(51)52頁（山畠）．

(53)　内田99頁．

も，ここから分かることは財産法上の問題と家族法上の問題は，紛争解決のあり方に違いがあるということである．家族法では財産法の論理がそのまま貫徹されるわけではない．家族法には家族法に固有の解決方法があり，32条1項の適用は，家族法にはあてはまらないのではないか．すなわち，ここでは，家族法に固有のルールがつくられるべきであるが，家族法が「人の法」として位置づけられると，「財産の法」との役割の分担が明確となり，本件のような問題についての立ち位置を確立することができよう．

(ii)　三層構造にあてはめると，32条1項適用説は，現実問題対応型判断（第1段階）によるものと位置づけることができる．しかし，失踪宣告の中には，「財産の法」として処理できない問題も含まれている．「人の法」として処理されなければならない場合があるということであり，この点を明確にすることが失踪宣告制度の課題である．そのための基礎理論（第2段階）および制度的基礎（第3段階）の確立が求められる．失踪宣告は，それだけの検討に値する重要な制度である[54]．

3　同時死亡の推定と「認定死亡」

(1)　同時死亡の推定

(i)　津波や豪雨による山崩れなどによって数人の者が死亡した場合，死亡の前後がわからないと，相続をめぐり混乱が生じる．だれが先に死亡したかによって相続の順位や相続分が変わってくるのである．関係者にとっては重大な関心事であるといわなければならない．ルールがなければ不公平な事態が生じかねない．

(ii)　相続人間の公平を図る必要があるが，この点について，1962年に民法の改正があり，同時死亡の推定規定（32条の2）が追加された．同時死亡の推定とは，死亡の前後について立証のないときは，数人の者が同時に死亡したも

(54)　なお，婚姻については当事者の意思を尊重すべきであるとすると，32条1項の適用はない．常に後婚のみが有効となる．この立場を前提として，失踪者Aが生存していることがわかった場合には後婚については離婚できるとすべきである，との考え方もある．四宮＝能見75頁．770条1項5号「婚姻を継続し難い重大な事由」にあたる．これは前婚を無条件に保護するのではなく，後婚を一定の範囲で保護する考えに立つものである．「人の世界」と「法の世界」の接点にある問題として興味つきないが，この点に関する論考として河上正二「『イーノック・アーデン』考 —— 失踪宣告の取消と婚姻」星野古稀『日本民法学の形成と課題上』（有斐閣，1996）81頁がある．

のとしてあつかう，ということである．このルールによると，本来であれば相続人と被相続人の関係にある者の間でも相続は起こらないことになる．なお，この規定の適用範囲は，数人の者が同じ事故で死亡したという場合に限られていない．一方は航空機の墜落により，他方は船の沈没により死亡したときでも，死亡の前後が明らかでない場合は，本条の適用がある(55)．

⑵ 「認定死亡」の制度

(i) 人が死亡したとき，戸籍の記載は診断書または屍体検案書の添付を必要とする（戸 86 条1項）．しかし，船の沈没や火災などにより死者が出たときでも，当の本人の死体の確認ができないときはどうなるか．失効宣告があれば問題は生じないが，それまで待てということを強いることはできない．この事態を処理するための制度が「認定死亡」である．すなわち，死亡の蓋然性がきわめて高い場合に，死亡したことにする，というあつかいを認める制度である（戸 89 条．取調べにあたった官庁・公署は死亡の認定をして死亡地の市町村長に死亡の報告をしなければならない）．

(ii) 生存していたことが証明されると戸籍の記載が訂正されるため，失踪宣告が取り消された場合と同様の問題がおこる．この点について，失踪宣告には善意者の保護を図る規定（32 条１項後段・２項）がある．失踪宣告の場合と「認定死亡」の場合は利害状況が類似しているため，失踪宣告に関する規定の類推適用を認める考え方がある（通説）．

---

(55) 先駆的な研究として，加藤一郎「同時死亡の推定」法協 75 巻４号 391 頁（1958）（同『民法における論理と利益衡量』所収）．

第3章　法人の役割
── 法人の一般法としての民法

第1節　法人の意義

1　社団法人と財団法人

(i)　法人とは，自然人以外のものに法人格が認められる場合の総称である．これには私法人と公法人があるが，民法が対象とする法人（私法人）には，社団法人と財団法人がある[(1)]．

社団法人は，「人の団体」に法人格があたえられた場合であるが，財団法人は，「人の財産（の集合体）」に法人格を認めたものである．財団法人では財産が主体となるため，社団法人の構成員（社員）にあたるものは存在しない．社団法人では，最高の意思決定機関は社員総会であるのと異なるところである．

(ii)　人の「団体」や「財産」に法人格が認められると，法人の名において契約を締結し，権利を取得することができる．法人にとっては便利な制度であるが，法人が他人に損害をあたえると，法人自体が損害賠償請求訴訟の被告となる．法人格を取得し，権利義務の主体となることは，権利の取得とともに，義務の主体にもなりうることを意味する．この点において自然人の場合と変わるところはない．

2　法人の目的 ── 一般法人と営利法人

(1)　法人法定主義

法人は，民法その他の法律の規定によらなければ，成立することができない（33条1項）．これを法人法定主義とよぶ．

では，どのような種類の法人が存在するか．民法の規定をみるかぎり，3種類の法人があることがわかる．①第1は，「学術，技芸，慈善，祭祀，宗教その他の公益を目的とする法人」（公益法人）である．②第2は，「営利事業を営

---

(1)　私法人に対して地方公共団体その他の行政主体を公法人という．今村成和『行政法入門〔第9版〕』（有斐閣，2012）24頁以下．

むことを目的とする法人」（営利法人）であるが，③第3に，「その他の法人」として，ひとまとめにされたものもある（同条2項）．

⑵　一般法人と営利法人

(i)　この規定から分かることは，法人の分類における「法人の目的」の重要性である．民法の規定からひとまず離れ，法人の目的について考えてみよう．

法人の目的によると，法人は，一般法人と営利法人に大別される．一般法人とは，一般法人法（2006）により成立する法人のことであり[(2)]，営利法人とは，会社法（2005）にもとづいて設立される法人のことである．一般法人は営利法人と比較すると，非営利を目的とするため，非営利法人ともよばれる．

私法人について，一般法人法が必要とされたのは，それまでの法人法制が十分でないと判断されたからであるが，どの点に問題があったのか．これはわが国における法人法制の歴史を振り返ることでもある．

(ii)　一般法人法の成立以前は，法人の主要な法源は民法であった．民法では公益法人について規定され，株式会社など営利法人は商法の対象であった．公益法人と営利法人の二分法制がつづいたが，二分法制によると，公益も，営利も，目的としない団体は，法人になることが困難となる．特に公益概念が厳格に解されると，「中間法人」の成立は事実上とざされる．

しかし，団体活動の目的は多様である（団体活動の自由）．中間目的の団体を支援する法制が必要とされたが，各種の特別法が制定された[(3)]．

⑶　権利能力なき社団

(i)　このような状況に問題提起を行うことになったのが，「権利能力なき社団」という考え方である．

権利能力がないとは，法人格を取得していないことであるが，社団としての実体を備えて活動しているにもかかわらず，法人格がないというだけで必要な規律が行われないのは問題がある．どのような規律が妥当であるのか，ルールを明確にすることは，団体の活動を支援することにもなるであろう．「権利能力なき社団」は，「団体の法」の現状に対する解決策であると同時に，法人法制に対する問題提起の理論でもあった[(4)]．

⑵　「一般社団法人及び一般財団法人に関する法律」（一般法人法）は2008年に施行された．

⑶　たとえば，労働組合，弁護士会，農業協同組合，消費生活協同組合は特別法上の法人である．

⑷　詳しくは，第5節参照．

(ii)　立法論としては，中間法人法（2001）が成立したことにより，同窓会など，親睦団体も法人になることが可能となった．しかし，中間目的の法人とは，法人に対する積極的なとらえ方ではない．社会的要請にこたえる便宜的対応策であった．

(4)　「人の法」としての一般法人

(i)　一般法人法は，中間法人法を廃止して，各種団体に法人化の道を広げるとともに，一般法人の中から，公益認定にもとづき，公益法人への移行を可能とするものである．これにより，公益法人と一般法人の関係が明確になるとともに[(5)]，法人法体制は，一般法人と営利法人の対置からなる法制として理解されるべきことが確立された．この体制では，営利目的とは何か，営利の概念がカギを握ることになる[(6)]．

(ii)　一般法人と営利法人の関係は，より一般的には，「人の法」と「財産の法」に対応させることができる．民法の役割からみると，一般法人は，「人の法」にあたるが，営利法人は「財産の法」としての役割を担う法人である．この点は，法人の組織，運営のあり方において考慮されるべきことである．

(iii)　国の関与の仕方からみると，民法旧規定の公益法人は，主務官庁の許可（裁量的許可）により成立することができたが（旧34条），一般法人は準則主義（会社法と同じ）により成立が認められる．公益法人では，認可主義が採用された．税制上の優遇措置が講じられていることも重要である（公益法人58条）．

3　外国法人

(i)　外国法人とは，外国法に準拠して設立された法人のことである（日本法にもとづいて設立される法人を内国法人という）．わが国でどのように受け入れるかは，立法政策の問題であるが，外国法人の認許については，民法に規定がある（35条）．これによると，外国法人は，国，国の行政区画及び外国会社を除き，その成立を認許しない．ただし，法律または条約の規定により認許された外国法人は，このかぎりでない（1項）．

(ii)　認許とは，外国法人に対してわが国でいう権利能力，つまり法人格を承認することである．これはわが国の同種の法人と同一の私権をもつことができることを意味する．ただし，これには例外がある．外国人が享有することので

---

(5)　二階建て方式とよばれる．

(6)　営利を目的とするとは，法人の活動による利益を構成員に分配することである．

きない権利および法律または条約中に特別の規定がある権利については，このかぎりでない（2項）．なお，外国法人は，内国法人と同様，登記をすることが必要である（36条）．

4　法人学説とは

(1)　法人の存在理由

(i)　法人とは，自然人と同様，取引社会（「財産の法」）に登場する資格をあたえられたものである．どうしてこのような資格をあたえられるのか（あたえることができるのか）．法人学説とは，法人の存在理由に関わる考え方である．

(ii)　これには，①法人擬制説，②法人否認説および，③法人実在説（有機体説と組織体説）の3つの考え方がある(7)．

① 法人擬制説であるが（サヴィニーにはじまる），これは法人を自然人に擬制して理解する考え方である．権利の主体となりうる実体は，本来自然人に限るべきである．法人は法がとくに自然人になぞらえてつくりあげたものである，とされる．この説によると，法人を権利義務の帰属点とすることを無理なく説明することができ，その点で，法人の法技術的役割を明らかにしたものである．もっとも，現代法からみると，自然人に擬制するのであれば，法人の人格権はどうなるかが問題となる．

② 次は，法人否認説である．法人は法の擬制にすぎないことを逆手にとると，法人の本質は個人（団体の構成員）または財産にあると考えることができる．これは法人の技術的性格の背後にある実体的契機（団体の存在）に注目する考え方である．

③ さらに，法人実在説（ギールケ）は，法人はなによりも社会的実在であり，その点にこそ法人の特徴がある．法人は法の擬制という観念的なものではない，事実として存在する実体的な側面に着目すべきと考えるものである．

(iii)　法人実在説には，社会的実在を，団体意思をもつ組織体として理解する考え方と（有機体説）と，法人格をあたえるに足る組織体，すなわち1つの「法律的組織体」とみる考え方がある（組織体説）．法律上の組織とみるためには規範的判断をともなうが，その点で，組織体説は，法人はどのような価値を

(7)　この点について，四宮91頁以下がある．

体現する制度であるのか，法人成立の価値的契機をも重視する考え方である．

⑵　法人の構成原理

（i）法人の本質（法人の存在理由）に対して，「法人を構成する契機」は何か，という問題設定が行われることがある．そこには3つの契機があるとされるのである．①実体的契機と，②価値的契機と，③技術的契機（法人格）である．法人の成立について，3つの異なる視点が提示される．

実体的契機とは，「社会的・経済的観点からみて，自然人でなくして取引の主体となるのに適した実体（社団・財団）が，存しなければならない」，ということである．しかし，それだけでは十分ではない．「実定法は，政策的見地から価値判断を加え，その社会の歴史的・社会的事情のもとで取引の主体となるに値すると判断したものに限って法人格を付与する」(8)．

これが法人の価値的契機である．さらに，技術的契機も必要である．

技術的契機とは，「法人は，自然人でない存在を権利義務の統一的帰属点たらしめる技術であり，この技術的契機こそ，取引の平面における法人の本質をなすものである」(9)．

（ii）以上の視点を具体的問題との関係で取り上げてみよう．

①　実体的契機とは，団体としての実体を問題とするものである．たとえば，法人の構成員（社員）について，一般社団法人では，設立時に2人以上の社員を必要とするが（一般法人法10条），営利法人（会社）では，1人でもよい，つまり「一人（いちにん）会社」も認められるべきとの考え方がある．

法人は「人の団体」に法人格をあたえるものであるから，団体であることを絶対的なものと考えるのであれば，複数の社員が必要となるが，法人の目的が営利目的に限定されると，営利目的を実現するためには，どのような組織・運営が必要とされるかが，判断されればよいのであって，「人の団体」であることにこだわる必要はない，ともいえる．

「一人会社」で提起されたのは，「人の団体」に法人格をあたえることの意義，すなわち，法人における「法人の目的」の重要性である．

②　価値的契機とは，法人格があたえられる場合の政策的判断の必要性である．これを制度設計のレベルでとらえると，たとえば一般法人法はどのような

⑻　四宮90頁．

⑼　四宮91頁．

制度目的で立法されたのか（三層構造によると制度的基礎対応型判断〔第3段階〕），立法理由にさかのぼる議論が必要とされる．

③　技術的契機とは，法技術としての法人の役割を対象とする視点である．法人は権利義務の帰属点として，自己の名において契約を締結し，財産を取得することができる．この点が確立されると，取引法のレベルでは便利であるが，法人の技術的契機はそれに尽きるのかが問題となる．

⑶　法人の法技術的契機

（i）法人の本質論とは，法人はなぜ正当化できるのか，その存在理由の問いかけであるとすると（三層構造の第3段階），「法人を構成する契機」は法人の構成原理にあたる（第2段階にあたる基礎理論が必要とされる）．この点，上述の3つの視点（構成原理）はいずれも重要であるが，法人を法技術と見るとき，問われるべきは，「何のための法技術」，「誰のための法技術」であるのか，である．

(ii)　これについては，法人の財産関係に注目し，法人とは，「構成員の個人財産から区別され，個人に対する債権者の責任財産ではなくなって，法人自体の債権者に対する排他的責任財産を作る法技術である」，との考え方がある[10]．法人の構成員から区別される財産がつくられると，法人の債権者にとっても，また，構成員の債権者にとっても，自分の立場が明確となる．

法人にとってもっとも重要な点は，法人に提供された財産は，法人に対する債権者の優先的な責任財産となり，構成員に対する債権者からの追及をまぬかれる，という点にある，とされる．

(iii)　法人の財産関係が整備されると，法人にとっても，事業の遂行が容易となる．「財産関係の分別」という考え方には，法人を財産法の問題としてあつかうことが前提とされていたと思われるが，財産関係の明確化は，法人の活動を容易にする．すなわち，法技術としての法人の整備は，「法人の目的」に関する問題でもあった．現代の法人法では，この点が問題となるのである．

一般法人法の施行により，法人設立の門戸は広がり，公益法人の目的も明確となった．

⑽　星野英一「いわゆる『権利能力なき社団』について」同『民法論集第1巻』（有斐閣，1986）271頁（初出，1967）．なお，「財産関係の分別」については，川島武宜「企業の法人格」田中還暦記念『商法の基本問題』（有斐閣，1952）190頁，191頁，196頁．

法人の存在理由としては，一般法人，公益法人，営利法人の関係をどのように構築するかが重要となるが，そのことは法人論が原点にもどる必要性があることを意味する．制度的基礎対応型判断の復活である（三層構造の第3段階）．

5　法人法制のあり方

⑴　団体として組織のあり方

（i）一般法人と公益法人，および営利法人の制度目的の違いは，団体としての組織のあり方にも関係してこよう．一般法人と，公益目的の法人および営利目的の法人では，団体としての組織も，法人の目的に対応する組織である必要がある．営利法人の組織が一般法人にもあてはまるとは，必ずしもいえない[11]．

(ii)　団体としてどのような組織が整えられるべきかは，当該法人の活動目的にもよるが，活動目的によっては，法人形式を選択しない団体もあるであろう．団体自治の原則からすると，このような団体を支援することも，民法の役割である．一般法人の門戸開放により「権利能力なき社団」の必要性はなくなるわけではない．法人については，「権利能力なき社団」も対象とする統一的な法人法（団体法）が求められよう．「権利能力なき社団」についていえば，どのような役割をあたえるべきか，「制度としての」権利能力なき社団のあり方が問題となる．

⑵　法人の一般法としての民法

（i）法人の組織，運営は法人としての制度目的にかかわる問題であるとすると，これから必要なことは，法人法制を転換させる契機となった一般法人のあり方を確立することである（第2段階の基礎理論対応型判断）．これができると，一般法人（公益法人）と営利法人（会社法）との関係が明確となり，統一的な法人法（団体法）を確立することができる．

(ii)　これは，私法の一般法としての民法の役割である．法人の通則規定（民法33条（法人の成立等）・34条（法人の能力）参照．営利法人をも対象とする一般規定である）が民法に残されている理由は，その点に見出すことができよう．さらに，さかのぼると，法人法の前に団体法が存在する．団体法の基本型は法人と組合（民法667条以下．組合契約としての団体）であるが，そこに加わるのが，制度としての「権利能力なき社団」である[12]．

⑾　法人の目的が重要であることは，「目的」が定款の必要的記載事項の冒頭にあげられていることからも分かる．一般法人法11条1項1号参照．

第2節　法人の能力

1 「目的の範囲」とは

(1) 「目的の範囲」による制限

(i) 法人はどのような活動をすることができるか．これは一般に法人の能力とよばれる問題であるが，法人はその「目的の範囲」において活動をすることができる．

法人への権利義務の帰属を制限する根拠規定は民法34条である．同条は法人の「目的の範囲」に関する制限規定であるが，すべての法人に適用ないし類推適用される(13)．

(ii) 民法34条には，法人への権利義務の帰属を制限する要素が2つ規定されている．すなわち，

①「法令の規定」による制限および

②「定款その他の基本約款で定められた目的の範囲内」という制限

である(14)．

(2) 「目的の範囲」に関するさまざまな視点

この規定は，沿革的にはイギリス法のウルトラ・ヴァイレース（ultra vires）理論に由来する．法人の行為であっても，設立の目的の範囲外にあるものは，越権行為であって（ultra vires）無効とすべきである，との考え方である(15)．法人の活動について，「目的の範囲」による制限規定が設けられていることの意義を考えておく必要がある．

「目的の範囲」を決定する基準は何か．法人制度の運用にとって起点となる

---

(12) 団体法の全体的理解については，高田晴仁「会社，組合，社団」法学研究83巻11号1頁（2010）参照．

(13) 森本滋「法人と定款所定の目的」『民商法雑誌創刊五十周年記念論集II　特別法からみた民法』民商93巻臨時増刊号(2)（有斐閣，1985）49頁，50頁．ちなみに，その旧規定である民法旧43条も法人への権利義務の帰属を制限する規定であったが，その適用は，当時の民法上の法人が公益法人に限定されていたため，営利法人である会社には類推適用されないという解釈を採用する学説もあった．しかし，一連の法人法改正によって一般社団法人，一般財団法人および公益法人に関する規律が特別法に移管された結果，民法典の法人規定は公益法人のみを対象とした規定から，すべての法人の一般規定に生まれ変わった．本条は民法に残された規定として重要な意味をもつ．

(14) ①と②の区別については，山本493頁以下参照．

(15) 立法趣旨については，大村・読解144頁，四宮＝能見99頁に詳しい．

問題であるため，さまざまな視点からの検討が必要とされる．

(i)　これまでの判例の標準的理解によると，「目的の範囲」による制限については，営利法人と非営利法人とが区別され，それを前提として「目的の範囲」による制限の広狭が論じられる．この点は，「目的の範囲」は法人制度の根幹的問題でありながら，法人の類型に応じて検討される必要のあることをうかがわせる．

(ii)「目的の範囲」を制限する根拠は，能力制限説と代表権制限説に大別される．能力制限説は，法人の能力（法人としての活動範囲）そのものが制限されるとする立場であるのに対して，代表権制限説は，法人を代表する者（代表機関）の権限が制限されるにすぎないとみる考え方である．後者は法人の能力問題を，法人組織の運用のあり方として，単に代表権が制限されたものとして，機能的にとらえる考え方である．

(iii)「目的の範囲」は法人学説にもつながるという考え方がある．法人擬制説は団体に法人格をあたえることの法技術的側面を重視するものであるため，「目的の範囲」についても，法技術的にもわかりやすい基準，すなわち画一的な基準が求められよう．これに対して，法人実在説では，団体の実質的な活動の評価が法人化の契機となるのであるから，「目的の範囲」についても法人の種別に応じた具体的な対応が要請される．法人学説が「目的の範囲」問題ともつながりがあることから分かるのは，「目的の範囲」は法人の制度的基礎に係わりのある問題であるということである．この点で，「目的の範囲」については，三層構造による階層的判断（特に制度的基礎対応型判断（第3段階））にもとづく議論が求められる．

(3)　民法34条の制度趣旨

以上は，民法34条の規定を前提とした「目的の範囲」に関する決定規準のあり方である．しかし，そもそも「目的の範囲」に関する制限がなぜ必要とされるのであろうか．この点は沿革的な理由を持ちだしてただちに説明がつくわけではない．

(i)　同条の趣旨説明として，法人の財産が代表者の恣意的行為によって減少するのを防止する役割をになうことがあげられている(16)．これは「権利能力なき社団」との違いから説かれることであるが，ある社団が法人化すると，法人

(16)　星野132頁ほか．

の財産と構成員の財産が分別される．法人の債権者は法人の財産に対しては負担を求めることができるが，構成員の財産を当てにすることはできない．逆に，構成員の債権者は法人の財産に対して強制執行することはできない．かくして法人に固有の財産が確保されると，財政基盤の整備にともない，法人の活動も円滑に行われる．代表者により「目的の範囲」外の行為が行われると，財政基盤が損なわれるおそれがある．この状況を事前に防止する必要があるとされるのである．

(ii)　これは法人化による財産の分別にもとづく考え方であり，明快で分かりやすい．この考え方の特徴は，社団の法人化にともなうメリットに焦点を当てていることにある．

しかし，法人化にあたっては，具体的な活動の基準，すなわち「法人の目的」の遂行がどのようにして担保されるのかについても，適切な措置が講じられる必要がある．民法 34 条はこの課題に対応する立法的措置としても考えることができるのではないか．「法人の目的」が達成されるためには，内部組織がコントロールされ，構成員の地位・利益が守られることが前提となる．そのためには法人の行為を「目的の範囲」にとどめておく必要がある．

さらに，国家が法人制度に対してどのような立法政策で臨むのかも，「法人の目的」を通じて論じられるべきことである．「法人の目的」による制限には，法人の制度目的（制度的基礎）にかかわる問題が集約されているということができる．

2　「目的の範囲」の判断基準

営利法人の場合と非営利法人の場合とではどのような違いがあるのか．具体的に取り上げてみよう．

(1)　営利法人の場合

(i)　営利法人についてもかつては「目的の範囲」が狭く解された時期もあったが，現在では「目的の範囲」は広く解されるにいたっている．代表的な判例として，最大判昭和 45 年 6 月 24 日民集 24 巻 6 号 625 頁（八幡製鉄政治献金事件）をあげることができる．同事件において最高裁は，①「会社は定款に定められた目的の範囲内において権利能力を有する」（傍点は筆者による．以下同じ）のであって，②「目的の範囲内の行為とは，定款に明示された目的自体に限局されるものではなく，その目的を遂行するうえに直接または間接に必要な行為であれば，すべてこれに包含される」という．目的を遂行するうえに直接または間接に必要な行為か否かの判断基準については，③「当該行為が目的遂行上現実に必要であつたかどうかをもつてこれを決すべきではなく，行為の客観的な性質に即し，抽象的に判断されなければならない」という．

(ii)　本件最高裁の判断基準を客観的抽象説とよぶこともできよう．これによると，会社の行為のほとんどは間接的には営利目的に関連するため，「目的の範囲」による制限は事実上機能しないに等しいことになる(17)．

ところで，本件判示には注意を要することがもう1つある．すなわち，「目的の範囲」に関する客観的抽象説のほかに，「目的の範囲」を制限する根拠として，法人の「権利能力」について説明されていることである（上述の①参照）．この点は，上述の民法34条の根拠としての，法人の能力制限説との関連をうかがわせるものである．

(2)　非営利法人の場合

「目的の範囲」を超える行為の効力については，

①　法人の内部で問題となる場合（最高裁大法廷判決（八幡製鉄政治献金事件）と同じ）

②　取引相手方との関係で問題となる場合

を分けて考える必要がある．

①が「目的の範囲」を超える行為の対内的効力の問題であるとすると，②で争われるのは，その対外的効力である．この場合は，第三者保護のあり方というあらたな課題が加わる．

(ア)　法人の内部で問題となる場合

(i)　①についてであるが，営利法人に近い性質をもつ非営利法人については，八幡製鉄事件の判例が基本的には維持され，判断基準としては客観的抽象説が採用されることもある(18)．

(ii)　その一方で，非営利法人については，具体的事情を考慮して結論が導かれる場合もあることが注目される．

---

(17)　この点については，内田243頁参照．なお，先行する判例として，客観的抽象説に立つものに，最判昭和27年2月15日民集6巻2号77頁（不動産その他の財産の運用利殖を計る目的で設立された社団の行った建物売買がその目的の範囲内か否かが問題となった事件），最判昭和30年3月22日判時56号17頁がある（金属採掘およびその売買を定款所定の目的とする会社が行った床板の売買が目的の範囲内か否かが争われた事件）．

著名な事件であるが，国労広島地方本部事件（最判昭和 50 年 11 月 28 日民集 29 巻 10 号 1698 頁）を取り上げてみよう．

本件では，労働組合の目的の範囲につき以下の考え方を展開する．「労働組合は，労働者の労働条件の維持改善その他経済的地位の向上を図ることを主たる目的とする団体であつて，組合員はかかる目的のための活動に参加する者としてこれに加入するのであるから，その協力義務も当然に右目的達成のために必要な団体活動の範囲に限られる」が，今日においては，その活動の範囲は政治的活動など広く組合員の生活利益の擁護と向上に直接間接に関係する事項にも及び，しかもさらに拡大の傾向を示しているから「これに対して法律が特段の制限や規制の措置をとらない限り，これらの活動そのものをもつて直ちに労働組合の目的の範囲外であるとし，あるいは労働組合が本来行うことのできない行為であるとすることはできない」と．そのうえで労働組合からの「脱退の自由」が大きな制約を受けていること等を考慮して組合員の組合資納付義務を否定した（反対意見あり）．

労働組合の目的の範囲内の行為であるが，その構成員である組合員はそれに協力する必要はないという構成は，対外的効力と対内的効力にズレが生ずることを受け入れていると受けとめることができよう．同時に，民法 34 条所定の「法令の規定」による制限および「定款その他の基本約款で定められた目的の範囲内」という制限とは別の制限がありうることを示唆している．ここでは客

⒅　この点につき，住友生命政治献金事件（〔第一審〕大阪地判平成 13 年 7 月 18 日判タ 1120 号 119 頁，〔第二審〕大阪高判平成 14 年 4 月 11 日判タ 1120 号 115 頁は第一審判決に若干の補足を施すのみ．〔上告審〕最決平成 15 年 2 月 27 日（判例集未登載）は上告不受理決定）は相互会社という特別法上の中間法人であって営利法人に近い性質をもつ法人の目的の範囲が問題となった事件である．民法旧 43 条は「営利を目的としない中間法人である相互会社についても基本的に妥当し，定款に定めた目的の範囲内において権利を有し，義務を負うものであるが，相互会社における目的の範囲内の行為とは，定款に明示された目的自体に限局されるものではなく，その目的を遂行する上に直接又は間接に必要な行為であれば，すべてこれに包含されるのであり，必要かどうかは，当該行為が目的遂行上現実に必要であったかどうかをもってこれを決すべきではなく，行為の客観的な性質に即し，抽象的に判断されなければならないものと解するのが相当である」と述べる．保険会社の権利能力に言及した後「会社が政党あるいは政治資金規正法上の政治資金団体に対して政治資金を寄附することは，客観的，抽象的に観察して，会社の社会的役割を果たすためにされたものと認められる限りにおいては，会社の定款所定の目的の範囲内の行為とするに妨げないと解されている（八幡製鉄政治献金事件最高裁判決参照）．このことは，営利を目的としない中間法人である相互会社についても基本的に妥当するものと解するのが相当である」という．

観的抽象説は採用されていない．具体的事情が考慮されて結論が導かれているため，以下，この理解を「具体的事情説」とよぶことにする⒆．

(iii)　具体的事情説に立つものとしては，南九州税理士会事件（最判平成8年3月19日民集50巻3号615頁）および群馬司法書士会事件（最判平成14年4月25日判時1785号31頁）をあげることができる⒇．

(イ)　対外的関係で問題となる場合

(i)　次は，②についてであるが，「目的の範囲」を超える行為が行われた場合，対外的にはどのような事態が生じるであろうか．

員外貸付について見ると（借主が非組合員である場合），これを有効と認める判例（最判昭和33年9月18日12巻13号2017頁）もあるが㉑，無効とする判例もある（最判昭和41年4月26日民集20巻4号849頁）．

いずれも，具体的事情説の立場から判断されているが，最判昭和41年では，表見法理に類似した処理が行われているのが注目される．すなわち，同判決によると，「原審は右金員貸付が組合員でない者に対してなされたことのみならず，上告組合代表理事であつた被上告人Aも右貸付が上告組合の目的事業

⒆　『判百Ⅰ』（第6版）16頁（松尾弘）参照．

⒇　南九州税理士会事件は，政治献金のための特別会費の徴収につき会員の納入義務を否定した事件である．国労広島地方本部事件の構成と異なり，政治献金は税理士会の目的の範囲外の行為であるから，そのための特別会費の徴収も無効であるという構成をとる．そのような構成の違いはあるものの客観的抽象説をとらず，具体的事情を考慮して結論が導かれている．そのうちとりわけ重要なのは税理士会が「強制加入団体」であって実質的に「脱退の自由」が保障されていないということである．群馬司法書士会事件は，災害復興支援の寄附が問題となった事件である．司法書士会も，税理士会と同様「強制加入団体」であって実質的に「脱退の自由」が保障されていない．阪神淡路大震災により被災した兵庫県司法書士会およびそこで司法書士業に従事する司法書士に対する経済的支援を目的とした寄付が群馬司法書士会の目的の範囲内か否かが争われた．最高裁は「司法書士会は，司法書士の品位を保持し，その業務の改善進歩を図るため，会員の指導及び連絡に関する事務を行うことを目的とするものであるが（司法書士法14条2項），その目的を遂行する上で直接又は間接に必要な範囲で，他の司法書士会との間で業務その他について提携，協力，援助等をすることもその活動範囲に含まれるというべきである」として，大災害であり早急な支援を要すること等を考慮して，寄付を目的の範囲内と認め，そのための特別負担金の徴収を特段の事情がない限り有効とした（反対意見あり）．ここでも，客観的抽象説は採用されず，具体的事情が考慮されている．

㉑　農業協同組合がリンゴ集荷業者に集荷のための資金を貸し付け，農業協同組合に委託販売をする契約を締結したが，集荷業者がわずかなリンゴの販売委託しかしなかったことから，貸付金の返還を求めた事件である（リンゴ委託販売事件）．

とは全く関係のないものであり，従つて，右貸付が組合定款に違反することを承知して貸し付け，また被上告人Bも右事情を承知してこれを借り受けたものであつて，右貸付が組合の目的範囲内に属しないことが明らかであることを理由に，右貸付が無効であると判断しているのであり，原審の確定した事実関係のもとにおいては，右判断は是認するに足りるところである」とされる(22).

(ii)　ところで,「目的の範囲」外の行為であるとされながらも，信義則を理由に無効の主張が制限される場合もある(23)．員外貸付の場合もあるが(24)，不動産売買の場合もある．最判昭和 51 年 4 月 23 日民集 30 巻 3 号 306 頁では，病院を経営する財団法人による土地，建物など施設売却行為が「目的の範囲」を超えるものと判断された．しかし，引渡しも終え，売買から 7 年あまり後に無効を主張するのは，信義則に反することである，とされた．

(iii)　本件のように無効の効果が貫徹されていない場合のあることを，どのように評価すべきか．これは「目的の範囲」外行為に向けられたあらたな問題提起である．無効の主張が制限されるのは，具体的な事件の解決としては，そのように処理するのが妥当である，との判断があったと思われる．「目的の範囲」について具体的事情説をとると，無効の主張の制限は具体的事件の性質に鑑みた紛争処理のあり方として，ありうべき選択肢の 1 つである．このことは「目的の範囲」に関する判断そのものが，すでに紛争処理のあり方に関する判断を伴うものであることを物語る．

3　「目的の範囲」外の行為の法的性質

「目的の範囲」に関する判断の拠りどころとなるものがあるか．これが「目的の範囲」外の行為の法的性質の問題である．

基本的には，3 つの考え方に分かれる．(1)能力制限説，(2)代表権制限説，(3)内部的責任説である．(1)と(2)については既述のとおりであるが，(3)の内部的責任説は，目的による制限は代表者の内部的義務を定めたものと解する立場であ

---

(22)　①代表権者が定款に違反することを知りながら定款違反行為をなし，かつ，②相手方もそのことにつき悪意（または重過失）の場合には，その行為は無効となるという法理である．これは 93 条ただし書が類推適用される場面（いわゆる理事の代表権の濫用のケース）と似る構成である．

(23)　川井 87 頁．

(24)　最判昭和 44 年 7 月 4 日民集 23 巻 8 号 1347 頁は，労働金庫の員外貸付が目的の範囲内か否かが問題となった事件である．

る．これによると，「目的の範囲」をこえる行為であるとしても対外的行為としては有効であるとのあつかいを受ける．主として商法サイドから主張される考え方である[25]．

(1)と(2)のうち，(2)の代表権制限説は，34条は理事の代表権を制限したものとみる説であるが，その前提にあるのは，法人には原則としてすべての財産上の権利義務が帰属しうるとする考え方である．これに対して，(1)の能力制限説で問われるのは，「法人の能力」そのものが制限されるのではないか，というより原理的な問題である．

(1)　**能力制限説**

(i)　法人のどのような能力が制限されると考えるのか．これについても考え方は分かれる．法人は「目的の範囲」内において権利を有し，義務を負う，と定められているのであるから（34条），ただちに思いつくのは，法人の権利能力が制限されるのでは，ということである（権利能力制限説）．しかし，必ずしもそのようには考えられていない．行為能力制限説があるほか，権利能力・行為能力制限説もある．この説は，法人の権利能力が制限され，その範囲で法人には行為能力がある，と考えるものである[26]．

(ii)　法人において行為能力の制限がいわれるのは，自然人（「人」）の場合の法律構成が「法人」にも応用できると考えられたからである．しかしながら，法人は団体に法人格をあたえることによって創設された法律上の構成物である．法律上の構成物であるとすると，法人ができることと，できないことは，法人が創設される際に既に定まっているはずである．

「法人の目的」による制限は法人格の付与にともなう内在的な制限であるという前提をとるならば，「法人の能力」が制限されるとは法人の権利能力が制限されることである，と考えるのはありうる選択肢である．あとに残るのは，法人の運営，つまり運営のあり方の問題である．法人の運営は組織上の問題として代表者に任されているのであるから，運営のあり方について，能力の制限，この場合は法人の行為能力の制限であるが，このような観念をまつまでもないことである．

---

(25)　上柳克郎「会社の能力」田中耕太郎編『株式会社法講座1巻』（有斐閣，1955）85頁以下．

(26)　通説とされる．我妻156頁．

⑵ 代表権制限説

(i) 代表権制限説は，34 条を理事の「代表権の範囲」に関する規定と解する．すなわち，理事の代表権は「法人の目的」により制限を被る．理事の代表権が制限される場合の 1 つが「目的の範囲」による制限である，ということである．法人の内部的ルールにより代表権が制限される場合と同様にあつかわれることになるが，この説の特徴は法人の運営のあり方を代表機関の行為を通じて機能的に把握しようとする点にある．

(ii) ある団体が法人格を認められた以上は，残るのは法人の運営のあり方である.「法人の目的」，すなわち法人の運営のあり方という問題は法人格が認められた段階でひとまず解決ずみであり，残るは「法人の目的」というルールに従って運営を図る，ということである．代表権説の背後にあるのは法人の運営に関するこのような機能的理解である．

⑶ 能力制限説と代表権制限説の関係

(i) 能力制限説と代表権制限説には，それぞれに特徴がある．代表権制限説が法人の運営に焦点をあてる機能的アプローチであるとすると，能力制限説，特に権利能力制限説は，法人のつくり方に重きをおいた「法人の目的」志向型アプローチということもできよう．営利法人では目的の範囲は広く解されているため,「法人の目的」が制限されているという問題意識に乏しい．

しかし，非営利法人の場合には,「特定の目的」を実現するために法人格が付与されたのであるから,「目的の範囲」をこえる行為は許されない．つまりそのような行為は許されないことだと理解して，法人がつくられたのである．この点からすると，非営利法人については，権利能力制限説は分かりやすい考え方である．

(ii) ここで 34 条の位置づけをみておこう．同条は法人一般に適用される通則的規定であると解すると，ルールのつくり方としては，機能的アプローチよりも，法人の本質論，すなわち制度目的に対応するアプローチが妥当である，と考えることもできよう．

そうすると，34 条は法人の権利能力を制限した規定と解することになる．どのような場合に能力が制限されることになるのか,「目的の範囲」の判断基準として述べたことであるが，この段階ではさまざまな具体的事情が考慮される．代表権制限説による機能的アプローチはこの段階で有益な働きをすることができよう．能力制限説と代表権制限説は対立するものではない．34 条の趣旨を実現するためには，両者の協力が必要であると思われる．

⑷　**「法人の能力」と三層構造**

「目的の範囲」が「法人の能力」に関する問題であるとして，この議論の性質を三層構造にあてはめてみよう．「目的の範囲」に関する具体的事情説が現実問題対応型判断（第1段階）によるものとすると，この議論を法人の類型に応じて具体化することは，基礎理論対応型判断（第2段階）の役割である．しかし，この段階にとどまることはゆるされるべきことではない．法人は，法律上の構成物として特別に認められた法人格であるから，「目的の範囲」についても制度的基礎対応型判断（第3段階）が要請される．法人の制度目的があらためて尋ねられる必要がある．「目的の範囲」に関する議論において能力制限説が起点とされるべきことの意義はこの点にあるといえよう[27]．

第3節　一般社団法人の組織・運営

1　組織の整備

法人はその目的を達成するための手段として組織を整備しなければならない．一般社団法人の場合は社員総会その他の機関の設置がこれにあたる．

①　まず，あげられるべきは社員総会である．社員総会は，一般法人法に規定する事項および一般社団法人の組織，運営，管理その他一般社団法人に関する一切の事項について決議をすることができる（35条1項）．

②　次は，法人の代表機関としての理事である．法人は法律上の構成物であるから，法人が業務を執行するためには，その任にあたる機関の設置が不可欠である．理事は社員総会の決議によって選任する（63条1項）．一般社団法人には，1人または2人以上の理事を置かなければならない（60条1項）（理事会設置一般社団法人では3人以上が必要，65条3項）．

③　その他，定款の定めによって，理事会，監事または会計監査人を置くことができる（60条2項）．

監事は，理事の職務の執行を監視し，監査報告を作成する（99条1項）．

---

(27)　営利法人については，八幡製鉄政治献金事件の判例，つまり客観的抽象説が生きており，目的の範囲による制限は事実上ないも同然であった．しかし，一般社団・財団法人法の成立にともなって民法34条が公益法人の規定から法人一般の規定に拡大されたと考える場合，会社に同条がそのまま（類推）適用されるのかどうか．適用を防ぐとするとそのための説明理論が必要である．

会計監査人は，計算書類等を監査し，会計監査報告を作成する（107条1項）．

2　組織の運営

⑴　理事の代表権

（i）理事は，一般社団法人を代表する（77条1項）．代表理事は一般社団法人の業務に関するいっさいの裁判上または裁判外の行為をする権限を有する（77条4項）．もっとも，理事の権限に制限が加えられるということはありうる．しかし，この制限は，善意の第三者に対抗することができない（77条5項）．この規定は代表権の制限に関する民法旧54条をそのまま引き継いだものである．

（ii）法人の行為について目的による制限のあることは既述のとおりであるが（民法34条），上記にいう理事の権限に制限が加えられている場合とは，理事の代表権が定款または総会の決議によって制限されている場合のことである．ある取引について理事会の承認が必要であると定款に定めがあるとき，承認を経ずして取引が行われた場合がこれにあたる[28]．

77条5項の適用については，第三者側の要件として，善意のほか無過失であることが必要かが問題となる場合がある．たとえば，公益法人の場合，第三者の保護が後退してもやむをえないと考えると，この場合は第三者の無過失を要件とすべきではないか，と判断することもできよう．

（iii）この議論からうかがわれるのは，無過失の要否は当事者間の利害調整のあり方にとどまるものではない．より広く法人の目的との関連でも議論されるべきことがらではないかということである．無過失の要否については，理事の代表権はほんらい無制限のはずであり，ある取引について制限されているのかどうか第三者に調査義務を課すのは不当である，との判断もありうる[29]．理事は法人の代表機関であることを突きつめて考えると，このような判断にも一理あることはたしかである．

以上からわかることは，第三者の無過失の要否という問題についても，法人の目的，法人の組織のあり方との関連を考えておかなければならないというこ

⑵8　最判昭和60年11月29日民集39巻7号1760頁．なお，代表と代理の異同については，織田博子「代表」椿寿夫＝伊藤進編『代理の研究』（日本評論社，2011）169頁がある．

⑵9　川井95頁．

とである．三層構造にあてはめると，この問題は現実問題対応型判断（第1段階）にとどまるものではなく，第2，第3段階にいたる議論の深まりが求められる問題である．

⑵　**職務執行のあり方（代表機関としての行為規範）**

（i）一般社団法人と理事との関係は，民法の委任に関する規定に従う（一般法人64条）．これによると，両者の間においても，委任関係がある場合の一般的ルールが適用される．

理事は，受任者の注意義務として，委任の本旨に従い，善良な管理者の注意をもって，委任事務を処理する義務を負う（民法644条）．これは理事の注意義務に関する一般的な規律である．

次に，委任者が一般社団法人であることから，理事の忠実義務についての規定がもうけられた（一般法人83条）．これによると，理事は，法令および定款並びに社員総会の決議を遵守し，一般社団法人のため忠実にその職務を行わなければならない．

(ii)　さらに，利益相反取引（理事と法人の利益が相反する関係にある場合）に関する個別的なルールもある．理事は業務執行に関する包括的権限をあたえられているため，自己の利益をはかることのないよう自制が求められる．これを定型的にルール化したものが，利益相反取引の制限に関する一般法人法の規定である（84条）．これは同条所定の取引について，社員総会において重要な事実を開示し，その承認を受けなければならない旨の規定である[30]．

なお，代表権の濫用については，代理権の濫用と類似の問題がある．

3　法人の不法行為

⑴　**第三者への損害**

法人としての事業活動の展開にともない第三者が損害を被るという場合がある．被害者は法人に対して損害賠償を請求することができるか．法人の不法行為とよばれる問題である．

法人の不法行為責任（不法行為能力ともよばれる）については，平成18年改正前民法44条にも同旨の規定があり，一般法人法78条に引き継がれた．

同条によると，一般社団法人は，代表理事その他の代表者がその職務を行う

⑽　この問題については，四宮＝能見124頁以下に詳しい．

について第三者に加えた損害を賠償する責任を負う．これは代表者が「その職務を行うについて」不法行為を行った場合は（709条にもとづく不法行為の一般的要件を満たす場合），法人が損害賠償責任を負う旨の定めである．

⑵　**「代表者」の不法行為**

（i）　類似の規定は不法行為法にもある（715条）．これは使用者責任の規定であるが，ある事業のために他人を使用する者は，被用者がその「事業の執行について」第三者に加えた損害を賠償する責任を負う．法人にあてはめると，法人に雇われている者（被用者）が不法行為をしたときは，法人は「使用者」として損害賠償責任を負う，ということである．

これに対して，法人の不法行為とよばれる問題は，法人の「代表者」のした不法行為については，法人が損害賠償責任を負う，ということであり，ここで含意されているのは，「代表者」の不法行為は，すなわち「法人」の不法行為とみるべきであるとの考え方である．

（ii）「代表者」の不法行為について法人が損害賠償責任を負う場合は，「被用者」の不法行為について法人が「使用者」として損害賠償責任を問われる場合におけるような免責事由は存在しない（民法715条1項ただし書参照）．同条によると，「被用者」に対して選任，監督上相当の注意のあったことが立証されると，使用者は免責される．代表者は法人の代表機関として行為するのであるから，使用者責任におけると同様の免責事由が設けられていない．使用者責任との違いについて注意をしておきたいところである．

⑶　**職務の遂行**

（i）　法人が不法行為責任を負う根拠としては，法人学説（法人実在説）との関連が引き合いにだされることがあるほか，報償責任の立場から説明する考え方もある（利益をあげる者はそれに伴う損失も負担すべきであるとの考え方）．報償責任は使用者責任の根拠（の1つ）でもあるが，両者に共通する責任根拠があげられるのは，被用者の不法行為によるものであれ，代表者の不法行為によるものであれ，法人が損害賠償責任を負担しなければならないという実質的な政策判断の点では変わりない，と考えられるからである．

（ii）　ところで，代表者が「職務を行うについて」加えた損害とはどのような場合をいうのであろうか．被用者が「事業の執行について」（715条1項）加えた損害と違いがあるのかである．いずれについても被用者ないし代表者の不法行為が成立しなければならないが（709条により判断される），被用者の場合は，

「事業の執行について」という制約はあるものの，具体的な加害行為が行われた場面を想定することは容易である（取引行為であれ，突発的な事故が発生した場合であれ，どのような違法行為があり，いかなる注意義務を怠ったのかを具体的に評価することができる）．

(iii)　代表者の不法行為についても，代表者が「職務を行うについて」具体的な違法行為に関与したという場合はもちろんあるであろう．しかし，一般法人法78条の場合は，代表機関が不法行為をしたことの責任が問われているのであるから，ここでは代表機関という地位にあるものが尽くすべき注意義務とはどのようなものであるべきかについても，法人の組織，運営上の問題として議論の対象となりうるのではないか．どの範囲までが注意義務のおよぶ範囲であるのか，代表者の過失については，被用者の場合とは異質な判断が求められる場合もあるであろう．

「職務を行うについて」どのような不法行為があったと判断されるのか，ここで問われるのは，代表機関としての職務の遂行のあり方である．これは使用者責任との類似性にもとづく現実的な対応策を講じることで済まされる問題ではないと思われる．三層構造に照らすと，第２，第３段階にいたる検討が必要とされる問題である．

第４節　財団法人の場合（財団法人の運営）

財団法人は，一定の財産を，一定の目的をもって利用するために設立される法人である．

社団法人（人の集合体）と財団法人（財産の集合体）では，運営のあり方に違いがあるのか，この点は確認しておきたいところである．

(i)　一般財団法人を設立するには，設立者の全員が定款を作成し，これに署名し，または記名押印しなければならない（一般法人152条1項）．定款に記載を要するのは，①目的，②名称，③主たる事務所の所在地，④設立者の氏名または名称および住所，⑤設立に際して設立者が拠出をする財産およびその価額，その他の事項である（153条1項）[31]．

(31)　定款の変更については，目的についても，設立当時予見できなかった特別の事情により変更の可能性が認められている（200条参照）．従来の民法上の公益法人ではそれができなかったところ，一般法人法で改められた点である．川井100頁がこの点を指摘する．

(ii)　財産の拠出については，その履行を確保するための手当てが講じられるとともに（157条），設立者は，一般財団法人の成立後は，財産の拠出について，錯誤による無効，詐欺・強迫による取消しを主張できない（165条）．

(iii)　運営管理を行う機関としては，一般財団法人には社員総会がない．この点は一般社団法人と異なるが，一般財団法人では社員総会にかわるものとして，評議員会が置かれている（170条）．評議員会は，すべての評議員により組織される機関である（178条1項）．

評議員会は「この法律に規定する事項及び定款で定めた事項に限り」決議をすることができる（178条2項）．評議員会の専権的決議事項としては，理事等の選任・解任がある（177条・63条）．評議員・評議員会は理事の業務執行を監督し，法人の重要な意思決定に関与する機関である．

なお，理事・理事会の権限については，一般社団法人の規定が準用される（197条）．

第5節　法人格を取得していない団体の場合

団体として活動しているが，法人格を取得していない場合をどのようにあつかうか．

団体の活動形態はさまざまであるが，この事態を解決する方法（の1つ）として，「権利能力なき社団」とよばれる法理がある．社団法人に準ずるあつかいが妥当な場合を規律する法理であるが，それにあたらない場合をどのようにあつかうかも問題になる．

1　「権利能力なき社団」の法理

(1)　法人法の変遷

(i)　権利能力なき社団とは，社団としての活動をつづけながらも法人格を取得していない団体のことである．この団体に対してどのような法的措置を講じる必要があるか．本来，法人との関係はどのようになるのか．「権利能力なき社団」に対していかなる対応策をとることが妥当であるのかは，本来，法人法の変遷の中で答えが見つけられるべきものである．

一般法人法（2006）が施行される以前の民法旧規定下においては，公益を目的とするか，営利を目的とする団体でなければ，法人格を取得することができなかった．公益も営利も目的としない中間的団体は，特別法のある場合を除くと，法人になることはできなかった．

「権利能力なき社団」の主たる狙いは，法人化ができない社団を法人と対等にあつかう理論としての役割をになうことであった．

(ii)　このような状況に変化をもたらしたのは，中間法人法（2001）および一般法人法（2006）の成立である（中間法人法は現在では廃止されて，一般法人法に吸収されている）．中間的団体も法人格を取得する道が開かれたため，これまで法人化できなかった団体も，進んで法人化を選択することができる．しかし，法人化が強制されているわけではない．権利能力なき社団として活動することはもちろん自由である．この新しい状況に対して「権利能力なき社団」という考え方はいかなる貢献をすることができるか．

これは「権利能力なき社団」にとってのあらたな課題である．

(2)　判例の考え方

「権利能力なき社団」とはどのような団体をいうのであろうか．これについては最高裁の判例がある（最判昭和 39 年 10 月 15 日民集 18 巻 8 号 1671 頁）．

(i)　この判例によると，法人格を有しない社団，すなわち「権利能力のない社団」といいうるためには，「①団体としての組織をそなえ，②そこには多数決の原則が行われ，③構成員の変更にもかかわらず団体そのものが存続し，④しかしてその組織によって代表の方法，総会の運営，財産の管理その他団体としての主要な点が確定しているものでなければならない」（丸数字は筆者）．

これは「権利能力なき社団」のいわば資格認定の要件である．

つづいて，社団の財産（資産）を取り上げる．判例によると，社団の財産は，構成員に総有的に帰属する．

(ii)　さらに，対外的な関係における法律行為の形式の問題がある．これについて「権利能力なき社団」は『権利能力のない社団』でありながら，その代表者によって「その社団の名において」構成員全体のため権利を取得し，義務を負担するという．社団の名において行われるのは，一々すべての構成員の氏名を列挙することの煩を避けるためにほかならない，とされる．法律行為の形式をみるかぎり，便宜上とはいえ法人と同様のあつかいがなされていることが分かる．

2　法的処理のあり方 ── 判例と学説による法的対応

(1)　現実問題対応型判断の役割

(i)「権利能力なき社団」は法人格をあたえられていない団体を対象とする．

このような団体に対しても法律であらかじめルールを定めておくことは便宜ではある．しかし，民法で法人制度を認める以上は，「権利能力なき社団」について規定を設けることは，民法の規律と矛盾することになりかねない．「権利能力なき社団」については，判例・学説による法的対応が必要とされるゆえんである．

(ii)　この判例は，当時の判例・学説の発展をふまえたものであるが，判例の役割には，現実の問題解決を迫られた具体的提案を行うことが含まれる．

三層構造にあてはめると，判旨を導いたのは，現実問題対応型判断（第1段階）であったと思われる．以後，どのような判断にもとづいて，「権利能力なき社団」の法的仕組みがつくりあげられることになるのか，以下，その問題を取り上げる．

(2)　財産関係のあつかい方

(i)「権利能力なき社団」の財産関係はどうであろうか．判例によると，社団の財産（資産）は構成員に総有的に帰属する．「総有」は「共有」や「合有」とともに，共同所有の一形態であるが，民法にはこれに関する規定は存在しない．民法にあるのは「共有」に関する規定である．

「共有」では各共有者に持分権がある（250条参照）．しかし，「総有」説に立つと，社団の財産について，構成員各自は，総会を通じてその管理に参画するだけで，個々の財産について，持分権をもつものではない[32]．

(ii)　すなわち，「総有」は構成員から独立した，ひとかたまりの財産，「社団の財産」を想定する考え方である．「社団の財産」であれば，構成員は分割請求を求めることはできないことになる[33]．

さらに，こういうことも考えられる．すなわち，「社団の財産」であれば，社団と取引する債権者も，社団の側に債務不履行があった場合にあてにすべき財産は，「社団の財産」に限られるべきではないか，ということである．「社団の財産」で満足が得られない場合であっても，債権者は構成員の財産を差し押さえることはできない．

これは構成員の有限責任を認める考え方である．この有限責任も総有説から

(32)　我妻133頁による．なお，「合有」は組合（667条）の財産形態を表す概念として使われることがある．

(33)　最判昭和49年9月30日民集28巻6号1382頁，最判昭和49年9月30日民集28巻6号1382頁など．

導くことができるとされる[34].

⑶　法的仕組みのつくり方

(i)　このように総有説をとると,「社団の財産」と「構成員の財産」が区別され,「社団の財産」は「社団の目的」を実現するためにのみ利用される財産であることが,統一的に説明できるようにも思われる.「社団の目的」に従って権利を取得し,義務を負うのであれば,責任財産も「社団の財産」に限られるべきではないか,ということである.

(ii)　しかし,総有説に対しては,批判的な立場もある.総有は,西洋法制史上の特殊の概念であって,内容が明確でない,いわれる[35].

しかし,批判の趣旨はその点にあるのではない.「権利能力なき社団」の財産形態が「総有」であると決めつけられることによって,ただ,それのみを理由として財産関係の処理が一律に定まるのはおかしい.社会に存在する団体にはさまざまなものがある.団体の性質に応じた財産の帰属,財産関係の処理が考えられてよいのではないか.これが総有説批判の実質的理由であるとすると,この課題に向きあうためには,必ずしも総有の概念に頼る必要はないのではないか,ということになる[36].

この点は,前掲最判昭和39年に対する批判としてもあてはまる.つまり,「権利能力なき社団」においてまず要件について述べ,そこから一律の結論を引き出すのは,法的措置を要請するさまざまな団体の実態を反映したものにならないのではないか,という懸念である.

(iii)　問題の所在が,紛争処理のあり方をめぐる実質的判断にあるとすると,総有を(より限定的に)「社団的総有」(社団としての活動を行う団体における財産形態のあり方)の意に解することもできよう.総有説に対する批判を受けとめるには,「社団的総有」のあり方を実質的に判断することが必要と思われる[37].

3　社団としての活動のあり方

これについては団体の内部関係と,権利義務関係の法的処理に分けることが

⑶4)　最判昭和48年10月9日民集27巻9号1129頁は,総有説の立場から有限責任を認める.

⑶5)　ドイツ法制史上の概念であって,ゲルマンの村落共同体における共同所有の一形態を示すために用いられたものにすぎない,とされる.

⑶6)　星野・前掲注⑽279頁,307頁,309頁参照.

できる．

⑴　**団体の内部関係**

団体の内部関係とは，社団の管理，すなわち組織上の運営に関する問題である．

（i）社団法人の場合，団体の内部関係は，その団体が「社団」であることにともなう問題であるから，「権利能力なき社団」であることの資格を認められる団体であれば，社団の管理について，一般社団法人の規定の類推適用を考えることができる．

(ii)　しかし，「権利能力なき社団」の中には，「社団の目的」は明確でありながらも，法人化される場合の煩雑さを回避して，「権利能力なき社団」の道を選択することもあるであろう．どのような場合に類推適用を認めることができるか，これは「権利能力なき社団」という団体の存在意義を抜きにしては語り得ない問題である．この点は，あとで，もういちど取り上げる（制度としての「権利能力なき社団」参照[38]）．

⑵　**権利義務関係の主体**

（i）法人の場合，法人は「法人」の名において契約（法律行為）をし，権利義務を取得することができる．訴訟の当事者となることも「法人」の名においてすることができる．

以上は当然といえば当然のことであるが，これは「社団法人」にいう「法人」の効果として認められるものである[39]．「権利能力なき社団」は法人格を取得していない団体であるため，法律行為はどのような法形式の下で行われるのか，という法技術的問題が生じる．

(ii)　この点，代表者は社団（総構成員）の名において法律行為をすることができるとして，法人と同じあつかいにすることが認められている（通説）．こ

---

(37)　権利能力なき社団における財産の帰属形態については，最判平成 20 年 4 月 14 日民集 62 巻 5 号 909 頁が注目される．本件では入会権の処分が問題となったが（263 条），入会集団が「権利能力なき社団」となっている場合に（総有説をとると原則として全構成員の同意が必要である），入会団体の団体規約にもとづく入会権の処分の可能性を認めたものである（この規約では構成員全員の同意は求められていない，92 条参照）．

(38)　これは一般法人法の成立以後の状況にどう対応すべきかの問題である．これについて，四宮＝能見 149 頁，153 頁．

(39)　「社団法人」にいう「社団」の効果と「法人」の効果は区別されるべきことについて，星野・前掲注(10)281 頁．

れは理論としてこうなるべきだというよりも，便宜の問題であるが，代表者が「権利能力なき社団」のためにすることを示して行為していると判断できる場合は，社団の代表者としてする法律行為と認めるべきだということである．ここにあるのは「権利能力なき社団」の意義を認めたうえでの，具体的問題に対処するための現実問題対応型判断（三層構造の第1段階）である[40].

なお，訴訟上の当事者能力については立法的措置が講じられている（民訴29条・37条）

⑶　財産関係の法的処理

（i）代表者が，社団の名において取得した財産は，上述のとおり構成員の全員に総有的に帰属する．判例法理からは，社団の総有財産のみが責任財産になることが当然のごとく導かれる．

（ii）この一律的な解決の妥当性については，非営利の社団であるか，営利目的の社団であるかにより，区別されるべきであるとの考え方がある．非営利の場合は構成員の利益に重きが置かれるべきであるが，営利目的の場合には，構成員もそれ相応の責任を分担すべきである，というものである．これに従うと，非営利の場合，構成員の責任は有限責任となるが，営利目的の場合は，構成員の責任は存続する（有限責任ではない）ことになる．

（iii）ここにあるのは，財産関係の法的処理に関する類型的視点の必要性である．「権利能力なき」社団では，本来ルールが存在しないところにあらたなルールがつくられるのであるから，類型的考察による積みかさねがだいじである．「権利能力なき社団」の理論が適用される主要な場面は，非営利目的の場合であるから，これを営利目的の場合と区別してあつかうことには十分な理由がある．

⑷　代表者の責任

（i）ところで，代表者の責任はどうなるであろうか．これは社団の財産形態とは直接にはかかわらない問題である．しかし，取引の相手方としては，権利能力を取得していない団体と取引するのであるから，団体の財産よりも，代表者を信頼して，取引をしたという場合もあるであろう．財産に不足が生じるとき，構成員の責任財産とは別に，代表者の責任を問うことができるか．

（ii）この点，不法行為の要件が満たされる場合は，代表者の不法行為責任を

⑷0　銀行実務では，代表者の肩書付社団名義の預金を認める．

追及することができる（709条）．この点に異論はないとしても，代表者の責任として問題となるのは，これとは別に，代表機関という地位についていたというだけで，責任財産の不足を償わなければならない立場にあるといえるか，ということである．

(iii)　これについては，一種の担保責任を認めるべきとの考え方がある．しかし，代表者責任否定説も有力である．

法人の責任は「法人」の財産に限定されるのであるから，「権利能力なき社団」については，これと同様，「社団」の財産に限定されると考えることもできよう．しかし，「権利能力なき社団」は法人化の道をなお選択していない団体であることも確かである．そのような団体については，法人と同様のあつかいをすべきでないと考えることもできよう．すなわち，代表者の責任を認めるという選択肢である．

(iv)　しかし，それでは団体の活動が萎縮するおそれもある．そうすると，代表者の責任は「権利能力なき社団」の代表者としての責任よりも，不法行為法の一般的ルールにもとづいて解決されるべき問題である，ということにならないか．包括的救済規範としての不法行為法にゆだねる，という選択肢である．

(5)　財産の公示

なお，財産（権）の公示に関しては，不動産登記について，社団名義の登記や代表者名義の登記は認められていない．社団の代表者が個人名義で登記するほかないとするのが判例の立場である[41]．

不動産登記法では，「権利能力のない社団」の登記は予定されていない．そのために起こる問題であるが，登記を認めると不動産登記法全体の整合性が失われることになるのか，部分的な修正で終わる問題であるのか，民法の側からの働きかけも必要である[42]．

4　制度としての「権利能力なき社団」

(1)　「権利能力なき社団」という考え方

(i)　「権利能力なき社団」は，法人から見ると，法人制度の外側にある問題である．しかし，社団という点では，法人と共通性がある．法人格を取得して

(41)　最判昭和47年6月2日民集26巻5号957頁．

(42)　最終的には「権利能力なき社団」は「団体の法」の中でいかなる意義を認められるべき団体であるのか，その点の評価にかかわる問題である．

いない団体に対しても，法的対応が必要であるとの認識のもと，「権利能力なき社団」に関するルールを形成することが判例・学説の課題とされた．この点では，「権利能力なき社団」に期待されていものは，あらたなルールを形成するための理論であった．これを理論としての「権利能力なき社団」とよぶこともできよう．

(ii)　従来の議論の特徴は，判例と学説が必ずしも対応関係にないことである．判例は，「権利能力なき社団」であることの資格について一般的な提言を行ったうえで，社団の財産関係を総有的に理解する．ここにあるのは，「法人化」と同様の意味での「社団化」の観念のもと，原則を定め，その適用により，おのずと問題が処理されるとする，判例による法創造に肯定的な考え方である．

(iii)　しかし，学説は異なる．学説では，非営利社団と営利社団の区別など，社団の類型的処理を志向する．総有の概念に対しても，社団の財産関係を説明する概念としては，適切でないと批判する．学説にあるのは，ひとくちに「権利能力なき社団」といっても，その実態はさまざまである．その実態に対応する法的処理が行われるべきであるとの問題意識である．

(2)　権利能力なき社団の役割

(i)　以上は，理論としての「権利能力なき社団」が必要とされた理由と，その内容である．しかし，一般法人法の施行にともない，非営利社団も法人化することができるようになった．しかし，このような状況にもかかわらず，「権利能力なき社団」は現実に存在する．これからも存続することであろう．このような客観的状況の変化の中で「権利能力なき社団」はどのような役割をになうことができるのか．

(ii)　従来の「権利能力なき社団」が法人と同様のあつかいを獲得するための理論であったとすると，これからは「制度としての『権利能力なき社団』」という考え方が必要となるのではないか．

すなわち，法人制度が整備されたとしても，その外側での活動を望む団体がなくなることはないであろう．そうすると，このような団体に法的支援を行うことも団体法の課題となるのではないか．法人と同様のあつかいを志向するのが，「権利能力なき社団」の理論であったとすると，「権利能力なき社団」の存在を「1つの制度」として認め，社団の法的性質に対応した仕組みをつくることが，これからの課題である．

判例・学説の発展をあらたな状況に対応させる，という意味で，これはいわば「制度としての「権利能力なき社団」」(論)である．向き合い方が問われる．

⑶　法的思考のあり方

(i)　制度としての「権利能力なき社団」においては，「権利能力なき社団」にとって必要なルールはどのようなものであるか．この点を直截にあつかうことができる．

(ii)　民法のルールは一般に要件と効果に分かれる．要件が充足されると，おのずと効果が導かれる．この要件と効果の関係については，ルールの適切な運用をはかるためには，まず，効果からはじめ，効果をあたえるにふさわしい要件は何か，という法的処理の仕方もありうるのではとの議論がある[43]．

「権利能力なき社団」にあてはめると，この場合は民法に規定がないのであるから，はじめからあらたなルールをつくる必要がある．このような状況では，はじめに要件ありき，ということはできない．ルールのつくり方としては，所定の効果をあたえるに妥当な社団であるのか．効果からはじめる，という法的思考は，まさに制度としての「権利能力なき社団」に妥当する考え方である．

(iii)　社団の類型化（「社団類型」）という構想は，この法的思考からも導くことができよう．類型化にあたっては，「社団の目的」が重要となるが，組織のあり方のほか，財産の分離，構成員の認識，第三者の信頼など，も考慮されよう．

⑷　「人の法」としての「権利能力なき社団」

制度としての「権利能力なき社団」をどのように展開するか．これは，「人」つまり，市民の団体活動をどのように保障するかという問題である[44]．

(i)　そうであるとすると，「権利能力なき社団」は「人の法」の視点から考察されるべきである，ということになる．法人との関係では，営利法人は「財産の法」，非営利法人は「人の法」として類型化（法人類型）することができるが，「権利能力なき社団」は「人の法」である，という点において非営利法人と共通する．「権利能力なき社団」において必要な類型化は，「人の法」として

---

(43)　いわゆる利益考量（衡量）による問題解決のアプローチ．この点については，第1部第3章第5節3参照．

(44)　この点を指摘するものに，四宮＝能見149頁がある．

の類型化である（「人の法」としての「社団類型」）.

(ii)　三層構造からみると，制度としての「権利能力なき社団」においては，制度的基礎対応型判断（第3段階）はこれからの問題である．しかし，その形は，類型化を志向する従来の議論の中に見出すことができる．これをより具体的なルールに結実させることがこれからの課題である．そのためには，第1，第2段階における議論の積み重ねが必要である．

5　関連問題 ── 法人格否認の法理

(1)　法人格の濫用と形骸化

「権利能力なき社団」は法人という制度を選択しない場合の問題であるが，その一方で，設立された法人が否認される場合がある．講学上「法人格否認の法理」とよばれる．法人格の取得を選択しながらも，法人の目的に反する使い方をされた場合に，ある特定の法律関係について，第三者との関係で法人格を個別的に否認する法理である．そのように処理しないと取引の相手方が不利益を被るおそれがあるからである．つまり，名ばかりの法人ではなく，当該法人の背後にある実質的な法主体に，取引上の責任を追及できる道をひらく一般条項である．

たとえば，会社の実質が個人企業と認められる場合（最判昭和44年2月27日民集23巻2号511頁），会社が新会社と旧会社の関係にある場合（最判昭和48年10月26日民集27巻9号1240頁），さらには，企業グループにおいて親会社と子会社の関係にある場合である．法人格が個別的に否認される根拠としては，法人格が濫用される場合と，法人格が実体として形骸化している場合がある（学説では，権利濫用のほかに信義則があげられることもある）.

(2)　適用範囲の拡大

法人格を否認するという考え方は，主として会社法（特に株式会社）で取り上げられたテーマであった（会社法の一般条項）．これは株式会社の設立が容易であったからである（この点は上記2つの判例のいずれもが指摘する）．そうであるとすると，旧法下の公益法人（許可主義）と違い法人を設立しやすくなった一般法人法（準則主義）のもとでも，法人格の濫用は起こりうることである．（一般法人法の制定にともなう）法人の一般法としての民法の役割に鑑みると（33，34条参照），法人格否認の法理は会社法人格の否認にとどまらない，より広い範囲から検討されるべき法人の一般条項である，ということもできる．

この点は権利濫用の機能についても民法の基本原則からみてどうであるのか，民法の側からのアプローチが求められる．

⑶　民法の基本原則との関係

法人格否認の法理が会社法に特有の問題でないとすると，従来からいわれてきた「法人格の濫用と形骸化」（判例）にいう濫用の意味が問いなおされねばならない．ここでいう濫用は法人の目的，すなわち法人の制度的基礎に反する使われ方をされた場合の，サンクションのあり方に関する問題である．すなわち，濫用と規範評価されるべき行為をすることは法人の目的に反するから，そのかぎりで法人格を否認することによって当該法律関係の適切な解決をはかる，ということである．

民法にいう権利濫用法理（1条3項）から見ると，法人制度の濫用が問題となることにおいて権利濫用法理の拡張にあたるが，濫用にともなう法状態に対するあらたなルールが求められることにおいて，権利濫用法理にいう法規範創造的機能を引きつぐものである（この点については，第2部第1章民法の基本原則（権利濫用の禁止）参照）．

どのようなルールがつくられるべきか，法人制度の意義が問われることになるため，法人が国の法構造のなかでどのような使われ方をされているのか，国の法制度の全体を踏まえた考察が必要となる．公法，税法，訴訟法，民法でいえば契約法や不法行為法など，法人はどのようなかたちで問題となるのか，各制度の目的に応じた処理が求められる．法人格否認の法理をいうだけでおのずと答えが引きだされるわけではない(45)．

⑷　法人の基礎理論としての役割

より一般的には，外国発（アメリカ法，さらにはドイツ法）の法理をいかに受けとめるべきか，日本の法学のあり方に関する問題でもある．判例がこれを法人格の濫用（と形骸化）の問題としてとらえたのは，現実的な対応策であるが（三層構造にいう現実問題対応型判断），この法理のになうべき役割を考えると，法人の基礎理論として，礎が固められる必要がある．

---

(45)　利益状況の実質的な分析が必要なことについては，江頭憲治郎『会社法人格否認の法理』（有斐閣，1980）130頁，446頁参照．

第4章　財　産——「財産の法」の基礎

第1節　財貨帰属の法

(i)　民法の財産法は物権編（第2編）と債権編（第3編）から成るが，総則編（第1編）では物権の対象となる「物」について，総則的規定が置かれている(85条以下)．物権法と債権法は財産法とよばれる．財産法を経済（取引）システムの法としてとらえると，財産法は財貨（財産）の帰属と，財貨の移転のシステムとして説明することができる．これによると，物権法は財貨帰属の法にあたるが，財貨帰属の対象となる「物」とは何か，総則編で規律されているのは，物の概念についての基本的仕組みである．

(ii)　財産法は，民法の仕組みを民法典に即して平面的にとらえた場合の用法であるが，本書は民法の役割を動態的に把握するために，財産法にあたる領域を「財産の法」として理解すべきと考えるものである．この点は，第1部で詳述したとおりである．

1　物の意義

(1)　「物」とは

(i)　財貨帰属の客体としてさまざまな考え方がありうる．しかし，民法において「物」とは，有体物のことである（85条）．

有体物とは，有形的に存在する物[1]，すなわち無体物と対立する概念であるが（有体物：建物，自動車，石炭，ガソリン，水，ガスなど．無体物：電気，熱量といったエネルギー．電子データなど），このことは，物権の対象は有体物でなければならないことを意味する．この理は所有権にあてはめるとわかりやすい．所有権は財貨帰属法の基礎となる権利であるから，所有権の対象が明確であることは，財産法の仕組みにとって必要不可欠の前提条件である[2]．

---

(1)　「空間を占める物」，「気体，液体，固体を問わず体積を有する物」といった定義の仕方もある．

(ii)　以上は，「物」の客観的範囲であるが，「物」として認められるためには，さらに排他的に支配可能なものであることが必要である．物権が侵害されると物権的請求権にもとづいて侵害状態の回復を図ることができるが，所有権者にこのような権利があたえられるのは，所有権が排他的支配権であるからである．排他的支配権があたえられるためには，権利領域（権利の割当領域）が明確でなければならない．そのような物でなければ財貨帰属を保障することはできないし，「財産の法」の起点とすることも困難である．

(2)　所有権（物権）の対象

(i)　上述のとおり所有権のような物権は排他的支配権であるから，物権の対象としての物については，物の支配可能性，特定性および独立性が要求される[(3)]．

独立性とは，物権の対象は独立したものでなければならず，物の一部であってはならない，ということである．建物の一部分は独立したものとはいえず，所有権の対象とすることはできない．物の独立性に関するこの考え方は，「一物一権主義の原則」から導かれるものである[(4)]．

もとより，経済社会の進展は物の帰属のあり方について，多様性を要求する（担保に供する財産の把握など）．物の独立性，特定性については従来と異なる判断が要請される場合もある．物権法の課題である[(5)]．

(ii)　ところで，所有権の対象となる物は有体物であるとして，有体物であれば，どのような物でも財貨帰属の対象となるか．

財貨の対象となる物は取引の対象になる可能性があるのであるから（「財産の法」は，財貨帰属と財貨移転の2つの役割をになう），所有権の対象となる物であるかどうかは，取引の対象となる物であることを前提に判断される必要がある．この点で問題となるのが，人間の臓器である．

これについては，「物」としての視点のほか，個人の尊厳（2条）という民法の基本原則が考慮される必要がある．

---

(2)　起草者見解（梅）によると，無体物を含めると，「債権に対する所有権」といったことを認めることになり，物権と債権を区別する民法のシステムが混乱を招きかねないことが指摘されている．四宮＝能見 158 頁．

(3)　川井 114 頁．

(4)　「一物一権主義の原則」については，四宮＝能見 162 頁参照．

(5)　物の特定性が求められるのは，物権が排他的支配権であることによる．

⑶ **有体物と無体物**　「物」についてはより一般的問題として，有体物と無体物の関係がある．

(i) 民法では「物」とは有体物とされているため，無体物（無体財産）の規律は特別法によることになる．無体財産は現在では知的財産の問題とされている．知的財産の保護は先端的領域の重要課題である（知的財産法）．特別法で保護されない場合はどうなるであろうか．発展途上の財産として，不法行為法によって保護される可能性がある．これは物権法と不法行為法の有機的つながりをうかがわせる一コマといって過言でない．

(ii) 物権法と不法行為法の関係について付言すると，物権は排他的支配権として，第三者からの侵害に対して絶対的に保護されるべき権利であるが（絶対権），このことを法的に保障するのが，救済規範としての不法行為法および物権的請求権である．物権法と不法行為法はウラオモテの関係にあるといわれるのは，このことを指しているが，これはまだ十分に保護されていない（発展途上の）知的財産にもあてはまることである．すなわち，知的財産法の対象とならない段階にあっても，救済規範の対象にすることができる．民法の「物」については，このような先端的領域を含めて，その現代的役割が確立される必要がある．

⑷ **死体・遺骨および人体組織のあつかい方**

ところで，「人」は権利の主体であって，権利の客体ではない．生存する「人」の身体またはその一部について他人が排他的権利を取得することは認められていない．これは「人の法」としての民法にとって当然のことである．

(i) もっとも，「人」の身体・一部についても，他者との係わりで法的処理が必要となる場合がある．すなわち，①死体・遺骨のあつかい方，②臓器その他の人体組織の利用については，客体としての「物」のあつかいか方と同様の問題が生じることがある．このような場合，所有権の観念がどこまであてはまるか，「人の法」と「財産の法」との接点をどこに求めるかが問題となる．

(ii) ①については，「物」としてあつかい，所有権は相続人に帰属するとの判例と，慣習上祭祀供養をすべき者に帰属するとの学説がある（897条参照）．後者からは「人の法」の視点を読みとることができる．②については，どのような目的で利用されるのか．権利の客体としての性質を超える法的処理のあり方が問われる．物の取引を前提とした所有権の観念とは別の，「人の法」から見た所有権法のあり方である[6]．

2　物の分類

(1)　不動産と動産

物権の対象として，「物」は不動産と動産に区別される（86条）．

(i)　不動産とは，「土地及びその定着物」のことである．定着物とは，土地に継続的に固定され，かつ固定して使用されることが社会観念上物の性質にかなうと判断されるものである．土地定着物は，取引観念にもとづいて，①別個独立，②あるときは別個独立，③常に土地と一体（構成部分・石垣，庭石など）に分けられる．

建物は土地から独立した不動産である（370条本文参照）．立木（りゅうぼく）は，登記ないし明認方法がなされれば独立した不動産としてのあつかいを受ける(7)．

(ii)　建物が土地とは別個の不動産であることは，土地を譲り受けてもらったとしても，土地についての権利変動は当然には建物に及ばないことを意味する．譲受人が建物を利用したいのであれば，そのための別個の契約が必要である（賃貸借契約）(8)．

建物を土地の構成部分（「独立の」不動産ではない）と考えると（「地上物は土地に属す」），こうした煩瑣な手続をまぬかれることができるが，わが国の法制はそのようにはなっていない．不動産の取引および利用について複雑な法律問題が生じる一因は，わが国独特のシステムにあるといって過言ではない(9)．

(iii)　動産とは，不動産以外の物のことである（86条2項）．無記名債権は，動産ではないが，動産とみなされる（同条3項）．

無記名債権は，債権者が名前によって特定されていないため，証券の正当な所持人を権利者としてあつかう債権である（たとえば，商品券，図書カードな

---

(6)　臓器移植をめぐる「物」の観念の変容については，第1部第3章第2節3参照．

(7)　「立木ニ関スル法律」（立木法）2条1項．明認方法とは樹木に所有者の名前を書くなど，権利関係を明示すること．第三者に対して所有権を主張することができる．

(8)　ただし，土地と建物の法的運命が異なることは不動産登記法から推測できるが，現行民法の条文からは必ずしも明らかでない．根拠条文として参照される370条も両様の解釈が可能である．米倉295頁．

(9)　もっとも，立法過程では，当初，「地上物は土地に属す」との法制の実現が構想されていたが（抵当権については別として（370条参照），一般の場合には建物は土地の一部をなし，土地についての権利変動は当然にその地上の建物に及ぶとの考え方もあった（富井）），わが国の慣習に反するとして削除論が主張されたのである．この間の経緯について，米倉292頁．

ど).

(2) 主物と従物

(ア) 取引の対象としての「物」

(i) 「物」は取引の場面でどのようにあつかわれるか．この点からみると，「物」は主物と従物に分類され，従物は，主物の処分に従う，との定めがある(87条2項)．主物が売買されると，従物の所有権も買主に移転する．主物に従わなければならない「物」とはどのような「物」をいうのか．従物の要件といわれる問題である．

従物とは，「物」の所有者が，その物の常用に供するため，自己の所有に属する他の物をこれに付属させた場合の，付属物のことである(87条1項)．付属物も主物と同様に独立した物であるが，主物の常用に供されるため，権利義務の変動について主物と法律上の帰結を同じくするとされた．このことは，従物は「物」の構成物のように主物の一部ではないことを意味する．建物の売買にあてはめると，造作や建具は建物の構成部分であるが，障子や畳は従物である[10]．

(ii) まず，主物と従物の関係はどのような基準にもとづいて判断されるのか．これには経済的関係と場所的関係がある．経済的関係は，主物の経済的効用を助ける物であるかどうかにより判断される[11]．

場所的関係とは，主物と従物は場所的にも密接な関係にあることが必要だ，ということである．「物」とは有体物をいうとされているため(85条)，この規定との整合性を考えると，場所的な近接性は，従物性を判断する要件とならざるをえない．しかし，「物」概念の拡張とともに，経済的価値の視点が重要になると，場所的関係は，経済的効用の「従たる」要件である，ということもできる．

(iii) 次は，「物」の所有関係である．他人の所有する物は従物とはならない．つまり，主物と従物は同一の所有者に属することが要求される(通説)．従物制度の意義が取引上の便宜にあるとすると，物の所有者が同一であることは，当事者の意思にかなうことでもある．

---

(10) 我妻223頁によると，区別の基準は建物の内外部を遮断するのに役立っているかどうかである．なお，石灯籠や庭石など，土地の従物について，最判昭和44年3月28日民集23巻3号699頁．

(11) 川井121頁ほか．

もっとも，従物制度を，当事者の意思を離れた，社会経済上の必要性からつくられた制度と解すると，ここでもまた，物の経済的効用の視点から判断されることになる．これによると，従物の所有者が主物の所有者と同一の者である必要はなくなる(12)．

以上から分かるように，従物の要件をどのように解するかは，従物制度の存在意義にもよる．この点では，従物は，「物」制度の根幹につながる問題である．三層構造に照らすと，「物」に関する制度的基礎対応型判断（第３段階）までさかのぼることが求められる．

(イ)　主物の処分の効果

(i)　処分とは，売買による所有権の移転など，あらたな権利・義務関係を生じさせる法律行為をいう．物権行為であるか（物権行為とは，所有権の譲渡や担当権の設定など物権の変動を直接目的とする法律行為のこと），債権行為であるかを問わない（債権行為とは，契約のように債権債務関係の発生を目的とする行為のこと）．

(ii)　この点，抵当権については，処分の及ぶ範囲が問題となった．判例によると，抵当権設定当時の従物には 87 条２項が適用される(13)．

しかし，設定後の従物については，87 条２項適用説と 370 条適用説の両説がある．370 条は従物に関する規定ではない．抵当権に関する規定であり，抵当権は「不動産に付加して一体となっている物」に及ぶ．370 条説は従物を，従物に関する「物」の規定ではなく，抵当権に関する規定の中にある付加一体物の問題としてあつかう．つまり，抵当権から見て担保物の範囲に入るのかどうかである．

(iii)　このことからうかがわれるのは，なるほど従物は「物」の分類の重要概念ではある．しかし，従物も具体的な適用の場面に応じてその働きを考える必要があるのではないか，ということである．370 条説からうかがわれるのは，従物であっても，抵当権の制度目的との関連で従物の役割が明らかにされるべきであるとの考え方である．

この考え方には，従物の要件における経済的効用説につながるものがある．従物とは，どのような場面で，どのような働きをする概念であるのか，従物が

(12)　売買契約の相手方は他人の物（従物）をつかまされることになるが，善意取得（192 条）で保護される．

(13)　大連判大正８年３月 15 日民録 25 輯 473 頁ほか．

対象となる諸制度の制度目的との関連で考える必要があるのではないか．このことは担保物権のほか，売買，贈与，賃貸借にもあてはまることである．

(ウ)　主たる権利と従たる権利　　主物と従物の関係は，権利についてもあてはまるか．たとえば，借地上の建物が譲渡されると，敷地賃借権も譲渡されたことになる(14)．このことをどのように根拠づけるか．「物」の制限的解釈によると，権利は無体物であるため，87条の類推適用に拠らざるをえない．もっとも，同条2項は任意規定であるため，当事者の合意により解決することができる．この場合は契約の解釈問題として処理される．

(3)　天然果実と法定果実

(ア)　元物と果実　　「物」の利用によって経済的収益が生みだされる場合，その利益はだれに帰属することになるのか．民法の規定によると，経済的収益は「元物（げんぶつ）」から生じた果実として，つまり「物」の概念により把握される．

果実は，天然果実と法定果実に分けられ，果実が誰に帰属するかが問題となる．

(イ)　天 然 果 実　　天然果実とは，「物の用法」に従い収取する産出物である（89条1項）．物の用法に従うとは，元物本来の経済的役割に従って収取されたもの，という趣旨である(15)．牛乳，鉱物はこれにあたる．

天然果実は，元物より分離する時にこれを収取する権利を有する者に属する（89条1項）．だれに権利を与えるかについては，分離主義と生産主義の2つの考え方がある．生産主義は生産者に帰属すると考えるものである．しかし，この考え方は資本制社会には妥当でないとして，民法では分離主義が採用された．収取権者については，民法の規定によるほか，当事者の意思表示による(16)．

(ウ)　法定果実　　法定果実とは，物の使用の対価として受けるべき金銭その他の物である（88条2項）．土地・建物を賃貸した場合の地代・家賃はこれにあたる．金銭消費貸借における利息も法定果実である．利息は金銭債権から生じる経済的収益で，元物から生じる「物」とはいえない．しかし，元物と果実の関係は経済的収益が生じる場合のルールの作り方の問題であるから，「物」

---

(14)　最判昭和47年3月9日民集26巻2号213頁ほか．

(15)　この点については，我妻226頁．

(16)　たとえば，川井124頁．

概念にこだわる必要はない．この点は利息債権にもあてはまる[17]．

法定果実の帰属については，収取する権利の存続期間に応じて，日割計算によりこれを取得する（89条2項）[18]．

第2節　財産法の基礎としての「物」概念の変容

1　財産形態の多様化

(i)「物」の概念が制限的に規定されていることの意義を，社会の変容の視点から取り上げてみよう．「物」とは，権利の客体，つまり権利の対象として保護されるべきもののことであるが，民法では「物」に関する権利として，所有権の観念の確立とともに，各種の物権について規定する．

「物」の定義に従うと（85条），無体物は「物」にあたらないことになるが，「物」概念が制限されたのは，取引を円滑に行うためであった．すなわち，取引の対象である「物」はその範囲が明確でなければならない．土地その他の有体物が対象となる場合には，誰からも拘束を受けない自由な経済活動が行われると想定されたのである．このような取引秩序の前提となるのは，物権（物権法定主義）と債権（契約自由の原則）を峻別し，物権の対象を有体物に制限することであった[19]．

(ii) ところが，現実には取引の対象として，債権その他の権利，エネルギー，情報，知的財産および物の集合体（集合物）など，「物」の制限的な定義におさまらないもの，つまり，無体物のあつかい方が課題となってきた[20]．

たとえば，「債権の所有権（化）」（債権の私的所有）という考え方がある．債権は無体物であるが，金銭債権など重要な財産については，所有権の対象として，所有権と同様の保護をあたえることはできないか，という構想である．狭い物概念を前提としながらも，所有権の対象について，民法を社会の変容に対応させるための，問題提起であった[21]．

(iii) あらたな財産形態にどのように対応すべきであるのか．なるほど，無体

---

(17) 早くから認められていたことである．大判明治38年12月19日民録11巻1790頁参照．

(18) その他，使用利益，金銭の運用利益について，米倉371頁，387頁．

(19) 物権（法）の意義については，奥田昌道ほか（編）『民法学2《物権の重要問題》』（有斐閣，1975年）26頁（新田敏）．あらたな動きについては，大村敦志『学術としての民法II 新しい日本の民法学へ』（東京大学出版会，2009）270頁．

(20) なお，集合物が有体物か無体物かについては，争いがある．詳細は，米倉231〜241頁．

物といわれるものは，権利として保護されるべき対象が具体的でないため，法律上の保護をあたえるに困難な場合がある．しかし，これは無体物そのものの性格に由来するものであって，無体物を権利保護から排除する理由にはならないと思われる．保護される範囲を法律上画定する措置が講じられるのであれば，権利保護の対象とすることができるはずである．

物権として保護すべきかどうかは，立法政策の問題にすぎないのではないか．あらたな財産形態に対してはあらたな権利概念により対応することは，社会の変容にともなう民法の継続的発展の一形態と捉えることもできよう（例．著作権，特許権など知的財産権（無体財産権））．

2 「物」と「財」（「財産」）の関係

（i） 無体物が問題となる場合，電気などエネルギーについては，従来どおり個別的に対応することもできる(22)．しかし，個別的対応には限度がある．経済活動の変容に対応するためには，財産のとらえ方そのものの転換をはかるべきとの立場もある．これは財産をその経済的価値において把握する考え方である(23)．

(ii) この考え方によると，財産の把握は，「物」の概念にとらわれる必要はなくなる．権利の対象として，経済的価値はどのように把握されるべきか．ここでの課題は経済的価値を把握するための類型化の基準である．「物」（物権）の概念を基準とするものは，経済的価値を把握する1つの類型として位置づけられよう(24)．

(iii) ところで，財産は，「物」の概念との連続性があり，民法の基本的仕組みと整合的である．その一方で，経済的価値は経済活動にともなって生み出されるものであるため，民法の仕組みを経済活動を行う仕組みとして動的側面においてとらえると，財産を「財」の問題としてより包括的に理解することもできよう．この場合は上記の類型化は「財」の類型化にあたる．

---

(21) 経済価値としての債権の役割については，我妻栄『近代法における債権の優越的地位』（有斐閣，1997（1953の復刻版）），川村泰啓『商品交換法の体系Ⅰ』（勁草書房，1982（増補版））参照．

(22) 85条類推適用説，管理可能性説のほか，法の欠缺として処理する考え方もある．川井112頁．

(23) 鎌田薫「財―総論」ジュリ1126号78頁（1998）参照．

(24) ほかに権利（債権等），知的財産，情報などをあげることができる．

3 「財」の保護のあり方と民法

(i) 「物」概念にはじまる「財産」あるいは「財」の問題は，「財」の保護のあり方に関する問題でもある．物権の対象としての「物」の保護，特別法による知的財産権の保護など，従来の枠組みにはいらない問題については，不法行為法など（民法第3編（債権）第5章），救済規範による解決が必要となる．「財」として主張されるものが「法律上保護される利益」（709条）であれば，「財」を侵害された被害者は救済規範の発動を求めることができる．やがては当該「財」の民法上の位置が確立されよう．民法の継続的発展の一例である．

(ii) 人格権（法）の発展にならうと，次のように考えることもできる．

すなわち，「財」の拡張にともなうあらたな権利概念として，「財産権」の概念を選択すると，人格権の場合と同様，「民法の構成要素としての財産権」（民法構成上の財産権）と，「救済規範としての財産権」に分けることができる（「財産権」の概念については，711条参照）．「財産権」との関係では，「物権」は「財産権」の起点となる概念として位置づけることとなる．

(iii) このように，「物」の概念は，権利（物権）の対象としての基準にとどまるものではない．「物」の拡張は，民法の基本的仕組みの構造にもつながる問題である．

問題解決のための法的思考はどのようなものであるべきか．三層構造からみても，興味のつきない問題がある．「物」を無体物に拡張すべきかどうか．ここにおける法的思考は現実問題対応型判断（第1段階）であるが，「物」を「財」としてより広い視点から考察するためには，「財」として把握される経済的価値を統一的に理解するための基礎理論対応型判断が必要である（第2段階）．

(iv) さらには，次のような問題も起こりうる．「財」の法は，民法の仕組みの中ではどのような位置をあたえられるのか，と．「人」の法と，「財」の法との関係が確立されなければならない．そうして，①「人」の法と，②「財」の法と密接な係わりをもつのが，③「救済規範の法」（不法行為法）である．3つの法システムの関係はどのようなものであるべきか．この段階で求められるのは，民法の制度目的にかなう法的思考である．すなわち，第3段階としての，民法の基本的仕組みに関する制度的基礎対応型判断である[25]．

---

(25) 第1部の用語法によると，「人」の法は「人の法」，「財」の法は，「財産の法」にあたる．

第5章　法律行為(1)
――意思表示の成立に関する規整

第1節　総　　説

法律行為については第1部で取り上げたが，第2部では，法律行為の各論的問題をあつかう．

1　法律行為と意思表示の関係

法律行為とは，売買契約など私法上の権利義務関係を発生させる法律上の行為のことである．法律行為は当事者の意思表示を不可欠の要素（法律事実）とする法律要件である．

意思表示の規定は，どのような場合にその意思表示にもとづく法律行為（の効力）に拘束されることになるのかを問題とする（意思自治との関係）．これに対して，法律行為の規定は，成立した法律行為に対する規範的評価（当事者の意思ではなく，法律行為の内容に関する規整）を問題とする．

2　法律行為と準法律行為

(1)　**法律行為の種類**

(i)　民法の構成をみるかぎり，法律行為（第1編第5章の題号）とはすなわち契約（第3編第2章の題号）のことである，と受けとられるおそれもあるが，法律行為の種類には，契約のほかに，単独行為，合同行為，協約がある．意思表示にもとづく権利義務関係発生の原因は，契約のほかにもある，ということである．

(ii)　契約とは，売買契約における売主と買主のように，2人以上の当事者による意思表示が合致することによって成立する法律行為である．はじめはそれぞれに対置していた当事者が契約の締結を通じて結ばれるところに法律行為としての特徴がある．

(iii)　単独行為とは，契約の解除や遺言など，一方の意思表示によって法律関係に変動を生じさせる法律行為のことである．契約が解除されるのは債務不履行など相手方に原因があったからである．このように相手方の存在を前提とする単独行為を，相手方のある単独行為という．遺言は，相手方のない単独行為である．

ⅳ　ところで，社団法人の設立行為は，契約のように対置する当事者ではなく，法人設立という同じ目的を実現するための，構成員による統一的な行為である．並立する複数の当事者が同一の方向に向かって意思表示をする場合を，合同行為という．

ⅴ　協約とは，団体が当事者として締結する法律行為のことである．協約が成立すると，その効力は団体の構成員に及ぶ．この点に団体法としての協約の特色がある[1]．

⑵　準法律行為

意思表示にはあたらないが，法律上の効果を発生させるに足る行為を，準法律行為という．これには「意思の通知」と「観念の通知」とがある．

ⅰ　観念の通知とは，指名債権譲渡の通知（467 条）のように，法律上の事実を通知することである．意思の通知とは，意思の表示であることを認めつつ，その意思内容が当該行為から生ずる法律効果以外のものに向けられている点で，意思表示とは異なるものである[2]．催告（20 条）がこれにあたる．準法律行為については，意思表示に関する規定が類推適用される．

ⅱ　準法律行為は法律行為制度の必要性を前提としてつくられた概念であるが，指名債権の譲渡通知をはじめ，実務的には重要な行為が多数ある．権利義務関係の発生・変動にはきめ細かなルールが求められることが分かる[3]．

⑴　労働協約について，労組法に規定がある．「労働組合と使用者又はその団体との間の労働条件その他に関する労働協約は，書面に作成し，両当事者が署名し，又は記名押印することによつてその効力を生ずる」（14 条）．

⑵　我妻 234 頁．

⑶　事務管理（697 条）を準法律行為とみる説がある．意思や観念の通知のような表現行為をともなうものではないが，なお法律行為に準ずるあつかいが必要であるとの，規範的判断にもとづくものである．

3 意思表示の効力発生に関する一般的ルール

(1) **到達主義と発信主義**(4)

意思表示は法律行為の要素であるとして，意思表示はいつ効力を生じるのか．法律行為の世界はそこからはじまる．到達時とするか，発信時とするか，との問題がある．手紙でいえば，書面をポストに投函したときが発信時であり，相手方に配達されたときが到達時である．

到達主義と発信主義のいずれを原則とするかは立法政策の問題であるが，民法は隔地者間の意思表示については到達主義の原則を採用した（97条1項）．

隔地者とは伝達に時間を要する場合であり，対話者の反対概念である．ただし，契約の承諾については，例外として発信主義が採用された（526条）．取引の迅速な要請が受け入れられたものである．発信主義によると，契約は承諾の到達をまたないで効力が生じることになる．承諾者としては返事をすると同時に履行に着手することができる(5)．

(2) **関連問題**

(i) 隔地者間の意思表示は，表意者の発信後思わぬ事態が生じることがある．この点については手当てがなされ，隔地者に対する意思表示は，表意者が通知を発した後に死亡し，または行為能力を喪失したときであっても，そのためにその効力を妨げられない，との規定がある（97条2項）．

相手方については，意思表示の受領能力の問題がある．相手方に到達したとしても，相手方に書面を理解する能力が十分に備わっていない場合は，意思表示の効力発生を認めることはできない．すなわち，意思表示の相手方がその意思表示を受けた時に未成年者または成年被後見人であったときは，その意思表示をもってその相手方に対抗することができない（98条の2）．ただし，その法定代理人がその意思表示を知った後は，このかぎりでない．

(ii) 意思表示の伝達には，公示による方法もある．すなわち，表意者が相手方を知ることができず，またはその所在を知ることができないときは，公示送

---

(4) 意思表示の効力発生時期に関する基本文献として，星野英一「編纂過程から見た民法拾遺」同『民法論集第1巻』（有斐閣，1970）184頁以下がある（初出1966）．

(5) 発信主義は発信と到達との間に時間的間隔があることを前提として，契約の成立については発信主義を取るものであるが，ファクス，コンピュータによる伝達では時間的間隔が問題とならなくなっている．承諾の発信主義は到達主義に改められるべきであるとの考え方がある．内田43頁

達に関する民事訴訟法の規定に従い，裁判所の掲示場に掲示して行うことができる（その掲示があったことは官報に少なくとも1回掲載される）（98条に詳しい規定がある）.

第2節　意思表示の構造と効力[6]

1　意思表示の仕組み

意思表示は法律上の効果を発生させようとする意思の表明であるが，どのようなプロセスを経て成立するか．これが意思表示の構造とよばれる問題である．これは内心の意思を相手方に伝えるプロセスのことである．

通常の場合，［(動機→）内心的効果意思→表示意思→表示行為］の問題として分析される．すなわち，本物だからこの物を買う，という一定の動機にもとづいて効果意思が形成される．効果意思とは法律上の効果を発生させようとする意思のことである．効果意思は相手方に伝わらなければ意味がない．相手方に伝えたいという意欲のことを表示意思といい，その意思を相手方に伝える行為のことを表示行為という．表示意思を介在させると意思表示の成立に慎重になるが，効果意思は表示行為から推断できるとして，表示意思不要説もある[7].

2　意思表示に問題のある場合

(1)　意思表示の効力

ところで，意思表示はしたものの，意思（当事者が本来考えていたこと）と表示が対応していない場合はどうなるか，効果意思（内心的効果意思）と表示行為（表示上の効果意思）との間に食い違いが生じる場合である。意思と表示の不一致とよばれる問題であるが，その対応策が講じられる必要がある.

(i)　たとえば，表示に対応する意思が欠けている場合はどうなるであろうか．原則的には法律上の効果を認めることはできない．意思表示は無効である．しかし，この原則を全面的に貫徹すると，相手が困るという問題が発生する．すなわち，取引の相手方は，他方当事者 A の表示行為をみて，取引をす

---

(6)　より詳しくは，中舎寛樹『民法総則』（日本評論社，2010）155頁の図表のほか，大村 unit3 参照.

(7)　これによると，当事者が想定していたことと違う結果が生じたときは，錯誤による解決をまたなければならない.

べきかどうかを判断する．契約が有効に成立したと思っていたところ，表示行為に対応する効果意思が欠けていたとして，意思表示の無効を主張されると，取引の相手方は思わぬ損失を被ることになる．

(ii)　しかし，思わぬ損失を被るのは直接の相手方Bだけではない．Bに権利がある（権利が移転した）と思って，彼から目的物を譲ってもらう人もいるだろう．この第三者Cも，Aに表示に見合う意思がなかったとして，AB間の契約の無効を主張されると，影響を被ることになる．

AB間の契約が無効でBがAから有効に権利を取得していないとすると，Cは無権利者のBから権利を取得することはできないから，結局，Aの意思表示に効力がなければ，その影響は，Bだけではなく Cにも及ぶのである．

(iii)　意思表示の効力は，見方を変えると，契約の相手方ないし第三者の信頼をいかに保護すべきか，という問題でもある．民法は意思表示に問題のある場合を2つのカテゴリーに分けて規律する．

①　表示に対応する意思が欠けている場合（意思（いし）の欠缺（けんけつ）［意思の不存在］），これには，心裡留保（93条），虚偽表示（94条）および錯誤（95条）がある．

②　表示に対応する意思は存在するが，意思表示の形成過程において他人の違法な干渉があった場合．詐欺による意思表示（96条）と，強迫による意思表示（96条）があった場合である．

(2)　意思と表示の不一致

ここで，意思と表示の不一致に関する全体像をまとめておこう．どの条文もシンプルである．シンプルであればこそ，本質的な問題が凝縮されているということもできよう．

(i)　心裡留保では，一方当事者は，そのことを承知の上で意思表示をする．原則的には無効である．しかし，Aは自分で承知して違うことをいったのだから，Aの意思表示の効力を否定する必要はないのではないか，という問題が生じる．つまり，ここで問題になるのは，直接の相手方Bをいかに保護すべきかということである．

(ii)　虚偽表示では，両当事者が意思にもとづかない表示をしたことを知っている場合が問題となる．このような契約では，いかなる理由であれ，A B間でその契約を有効にするという考えは起こりえない．したがって，ここでは，A B間の事情を知らないで，Bから目的物を取得した第三者をいかに保護するかが問題となる．

(iii)　錯誤では，表示と対応した意思が存在しない場合が問題となる（たとえば，10ドルを10ポンドと間違える）．この点は，心裡留保（虚偽表示）と同じであるが，心裡留保では，その食い違いを本人が知っている場合である．知っているのにあえて，真実（の意思）と異なる表示をしたのであるから，本人を保護する必要はない．

これに対して，錯誤では，本人が意思と表示の不一致を知らないで，意思表示をした場合である．だから，本人を保護する必要がある．原則的にはこのように考えなければならないが，他方で相手方の立場も考える必要がある．そこで，民法は，本人が無効を主張できる場合について，一定の制約を設けた．

1つは，要素の錯誤であり（契約の重要な部分について錯誤があること），他は，表意者に重大な過失があるときは表意者みずからその無効を主張できない（95条），との規律である．

(3)　瑕疵ある意思表示

次に，瑕疵ある意思表示であるが，詐欺・強迫による意思表示がこれにあたる（96条）．

(i)　瑕疵とは何か．キズがある（欠陥がある），正常ではない意をあらわす法律用語であるが，キズがあっても，意思と表示は一致している．すなわち，この物を売る（中古建物），買う，という点では，意思と表示との間には食い違いはない．しかし，この物を売る，買う，という意思表示が，他人の違法な干渉により行われた．これが瑕疵ある意思表示とよばれるものである．

(ii)　このような意思表示の効力をどのように考えるべきであろうか．意思と表示との間に食い違いはないのだから，意思表示を当然に無効にする必要はない．無効にするかどうかは本人の判断に任せる．この判断を実行にうつす手段として本人にあたえられたものが，取消権である．意思表示が取り消されると，はじめから無効であったものとみなされる（121条）．これが取消しの効果である(8)．

3　意思主義と表示主義

意思表示の構成要素としてどの点に重きを置くかについて，意思主義と表示

(8)　効果意思（自分が思ったこと）と表示行為（自分が言ったこと）の間に食い違いが生じるとは，表示行為を通じて判断される効果意思（表示上の効果意思）と内心の効果意思が一致していない，という場合である．

主義の 2 つの考え方がある．

(i)　意思主義は，意思表示の本体は意思にあると解する立場である．意思表示は法律行為の不可欠の要素であるとの考え方を徹底すると，意思主義はおのずから引き出される 1 つの考え方である．表示主義は，表示行為に重きを置く考え方である．ここにあるのは，相手方の信頼の保護という取引上の要請である．

(ii)　意思主義と表示主義のいずれが妥当か．これは規定がつくられるときに判断される場合と，すでにある規定の適用のあり方をめぐって議論される場合とがある．たとえば，心裡留保（93 条）は真実の意思をこころにとどめ，それとは異なる表示を行う場合である．意思主義をとると無効とすべき意思表示であるが，相手方の立場を考えると，信頼を保護すべきである，と考えることもできよう．これは表示主義に重きをおく考え方である．93 条は，この 2 つの考え方がそれぞれに考慮された規定である（相手方を保護する必要のない場合については，ただし書がある）．

三層構造にあてはめると，意思表示の基礎理論にもとづくというよりも，現実問題対応型判断（第 1 段階）が結実した規定である．

(iii)　次に，民法の規定の適用については，どのような場面で意思表示の効力が問題となるのかを考えねばならない場合がある．錯誤（95 条）による無効の主張が取消しと同様の効力をもつものとしてあつかわれるべきだとする考え方がある．ここにあるのは，「意思表示」の効力というよりも，「法律行為」としてどのように考えるべきであるのかという，「法律行為」の効力をめぐる規範的判断である．意思主義と表示主義は，この意味の規範的判断をめぐる 2 つの基準と位置づけることができる．

第 3 節　心裡留保（93 条）

1　心裡留保の意義

(i)　意思表示をしたけれども，表示行為に対応する意思がなかった，というケースにおいて，まず，取り上げられるのは，心裡留保である．心裡留保については，その効力についてのルールがある．「意思表示は，表意者がその真意ではないことを知ってしたときであっても，そのためにその効力を妨げられない」（93 条）．

たとえば，父祖伝来の骨董品が，時価 50 万円であったとする．本人にはその気はまったくないが，相手がどういう反応をするのかと面白がって，パーティーで 10 万円で譲ってもよいといった．相手は本気にして，10 万円で譲ってもらいたいといった．そうして，後日 10 万円を用意して，骨董品の引渡しを請求したところ，持ち主のAはあわてて，あれは冗談だよといって断った．Aの言い分はゆるされるか．

冗談であれば，笑ってすますことができる．冗談は社会生活の潤滑油でもある．しかし，同じ冗談でも，契約がからんでいるとき，すなわち法律行為（意思表示）が問題となる可能性があるとき，お互い笑ってすますことができるか．このような場面において，法律上の手当てを施したのが心裡留保である．

(ii)　心裡留保とは，真意（真実の意思［内心の効果意思］）をともなわないことを表意者みずからが知っていて，しかもそのことを告げないでする意思表示である．このような場合には，当該の意思表示は，その効力を妨げられない．自分のしゃべったことは冗談だと言い張ることはゆるされない．心裡留保の眼目は，その効果について，無効になることはない，として，ストレートに有効と断じていない点にある．

真意と効果意思の関係であるが，本人は売るという表示をした．しかし，本人には売るという意思がない，別のことを考えていた，という場合である．真意とは，真実の意思，すなわち，表示（上の効果意思）とは別のことを考えていたことをあらわす法律用語である．

(iii)　つまり，起草者見解によると，93 条は表意者が相手方に対して真実の意思を隠密した場合の規定であって，表示した意思と腹に思っている所と符合しない．その符合していないことを知りつつ（通常は相手方を欺く目的をもつ）表示する．「知って」の文言が重要であり，本条の骨（骨髄）である．この文言がなければ本条は幽霊同様で何も意味をなさない．錯誤との違いは，意思表示が真意でないことを知る，知らぬの一点にある．知れば，心裡留保か，虚偽表示となるが，知らない場合は錯誤にあたる（富井）．

2　心裡留保の効果

(i)　心裡留保には，表示行為はあるが，表示に対応した効果意思がない．このような意思表示は本来からいうと，無効にしなければならない．しかし，民法は心裡留保を原則として有効だとするのである．このことは上述のように，93 条本文から分かる．「その効力を妨げられない」とは，心裡留保は有効であるとの意味であるが，そうすると，なぜ，ストレートに有効だといわないのであろうか．なぜ，上記のようなもったいぶった言い方をするのか．本来は無効なのだが，表意者の態度，取引の安全を考えて，無効にする必要はないと考えられたのである[9]．

(ii)　すなわち，表意者Aの保護と相手方Bの保護との利害調整が行われる．その結果，原則的には，相手方を保護すべきだと判断された．意思主義と表示主義の比較衡量という点では，表示主義に重きをおかれたことになる．つまり，表示を信頼した相手方の保護をはかる．これが心裡留保を単純に有効だと言い切るのではなく，「その効力を妨げられない」との本文が選択された理由である．

(iii)　93条が表意者の保護と相手方の保護との利害調整をはかった規定であるとすると，相手方を保護する必要のないときは，当該意思表示の効力を妨げる．つまり無効にしてかまわないということになる．この点については，同条ただし書が規定する．すなわち，――

①　相手方が悪意の場合（表意者の真意を知っていた場合）と，

②　相手方が表意者の真意を知ることができたとき，である．

「知ることができたとき」とは，「相手方が，過失があったために知らなかった（善意だが，善意であることについて過失があった）」という意味である．過失というのは注意を怠ったという意味である．

①の場合は，相手方も本気にすることはない，との判断，②の場合は取引社会における通常人としての注意を求めたものである．すなわち，相手方が冗談であることを知らなかった場合でも，注意をしておけば気づくはずだという場合である[10]．

(iv)　ところで，以上の2つの場合の内で，①については，相手方を保護する必要はないことはわかる．しかし，②については，意見が分かれるかもしれない．

相手方が表意者の真意を「知ることができたとき」にまで，なぜ，当該意思

(9)　須永（初版）176頁によると，表意者の態度というのは，「真意を伴わないことを知りつつ当該の表示をしているのだから表意者保護の必要性が全くな［い］」こと，取引の安全とは，「当該意思表示に対する取引界からの信頼の方が保護されるべき」だということである．

(10)　須永194頁では，93条ただし書は虚言のような非真実表示についてのみ適用されるべきとする．

表示を無効にし，表意者の保護をはかろうとしたのか．

この点については，立法過程の議論が示唆的である．当初，意思表示が無効とされるのは，①の場合に限られていた．しかし，のちに（整理会），以下のような意見が出された．すなわち，当事者の一方が冗談で意思表示をし，ちゃんと見ればそれが冗談であることが分かる場合でも，相手方がそれを知らないかぎりは意思表示としての効力が生じてしまうことになる．これはおかしい，ということである．つまり，②の場合を含めないと（②は相手方が善意有過失の場合である），冗談もいえないことが斟酌されたということである(11)．

(v)　しかしながら，問題はここから始まる．立法趣旨を推しすすめると，うそをいう場合は，表意者に欺もう（欺罔）の意図があったかどうかにより，2つに分けることができる．

第1は，冗談のような場合である（冗談を言っていること，つまり真意をともなっていないことについて，相手方がよもや誤解することなどないと予期できる場合である）．この場合は，表意者に欺もうの意図はない．善意有過失の相手方（②の場合）に対する無効主張を認めても必ずしも不当とは言えない．

第2は，相手方が誤解するのもやむなしと考えていた場合である．この場合は，表意者には，詐欺的意図があったと考えられ，表意者を保護する必要性はそれほど大きくない．相手方悪意の場合にかぎり無効が認められれば足りる(12)．

3　心裡留保と三層構造

この見解は，表意者と相手方の利益の比較衡量により具体的な問題解決の視点を発掘するものである．立法趣旨にもかない，実質的にも，信頼保護のあり方としてバランスのとれた考え方であるが，三層構造からみると，現実問題対応型判断（第1段階）にもとづく提案と思われる．すなわち，この問題は，心裡留保の基礎理論，それは意思表示の制度的基礎に発展する可能性のある問題であるが，そこにいたる前段階においても，さまざまなアプローチのあることが分かる．三層構造は意思表示についても，さまざまな視点から問題を掘り起こすことができる．上記の考え方はその一例である．

---

(11)　石田218頁参照．

(12)　以上は須永（初版）177頁による問題提起．

4　93条の適用範囲

(i)　以上をまとめると，心裡留保においては，相手方は表意者の意思表示を信頼して契約をする．そうして，契約にもとづいて債務の履行を求める．これに対して，表意者は相手方に悪意または過失があったとして意思表示の無効を主張する．この事実が認められると，心裡留保による意思表示は無効となり，表意者は契約の拘束力を免れることができる．

(ii)　もっとも，訴訟において心裡留保が争われることはそれほど多くない[13]．ただし，心裡留保のルールが類似の問題状況において（一応の）基準として適用される場合がある．93条ただし書が類推適用される場合である．

代表例は，代理人の権限濫用（代理権の濫用）である．代理行為では，代理人が本人に代わって法律行為（契約）をすると，その効力は本人に及ぶ．

それでは，金銭の借り入れや，不動産の処分にあたり，代理人が，自己の遊興費にあてるため，相手方と契約をした場合はどうであろうか．この場合，相手方が本人との間で契約が有効に成立したと信じ，本人に対して，借入金の返済，不動産の引渡し（登記移転）などを求めたとき，本人は相手方の請求に応じなければならないか．

(iii)　法形式としては代理行為が行われたが，実質的には代理人の利益をはかるために行われた場合である．代理行為が本人の意図に反することは明らかな場合である．

このような問題について，民法には，直接この問題を解決する手がかりとなる規定は存在しない．しかし，この事例と同じような状況を解決するルールを見つけることはできる．93条ただし書である．

判例はこの規定を類推適用して解決をはかった．すなわち，「代理人が自己または第三者の利益をはかるため権限内の行為をしたときは，相手方が代理人の右意図を知りまたは知ることをうべかりし場合に限り，民法93条ただし書の規定を類推して，本人はその行為につき責に任じないと解するを相当とする」[14]．これは，代理権限が濫用されたときも，代理行為そのものは有効に行われたと考える．しかし，当事者の利害状況を考慮すると，この場合は代理人

---

(13)　93条本文およびただし書の通常適用が問題となったケースとしては，たとえば，不動産売買において，買主が売戻しの意思・代金全額の支払いをする意思がないにもかかわらず，その意思があるかのように装ったケースがある（大判大正14年3月3日新聞2383号20頁）．なお，カフェー丸玉事件【前述参照】は心裡留保の視点から取り上げることもできる．

が自己の利益を図るために，代理制度が濫用された場合であるから，なんらの留保もなしにこの代理行為を有効とすることには問題がある，と判断した．この判断を具体化するために，93条ただし書の規定を借りて処理しようとした．

(iv)　もっとも，別の解決の仕方がないわけではない．代理権のない行為として無効（無権代理）としたうえで，相手方を表見代理の法理で救済する方法である．

これについては，第5章（代理）で詳述する．ここでは，93条ただし書は，本来の適用場面よりも，類推適用される場合が重要である，ということに注意を喚起しておきたい．

この理は法定代理にもあてはまる．類推適用を肯定した判例がある(15)．

(v)　その他，注意を要することとして，93条は，婚姻，縁組など家族法上の行為（身分行為）には適用されない（通説．縁組につき最判昭和23年12月23日民集2巻14号493頁）．当事者の意思が尊重されるべきであるからであるが，家族法を「人の法」と解すると，このことはなおいっそうあてはまることである．

ところで，心裡留保は意思と表示が一致しない場合のことであるが，そもそも意思がどういうものであるか，意思の存否そのものの判断が困難な場合がある．この点は法実務では問題となるところである(16)．

第4節　虚偽表示（94条）

1　虚偽表示の意義

(1)　**通謀虚偽表示**

(i)　虚偽表示とは，真実と受けとられても仕方のない行為をすることであ

---

(14)　最判昭和42年4月20日民集21巻3号697頁．もっとも，代表取締役の権限濫用のケースについての最判昭和38年9月5日民集17巻8号909頁が先行しており，昭和42年判決は昭和38年判決の参照を指示している．

(15)　最判平成4年12月10日民集46巻9号2727頁，『基本判例』9事件（新井）．未成年の子の所有する不動産を親権者が物上保証に供した場合について，「親権者は，原則として，子の財産上の地位に変動を及ぼす一切の法律行為につき子を代表する権限を有する（民法824条）ところ，親権者が右権限を濫用して法律行為をした場合において，その行為の相手方が右濫用の事実を知り又は知り得べかりしときは，民法93条ただし書の規定を類推適用して，その行為の効果は子には及ばないと解するのが相当である」．

(16)　山本151頁では，名義貸しの事例が取り上げられている．

る．たとえば，AとBが実際には売買契約などないのに，AB間で，ある物の売買契約をしたかのように装うこと，これが虚偽表示である．真意をともなわない意思表示がなされる点では心裡留保と共通するが，虚偽表示では，心裡留保のように，自分ひとりでなく，相手方と通じて行われる点に特徴がある．

(ii)　虚偽の意思表示には効果意思がない．そのような意思表示が無効であることに異論はない．効果意思というのは内心的効果意思であり，虚偽表示が無効であることは（理論上だけでなく）条文上も明らかである（94条1項）．民法の「虚偽表示」制度の特徴は，「相手方と通じてした」（通謀）虚偽表示を取り上げ，これについて特別のルールを設定したことにある．すなわち，通謀のある場合の無効は善意の第三者に対抗することができない（94条2項）．

(2)　虚偽表示の目的

(i)　ところで，通謀が必要だということは，当事者の双方が自分の一存で心裡留保をするだけでは，虚偽表示にならないことを意味する．問題はここから始まる．

AとBはなぜ，売買を仮装するのであろうか．この問題を虚偽表示の目的という．

たとえば，Aは，債権者Cからの差押えをまぬかれる目的で，Bと通謀して，A所有の不動産について売買契約を締結するかのように仮装して，登記名義をBに移したとする[17]．Aは財産隠匿の目的でBに譲渡とするかのように装ったわけである．

なぜ，ここで登記が問題になるのか．土地・建物はすべて登記簿に記録しなければならない．登記を閲覧すると，不動産に関する権利の保存等がわかる[18]．AB間で売買契約があって，Bが完全に所有権を取得するには，登記をしなければならない（177条）．登記をしなければ買主はその権利を第三者に対抗することができないのである．

Aが登記名義をBに移したのは，目的物の所有権が完全に自分の手を離れた

---

(17)　この例について，中舎寛樹「虚偽表示における当事者の目的（一）」名古屋大学法政論集82巻80頁（1971）．

(18)　不動産登記は「不動産の表示及び不動産に関する権利を公示するため」の制度であるが（1条），登記するのは権利それ自体ではなく，「権利の保存等（保存，設定，移転，変更，処分の制限又は消滅……）」つまり物権変動である（3条）．ちなみに，表示登記は義務（不動産登記法36条，47条1項等．過料の制裁あり）であるが，権利登記は義務ではない．

かのように装う必要があったからである（この状態では，債権者はこの不動産を差し押さえることはできない）．つまり，虚偽の状況を作出するときはそれに見合う外形，ほんとうらしくみえる外形を作らないと意味がない，ということである．この登記は「実体関係」（真実の権利関係）を反映したものではないため，「不実登記」とよばれる．

(ii)　虚偽表示の仕組みにはいる前に，虚偽表示はどのような場合に行われるのか．これは虚偽表示の目的といわれる問題である[19]．これまであまり取り上げることもなかった問題であるが，民法の虚偽表示の仕組みに関する特徴がより分かりやすくなるのではと思われる．

虚偽表示は何のためになされるのか．必ず目的があるはずである．設例では，債権者の差押えを免れる目的がこれにあたる．この目的は，所有権譲渡という法形式を用いることにより達成される．すなわち，ここでは，当事者の意図するところと，外形との間には不一致はない．したがって，両者が一致しているときは，「虚偽表示」ではない，という見方もできよう．ただし，債権者の追及をまぬかれるという，不法の目的があったために，民法 90 条（公序良俗）により譲渡が無効になる場合はある．

(iii)　つまり虚偽表示の目的ということを考えると，意思と表示の不一致という観点から，無効とするのではなく，契約内容から判断して社会的妥当性を欠く行為として無効にすることができる場合もあるのではないか．しかし，従来はわが国ではこのような主張はあまりなかった．というのは，「虚偽表示の目的」を探るという問題意識はわが国ではほとんどなかったからである．つまり，虚偽表示については，意思と表示の不一致というところに焦点があてられ，虚偽表示はどのような場面で，どのような目的で行われるのか，についての問題意識は十分ではなかった，ということである．

(iv)　設例では，AB 間に所有権譲渡の意思はない．しかし，AB 間で所有権譲渡があったかのように装う．意思と表示の不一致である（意思の欠缺（意思の不存在）とよばれる状態）．

しかし，既述のとおり，虚偽表示の目的と外形が一致しているときは，「外形に対応する効果意思がない」として，契約を無効にするのではなく，契約をひとまず有効としたうえで，契約内容を客観的に評価し，無効とする．虚偽表

⒆　虚偽表示の目的，という問題意識を喚起したものに，中舎・前掲注⒄論文がある．

示の証明は困難であることを合わせ考えると，「虚偽表示の目的」アプローチは，従来忘れられていた視点をよび起こすものである．虚偽表示にはこのような視点もあることを理解しておくことは，民法の虚偽表示制度の理解を深めることにつながる．

(v)　三層構造からみると，法律行為の規整をどのように行うか，意思表示の規整と契約内容の規整との関係のあり方としてとらえることもできる．その点では，法律行為の制度的基礎にかかわる問題である（制度的基礎対応型判断〔第3段階〕が求められる）．

(3)　隠 匿 行 為

なお，虚偽表示には，虚偽表示における「隠匿行為」という問題がある．虚偽表示は，売買を仮装して贈与をなす場合のように，虚偽表示とは別の行為をなす（真実）意思をともなうことがある．この行為は虚偽表示から見ると，隠匿行為にあたるが，隠匿行為自体は有効である，とされる[20]．

2　虚偽表示の効果

(1)　具体的内容

(i)　売買契約の仮装により，登記が移転された場合を取り上げてみよう．前記設例のように，不動産を売ってもいないのにAからBへ，不動産の所有権移転登記がなされた場合である．

この場合，AからBへの所有権移転登記は通謀虚偽表示（売買契約（の要素である申込み・承諾の意思表示））を原因としてなされた登記として無効となる（94条1項）．

ここで無効というのは，売買（契約）が存在しないのと同じ意味である（心裡留保との違いに注意）．その結果，移転登記は無効となる（実体関係に符合しない不実登記として無効（抹消されるべきもの）となる）．

このとき，無効には次の意味がある．

①　債権者CはABの売買の無効を主張して，Aの不動産に執行することができる（ただし，前述のとおり，虚偽表示の証明はむずかしい）．

②　財産隠匿に成功したとき，Aは登記の無効を理由に，Bに対して，移転登記を抹消して，元に戻せと請求できる．

---

(20)　もっとも，隠匿行為が有効であるためには，虚偽表示の無効を主張しなければならないため，結局は94条2項の制限を受けることになる．

ＡＢ間の解決としては，このようになる．すなわち，虚偽表示はＡＢの間では格別の問題は生じない．両当事者ともに効果意思がないのであるから，契約が無効であることはお互い承知のうえのことである．

(ii)　したがって，虚偽表示の課題は，虚偽表示の外観を信頼した第三者の立場をいかに配慮するかにある（94条2項）．善意取得者の保護の範囲である．

同項によると，意思表示の無効は，善意の第三者に対抗することができない．

善意とは，ＡＢ間に虚偽表示が行われたということを知らないこと，である(21)．不動産売買でいえば，通謀虚偽表示であるのは売買契約であり，善意とは，「売買契約が通謀虚偽表示であること」（効果不発生の合意）を知らなかったことである．94条2項の趣旨（不実の外形を信頼した者を保護する）からすると，表示どおりの効果の発生を信じたことが要求されそうであるが，そこまでは求められてはいない．

第三者とは，売買の仮装を信じて（Bを所有者と信じて），Bからその不動産を譲り受けた者である．すなわち，虚偽表示の当事者およびその一般承継人（相続人）ではなくして，ＡＢ間の関係に対してあらたな利害関係を有するにいたった者である(22)．

対抗することができないとは，無効を主張することは，虚偽表示の当事者だけでなく，他の第三者も許されないということである．無効の主張が封じられるため，結果的には善意の第三者はＢから権利を有効に取得する(23)．

(iii)　以上の仕組みを機能的にとらえると，94条2項は　虚偽表示の外形を信頼した第三者を保護する役割をになう規定である．110条（権限外の行為の表見代理）や192条（即時取得）とともに，「権利外観の法理」のあらわれといわれる理由はこの点にある(24)．

とくに，94条2項では，登記に一定の場合に公信力をあたえることになる

(21)　「善意」の意義の歴史的考察について，小川浩三「民法と他領域（11）法制史」争点29頁が示唆に富む．善意であることと，信頼との関係については，佐久間122頁参照．

(22)　大判大正5年11月17日民録22輯2089頁，最判昭和45年7月24日民集24巻7号1116頁など．四宮＝能見204頁では，意思表示の目的（物）について利害関係を有するにいたった者とする．なお，もともとの第三者の意味は，ある法律関係の当事者以外の者を指す．その点で，本文にいう第三者は，94条2項の第三者の範囲という問題との関係で既に範囲が絞り込まれたものである．

(23)　四宮177頁参照．

ため，このような機能をどう評価すべきか，が問題となる．これは94条2項の適用問題というよりも，「権利外観の法理」との連携が必要とされる問題である．

⑵ 虚偽表示の外形と登記

（i） 不動産取引と登記の関係について述べておこう．これについては公示の原則と公信の原則とよばれる2つの原則がある．公示の原則とは，公示をともなっていない物権変動は，第三者において，その存在を否定できるとの考え方である．登記されていない物権変動は存在しないという消極的信頼が保護される（177条の対抗要件主義）．

公信の原則は，公示があることにより物権変動が有効に存在しているものと信頼した第三者には，その信頼に則した保護が与えられるべきとの考え方である．登記された物権変動は存在する（登記上の権利者は真実の権利者である）との積極信頼の保護を目的とする．この原則は登記の公信力を認めるものである．

不実登記を信頼した者の保護は登記の公信力に係わる問題である．

この登記が虚偽表示の外形にあたる．真実の権利関係を反映していない不実登記であるが，真実の権利関係をあらわしている登記と信頼して，譲りうけた第三者はどのような立場に立たされるか．第三者が保護されるべきであるとの考え方に立つと，その範囲が問題となる．登記制度からみると，これは登記の公信力に係わる問題である．

(ii) 前述のように，不動産はすべて登記簿に記録されなければならない（コンピュータによる登録もできる）．取引をしようとする者は登記簿を調べれば，だれが所有権者であるか分かる仕組みになっている．登記には，公示の役割がある．どこに，どういう不動産があり，その不動産に，だれがどういう権利をもっているか，が公示される．

そのため，権利関係の変動は登記に忠実に反映されるべきことになっているが，現実には不実登記が存在する．そこで，不実登記を信頼した者は，有効に権利を取得しうるか，という問題が生じる．

登記の公示機能に注目すると，認められてもよさそうである．しかし，わが国では，このような不実登記を信頼しても，登記に記載されたとおりの法律効

---

(24) 以上，四宮＝能見178頁．「権利外観法理」として説明されることもある．権利外観法理とは善意無過失で外観を信頼した者を保護するための理論である．

果を認めることはできない，とされてきた．このことを，登記には公信力がない，という(25)．

(iii)　したがって，登記を信頼した者が有効に権利を取得するには，特別の理由があるときに限られることになる．この点で94条2項が1つの手がかりとなるのである．同項によると，　Bが事情を知らない第三者C（AからBへの所有権移転登記は虚偽の登記であることを知らない第三者（善意の第三者））にその不動産を売却した場合，結果的には登記を信頼した者の権利取得が肯定される．そのかぎりで，登記の公信力が認められたと同じあつかいになる．

(iv)　94条2項は，「権利外観の法理」にもとづく規定といわれる．実際とは異なるが，権利があるかのような外観が存在する場合，外観を信頼した者に対して，外観どおりの権利をあたえる，という考え方である．

どのような場合に保護されるか．民法にはいくつかの制度があるが（110条，192条など），94条2項にあてはめると，通謀虚偽表示では，当事者の双方がみずからの意思で虚偽の状況を作出したのであるから，権利が失われるとしても，仕方がない，ともいえる．両当事者の積極的関与と第三者の信頼を比較衡量すると，第三者を保護する要件は緩やかでよいことになる．これは虚偽表示の構造からみたアプローチであるが，そこにもう1つ，登記には公信力がない，との物権法上の問題が重なる．登記に公信力を認める方向で考えると，94条2項は，そのための拠りどころとなる規定である(26)．

⑶　善意の第三者

(i)　第三者の保護については，善意で足りるとする考え方のほか（判例・通説）(27)，無過失を要するとの立場がある．虚偽表示であることについて知らな

---

(25)　登記は不動産に関する権利の外形であるから，登記を信頼して取引をした者が保護されてしかるべきであるとすることもできるが，登記に「公信力」がないことは（公信の原則が適用されない），不動産取引では取引の安全よりも所有者の権利が尊重されていることを意味する（静的安全の保護）．取引の安全にとっては，公信力がないことをどこまで貫いてよいのか（どの範囲までゆるめることができるか）が課題となる（動的安全の保護）．

(26)　物権変動における公信力説とつながる問題である．篠塚昭次「物権の二重譲渡」『論争民法学 I』（成文堂，1970），同『民法セミナー II 物権法第二分冊』（敬文堂，1970）100頁，半田正夫「不動産の二重譲渡へのひとつのアプローチ」北法16巻4号39頁（1966），同「不動産所有権の二重譲渡に関する諸問題」『不動産取引法の研究』（成文堂，1980），石田喜久夫「対抗問題から公信力へ」『物権変動論』（有斐閣，1979）など．

(27)　大判昭和12年8月10日新聞4181号9頁，大判昭和17年3月23日法学11巻1288頁など．

かったが，この点について過失がなかったとの要件が必要と解するものである．

(ii)　法文にはない要件であるが，無過失を要求する理由として，利益衡量のファクターは多いほどよいということと，権利外観の法理（94条2項の基礎にある考え方）にもとづくと無過失を要求してもよいことが，あげられている．後者は権利の外観を信頼した人を保護するとはどういうことかを実質的に判断し，保護に値する人とはどのような人か，それはやるべきことをやった人ではないかと考えるものである[28]．

(4)　登記の要否

ところで，不動産を譲り受けた者が第三者として保護されるとき，登記を移転しておく必要があるであろうか．第三者Cが有効に所有権を取得するための要件は何か，ということである．

(i)　この点についても，説が分かれている．必ずしも登記（対抗要件）の具備を必要としないとの考え方のほか[29]，登記必要性も存在する．

しかし，このような結論の違いを知るだけでは意味がない．登記の要，不要がなぜ問題となるのか．問題の本質をさかのぼってみる必要がある．この点については，民法の総則編は後続の各編との関係で成り立つものであるから，94条2項の適用範囲についても，物権法との関連を考える必要がある．すなわち，登記を必要とする「対抗問題」（物権法の基本問題の1つ）とは，どのような役割をになう問題であるのか，である．これをどう考えるかにより，登記の要・不要説の意義が変わってくる可能性がある．すなわち，ここでの問題は，177条（物権編）と94条2項（総則編）の関係をどのように構成するかの問題である．

(ii)　ところで，「対抗問題」とは，たとえば，B所有の不動産がAに譲渡されたあと，Cにも譲渡されたという場合の（二重譲渡という），AC間の優劣関係のことである．どちらが最終的に権利を取得するのかが問題となる．

これに対して，94条2項ではどのような事例が想定されているのか[30]．たとえば，不動産がA→B→Cと譲渡された場合，AとCとの関係は，Cの

---

(28)　この点について，多田利隆『信頼保護における帰責の原理』（信山社，1998）を参照．

(29)　最判昭和44年5月27日民集23巻6号998頁参照．

(30)　94条2項の沿革については広中俊雄（編）『民法修正案（前三編）の理由書』（有斐閣，1987〔オンデマンド版を使用〕）142〜144頁参照．

立場から見ると，売主（B）の「前主」（真の所有者）と買主（C）との関係であって，対抗関係にあるのではない，と考えることができる．

ここでの問題は，Cとの関係でAB間の売買が有効になされたものとしてあつかってよいか，ということである．有効にあつかってよいとすると，AはCとの関係で権利（所有権）を失うことになる．すなわち，ここで問題となっているのは，食うか食われるか（いずれが優先するか）という「対抗問題」ではない．真の所有者Aが，Cとの関係で権利を失ってよいかという問題である．

(iii)　このように解すると，Cが不動産を有効に取得するために登記が必要かどうかという問題は，対抗問題における優劣を決める要件としての登記ではない．Cの善意取得を認めるには，Cはどこまでのことをなすべきか，という問題と同様のものではないか，ということである（第三者の無過失の要・不要と類似した問題）．つまり，Cは，どこまでのことをすると，Aとの関係で保護されるのかということである．

(iv)　Aは虚偽表示の外観作出に積極的に関与したのだから（「通謀虚偽表示」），この点を取り上げると，第三者のCに権利を取得させる要件は緩やかでよいのではないか，との考え方が成り立つ．これによると，登記不要説にはそれなりの理由があると思われる．この説では，Cは，（Bに対してはもちろん）Aに対しても，登記がなくても自分が権利取得者であることを主張することができる．Cにとっては，94条2項により，AB間の譲渡は有効であったと同様の効果があたえられるわけである．

(v)　このような考え方が引き出されるのは，不動産がA → B → Cと譲渡された場合（AB間は虚偽表示による仮装の譲渡），AとCとの関係は対抗問題（177条参照）ではない，と構成することができるからである．

ただし，登記必要説もありえないわけではない．この場合は対抗要件としての登記ではなく，「権利資格保護要件」としての登記が念頭におかれることにある[31][32]．

⑸　転得者の保護 ── 絶対的構成と相対的構成

(i)　善意取得者Cから譲り受けた転得者Dの立場はどうなるであろうか．

---

(31)「権利資格保護要件」としての登記の機能については，好美清光「物権変動をめぐる現在の問題点」書斎の窓299号19頁（1980）参照．

失踪宣告の場合にも同様の問題が生じる[33]．設例で，Cが悪意または有過失であったが，Dは善意無過失であったという場合である．この場合，AはDから不動産を取り戻せるか．できない（Dは保護される）とするのが判例（最判昭和45年7月24日民集24巻7号1116頁）であるが，第三者が善意（無過失），転得者が悪意（または有過失）の場合はどうなるか．善意取得者保護の法制度で一般的に生じることである[34]．

(ii)　これについては，絶対的構成と相対的構成の当否をめぐる議論がある．取引の安全を強調すると，ひとたび善意のCがあらわれると，それで終わりとなる．すなわち，Aは悪意のDに対して不動産の返還を求めることができない．Cが善意であれば，あとはどのような事態が生じようとも，問題を一律に解決する．絶対的構成とよばれるが，取引の安全とは，一般的にそうあるべきだと考えるものである．

これに対して，取引の安全一般ではなく，取引関係に入る当事者の具体的な信頼保護を強調すると，AB間の虚偽表示について悪意である者は ―― 善意者のあとにあらわれた者であろうとも ―― 保護するには値しない，ということになる．この考えの基礎にあるのは，94条2項の保護は具体的に問題となる当事者ごとに考えればよいという発想である．相対的構成とよばれる．

(iii)　以上の両説のうち，かつては，絶対的構成が一般的であった．法律関係の明確化および確定化が論拠とされたが，相対的構成も有力である．論理的には2つの考え方のいずれも可能であるが，いずれをとるべきかは，民法の解釈・適用のあり方に関係する．

相対的構成は問題となる当事者ごとに法律関係の成否を考える．具体的な当該当事者の利益を衡量する．それによってAとDのいずれが保護されるべきか，結論がおのずと導かれると考えるわけである[35]．

---

(32)　三層構造に照らすと，以上の議論は，現実問題対応型判断にもとづくものであるが，その先にあるのは登記制度の運用のあり方であり，これが定まると，ルールが明確になる．本来は登記制度により解決されるべき問題が94条2項を通じて便宜的にルールづくりが行われているのであり，制度的基礎に対応した議論が求められる．なお，中舎寛樹「民法94条の機能」争点65頁参照．94条の適用については，制度（本来の）の趣旨よりもその役割が重要となっていることが分かる．

(33)　この点について，幾代通「善意取得者保護制度における絶対的構成と相対的構成」法学教室43号17頁（1984）．

(34)　32条1項後段，94条2項，192条以下，424条1項ただし書，466条2項ただし書など．

問題のポイントは，A は，善意無過失の C に目的物が譲渡された時点で一度はあきらめたはずである，という点にあると思われる．C の譲渡可能性（目的物の流通性）も考慮されなければならず，法律関係の明確化ということもある．絶対的構成には，相当の理由があると思われるが，ただし，上記の理由づけは失踪宣告の場合は当てはまらないのではないか．

(iv)　すなわち，虚偽表示の場合には，虚偽の外形が A と B によって積極的に作出されたのだから取引の保護を考えて A の権利を失わせるに十分な理由がある（身から出たサビ）．しかし，同じ善意取得者の保護でも，失踪宣告には虚偽の外形を作出したから責任を問われても仕方がない，という事情はない．ここでは利害関係者の立場を配慮して，不安定な状況に区切りをつけるために死亡が国家機関によって擬制されたにすぎない．このような場合は善意の D を保護すれば十分ではないか．失踪宣告を受けた者の犠牲において悪意の D を保護する必要はないのではないか．失踪宣告に関するかぎり，相対的構成にはそれなりの理由があると考えられる．

ここで問われているのは，虚偽表示という意思表示の一般的仕組みのあり方ではなく，失踪宣告という特別な法制度の趣旨である．三層構造によると，制度的基礎対応型判断（第3段階）が必要とされる場合である．

(v)　絶対的構成，相対的構成といっても，その当否は一律に決まるものではない．三層構造にあてはめると，どの段階の判断が必要であるのか，個別の対応が求められる(36)．

3　信頼保護のあり方

(1)　基本的な考え方

(i)　ここで信頼保護のあり方について考えてみよう．心裡留保と虚偽表示は，本来であれば，そのような意思表示は無効になるはずであるが，一定の要件の下で，契約の直接の相手方（心裡留保の場合）ないし直接の相手方からの取得者（虚偽表示の場合）が保護される．これは，これらの者の信頼（契約が有効

---

(35)　これは利益考量（衡量）論を取ると分かりやすい考え方である．

(36)　94条2項においても，絶対的構成を貫徹することには，なお残された問題がある．たとえば，AB 間の虚偽表示について悪意者である D などが，善意者 C をワラ人形に仕立てあげた場合はどうなるか．絶対的構成をつらぬくと，D の権利取得を認めなければならないことになるが，それでかまわないか．この点については，悪意の D に対しては例外的に保護を拒否すべきとの説がある．注意しておきたいところである．

に締結されることに対する信頼）を保護するという考え方にもとづくものである．それでは信頼とは何か．

信頼とは現代（市民）社会の骨となる支柱の1つである．さまざまな社会関係，とくに取引関係においては，関係者に対する信頼がなければ，そもそも取引は始まらない，ともいえる．民法の役割は社会の基本的仕組みの構築にあるとすると，このような信頼に対して相応の配慮をすることは当然のことでもあるのである．

ところで，信頼の保護には，二当事者間の信頼保護（たとえば，心裡留保）と，善意の第三者の保護がある．善意の第三者の登場を予定して，その者の保護をはかっている法制度は多数ある(37)．

「善意」とは，あることを知らないことである．「善意」であるかどうかが問題となるのは，信頼を保護するという考え方が基礎にあるからである．

(ii)　信頼保護の考え方が進展すると，現にある信頼保護のためのルールが類推適用される場合がある．民法の継続的発展と類推適用の関係については，第1部で取り上げたが，規範適用の特徴を確認しておこう．

すなわち，類推とは，「ある法文（1つの場合もあれば，複数の場合もある）を一般化することによってあらたな規範をつくり，それを，その法文の適用されるべき事案と重要な点で類似している事案に適用すること」である．類椎は，「拡張解釈と同様，立法後あらたに生じた利益を保護するという役割を果たしている．しかし，拡張解釈とちがい，法文の文理上の制約は無視されるため，濫用される危険性も大きい」(38)．

心裡留保と虚偽表示については，93条の類推適用は類似の事件を処理する複数の対応策の1つであるが，94条2項の類推適用は，この方法によらなければ解決のむずかしい問題に対するルール適用の方法である．その点でここでは重要な判例法理が形成されたことが注目される．

(2)　94条2項の類推適用(39)

(i)　ところで，本来の（通謀）虚偽表示で想定されているのは，はじめからAとBとが合い計らってAからBに虚偽の所有権移転登記がなされる場合であ

---

(37)　たとえば，虚偽表示（94条2項），即時取得（192条）など．詳しくは，多田・前掲注(28)参照．

(38)　五十嵐清『法学入門（第3版）』（悠々社，2005）158頁．

(39)　石田喜久夫「民法94条2項類推適用論」法学教室73号6頁（1986）など．

る．

しかし，通謀とまではいかないが，ＡとＢが，何らかの形で関与して，真実の権利関係とは異なる外観が作出される場合がある．典型例は，登記名義人と真実の所有者が異なる場合である．

このような問題を考える引き金となったのは，Ａ所有の不動産について，Ｂが自分の一存でＢ名義に所有権移転登記をしたところ，Ａが後日それに気づいた場合である．気づけばただちに元の状態に戻せばよいのであるが，場合によっては，放っておく，ということもあるであろう．このとき，Ｂ名義の登記を信頼した第三者Ｃがあらわれたとき，危険状態が現実化するのである[40]．

(ii)　代表的な判例として，最判昭和45年9月22日民集24巻10号1424頁がある[41]．本件は，Ａ女がある土地を買い受け，Ａ名義に所有権移転登記をしていたところ，Ｂ男がＡの実印などを冒用して，ＡからＢへの所有権移転登記手続を行った．ＡＢ間には譲渡がなかったにもかかわらず，Ｂが勝手に行ったものであるから，このような登記は実体関係とは異なる不実登記である．Ａからみると危険きわまりない状況が現出されたわけである．

ところが，このような危険な状況を不実登記がなされた直後に知ったにもかかわらず，Ａは抹消登記手続を見送った．経費の都合からとされているが，さらに，そののち，Ａ女とＢ男は，婚姻届を提出し，夫婦として同居するにいたるのである．Ａが銀行から融資を受けるときも，Ｂ名義のままで，本件土地を担保に供した（その旨の根抵当権設定登記を経由した）．

不実登記から４年を経て，Ｃがこの土地をＢから買い受け，登記を経由した．Ａからみると，危険な状況が現実化したわけである．この場合，Ａを救済する途はあるであろうか．

(iii)　本件では，不実登記の作出についてＡＢ間に（通謀）虚偽表示がなされたわけではないから，94条２項をそのまま適用することはできない．判例が行ったのは，94条２項の類推適用による妥当なルールの発見という方法である．

すなわち，「不実の所有権移転登記の経由が所有者の不知の間に他人の専断によってされた場合でも，所有者が右不実の登記のされていることを知りなが

---

(40)　先駆的判例として，最判昭和29年8月20日民集8巻8号1505頁．

(41)　『判百Ⅰ』（第６版）21事件（磯村）．

ら，これを存続せしめることを明示または黙示に承認していたときは」，94条2項を類推適用する．所有者はその後当該不動産について法律上利害関係を有するに至った善意の第三者に対して，登記名義人が所有権を取得しないことをもって対抗することをえない（なお，本件の不実登記は，所有者Aの「承認」のもとに存続せしめられたものであった，と判断された）．

なぜかというと，不実の登記が真実の所有者の「承認」のもとに存続せしめられている以上，承認が登記経由の事前にあたえられたか事後にあたえられたかによって，登記による所有権帰属の外形を信頼した第三者の保護に差など設けるべき理由はないからである[42]．

(iv)　問題はここにいう「承認」をどのように解するかである．本件は，4年も放置されていた場合であるが，単なる「放置」と，「承認」とは法的評価の対象としては，状況は同じではない．「承認」と評価されるためには，なぜ，そのように判断されるのか，説明が求められる．

民法の原則は，所有者は所有者であるということである（所有権の保障）．所有者にどの程度の落ち度があれば所有権を奪われてもよいのかも，財貨の帰属がどこまで保障されるべきであるのか，「財産の法」としての判断が求められる．CよりもAに非がある，という程度では，所有権を失わせるだけの重大な効果を発生させることはできないのではないか．すなわち，Aの利益とCの利益の（単なる）比較衡量によるのみでは解決できない問題ではないかと思われる．

このことは，意思表示の理論（その発展形態としての信頼の保護または権利外観の法理）によるのみでは解決することのできない問題であることをうかがわせる．

(v)　三層構造からみると，このような問題は，現実問題対応型判断（第1段階）による処理には限度がある．取引法（法律行為法）の秩序と不動産法の秩序の衝突の問題として，基礎理論が開拓されるべき領域である（基礎理論対応型判断（第2段階））．

なぜ，そのような基礎理論が必要とされるのか．「財産の法」としての民法の視点を設定すると，わかりやすい．（登記を必要とする）不動産取引を「1つ

---

(42)　以上，判旨による．不実登記が放置されているにすぎない場合については学説は分かれる．

の制度」として把握し，制度目的に対応するアプローチが必要とされるのではないか．不動産取引にどのような役割をあたえるか，求められるのは，「財産の法」としての民法の，制度的基礎対応型判断（第3段階）の必要性である[43]．

(vi)　94条の趣旨をどこまで拡張することができるか．拡張できるとしてどのような判断にもとづくものであるのか．応用問題を取り上げてみる．

たとえば，強制執行を免れるために，AがBに売買予約をしたことにし，その旨の仮登記（権利の保全）をしたところ，Bが無断で委任状を作成し，本登記に直し，Cに売却した場合はどうなるか．この場合，Aは明確な目的をもって（虚偽表示の目的），虚偽の外観を作出したわけであるから，Aに非があることは間違いない．ところが，本件では外観（仮登記）を作出したAの意図を超えるあらたな外観（本登記）がBにより作出されたケースである．Aとしては，本登記についてまで責任を問われることは，想定外のことであったかもしれない．このような場合，Cの権利取得は認められるか．

(vii)　この事件について判例は，AとCとの間の均衡を，Cの善意無過失に求めた．すなわち，Cが善意無過失であればCを保護することにした．第三者保護の要件を厳しくしたのである（Aが作出した外観にBが手を加えた．その分，Aの帰責性は弱くなる）．注目されるのは，94条2項と110条の法意に照らして，このような解決が導かれるとしていることである．

110条（表見代理，後述）は代理人が権限を越える行為をしたときの規定であるが，きっかけをあたえたのはAであるから，Aが責任を問われても仕方がない，という理屈である．真実の権利者が虚偽仮装の外形の作出に関与している以上は，これを契機として権利者の意図を越える虚偽仮装の外形が出現したとしても，同様にあつかわれるべきだ，ということである[44]．

4　不動産取引と登記の公信力

⑴　問題設定の枠組み

---

(43)　94条2項の類推適用は，「虚偽表示に準ずる状態」をどのように把握するかの問題であるが，偽りの登記があることを知ったときからではなく，もう少し積極的な関与が必要である，との考え方がある（内田61頁）．94条2項は通謀虚偽表示の規定であるから，類推適用といってもそこにはおのずと限界もある．このことは94条2項に加重の負担をかけることは妥当でないことを意味する．

(44)　このルールについては，須永（初版）184頁参照，判例としては，最判昭和43年10月17日民集22巻10号2188頁．

(i)　信頼保護のあり方，という視点から94条2項の類推適用を取り上げてきたが，この類推適用は，取引の安全をはかる機能をもつものであった．しかし，それだけではない．取引の安全をつきつめて考えると，その先にあるのは不動産取引における登記の役割に関する態度決定である．すなわち，94条2項の類推適用は，実際には登記に公信力がないことを補完する機能がある．これをどう評価すべきかである．不動産の取引において，登記に公信力が認められていないことは前述のとおりである．登記を信頼して譲り受けたとしても，売主が無権利であれば，買主は所有権を取得することができない．このような場合，所有権の取得を保障する制度は存在しないのである．

(ii)　ところが，94条2項の類推適用が認められると，結果的には，登記を信頼した者が所有権を取得する道が開かれる．類推適用が許されると，登記を信頼した者を保護する範囲が拡張され，登記に公信力があたえられたのと実質的には変わらない状況が生じる．ここでの課題は，どの範囲まで類推適用が認められるのかであり，真の争点は，意思表示の効力ではなく，不動産取引における登記の役割，つまり登記の公信力をどのような役割をになうものとして位置づけるかである．不動産の登記に公信力があたえられていないことを，物権法の問題として（「財貨帰属の法」として），どのように受けとめるべきか，ということである．

(2)　94条2項類推適用の類型化

(i)　94条2項の類推適用については，虚偽の外形（登記）が作出された事情にもとづいて，判例が類型化されている．

基本型としては，①意思外形対応型と，②非対応型に大別されるが（94条2項・110条の法意に照らして判断される場合），①については，外形自己作出型（権利者自身が外形を作出した場合）と外形他人作出型（他人が勝手に登記名義を移転した場合）がある(45)．

さらに，不実の所有権移転登記がなされたことについて，所有者に重大な帰責性がある場合に，94条2項．110条の類推適用を認めた判例が注目される（最判平成18年2月23日民集60巻2号546頁）．登記手続をすることができたのは，所有者の「余りにも不注意な行為によるもの」として，虚偽の外観（不実の登記）が作出されたことについての帰責性の程度は，「自ら外観の作出に積

(45)　類型化の原型については，四宮183頁．より詳しくは四宮＝能見208頁以下．

極的に関与した場合やこれを知りながらあえて放置した場合と同視し得るほど重いものというべきである」とされた．本件は，信頼保護を一歩すすめた判例として注目されるのである．

(ii)　三層構造からみると，判例にもとづく類型化は現実問題対応型判断（第1段階）にもとづくものである．その先をどのように進めるかは，登記の公信力に対する制度的基礎対応型判断が求められる（第3段階）．

5　「虚偽表示に準ずる状態」の射程範囲

(i)　94条2項の類推適用を，法律行為の取消しの場合にまで拡張すべきだとする考え方がある．「虚偽表示に準ずる状態」というのは，たとえば不実登記など，虚偽の外観が作出されたときから生じる状態のことであるが，そうすると，取消しの場合でも，同じ状況が現出されるといえないか．取消しがあると，契約は遡及的に無効となるが，登記をそのままにしておくと，真実の権利関係と外形とが不一致の状態がつづくことになる．この点を強調すると，94条2項の類推適用は取消しの場合にも認めるべきだ，とうことになる．

(ii)　この考え方は，解釈提案として示唆的であるだけでなく，ルールの適用（の範囲）に関する問題提起として，注目されるべきものである[46]．

第5節　錯　誤（95条）

1　錯誤法の必要性

(1)　**錯誤の意義**

次は，錯誤による意思表示である．錯誤とは，勘違い，思い違い，さらには，思惑違いのことである．思惑違いになると，だんだんと内容が重くなる．そこには当事者の打算がはたらいていると考えられるからである．

たとえば，ハイテクの工場が移転する，との情報をもらった．値上がりすると思って，周辺の土地を5000万円で買ったとしよう．しかし，移転の話は立ち消えになってしまった．買主にとっては当初の目論見がご破算になったが，このような結果になったのは，買主が自分でよく調査して情報を集めてこなかったからかもしれない．買主も軽率であったかもしれないが，思惑違いをしたということは，広い意味では判断ミスをした，ということである．

---

(46)　原点となる考え方として，幾代通「法律行為の取消と登記」於保還暦『民法学の基礎的課題上』（1971）53頁，とくに61頁以下．

このような判断ミスに対して，あらかじめ救済措置を講じておく必要があるであろうか．

民法で用意されているのは，錯誤の制度である．

(2)　錯誤法の特徴

(i)　錯誤は，その内容が重いかどうかを別とすると，日常生活で頻繁に起こる．しかし，民法で問題にするのはそのすべてではない．民法の対象となるのは，法律行為（意思表示）が行われるときに錯誤があったと認められる場合である．

意思表示に錯誤があるとは，どのような状態をいうのであろうか．

民法では，契約の両当事者を分断して，いずれか一方の当事者の意思表示に着目する．

95条によると，「意思表示は，法律行為の要素に錯誤があったときは，無効とする」，つまり，錯誤というのは，「当事者の合意」（のプロセス）に錯誤があったから，ということではなく，契約の一方当事者の意思表示に錯誤があったことを問題にするのである．民法では，「合意の錯誤」という考え方は採用されていない．この点は注意を要するところである[47]．

(ii)　ところで，この条文から分かることは何か．錯誤の効果は無効とされているため，錯誤は心裡留保や虚偽表示と同様，意思の不存在（意思の欠缺（けんけつ））の場合ととらえられていることがわかる（ただし，文理上はそのように読めるとしても，無効の効果を同様にあつかってよいかは別の問題である）．

さらに，「法律行為の要素」という文言にも注意を要する．錯誤のある意思表示のすべてについて無効を主張できるわけではない．錯誤があればすべて無効を主張できるとすると，相手方はたまったものではない．裁判官も困惑するであろう．歯止めの必要性はだれでも分かることであるが，「法律行為の要素」は相手方の立場を配慮した規定である（相手方からみると，他方当事者に対する信頼が保護される）．

(3)　錯誤と「無意識の不合意」

錯誤法に入る前に，錯誤と「無意識の不合意」の違いに注意しておきたい．

(i)　錯誤では，契約をした両当事者のうち，一方当事者の意思表示が錯誤の

---

(47)　「合意の瑕疵」という考え方について，森田宏樹「『合意の瑕疵』の構造とその拡張理論(1)～(3)」NBL482号～484号（1991）．

対象とされる．すなわち，錯誤では，ＡＢ間にひとまず合意のあることが前提とされている．契約としては成立しているのだが，一方当事者に錯誤があったから，その当事者は自分がした意思表示の無効を主張することができる．この点において，「錯誤」は「無意識の不合意」と区別されるべきものとされる．

(ii)　たとえば売買で，売主は「甲という物を売るつもりで甲を売る」と意思表示をしたのに，買主は「乙という物を買うつもりで乙を買う」と意思表示をしたとする．錯誤を意思（効果意思）と表示が一致しない場合ととらえると，この例の場合，売主，買主ともに，意思と表示が一致しているため，錯誤があるとはいえない．売主の意思表示と買主の意思表示には対応関係がないため，合意がなかったとして契約不成立になるにすぎない．

(iii)　もっとも，対応していないことを両者が意識して意思表示をすることは通常考えられない．したがって，検討を要するのは，当事者が食い違いに気づかなかった場合である．合意が成立したと誤信した場合であるが，このような場合を「無意識の不合意」という．錯誤とは区別されるべきものである(48)．

2　錯誤法の仕組み

(1)　**錯誤法の立法政策**

(i)　虚偽表示と異なり，錯誤は身近に起こる．伝統的理解によると，心裡留保および虚偽表示とともに内心的効果意思の不存在の類型に属する．しかし，前2者は，意思の不存在が認識されている場合であるのに対し，錯誤では，意思の不存在が当事者に認識されていない（この点は錯誤の本来的特徴である．ただし，動機錯誤が95条適用の対象となると，錯誤を意思の不存在の場合と構成することは，困難となる．注意を要するところである）．

心裡留保および虚偽表示と，錯誤との間にはこのような相違点があるため，錯誤者には保護されてしかるべき理由がある．取引安全（信頼保護）との比較衡量において工夫を要するところである．

(ii)　この点，95条では，立法上，２つの制約が設けられていることが重要である．すなわち，錯誤として無効を主張するためには，①法律行為の「要素」に錯誤のあることが必要であるとともに（同条本文），②表意者に重大な過

(48)　この点について，副田隆重ほか『新・民法学１　総則〔第３版〕』（成文堂，2006）142頁，内池慶四郎「無意識的不合意と錯誤の関係について ── 意思表示解釈の原理をめぐり」法学研究38巻1号187頁（1965）参照．

失のないことが要求されている（同条ただし書）．これは立法上の制約であるが，同条の適用にあたっても，この趣旨をいかに考慮するか工夫を要するところである．

⑵　要素の錯誤

（i）　起草者見解（とくに富井）では，錯誤者に厳しい考え方もあったことが注目される．

法律行為の要素とは，契約の要素に錯誤がある場合のことである．「要素」とは重要な部分という程度の意味であるが，判例・通説をまとめると，重要な部分とは，「もしその錯誤がなければその意思表示をしなかったであろうし[これは表意者についての因果関係の問題である]，通常人が表意者の立場にあったとしてもその意思表示をしなかったであろうほどに重要な部分」のことである[49]．

（ii）　では，どうして要素の錯誤が要件とされたのか．これは立法政策上の価値判断の問題である．

錯誤が常に無効ならば，常に錯誤に陥ったことを口実として無効を申し立てる弊害が生じ，裁判官としても，確証を得るに困難な心情にもとづいて意思表示の効力を維持すべきかどうかを判断しなければならないことになる．取引の安全と利便を害すること少なからざるものがある，とされる（起草者見解）．これは錯誤の主張を例外的に認める，すなわち，法律行為の要素に錯誤がある場合にのみ錯誤を顧慮するということであり，取引安全に配慮した規定と解することができる（錯誤無顧慮の原則）[50]．

（iii）　錯誤法の基本問題とは，「要素」の錯誤とは何かであるが，逆の立場からみると，社会生活で，「間違いでした」，と謝っておけばすまされる錯誤とは何か．つまり契約からの脱退が無条件に認められる錯誤とはどのようなものであるか，である（錯誤によって無効となる範囲）．

これには，２つの問題がある．

①　民法95条の対象となる錯誤の範囲と，

②　その中で意思表示の重要な部分（「要素」）に関する錯誤とされる場合の評価基準，である．

---

(49)　石田（編）159頁（磯村）．

(50)　立法趣旨については，大村・読解323～326頁．

(3)　錯誤の範囲

ここでは，前者，すなわち錯誤の対象範囲の問題を取り上げる（「要素」の錯誤については後述）.

錯誤は意思表示のどの段階で生じたかによって，表示行為の錯誤（表示錯誤）と動機の錯誤（動機錯誤）の2つのタイプに分けることができる（二元説）(51).

(ア)　表示行為の錯誤　　これは意思表示の内容自体について錯誤のある場合のことである（表示の錯誤．誤記した場合など）．表示に対応する効果意思がないため，意思の不存在の場合にあたる．意思表示において表意者の前提としていた意味内容と，客観的意味内容（規範的意味内容）とが一致しない場合も，これにあたる（内容の錯誤）.

(イ)　動機の錯誤　　意思表示に対応する意思（効果意思）は存在していたが，意思表示の前段階に錯誤があったと考えられる場合である．すなわち，意思表示の形成過程において事実に反する観念をいだき，これに動機づけられて意思表示が行われる場合の錯誤である(52)．動機錯誤とよばれる.

(4)　動機錯誤の基本問題

(ア)　動機の錯誤と表示の錯誤の区別

(i)　それでは，動機錯誤がある場合，表意者は錯誤無効を主張できるか．この点，立法者はそのように考えてはいなかった．立法者は錯誤を意思の不存在の一場合と考えていた．すなわち，たんなる動機の錯誤は民法95条の錯誤には該当しない，というものであった(53).

(ii)　問題は，ここから始まる．実際に錯誤が争点となる事件のほとんどは動機の錯誤の場合である．情報が正確でなかった，情報を十分に集めることができなかった．相手方からすると，情報の提供が十分でなかった，と批判される場合である．このような問題を取り込まないと，錯誤法は現実の法生活で役に立たなくなるのではないか．錯誤法の課題はこの問題にどう対処するかということではないのか，ということである.

(iii)　この点をどう解するか．確認しておきたいのは，判例（通説）では，動機錯誤と表示錯誤の区別が維持されていることである（二元説）．このことを前

---

(51)　以下，主として，石田編149頁（磯村）による.

(52)　動機と事実との間に不一致が生じていることから，事実錯誤ともよばれる.

(53)　理論的には意思主義，機能的には表示主義（信頼保護）に傾いていた（「要素の錯誤」）．取引の安全を優先させていたといえよう.

提とする解決策が提示される．

すなわち，動機錯誤は原則として保護されない．しかし，動機が表示されて意思表示の内容を構成する場合には，錯誤法の対象とすることができる（その錯誤が法律行為の要素にあたる場合には錯誤の無効を主張することができる）．

この構成によると，表意者の保護される範囲は広まる．相手方からみると，意思表示の内容として表示されていれば，取引の安全を害することはない，との考え方にもとづく．すなわち，動機が表示されていれば相手方も了解していたはずである．実際にはこの動機が事実に反する結果となったため，契約が無効になったとしても，相手方は文句はいえないのではないか，ということである(54)．

(iv)　しかしながら，この考え方が進むと，「表示」のあることは必ずしも必要でない，ということにならないか．相手方が表意者の動機について認識可能であったことを問題とすればよいのではないか．このような発想の転換が生じてこないであろうか．動機の「表示」にこだわらず，(形式ではなく）実を取る，との判断が生まれるのは自然なことでもある．

(イ)　錯誤一元説

(i)　認識可能性の対象については，当初，表意者が錯誤に陥ったことの認識可能性とする見解があった．これについては，錯誤があること自体の認識可能性ではなく，表意者が錯誤に陥った事項を問題とすべきではないか．表意者にとってそのことが重要であることを相手方が認識しうる場合には，錯誤無効が認められてもよいのではないか．つまり認識可能性の対象となるべきものは錯誤対象の重要性ではないか，との考え方がある(55)．

たとえば，絵画の売買において，その絵画は模写であったにもかかわらず，買主は本物であったと信じていた場合である．買主にとりその絵画が本物であることが重要であることを，売主が認識しうる場合がある．このような場合に

(54)　この点について，最判平成22年3月18日裁判集民事233号255頁参照．「金融機関と交渉して当該金融機関に対する連帯保証人の保証債務を免れさせるという債務を履行する力量についての誤信は，ただ単に，債務者にその債務を履行する能力があると信頼したにもかかわらず，実際にはその能力がなく，その債務を履行することができなかったというだけでは，民法95条にいう要素の錯誤とするに足りず，債務者自身の資力，他からの資金調達の見込み等，債務の履行可能性を左右すべき重要な具体的事実に関する認識に誤りがあり，それが表示されていた場合に初めて，要素の錯誤となり得るというべきである」という．

(55)　一元説と二言説，それぞれの特徴については，森田・前掲注(47)NBL482号25頁参照．

は，その動機が買主によって表示されていなくとも買主の保護の必要性を肯定する．

(ii)　この見解を是認すると（現在の通説的見解），錯誤は意思の不存在とは異なる，あらたな定義づけが必要とされる．すなわち，かつての通説的見解で破綻を見せつつあった錯誤法は現在の通説的見解によっていっそう，その矛盾がはっきりしてきたのである．

たとえば，錯誤とは「意思表示をした者が，意思表示に至る過程もしくは意思表示そのものの過程において，事実と一致しない認識ないし判断をしていたということを，後になって発見した」という場合である(56)．これは錯誤一元説の起点となる考え方である．

(ウ)　錯誤法のあらたな展開

(i)　それでは，これによって問題はすべて解決されたのであろうか．表示の錯誤と動機の錯誤を区別すべきでない，というのはよく分かる．上記の統一的基準によると，動機錯誤（実際には最も重要な類型である）を正面から取り込むことができる．しかし，この点は理解できるとしても，伝統的２類型は利害状況において違いがあるのではないか．そうであるとすると，利害状況に対応する，本来あるべき解決策がありうるのではないか．この点で，立法者意思の再建をはかるべきとの考え方の登場したことが注目される．

(ii)　従来，表示錯誤と動機錯誤が区別されてきたが，その違いは意思の不存在の有無によるものであった．しかし，両者は実質的な利益状況も異にするのではないか．

表示錯誤を有効とすると，「表意者の意図していた意思表示内容とは異なる内容で当該意思表示が効力を有することになるから，自己のまったく欲しない法律効果を引き受けなければならない」．ここでは表示行為の拘束から当事者を解放する必要がある(57)．

しかし，動機錯誤では，「表意者は自己の意思表示の意味内容を正しく理解しており，まさに自己の欲した法律効果が生じるのであるから，その意思表示に至る過程において一定に事実関係の誤認が存する場合にも，（他人により偽も

(56)　川島 284 頁．なお，野村豊弘「意思表示の錯誤」法協 92 巻 10 号 1340 頁以下（1975）も参照．

(57)　これは意思表示の拘束力にかかわる問題である．

うされた場合を除いて,）それは自らの費用・労力・責任により回避すべき危険であり,（よく調査せよ）そのような危険を自らが負担することを避けようとするならば，その危険を合意内容に高める努力が必要である」と[58].

(iii)　以上は，95条の錯誤を意思の欠缺（意思の不存在）の場合ととらえるものである．すなわち，同条の適用は意思と表示の不一致の場合に限られる（立法者意思の再建）．動機錯誤は95条の対象ではないと．

しかし，このことは，動機錯誤を保護する必要はないとするものではない．すなわち，動機錯誤は，95条とは別のルールにより処理されるべきものである．

すなわち，動機の錯誤の場合，表意者がそれについて保護を要求するのであれば，その旨の条件を付す必要があるのではないか．本物であれば買う，このような条件を付けていないのであれば，偽物をつかまされても甘受すべきではないか．

たとえば，Aが近く海外移住するので，費用捻出のため親から相続した不動産をBに売ることにした．ところが，国際情勢の悪化で移住計画が頓挫したとする．Aは，錯誤無効を主張しうるか．Bにとってはその不動産を取得することが目的であり，どのような事情でAが不動産を売ろうとするかは係わりのないことである．Aが，海外移住をするかどうかの危険を売買契約の内容に取り込むためには「海外移住をするときは，――」という条件を付けることが必要である．

(iv)　この説によると，錯誤は目的の異なる2つのルールにより処理される．すなわち，

①　表示錯誤では，表意者が誤って表示手段を選択したことの危険を誰が負担するかが問題となる．立法政策としては，表意者，相手方のいずれをとることも可能である．民法は意思理論に忠実に，「意思なき表示」は無効との態度決定を貫いた．危険は相手方Bが負担する．すなわち，表意者Aは錯誤無効を主張できる．これは立法者が当初考えていた構想が現代でも通用すると考えるものである．これに対して，

②　動機錯誤は，「一定の観念が事実に合致しない場合に，その不一致の危険をいずれが負担するかということが問題であり（事実錯誤），その危険の分配

(58)　以上につき，石田編153頁（磯村）．

は当事者の契約内容いかんにより決定される」（磯村）.

これは錯誤のルール化にあたり，動機錯誤を情報処理のあり方の問題として再構成し，錯誤法とは別立てのものとする提案であるが，これによって，錯誤は本来の領域においてその機能を発揮すべきものと位置づけられる．立法者意思の射程範囲および，射程範囲を超えるあらたな法現象にどのように対応すべきか，民法の継続的発展にとっての重要課題が，錯誤法の中で具体化された．

このように理解すると，この提案には，錯誤法をこえる，より一般的な問いかけが含まれているようにも思われる．

(エ)　96条2項によるアプローチ

動機錯誤については，さらに，96条2項（第三者による詐欺）の類推適用によるとする考え方がある．動機錯誤は意思欠缺ではなく瑕疵ある意思表示であり，民法は両者を区別している（有効・無効か，有効だが取り消しうべきものか等）.

動機錯誤については，瑕疵ある意思表示で，相手方が瑕疵惹起に関与していない場合の規律を定めた96条2項を類推適用すべきではないか，とするものである．これは「意思の不存在」と「瑕疵ある意思表示」の区別を理解するには格好の素材である(59).

3　民法の継続的発展と錯誤法

(1)　**錯誤法の発展**

(i)　動機の錯誤は意思表示をするにいたった理由，判断に間違いがあったという場合に，これを意思表示の効力問題に取り込むことができるか，という問題である.

判例は，この問題が取り上げられる要件として，錯誤を主張する本人の側に契約をする動機について，あらかじめ表示がなされていることを要求する．表示がなされていれば，錯誤法の対象としてよいのかどうかの判断が可能となるという考え方である（「意思表示は，法律行為の要素に錯誤があったときは，無効とする」（95条））.

(ii)　これに対して，学説には，①相手方の認識可能性を問題とすべきであるとする考え方と，②錯誤として顧慮されるべきであるためには，契約の中に

---

(59)　広中俊雄「動機の錯誤について」同『民事法の諸問題（広中俊雄著作集4）』（創文社，1994）462頁以下参照.

「条件」として取り込まれていなければならないとする考え方がある．

①説は，意思表示の成立にいたるプロセスに法的評価を加えるものであるとすると（合意形成のメカニズムに注目する考え方．錯誤が生じるのは，本人の側だけでなく，相手方の責任が問われてしかるべき場合があるのではないか，との考え方である．錯誤は「合意の瑕疵」にもとづくとされるのは，この間の事情を直截に取り上げる考え方である），②説は，できあがった合意の内容に注目する．つまり，「条件」として合意されたものであるのかどうか．ここでは動機の錯誤が考慮されるべきであるのかどうかは，契約の解釈にゆだねられる．②説の特徴は錯誤法の適用範囲を本来のかたちに戻し（意思の不存在としての錯誤（立法者意思の再建）），それ以外の場合は，あらたなルールをつくり，このルールにもとづいて，錯誤者の救済をはかるものである．

⑵　錯誤法の三層構造

(i)　三層構造からみると，以下のように考えることができる．すなわち，判例は動機が表示されていれば錯誤の対象となりうるとするものであるが，この考え方の背後には動機の錯誤を抜きにしては，錯誤法を語ることはできない．動機の錯誤を（一切）排除して適用範囲が狭まると，取引のニーズに対応することはできない．錯誤法はこの現実からのがれることはできない．そのための工夫が，錯誤を主張したい本人にあらかじめ表示を求めることにより，救済の可能性を残しておくことであった．そうであるとすると，これは現実問題対応型判断（第1段階）にもとづく選択肢（民法のルールを適用した（ぎりぎりの）現実的対応策）であったといえる．

(ii)　学説にいう2つの考え方は，このような現実的対応策でどこまでいけるのかとの懸念に端を発する．①説は，判例が本人の側にもとめた「表示」の意味を推しはかり，表示が要求されるのは相手方が不意打ちにならないためであるとすると，相手方もそれ相当の注意をはらうべきではないか．重要な事項について相手方に認識可能性があるときは，錯誤の主張を認めることもありうるということである．

このように考えると，①説は，判例の趣旨をすすめ，錯誤発生のプロセスに焦点をあてることにより，錯誤法を理論的に基礎づけるものである．三層構造に照らすと，錯誤法に基礎理論をあたえた基礎理論対応型判断とみることができよう（第2段階）．

(iii)　これ対して②説は，動機の錯誤について保護をはかるべきであると考えるのであれば，そのことをあらかじめ「条件」として契約の中に取り込むべきことを提案する．これによると，錯誤を認めるかどうかの問題は動機が「条件」にあたるのかどうか，法律行為の解釈問題に委ねられることになる．私的自治（当事者自治）の尊重にもかない，錯誤法（法律行為法）に新境地を開くものとして注目されるべき考え方である．本来の錯誤法を意思の不存在の場合に限定する点において，錯誤法の再構成をはかる制度的基礎対応型判断（第3段階）にもとづく考え方である．

(3)　統一的ルールとしての錯誤法

(i)　このように三層構造にあてはめると，どこに軸足が置かれるのかについて違いはあるものの，動機の錯誤とは契約の前段階にいかなる法的規範をあてはめるか（あてはめるべきか）の合意形成のメカニズムに関する問題だ，との問題意識においては各説は軌を一にする．

(ii)　では，どう考えるべきか．上記②説を契約の解釈問題ととらえると，動機の表示をもとめる判例のあつかい方と連結することができる．判例においては「表示」がなされていたのかどうか，その表示が当事者にとって重要なものであるのかどうかは，（広い意味では）錯誤法の適用をめぐる意思表示の解釈問題であるからである．そうすると，②説にもとづいて解釈の基準となるルールをつくることも選択肢の1つである．その際，どのような錯誤が救済されるべきであるのかについては，①説の分析から学ぶべきことはあると思われる．このように考えると，判例および①②説の3つの立場は相反するものではなく，あるべき錯誤法についておのずから収れんされていくべきものである．この意味において3つの教え方は協力関係にあるということができる．

4　錯誤による無効の主張

個別問題として注意を要するのは以下の諸点である．

(1)　無効を主張するための要件

(i)　法律行為の「要素」に錯誤のあること　　要素の錯誤とは，意思表示の内容に関するものであり，かつその重要な部分に関するもの，というのが通説的見解である．ただし，動機の錯誤を含めて考える説では（一元説），意思表示の内容になっているものかどうかは基準として機能しないことになる．

要素の判断基準については，具体的な取引類型に対応する判断が求められる[(60)]．

(ii) 意思表示の相手方の主観的要件　　動機錯誤を表示錯誤と統一的に把握する立場からは（一元説），錯誤または錯誤事項の重要性について認識可能性のあったことが要件となる．

(iii) 表意者側にも，重過失のないことが要求される．すなわち，表意者に重大な過失があったときは，表意者は，みずからその無効を主張することができない（95条ただし書）[61]．

重過失とは，表意者の職業，行為の種類・目的などに応じ，普通になすべき注意を著しく欠くこと（我妻など）である．重過失についてのみ規定されているため，表意者に軽過失があるにすぎないときは，表意者は錯誤による無効を主張することができる．これは同条の反対解釈から導かれるものである．

(2) 無効を主張できる者

(i) 契約が無効になるとは，その契約ははじめからなかったものとしてあつかうことである．そのため，錯誤無効は誰もが主張することができるし，また，時間的制約もない．これは錯誤による無効の効果として，一般的に認められてきたことであるが，このような効果を裏づけてきたのは，錯誤は意思の欠缺（意思の不存在）の場合にあたるとする考え方である．

(ii) 意思表示（論）としては，筋の通った考え方であるが，錯誤は誰のための制度であるかを考えると，錯誤とは錯誤に陥った表意者を保護する制度である．どの範囲まで保護するかは立法政策によることになるが，表意者保護の制度であることを直截に受けとるならば，錯誤者が自分では錯誤無効を主張しないとき，相手方や第三者から無効の主張を許すことは制度目的に反することにならないか．

---

(60) たとえば，①法律行為の種類に関する錯誤，②人についての錯誤，③物についての錯誤，④法律状態の錯誤に分ける考え方がある（石田編159頁以下（磯村））．人の同一性に関する錯誤では（相手を間違った場合），有償契約（売買，賃貸借など）の場合，人よりも契約の対象である物が重視されるため，「要素」の錯誤になりにくいが，受贈者を誤信したとか（無償契約），保証契約で保証人が債務者の同一性について誤信した場合は，要素の錯誤が認められやすい，とされる（川井174頁～175頁）．

(61) ただし書の適用を認めた最高裁判決としては，最判昭和50年11月14日判時804号31頁がある．東京地判平成19年12月14日労判954号92頁では，定年制度に関する錯誤にもとづき退職の意思表示をした場合であっても，就業規則や労使協定に制度が明記されており，簡単に確認でき，また，人事担当者に質問して誤解を解く機会が十分にあったときは，重大な過失があるとされた．なお，この要件は錯誤の問題ではなく，錯誤におちいった表意者をどこまで保護すべきかの契約内在的な原理にもとづく制約である．

この点は，判例・通説の認めるところである．すなわち，

①　錯誤無効は原則として表意者からのみ主張できる（最判昭和 40 年 9 月 10 日民集 19 巻 6 号 1512 頁）．

②　ただし，第三者が債権者代位権を行使しうる場合には，例外的に第三者の無効主張を認める（最判昭和 45 年 3 月 26 日民集 24 巻 3 号 151 頁）．

(iii)　この考え方をとると，錯誤無効は取消しに近づいている，といえる（取消的無効とよばれる考え方）[62]．

(3)　錯誤者の損害賠償義務

(i)　錯誤による無効が認められると，契約の成立を信頼していた相手方が損害を被るおそれがある．この場合相手方を保護するために，何らかの対策を用意しておく必要はないか．これが錯誤者本人（表意者）の損害賠償義務の可否の問題である．

(ii)　この問題を立法的に解決しているのがドイツ民法である．これによると，錯誤者本人には常に信頼利益の賠償義務がある，とされる（契約締結のための費用など，契約が有効に成立すると信じたことにより被った損害の賠償）[63]．わが国の民法には規定がないが，錯誤者本人に過失があれば，その責任を否定する理由は見あたらない（709 条は包括的救済規範である）．

(iii)　この問題は「契約締結上の過失」としてあつかわれるべきとの考え方もある．これは契約の前段階を契約成立の 1 つのプロセスとして把握し，その状況に適合的な責任規範が構築されるべきとの考え方である．契約成立のプロセスに焦点をあてると，その間に生じる事態については，一方当事者にのみ責任があるわけではなく，他方の当事者にも非があることもある．このようにプロセスを重視すると，錯誤者本人に責任のすべてを負わせるのは妥当でない場合もある．相手方が善意無過失の場合にかぎり，錯誤者本人の損害賠償義務を認めるとの考え方も可能である[64]．不法行為法であれ，「契約締結上の過失」であれ，錯誤者の損害賠償義務は契約の成立過程における信頼保護の一環として位置づけられるべきものである．

---

(62)　ただし，追認の可能性，無効主張の期間制限など，相違点も指摘されている（多数説）．取消的無効の先にあるのは，詐欺による取消しの効果の類推である．

(63)　この立法の評価については，ドイツ民法では，錯誤の効果は取消しであることに注意を要する．

(64)　相手方（第三者）の態様を判断要素に加えるものとして，四宮 193 頁．

5　95条の適用範囲

⑴　瑕疵担保責任との関係

品質に問題がないと思って買ったが，実はそうではなかったという場合，錯誤が問題となる可能性があるが，契約法には特別の規定がある．売主の瑕疵担保責任であるが，これによると，売買の目的物に隠れた瑕疵があった場合，買主は，契約をした目的を達することができないときは契約の解除，契約の解除をすることができないときは，損害賠償を請求することができる（570条・566条1項）．ただし，これには期間制限があり，瑕疵担保責任の存続期間は1年である（566条3項）．

瑕疵担保責任では目的物に「隠れた瑕疵」のあることが要件とされているため，意思表示の一般規定との関係では錯誤の成立を認めることも可能である（95条）．この場合錯誤と瑕疵担保責任の規定のいずれが適用されるべきかが問題となる．95条から見ると，570条が適用できる場合，それにもかかわらず95条の適用を考える必要があるのかどうかである．瑕疵担保の規定も錯誤の規定も，買主保護の機能をもつため，ルールの適用のあり方が問われる．

これについては，3つの考え方がある．95条が適用されるとの説[65]と，570条の優先的適用を認める説が基本であるが，その他に，買主は95条と570条のいずれの適用も主張することができるとの考え方もある．買主の保護にとっては，どちらを選択するかは買主の選択にまかせることもできるが，95条と570条の関係を買主保護のための一般法と特別法の関係にある規定と見ると，特別法にあたる570条を適用すべきことになる．

三層構造から見ても，瑕疵担保責任の規定は，買主の救済方法のほか，期間制限についても具体的な規定がもうけられており，特別法としての役割をになう規定が整えられているといえる．紛争処理のあり方として，第2，第3段階の判断をまつまでもないことである．

⑵　親族法上の行為との関係

親族法上の行為については，95条の適用はない．ただし，婚姻・養子縁組については，人違いのある場合には錯誤による無効を主張することができるとの規定がある（742条・802条）．なお，親族法上の行為にあたるものでも，財産上の行為にかかわるときは，95条の適用がある[66]．「人の法」（家族法）にお

⑹⑸　この趣旨の判例がある．最判昭和33年6月14日民集12巻9号1492頁．

いても「財産の法」の視点が必要となる場合のあることがわかる.

第6節　詐欺・強迫による意思表示（96条）

詐欺による意思表示とは，他人に騙されて錯誤に陥った者のする意思表示である．たとえば，他人に騙されて安い物を高く買わされた場合がこれにあたる．他方，強迫されて安く売ったという場合もある．詐欺・強迫による意思表示は取り消すことができる（96条1項）.

では，なぜ，取り消すことができるのであろうか．逆にいえば，（はじめから）無効とすることができない理由が問われる．「無効」ではなく「取消」とすることにより，当事者ないし第三者の利害状況にどのような違いが生じるのであろうか．詐欺・強迫による意思表示の課題はこの点にある.

1　詐欺・強迫の意義

(i)　詐欺行為があったといえるためには，故意による違法な欺もう行為によって，錯誤に陥り，意思表示をした，という因果関係が必要である.

詐欺には，積極的に相手方を騙そうとする場合と（積極的欺もう行為），説明が不十分であったとか，ほんとうのことを告げなかったとか，消極的態様による詐欺行為もある（消極的欺もう行為）.

沈黙が詐欺になるのは，信義則上告知義務があるにもかかわらず，告知しなかった場合である．売買で，支払能力がないにもかかわらず，あるかのように売主を誤信させる行為はこれにあたる(67).

(ii)　詐欺による取消しを主張するためには，さらに，欺もう行為に違法性のあったことが必要である．すなわち，欺もう行為は社会的に是認できる限度を超えるものでなければならない．取引類型により異なるが，たとえば，祭りの露天商で見込み違いをしたとしても，諦めるほかない場合もある．しかし，相手が宅地建物取引業者であれば，そういうわけにはゆかない．当然のことながら，法律上の責任が問われる.

売買・賃貸者では，委任・組合におけるよりも正直さの要求される程度が低

(66)　川井184頁は，その例として，離婚における財産分与（768条），相続放棄（915条・938条）をあげる.

(67)　松尾弘『詐欺・強迫』（一粒社，2000）18〜19頁など．消極的欺もう行為の例として，東京高判平成3年10月17日金商894号27頁.

いとされる[68]．委任は信認関係にもとづく契約であるため，相手を信頼することが契約の基礎とされているからである[69]．

(iii)　次に，強迫による意思表示とは，他人を脅して畏怖させ，相手がその畏怖に基づいて，要求どおりに行った意思表示のことである．たとえば，犯罪を告発するといって金をせしめるのは，強迫にあたる．「犯罪を告発する」というのは違法な行為ではない．しかし，「犯罪を告発する」といって表意者を脅して，高い物を安く売る意思表示をさせれば違法性がある[70]．

2　瑕疵ある意思表示

(1)　表意者の救済方法

(i)　詐欺・強迫による意思表示は従来「瑕疵ある意思表示」とよばれてきた．表示に対応する効果意思は存在する（その土地（絵画）を購入する）．しかし，効果意思の形成過程で，違法な干渉があり，満足のゆく状況で判断することができなかった場合である．自己決定の自由（意思決定の自由）が侵害された場合と，評価することもできよう．

(ii)　いわば，意思表示に瑕疵（きず）がある場合であるが，表意者を救済するとして，どのような措置が考えられるか．不法行為として処理することもできるが（709条は包括的救済規範である．詐欺による意思表示の救済は，歴史的にも不法行為による損害賠償請求から出発した），民法で規律されているのは，もう1つの可能性，すなわち，法律行為の効力の問題として，処理する選択肢である．意思表示にきずがあるとしても意思と表示は，形式的には対応関係にあるため，契約を維持するかどうかは，当事者の判断に委ねることにした．これが救済方法としての当事者による取消しである．

(2)　第三者による詐欺

(68)　松尾・前掲注(67)98頁（注(8)）参照．

(69)　なお，売買では，かつては「買主，注意せよ」「目を開け，買ったものは仕方がない」などの準則があったことも想起されるべきことである．欺もう行為の違法性を判断する要素として，①契約類型，②当事者の性質，③客体の性質，④社会的環境など，の例示がある．松尾・前掲注(67)44頁．

(70)　消費者契約など経済取引のあらたな仕組みの必要性から，「経済的威迫」「優越的地位の濫用」「状況の濫用」「困惑」など，強迫の意味内容がゆるめられる動きがある．この立場では消費者契約法の「困惑」と民法の「強迫」の違いはあまりないことになる．四宮＝能見242頁．

(i)　ところで，詐欺をしたのは誰であるか．あるいは誰によって強迫されたのか．契約の当事者に決まっているはずである．しかし，民法ではもう少しきめ細かなルールが施されているのが注目される．

(ii)　たとえば，銀行から事業資金を借りるときは，保証人を立てることが求められる．銀行が保証人の候補者をあげることもあるが，通常は借り主が保証人に依頼することになるであろう．

保証はリスクが少なくないため，保証人になることを躊躇することもあるであろう．借り主としては，保証人を安心させるため，他にも資産家に保証人になってもらうことにしているので，迷惑をかけることはない．書類作成上，形式的に名前を書いてもらうだけと説明して，自分の知人に保証人になってもらう約束を取り付けたとする．

貸付契約の当事者は，銀行と債務者であるが，保証契約は銀行と保証人との間で締結される．保証契約からみると，借り主（債務者）は，契約の当事者ではなく，第三者なのである．後日，借り主の事業が破綻し，銀行が保証人に対して，保証債務の履行を求めたとする．保証人には自分のほかに資産家がいると聞いていたので頼りにしていたところ，これは借り主（債務者）のつくり話であることが，あとで分かった．

この場合，窮地に陥った保証人を救済することができるか．保証人としては，借り主に騙されて保証人になったのだから，保証契約を取り消すことができれば，銀行から保証契約の履行を迫られることもなくなるが，この場合詐欺による取消権を行使することができれば保証人は助かる．

(iii)　詐欺を行ったのは，保証契約からみると第三者にあたる借り主（債務者）である．第三者による詐欺については，相手方がその事実を知っていたときにかぎり，その意思表示を取り消すことができる（96条2項）．なるほど詐欺にかかったのは保証人（A）である．しかし，いくら欺もうされたからといっても，取消権を無条件で認めると，銀行（B）が困ることもある．

というのも，銀行からみると，保証人を欺もうしたのは部外者である第三者であり，銀行としては，あらかじめ対応策を講じておくことは難しい．

そこで，相手方（B）が詐欺の事実を知っていることを要件に取消しを認めることにした（96条2項）．相手方が知っている場合，取消しを認めても不慮の損害を被ることはない．

この考え方を進めると，相手方が知っている場合に限定する必要はないのではないか.

相手方が善意・有過失の場合にも取消可能とする考え方もある（有力説）．表意者保護（違法行為に巻き込まれた者の保護）を進めるものとして，注目される.

(iv)　注意を要するのは，同様のルールは強迫には存在しないことである．強迫の場合には，第三者の強迫によって意思表示をしたときは，そもそも取消しができないのではないかとの疑問が生じかねない．しかし，そうではなくて，強迫の場合には，たとえ第三者に強迫される場合でも，詐欺のように取消権の行使が制限されることはない．すなわち，強迫の場合には，第三者による強迫についても，相手方の善意・悪意を問わずつねに取消しが可能となる（96条2項の反対解釈）．強迫による意思表示は，詐欺の場合よりも，より強く保護されるべきである，との考え方を認めることができる.

3　詐欺・強迫による意思表示の効力

(i)　表意者はその意思表示を取り消すことができる（96条1項）．意思表示は遡及的に無効となるため，契約の効力も失われる.

では，第三者の立場はどうなるのであろうか．当該の意思表示（契約）に利害関係を持つにいたった者がいる場合である．この点，詐欺については規定があり，取消しの意思表示は「善意の第三者」に対抗することができない（同条3項）[71].

AがBの詐欺により不動産を譲渡したところ，BがこれをCに転売した場合である．Aによる取消しが，Cの立場にどのような影響を与えるかである.

(ii)　民法のルールに従うと，以下のようになる.

①　取消の効果には遡及効があるため，契約は初めにさかのぼって無効になる．Bは初めから無権利者であったことになる（法的なロジック）.

②　無権利者からは，誰も，有効に権利を譲り受けることはできない．これが民法のルールである.

③　したがって，第三者保護規定（特別のルール）がなければ，取消しの遡及効が貫徹され，C は有効に権利を取得することができない．なぜなら，無権

---

(71)　強迫の場合は第三者保護規定はない．強迫の場合，強迫されたものに落ち度はないが，詐欺はだまされた場合であるから多少の落ち度はある，との考え方による．なお，96条2項の「第三者」と 96条3項の「第三者」とは，意味がまったく異なる．この点も注意しておきたいところである.

利者（B）から権利を取得することはできないからである．しかし，詐欺の場合には善意の第三者を保護するための特別のルールが用意されている（96条3項）[72]．

4　「第三者」保護のあり方

(1)　第三者の出現時期

(i)　とくに登記との関係で問題となるが，判例は，第三者がいつ出現したかに注目し，取消しの前後に分けて論じる．すなわち，──

① Aから B へ譲渡されたあと，さらに B から C へ譲渡された．その後で取り消された場合（取消前に第三者Cが出現した場合）と，

② Aから B へ譲渡された後で取消しがあった，そののち B から C へ譲渡された場合（取消後に第三者Cが出現した場合）である．

(ii)　判例（多数説）によると，96条3項の「第三者」は取消前の第三者に限る[73]．取消しは遡及効があるため，Cは無権利者のBから譲り受けたことになる．Cを保護するためには特別のルールによるほかない．すなわち，遡及効を認めるかぎり，Cとしてはあらかじめ自分の権利を守る手段を与えられていないのであるから，特別のルールに頼るほか方法はない．民法は特別のルールを設定するとの立法政策を採用したことになる．

(iii)　それでは，取消後にあらわれた第三者はどうなるか．これについては，Bを中心として，AとCとの関係を対抗問題類似のものとして処理する考え方がある（177条参照）．すなわち，AB間の売買が取り消されると，売買は遡及的に無効となるため，権利は初めからBに移転しなかったことになる．所有権はいちどもBに移転しなかったことになるが，Aが自己の権利を守るためには，登記をBからAに移転する必要がある．他方，Cとしても，自分の権利を主張するためには，BからCに登記を移転する必要がある．

(iv)　以上の状況は，Bを起点とする対抗問題類似の状況ではないか．すなわち，BからAへの物権変動と，BからCへのあらたな物権変動の対抗関係とし

(72)　第三者の無過失が要求されるかについては，不要説と必要説がある．法文上は要求されていないため問題となるが，取引秩序として社会の変容に対応するためのルールのあり方が問われるわけである．取引安全のための第三者保護と本人保護との調整の問題であるが，詐欺の場合は本人の帰責性はとぼしいため，第三者保護の要件をきびしくするのが妥当である．

(73)　大判昭和17年9月30日民集21巻911頁．

て，AとCとの優劣は，登記の先後で判断することはできないか．このような考え方がある．この説の特徴は，BとAとの関係を復帰的物権変動と構成（擬制）することにある．AB間の売買が取り消されると，遡及的に無効となるが，これは復帰的物権変動とは相反するロジックにより成り立つ効果である（復帰的物権変動論とは，いちどBに移転した所有権をAに戻すという考え方）．

しかし，AとCとの利害状況は，実質的には対抗問題類似のものと受けとめると，AC間の優劣は登記の先後により決まる，との考え方が生じる(74)．

(2)　取消しの遡及効

(i)　ここで取り上げた問題状況については，さまざまな考え方がある．意思表示（論）として興味深いのは，94条2項類推適用の拡大として理解される場合があることである．Bは無権利者であることを前提にAB間の関係を虚偽表示に類似した関係として構成する考え方であるが，法律上のロジックとしては取消しの遡及効を一貫させる点に特徴がある(75)．

すなわち，取り消した場合は売買によってAからBに移った不動産所有権がAの許へ復帰するのではない．一度もBへ移らなかったことになるのであるから，二重譲渡の場合に類比して考えるべきものではない．AがAB間の不動産売買を取り消したにもかかわらずBの登記を抹消しなかったのは，94条の虚偽表示に類比して考えられる事態である．Bの登記をCが信頼して善意で譲りうけた場合には94条類推適用説による．

(ii)　この説は，民法の構造に適合的であるほか（取消しの遡及効），権利外観法理にもかなない（登記の公信力がないことの欠如を補う），対抗問題説よりも筋の通っている考え方と思われる．

これは，取消しによる法律行為の遡及的無効という構成（無権利説）を前提に第三者保護を考える立場であるが，無権利説によると，取消前の第三者は96条3項により，取消後の第三者は94条2項の類推適用による．

(iii)　なお，登記との関係について，判例によると，取消後の第三者に登記が必要であるのは当然のことである．取消前の第三者について，最判昭和49年9月26日民集28巻6号1213頁がある(76)．

---

(74)　前掲大判昭和17年9月30日参照．

(75)　以下，幾代・前掲注(46)61頁以下参照．

第7節　消費者の保護と意思表示(論)

1　特別法としての「消費者契約法」

(i)　いままで述べてきたことは，民法の意思表示(論)であるが，消費者が契約の当事者となる場合，民法のルールによると，消費者が十分に保護されないおそれがある．民法のルールは一般的なルールを定めたものにすぎない．消費者のように事業者との間に情報，交渉力に格差がある場合は，消費者が不利益を被らないよう適切な措置を講じる必要がある．

(ii)　消費者を保護するための特別法として，消費者契約法がある（平成12年5月12日法律第61号）．この法律では，消費者を保護するため，①消費者契約の締結過程および②消費者契約の内容について，民法のルールとは異なる規律が導入された．

①　消費者契約の締結過程については，民法の詐欺，強迫の規定は厳格であるため，要件を緩和する措置が講じられた．民法の抽象的な要件が，具体化され，客観的な基準が設けられた．消費者としては，事業者の不当な勧誘による契約からの脱退が容易になった（取消権の付与）．

②　契約内容の規律については，従来は民法の一般条項によるべきところ(信義則違反・公序良俗違反)，本法では，無効とすべき条項が，より具体的に規定されることになった（8条・9条・10条）

以下では，意思表示（論）に関連がある①を取り上げる（②については，後述）．

2　「消費者契約」の意義

(i)　消費者契約とは，消費者と事業者との間で締結された契約のことである．

---

(76)　登記不要説の判例として取り上げられるが，本件は（登記はないものの）仮登記はなされていたケースである．実際には仮登記しかできなかったケースであるが，この点を考慮すると，第三者としてできることをしたのだから，登記必要説と相容れないものではないといってよい（権利保護資格要件としての登記）．しかし，無権利説を前提とすると，(論理的帰結としては）取消しの前後を問わず，いずれの場合も「登記不要」となるはずである．ただ，この関連で登記必要説もあるが，それは第三者が保護されるための要件として登記が要求されているものと解すべきである（権利資格保護要件としての登記）．なお，権利資格保護要件としての登記については，好美・前掲注(31)19頁参照．

契約の当事者としては，まず消費者があげられていることに注意を要する（1条参照）．この法律において「消費者」とは個人をいう（2条1項）．そうして，「事業者」とは，①「法人その他の団体」および②「事業として又は事業のために契約の当事者となる場合における個人をいう」（2項）．

(ii)　本法は，「消費者の利益の擁護を図り，もって国民生活の安定向上と国民経済の健全な発展に寄与することを目的とする」（1条）．民法の意思表示（論）との関連では，契約締結過程で誤認または困惑が生じた場合に意思表示の取消しを認めた点に特徴がある．

民法の詐欺・強迫が成立しない場合でも，契約からの脱退が認められた．消費者の立場から見ると，意思決定の自由（自己決定権）が守られることになったといえる．すなわち，自律的判断のために必要な情報を提供すること，および不適切な勧誘行為が行われないことが，事業者に求められることになったのである(77)．

3　取消しの認められる場合

消費者契約の申込み・承諾の意思表示の取消しができるのは，以下の場合である．

(1)　事業者による情報の提供

この点についてあらたなルールを設けられた（4条1項・2項）．すなわち，事業者の一定の行為により消費者が誤認をした場合は，消費者契約の申込み・承諾の意思表示を取り消すことができる．消費者に誤認を生じさせる不適切な勧誘行為には3つの類型がある．

①　重要事項について事実に反することが告げられた場合（不実告知）（1項1号）

不実告知においては，事業者の故意は不要である（消費者を誤認させる意図があったかどうかは問われない）．この点で民法96条の詐欺とは異なる．

②　断定的判断が提供された場合（1項2号）

物の取引価値など，将来の見込みが定かでないことがらについて，断定的判断を下し，消費者の判断を誤らせた場合である．民法のルールでは，動機の錯誤または詐欺にあたるケースであるが，動機について表示が必要との立場をと

(77)　沖野眞已「『消費者契約法（仮称）』における『契約締結過程』の規律」NBL685号17頁（2000）．なお，後藤巻則『消費者契約と民法改正』（弘文堂，2013）40頁参照．

ると，民法の錯誤法では救済されない場合にあたる．

③　不利益事実の不告知の場合（2項）

重要事項について，消費者の利益になる旨を告げたが，不利益になる事実を故意に告げなかったことにより，消費者に誤認が生じた場合である．民法 96 条の詐欺では，「沈黙が詐欺になるか」の問題がある．判例は肯定的に解するため，本条がなくても消費者を救済することができないわけではない．本条の意義は沈黙による詐欺が認められる要件が具体化されている点にある[78]．

⑵　**困惑行為が行われた場合**（3項）

民法 96 条の強迫に対応する規定である．強迫が成立しない場合でも，消費者を困惑させる不適切な勧誘行為により（結果的には自己の欲求に反する）契約を締結した，という場合である．消費者契約では「個人」としての消費者が当事者とされているため，消費者は弱い立場にある．契約の取消しを認め，契約の拘束力を否定することは，消費者契約法の制度目的にかなうことでもある[79]．

不適切な困惑行為としてあげられているのは，消費者の意思に反して，事業者が退去しない場合と（1号），消費者の退去が妨害される場合である（2号）．

4　消費者契約法と民法の関係

⑴　消費者契約における意思表示の瑕疵

意思表示の瑕疵について，民法では詐欺・強迫が対象とされているところ，消費者契約法では瑕疵の範囲が拡大され，消費者は誤認または困惑による意思表示も取り消すことができることになった．この点について，消費者契約法の規律は，「合意の瑕疵」（の法理）にもとづいたもの，との考え方がある[80]．

⑵　消費者契約における「合意の瑕疵」

(i)「合意の瑕疵」とは，合意の形成過程，すなわち契約締結過程に瑕疵があることを問題とする考え方である．従来の意思表示論では，詐欺・強迫による意思表示がそうであるように，契約の当事者を分断し，欺もうまたは強迫された当事者の意思表示に瑕疵（キズ）があるため，キズのある当事者を救済す

⑺8　四宮＝能見 248 頁．

⑺9　情報・交渉力の格差かんがみ，「消費者の利益の擁護を図[る]」ことに関連する問題である（1条）．

⑻0　森田・前掲注⑷7参照．

るため，契約からの脱退を認める必要がある．これが意思表示にキズを受けた者にあたえられる取消権である．

(ii)　これに対して，「合意の瑕疵」では，分断された当事者ではなく，合意の形成過程が評価の対象とされる．契約の当事者は，相手方との関係でどのように振るまうべきであるのか．契約の締結には相互の協力関係が必要であるが，そのような協力関係の中でなすべきことがあるはずである．「合意の瑕疵」はこの点に注目し，合意の形成過程そのものに問題があったととらえるものである．

民法の詐欺・強迫の要件は厳格であるが，消費者契約法の誤認・困惑はそれよりもゆるやかな要件である．要件が厳格であれば，要件にあてはまる当事者を取り上げ，特別の救済措置を講ずることは立法政策としては，一理あることである．しかし，要件がゆるやかな場合は，特定の当事者を取り上げ，その者がどのような状況におかれていたか，ということよりも，当該状況はどのようにして作出されたのか，状況の作出過程において落ち度があるのはどちらの当事者か，という判断が必要となるのではないか．「合意の瑕疵」はこのような状況の作出過程に焦点をあてる考え方である．

(iii)　もっとも，「合意の瑕疵」という考え方は，消費者契約法の規定をみるかぎり，表向きには分からない．誤認・困惑による取消しを認めた規定（4条）は，第2章（消費者契約）第1節の冒頭に設けられた規定であるが，第1節の表題は「消費者契約の申込み又はその承諾の意思表示の取消し」とされている．合意の瑕疵という視点は必ずしも明らかでないが，しかし，誤認・困惑による取消しは，契約締結過程において作出された状況からの脱退を正当化するものである．この点において，「合意の瑕疵」は民法の意思表示論にも影響をあたえることになると考えられる．

(iv)　消費者契約法は，民法の基本的仕組みに対してもインパクトをあたえるものである．

「合意の瑕疵」は合意の形成過程の瑕疵を対象とするものであるから，民法の基本的仕組みとしては，「法律行為の瑕疵」と解することもできる．すなわち，ここで問題とされるのは，法律行為の形成過程における規整のあり方である．法律行為の形成過程において当事者を分断することは妥当でない．両当事者を一体的に把握し，必要な規整が行われるべきであるが，これは法律行為の規範目的にもかなうことである．

⑶　消費者契約と「人の法」

さらに，消費者契約法は，「人の法」としての民法にとって，支柱となる法である．民法の役割，すなわち民法の実質的仕組みは「人の法」と「財産の法」を柱とするが，消費者としての「人」は，家族としての「人」と同様に，民法の基本的仕組みをになう重要なカテゴリーである．

「人の法」としての消費者契約法は，民法の継続的発展にとって，あらたな力をあたえることができる．消費者契約法には，民法の基本原則となるべき考え方が含まれているため，民法のさらなる発展にとって，消費者契約法との協働は必須の課題である[81]．

第８節　法律行為の効力 ── 無効と取消し

本節では，無効と取消しについて，その全体像をあつかう．これは第６章（法律行為の内容に関する規整）にもあてはまることであるが，第６章に入る前に，この段階でまとめておくことにしたい．

１　無効・取消しの法律構成と機能

⑴　問題の所在

いままでのまとめになるが，人の行為は法律上の行為（法律行為）と日常の行為に分けることができる．契約が成立すると，相手方に対し履行を請求することができるし，相手方が拒絶するときは，裁判所に対して強制的実現の申立てを行うことができる．しかし，そのためには契約が有効でなくてはならない．契約の効力に関する問題として，①無効な契約と②取り消すことのできる契約の区別がある．

㋐　無効原因のある行為　　たとえば，意思無能力者の行為は無効である．無効とは，法律上無効であること，すなわち，はじめから法律行為の効力が生じないことに決まっている，ということである（ただし，実際には当事者が無効であるとの主張をしなくてはならない）．

㋑　取り消すことができる行為　　たとえば，制限行為能力者の法律行為（法定代理人の同意のない未成年者の法律行為）は一応は有効であるが，その効力

⑻1　消費者契約の内容的規律については，消費者契約法 10 条参照．なお，消費者保護については，消費者団体訴訟制度（適格消費者団体による差止請求）や施行待ちの集団的消費者被害回復の制度（平成 25 年 12 月 11 日法律 96 号）がある．

が最終的には確定されていない，いわば浮動状態にある法律行為である．取消原因のある行為は，

① 一定の取消権者による取消しによって遡及的に「無効」となる（120条・121条本文）．

ただし，取消権の行使は誰でもできるわけではなく，一定の者に限定されていることが重要である．

遡及的に無効とは，契約の効力を遡って失効させることであるが，これにより影響を受けるのは，取消しのなされるまでの間に利害関係をもつにいたった第三者の立場である．第三者が不利益を被ることは明らかであるが，それにもかかわらず遡及的無効を貫徹する．これが取消しの効果である．第三者を保護するためにはその旨の例外的規定が必要となる（96条3項参照）．

② 他方で，取消権者が追認すると，以後取り消すことができない（122条）．

①と②から分かるように，取消原因のある行為は，取消権者の一存で最終的な区切りがつけられるところに特徴がある．

⑵ 無効・取消しの機能

（i） ところで，無効・取消しはどのような機能をもつ制度か．起草者見解（梅委員）では，人体にたとえて，以下のように述べる．

「法律行為ノ無効ナルモノ」は，「恰モ生活ニ必要ナル機関ヲ具ヘサル人体ノ如ク到底生存スルコト能ハサルモノナリ」「法律行為ノ取消シ得ヘキモノ」は，「恰モ病体ノ如ク其病気ノ為メ畢竟死亡ニ至ルヘキヤモ測ルヘカラスト雖モ今ハ現ニ存在セルニ譬フヘシ」[82]．

（ii） このように無効は「無」(nothing)，つまり，はじめから法律行為の効力が生じないことに決まっている，とすると，その論理的帰結は，無効の行為は「追認」によってもその効力を生じさせることはできないことになる（119条）．つまり，人体にたとえると，生き返らせようがない，ということになる．これが「無効」問題のそもそもの原点である．

このように考えるべきなのは，「当事者ノ意思ヲ以テ無ヲ転シテ有ト為スコトヲ得サレハナリ故ニ当事者若シ其行為ニ由リテ達セント欲シタル目的ヲ貫徹

⑻② 梅305頁．ただし，人体の比喩は，一定の局面を説明するためのものにすぎない，との見方がある．大村・読解419頁．

セント欲セハ須ク新ナル行為ヲ為スヘシ」(119条ただし書)(梅).

すなわち,「当事者カ其行為ノ無効ナルコトヲ知レルニ拘ハラス敢テ之ヲ追認スル意思ヲ表示シタルトキハ法律ハ之ヲ以テ新ナル行為ヲ為スノ意思アルモノト看做スナリ」「而シテ旧行為ヲ追認シタルモノトスルト新行為ヲ為シタルモノトスルトハ大ニ同シカラサル所アリ例ヘハ所有権ノ移転ヲ目的トスル行為ニアリテハ其所有権旧行為ノ時ヨリ移転セスシテ新行為ノ時ヨリ始メテ移転スヘキノミ」[83]とされる.

(iii)　ここで述べられた考え方は,無効・取消しを「人」の体にたとえ,その病理現象を問題とするものである.無効・取消しの本質をとらえてあまりあるものがある,といえよう.

(3)　無効・取消原因の区別

どのような場合を無効とし,どのような場合に取消原因を認めるか.立法政策の問題であるが,民法のルールをまとめると,──

(ア)　無効原因のある場合

①　意思無能力者の行為(意思表示の根元に欠陥のある場合)

②　意思表示の効力として問題となる場合(意思の不存在の場合)

心裡留保,虚偽表示および錯誤の場合に問題となる.もっとも,錯誤については,錯誤の法律構成について,これとは異なる立場があることに注意を要する.

③　法律行為の内容に関する場合(公序良俗・強行法規に違反する場合)

(イ)　取消原因のある場合

①　制限行為能力者の法律行為(同意のない場合)(5条2項・9条・13条4項・17条4項)(ただし,成年被後見人については,同意があってもなくても同じ).

②　意思表示に瑕疵のある場合(96条).

(ウ)　**無効・取消しと私的自治の原則**　　無効と取消しの区別の背後にはどのような考え方があったのであろうか.私的自治の原則からみると,2つの側面

(83)　梅306頁.『法典調査会民法議事速記録』(日本近代立法資料叢書1)171頁参照.たとえば,にせ物を買ったために要素の錯誤により無効となる場合,無効原因を知ったうえでそれでいいと言った(追認の意思表示)場合の問題である.これに対して,公序良俗違反による法律行為はいくら「追認」したとしても119条ただし書を適用する余地はない.これは法律行為の内容的規整に係わる問題である.

のあることがわかる．

１つは，私的自治には限界があるということである．法律行為自由の原則といっても，公序良俗・強行法規に違反すると，法律行為は無効として，その効力は全面的に否定される．これは当事者の意思とはかかわりなく，法律行為の内容が是認できないと判断される場合である．

もう１つは，意思能力のない場合および意思の欠缺のある場合を，無効とすることの理由である．法律行為制度の基本的要素を行為者の意思にもとめる立場にたつと，ここにいう無効原因は，この立場を立法政策として貫徹したことになる．

⑷　無効・取消しの法律構成

㈠　無効と取消しの区別　　ところで，無効・取消しについては，本来どのようなものとして構成されていたのか．これを無効・取消しの理念型とすると（本来あるべき法律構成），理念型から見るかぎり，無効と取消しの区別は明確である．すなわち，──

（i）　無効の法律構成　　無効は，当事者がどのような意図をもっているかどうかとは無関係に，契約の強制的実現を否定する法技術である（法秩序の維持）．無効は，①いつでも（無効の主張について消滅時効を考えることはできない．これに対して，取消権は消滅時効に服する．126 条参照），また，②誰からでも，さらには，③誰に対しても，主張できる．

もっとも，ある契約が無効であるとしても，そのことが法律関係に効力を及ぼすためには，当該契約が無効であることを，誰かが主張しなくてはならない．黙っていては，無効であるとの評価は法律問題とはならない．

（ii）　取消しの法律構成　　取消しは，法の秩序というよりも，法律行為の当事者間で利害調整をはかる法技術である．法律行為の効力を維持するかどうかは，（一定の範囲の）取消権者の判断にゆだねられる．誰もが取消しを主張できるわけではない．

㈡　取消的無効

（i）　以上は，無効と取消しの理念型による違いである．しかし，実際には，理念型どおりの効力があたえられているわけではない．たとえば，無効については，以下の例外のあることが民法の規定からもわかる．虚偽表示は，善意の第三者に対しては無効を主張することはできない（94 条２項）．

（ii）　錯誤についても，表意者に重大な過失のあるときは，自らは錯誤の無効を主張することができない（95条ただし書）．この場合は，民法のルールとして，無効を主張する手段が奪われているのであるから，自らの過誤を悔やむほかない．しかし，より深刻なのは，錯誤無効を主張できる要件が備わっているにもかかわらず，表意者が契約の無効を主張しない場合のあつかいである．

無効の理念型によると，無効は誰からでも主張できるのだから，当該契約は無効であるとの規範的評価が下される機会が失われるわけではない．しかし，この点については，相手方・第三者は無効の主張ができない，とする立場がある[84]．これによると，錯誤による無効は，表意者本人しかできないことになる．これは錯誤における取消的無効の考え方である（取消しができるのは一定の取消権者に限られているため，それと類似した構成として，取消的無効とよばれる）．

(iii)　以上の例外的あつかいを考慮すると，本来型の無効（理念型としての無効の効果）があてはまるのは，①意思無能力の場合と[85]，②公序良俗違反・強行法規違反の場合である[86]．

それ以外の，意思の欠缺を理由とする無効原因は，意思主義の具体化と解することもできる．しかし，意思の欠缺の場合であっても，意思表示の効力は，契約内容の規律とは異なり，当事者間の利害調整の問題ではないかと，考えることもできよう．

(iv)　契約の成立過程において瑕疵があったとしても，公序の問題というよりも，その瑕疵をどのように受けとめるか，自律的判断に委ねられるべき問題が含まれていると解することもできる．その意味では，信義則の機能する領域であり，無効という一律的解決が妥当であるのかどうか，検討を要する場合がある．

(v)　契約の効力を否定するため「無効」の概念が用意されている以上，この概念を否定することはできないとしても，無効にどのような効果を与えるかは別の問題である．その点で，契約の成立過程に関するかぎり，無効を取消的にあつかう考え方（取消的無効）は，無効の意味を相対的にとらえるものとして，注目される．

(vi)　取消的無効で問われているのは，紛争処理の法的手段としての無効・取

---

(84)　最判昭和40年9月10日民集19巻6号1512頁．

(85)　この場合の無効は取消しに近いことにつき，内田103頁．

(86)　ただし，取締規定違反の場合は，履行の有無によって具体的妥当性のある結論を引き出そうとする考え方がある．

消しの役割である．取消的無効は，法律構成の問題であるが，このような法律構成はどのようなは働きかたをするのかである．無効・取消しの機能といってかまわないが，この問題は取消的無効の問題に限られるわけではない．無効・取消しは，紛争解決においてどのような役割をになうことができるのか．これについては3で取り上げる．そこに入る前に，民法の規定から分かる無効と取消しの仕組みを概観しておく．

2　無効と取消しの仕組み

(1)　無効と取消しの違い

(i)　まず，無効な行為は追認によっても，その効力を生じない（119条本文）．後述のとおり，これは契約内容が公序良俗違反として無効となる場合にもあてはまる．ただし，当事者がその行為の無効であることを知って追認をしたときは，「あらたな行為」をしたものとみなされる（同条ただし書）．

無効には，絶対的無効と相対的無効の区別がある．絶対的無効とは，すべての人に対する関係で無効であるとして法的処理がすすめられる場合である．これに対して，善意の第三者に対しては無効を主張することができない場合（94条2項参照）は，相対的無効の場合である．

(ii)　取消しについては，誰が取消権をもつかが問題となる．もっとも，民法上の取消しについては，取消原因は①行為能力が制限される場合（4条以下）と，②詐欺・強迫による意思表示の場合（96条）に限られているため，取消権者の範囲は明確である（120条）．すなわち，

①　行為能力の制限によって取り消すことができる行為は，制限行為能力者またはその代理人，承継人もしくは同意をすることができる者に限り，取り消すことができる．

②　詐欺または強迫によって取り消すことができる行為は，瑕疵ある意思表示をした者，またはその代理人もしくは承継人に限り，取り消すことができる．

(iii)　取り消すことのできる行為が，取り消されると，その行為は初めから無効であったものとみなされる（121条本文）．取り消されると法律行為は遡及的に無効となるため，すでに給付した物については後始末の問題が生じる．不当利得による返還請求が認められるが（703条以下），制限行為能力者の場合は返還義務の範囲に特則がある．制限行為能力者は，その行為によって現に利益を

受けている限度において，返還の義務を負う（同条ただし書）．

⑵　追認に関するルール

ところで，取り消すことのできる行為については，追認が認められている．追認とは，取り消すことのできる法律行為を確定的に有効とする意思表示である．120条に規定する者が追認したときは，以後取り消すことができない．ただし，追認によって第三者の権利を害することはできない（120条）．

具体的には以下のルールがある．

㈠　追認の方法　　取り消すことができる行為の相手方が確定している場合には，その取消しまたは追認は，相手方に対する意思表示によってする（123条）．

㈡　追認の要件　　民法の規定によると（124条），

① 追認は，取消しの原因となっていた状況が消滅した後にしなければ，その効力を生じない．

② 成年被後見人は，行為能力者となった後にその行為を了知したときは，その了知をした後でなければ，追認をすることができない．

③ 前2項の規定は，法定代理人または制限行為能力者の保佐人もしくは補助人が追認をする場合には，適用しない．

㈢　法定追認の場合　　法定追認とは，一定の事由があると法律上当然に追認したものとみなされる場合のことである．前条の規定により追認をすることができる時以後に，取り消すことができる行為について次に掲げる事実があったときは，追認をしたものとみなす．ただし，異議をとどめたときは，この限りでない（125条）．

法定追認の事由としてあげられているのは，①全部または一部の履行，②履行の請求，③更改，④担保の供与，⑤取り消すことができる行為によって取得した権利の全部または一部の譲渡，⑥強制執行，である．

⑶　取消権の時効

取消権は時効により消滅する．短期の消滅時効に服する点に特色がある．すなわち，取消権は，追認をすることができる時から5年間行使しないときは，時効によって消滅する．行為の時から20年間を経過したときも，同様とする（126条）．

⑷　取消しと撤回

法律行為の効力を失わせる点で取消しと類似のものに撤回がある．取消しは一定の原因がある場合に法律行為（意思表示）の効力を失わせることである．これに対して撤回はまだ発生していない法律行為の効力を任意に失わせることである．撤回の自由を認めると，相手方を害するため，法律行為の効力を生じた後は原則として認められない[87]．

3　紛争の局面における無効・取消しの役割

無効と取消しは，どのような場合に主張されることになるのか．具体的な紛争における無効と取消しの役割について考えてみる．

⑴　**未履行の場合と既履行の場合**

A（売主）とB（買主）との間に売買契約があったとする．

① 未履行の場合であるが，無効原因のある場合，双方ともに相手方に履行を請求することができない．取消しの場合には，相手方からの請求を取消権を行使して拒絶することができる．

② 既履行の場合は，無効であれ取消しであれ（取り消されると契約は遡及的に無効となる），給付した物について後始末の問題が生ずる．

⑵　**事後処理のあり方**

法律関係が想定どおりには構築されなかったとき，もとの状態に戻す必要がある．この役割は不当利得法にゆだねられる（不当利得の返還を求める矯正規範）．すなわち，「表見的法律関係」によって利得が移動した場合には，実体関係をともなわないため，法律関係の清算が行われる必要がある．「表見的法律関係」とは，利得の移動を根拠づけた法律関係のことであるが，結果的には無効として，事後処理が必要とされるため，当該法律関係は結果的には法律上の効力を認められない表見的な法律関係にとどまるものであった，という意味で「表見的法律関係」とよばれる[88]．以下では，２つの問題を取り上げる．

㋐　不法原因給付と不当利得法

(i)　不法原因給付とは，clean hands の原則，すなわち，手の汚れた人には法は助力しない，との原則にもとづく民法のルールである[89]．

---

(87)　なお，申込みの撤回（521 条1項・524 条）など民法には例外的に撤回を認めた規定がある．

(88)　「表見的法律関係」のとらえ方は加藤雅信『財産法の体系と不当利得法の構造』（有斐閣，1986）にはじまる．表見的であるためにその矯正が必要となる（矯正法的不当利得規範）．同書 210〜211 頁，393 頁以下．

(89)　第1部第2章第3節 58 頁参照．

すなわち，不法原因による給付が行われた場合，既成事実をそのままにしておくことには問題があることは確かであるとしても，反対に，不法原因給付が簡単に取り戻せるというのも，おかしなことである．法に反することをした人を擁護することになりかねない手段をあたえることは，法の許すところではない，と考えられるからである．90 条違反の後始末についてのポリシーはむずかしい．民法は，後者の立場から，返還請求の拒否を原則とした（708 条本文）．

これは原則規定であるため，例外がある．不法な原因が受益者についてのみあるときは，返還を請求することができる（同条ただし書）．例外規定が必要とされたのは，この問題には一律には割り切れないむずかしさがあるからである．民法における衡平判断のむずかしさを物語ってあまりある，といえよう．

(ii)　三層構造からみると，原則・例外規定は問題の性質に対応した現実的な対応策であるが（現実問題対応型判断（第 1 段階）），原則・例外規定の適用のあり方は，衡平判断とは何か，さらには，不法原因給付の制度目的を離れては語り得ないものである．第 2，第 3 段階に進むことが必要となる．その意味で問題は残されているといわざるを得ない．

90 条との関係について，90 条では，公序の問題，708 条では，公序と，当事者の個別的な利益との調整問題が目的となるため，視点の違いをあげることができる．90 条の一般的ルールが，法律関係の後始末の場面で，どのように具体化されるのかである．

(イ)　返還義務の範囲

(i)　制限行為能力者については特則があり，「現に利益を受けている限度」（現受(存)利益）で返還すれば足りる（121 条ただし書）．

よく引きあいに出されるのは，生活費である．生活費にあてた場合，有益な消費に使われたのだから，もう利得は残っていないと，考えがちである．しかし，この規定では，本来であれば自分で出費しなければならないところ，金銭の支出を免れたため，利得は残存している，と構成される．すなわち，生活費にあてた，ということを理由として，返還義務を免れることはできない（判例）[(90)]．

この構成によると，浪費した場合は，利得は減少したことになるから，現存

(90)　この問題については，前述した．以下では，より一般的な観点から取り上げる．

利益はないことになる（大判昭和14年10月26日民集18巻1157頁．準禁治産者が利得の全部を賭博で失った場合）．

(ii)　返還義務の範囲を，このように有益・無益の判断にゆだねるのが妥当であろうか．この基準は，たしかに一見つじつまのあうルールと思える．それでもある種の不公平感が残る（浪費して良い思いをしたではないか．返還しなくてもよい，というのはおかしくないか）．この点を，考慮して，返還義務のある人の性質に応じて判断すべきとの考え方がある（浪費した場合でも，本来使う性質のある者が使った場合は，現存利益はある（生活費に支出したことが現存利益ありとされるのと同じ構成））．

返還義務の範囲が制限されているのは，制限行為能力者である．この規定の基礎にあるのは，制限行為能力者を意に反して不利な立場に置かないとの考え方である．そうすると，現存利益の意味内容については，制限行為能力者の保護目的を考えないわけにはいかない．三層構造からみると，いままでの解決策は，第1段階のプロセスにとどまるものである．しかし，この問題については，制限行為能力者保護の実質的理由にまでさかのぼる議論が求められる．第2，第3段階における法的判断の必要性である．返還義務の範囲に限度のある制度理由にまで，さかのぼる必要があると思われる．

4　無効に関する特殊問題

(1)　無効行為の転換

(i)　法律行為（特に無効な法律行為）の事後的救済制度として，無効行為の転換と，一部無効の理論がある．

無効行為の転換であるが，無効を「無」（の状態）と考えた場合，事後救済という考え方はとりにくい．ここではあらたな行為を起こすほかないからである．

したがって，事後救済が可能となるためには，無効の意義のとらえ方を転換させる必要がある．これまで述べてきたこととの関連でいえば，「取消的無効」はそのようなものであった．無効が現実の紛争解決でになうべき役割に焦点をあて，本来の無効（理念型としての無効）とは異なる法律構成があたえられた．しかし，このような方法がいつでも見つかるというものではない[91]．

---

(91)　特殊の場合の例外規定として，523条（遅延した承諾の効力），971条（方式に欠ける秘密証書遺言の転換）など．

(ii)　そのため，無効行為に対して救済措置を講ずるとすると，当該法律行為が他の法律行為の要件を備える場合に，その法律行為として効力を認めるという方法である[92]．これによると，無効行為の転換が認められるかどうかは法律行為（意思表示）の解釈問題となり，「無効行為の転換」という特別の救済措置をまつまでもない．無効行為の転換とは「無」から，あらたな法律関係をもう一度立ち上げることではない．現に存在する法律行為の意図を探求することで，法律行為の目的が達成されると考えるものである．

(iii)　ここにあるのは，無効という法技術に対する機能的な見方である．無効は法律行為に対する無価値判断であるとしても，無価値判断を行うこと，そのことに絶対的な意義が認められるわけではない．無効の判断は，当事者の利害調整が行われるための起点であって，その起点からどのような帰結が導かれるかは，一義的に決まるものではない．どのような紛争処理が妥当であるかについては，別の視点からの判断が求められる．無効行為の転換とよばれる問題の髄はこの点にあるといえよう[93]．

(2)　一部無効の理論

一部無効については，一部無効の特殊の応用例が無効行為の転換であるとの考え方もある[94]．

(i)　ところで，一部無効とは，法律行為の内容の一部について無効の原因がある場合である．この部分が無効であることは当然の事理である．一部無効とは，つまるところ，一部の無効が，法律行為の全体にいかなる影響を与えるか，という問題である．

民法に規定のある場合は，問題は生じない[95]．

(ii)　民法に規定のない場合は，法律行為（意思表示）の解釈問題となる．法律行為（規範）の解釈としては，当事者の意思を尊重し，無効な部分をできるだけ慣習・条理で補完することに努めることが先決である．そのうえで，一部

---

(92)　たとえば，地上権設定契約としては無効な契約（工作物または竹木の所有を目的としないため，地上権としては認められない場合．265条参照）を土地賃貸借契約として有効と認める．

(93)　このことは無効行為の転換は法律行為の解釈問題であることを物語る．

(94)　本書では，無効の本来的意味と，紛争処理のための利益調整の手段としての無効の機能との関係が重要であることから，無効行為の転換をまず取り上げることにした．

(95)　不能条件の付された法律行為は全部無効となる（133条）．利息制限法1条（2条）では，一部無効．

無効にとどまるか，全部無効とするかを判断すべきである．

残余の部分が無効の部分と不可分の関係にある場合は，法律行為全体が無効となるが，不可分の関係にあるかどうかについては，法律行為の全体に対する規範的評価が必要である[96]．

(iii)　一部無効と無効行為の転換との関係については，通説から離れ，両者はその性質をまったく異にするとの見解がある．これによると，一部無効は，逆からいうと，一部は有効であることになるから，一部無効（説）はすなわち一部有効（説）である，とされる．

---

(96)　最判平成 23 年 10 月 25 日民集 65 巻 7 号 3114 頁は，個品割賦購入あっせんにおいて売買契約が公序良俗違反で無効となる場合に，購入者とあっせん業者との間の立替払契約が無効となるかが問題となったケースにおいて，「販売業者による公序良俗に反する行為の結果をあっせん業者に帰せしめ，売買契約と一体的に立替払契約についてもその効力を否定することを信義則上相当とする特段の事情があるときでない限り，売買契約と別個の契約である購入者とあっせん業者との間の立替払契約が無効となる余地はないと解するのが相当」と述べ，立替払契約は無効とならないと判断した．この問題については，最判昭和 30 年 10 月 7 日民集 9 巻 11 号 1616 頁（前借金無効判決）が注目される．①芸娼妓として働くことを義務づける部分と，②金銭消費貸借（前借金）の部分からなる．かつては①を無効，②を有効としていた（たとえば，上記最判の原審である高松高判昭和 28 年 4 月 30 日民集 9 巻 11 号 1623 頁，大判大正 9 年 10 月 30 日新聞 1808 号 11 頁など）．しかし，これでは借金を返済するために拘束がつづくという事態が生じかねない．全体を無効とする考え方があらわれたのは，戦後のことである．

第6章　法律行為⑵
── 法律行為の内容に関する規整

第1節　契約内容に関する一般的有効要件

1　意思自治の原則・契約自由の原則

(i)　契約に拘束力があたえられるためには，意思能力・行為能力のあること，意思表示が自分の本意にもとづくものであること（意思の欠缺・瑕疵のないこと）が必要であるが，契約内容が法の趣旨に反しないものであることも要件となる．

契約法を支配する意思自治の原則とは，自分で決めたから，人は契約に拘束される，というものであった．どのように決めるかは，人の自由のはずであるから，契約内容は当事者の自由に委ねられる（契約自由の原則)．法があれこれ口出しすべきことではない．これが原則である．すなわち，契約内容をどのようにまとめるかは，あくまでも当事者の自由である．

(ii)　しかし，もしその契約に拘束力があるとすると，こんどは，法がそれを強制する役割をになわされる．そして，法が登場して，その履行を強制する以上，そこには限界が出てくる．つまり，契約内容そのものが法に反するものでは困る，ということである．法が法に反する内容の契約を強制するのは，「自己矛盾」だからである．

換言すると，「契約の自由の原則」（法律行為自由の原則）は無制限の自由を意味するものではない．どこの民法にも一定の限界がある．それでは，どのような内容であれば，拘束力があると判断されるのか．以下では，この問題を法律行為（契約）の内容的規整の問題としてあつかう．

2　契約内容に関する一般原則

㈠　確定性　　まず，契約には，「確定性」が要求される．

逆に言うと，当事者が何をすればよいのか，全く分からないものに拘束力を認めることはできない．たとえば，友だちを奮い立たせるために，「良いものをプレゼントしよう」と言っても，何が良いものかが分からないから，このような約束に法的拘束力をあたえることはできない．条文は見あたらないが，履行強制を考えると，当然である[1]．

(イ)　実現可能性　　次に，契約内容は実現可能なものでなければならない．

(i)　たとえば，死んでしまったハムスターを生き返らせると約束する場合である．条文にはないが，履行強制を考えると，当然のことである．もっとも，物理的に可能かどうかだけが問題ではなく，法律上可能かどうか（たとえば，取引が禁止されている目的物の売買），社会通念上可能かどうかも（海に落とした結婚指輪をサルベージする契約の場合），問題となる．

(ii)　この関連でつとに知られる応用問題がある．建物の売買契約が成立する前夜に当該建物が焼失していた場合はどうなるであろうか．この場合，目的物はすでになくなっているのだから，売主はそもそも履行のしようがない．そうすると，契約は無効となるが[2]，契約が無効となると，反対債務（代金支払債務）も消滅する．契約は有効に成立することにはならないのであるが，契約が無効であるとすると，買主が困るという事態が生じかねない．

買主は建物の調査など，契約の成立に向けて出費していた場合，無駄になった費用は賠償されるであろうか．契約が無効になる場合についても，売主に過失があれば，賠償請求できるとする考え方がある（いわゆる「契約締結上の過失」とよばれる特別の法理）．

(iii)　しかし，学説では，目的物が履行不能の場合でも，売買契約は有効，ただし買主は履行を請求することはできない．契約にもとづいて損害賠償をとれる，と構成する考え方もある．

この応用問題から分かることは，契約内容の実現可能も，その点を切り離して取り上げるのではなく，契約の効力の全体像の中に位置づけ，契約にとってどのような解決が妥当か，視点のとらえ方がだいじだということである．

(ウ)　適法性　　第3は，適法性である．

(i)　こういう取引はしてはならないという内容の法律に反しないことである．借地借家法で賃借人の保護を目的とした条項がこれにあたる[3]．これは

---

(1)　「法律行為の内容が確定されなければ法律は法律効果の達成に助力しようがない」「したがって，内容の確定されえない法律行為は無効である」（須永）．法律行為の内容が確定されなければ，法律も助けようがないからである．

(2)　目的物を引き渡すことができないため，原始的不能とよばれる．

(3)　借地借家法3条（借地権の存続期間），9条（強行規定）など．

91 条の反対解釈から導かれる．

(ii)　もっとも，法に反するといっても，その法の趣旨が問題となる．民法の規定は，強行規定と任意規定に大別される．強行規定は，こんな内容の契約はいけないと定めている場合である．任意規定とは，この規定に従うなら，従ってもよい．むしろもし困ったときは，このあたりが落ち着きの良い内容ですよ，と当事者に指針を与える趣旨で定めている条項である．

強行規定に従わない契約は無効である．反対に，任意規定と違う内容を定めたとしても，契約は完全に有効である．当事者に指針を与えるのが任意規定の役割であるとすると，当然のことであるが，任意規定の役割については，契約自由の原則を制約する指標として，あらたな機能をあたえるべきであるとの立場もある(4)．

⑷　第４は，社会的妥当性である．

(i)　たとえ，厳密な意味で法律で禁止していなくても，この契約は社会的にみて妥当でなく，その効力を是認できないという場合もある．かつては，暴利行為や妾契約などが典型例としてあげられていたが，「公序良俗違反」(90 条）の適用範囲は多様化した．信義則のように民法の基本原則ではないが，民法の基本的仕組みの全体像にかかわるものとして，公序良俗規範の役割は重要である(5)．

(ii)　ところで，「社会的妥当性」は，「適法性」とも重なる．適法性とは，公序でもあるからである．ただ，従来は，適法性（強行規定）では，国家の経済政策に絡む問題が，社会的妥当性では，社会的道徳的価値からみて，どうなのかという問題があつかわれることが多かった．この点は後述するが，ここで問われるのは，実質的意義における民法の役割である．その点では，民法の基本的仕組みにおける２つの視点，「人の法」および「財産の法」としての民法の役割が重要となる．

第２節　法律行為の解釈（契約の解釈）

１　一般的指針

法律行為の効力を判断するためには，法律行為の内容がどのようなものであ

⑷　消費者契約法 10 条参照（消費者の利益を一方的に害する条項の無効）．

⑸　吉田克己「公共の福祉・権利濫用・公序良俗」争点 48 頁．

るのか，意味内容を明らかにする必要がある．契約の解釈とよばれる問題である．たとえば契約の内容が公序良俗に反しているか否かは，その内容がどのようなものであるかを確定しないかぎり，分かるはずがないからである．

前述の，なにか良いものを贈与する，との約束は確定性に欠けるが，前後の文脈から，良いものが何であるかが特定できれば，不特定という理由で無効にはならない．契約の解釈について注意を要するのは，以下の指針である．

2　契約の解釈に関する一般的基準

⑴　当事者の意思の解釈

(i)　契約自由の原則によると，契約内容は原則として当事者の自由に任されている以上，まず当事者の共通の意思に従って解釈すべきである．すなわち，当事者がその契約に込めた意味に従って解釈すべきである．言葉じりをとらえるのではなく，当事者の欲したところを標準とすべきである[(6)]．

(ii)　当事者の意思の解釈にあたっては，それまでの交渉の経緯や当事者が達成しようとした経済的社会的目的が勘案される．一見，矛盾する条項があっても，当事者の目的を考えて，そこから当事者の意思を推測すべきである．たとえば，代金不払の場合，売主は，一方では，まず代金を請求すべきだとされ，他方では，即時解除できると，文言どおりに読むと，矛盾したことが書かれているような場合である[(7)]．

売主としては，代金が目当てで契約したことを考えると，代金請求を原則とし，たとえばすぐに他の買主が見つかり，今解除しなければ商機を失うといった特別の事情がある場合に，後者の規定が作用する．このように解釈すべきである．

⑵　契約内容の補充

それでは，当事者がある事項について決めていなかった場合はどうなるか．たとえば，不動産売買で，代金支払期日は決めているが，登記の移転時期を決めていなかった場合である．また，引渡しまでの滅失の危険をどちらが負うか

⑹　同じ言葉に両者が違う意味を込めていた場合は，錯誤や無意識的不合意の問題が生じる．

⑺　この点について，アメリカの文献（Lisa Bernstein, Merchant Law in Merchant Court: Rethinking the Code's Search for Immanent Business Norms, 144 U.P.L. A 1764（1996））においては，契約条項には，関係維持を志向する場面に適用される規定と関係切断を志向する場面に適用される規定とが盛り込まれていて，一見すると矛盾するようにみえるなど，興味深い指摘がある．

決めていなかった場合である（危険負担）.

このような場合，契約全体が無効となると考えることも論理的には不可能ではない．しかし，当事者が将来起こるかもしれないすべての事項に備えて契約を締結することは事実上不可能である．したがって，この場合，当事者が契約をしたという事実を顧慮すると，決めていなかったことを補充することが，当事者の意思にそうことになる．補充の方法としては，以下の指標をあげることができる．

(ア)　慣　習　　まず慣習である．

92条は，法令中の公の秩序に関しない規定（任意規定）と異なる慣習がある場合には，法律行為の当事者に慣習による意思ありと認められるときには，その慣習に従うという．つまり，契約に空白部分があっても，その点に慣習があり，それに従う意思ありと考えられる場合には，その慣習が契約内容になる（代金支払と登記移転とは同時履行関係にあるのが通常であるから，上記の例はそのように解釈される．533条参照）．なお，人は通常慣習を前提に行動していると考えられる．したがって，とくに反対の意思がないかぎり，慣習による意思があると推測すべきである．

(イ)　任意規定　　次は任意規定である．

任意規定とは，当事者の意思の推測に，立法者の価値判断を加え，このようなときは，このような内容が標準的なもの，と法が決めている規定である(8)．

ところで，「慣習」と「任意規定」はどちらが優先するか．上述のとおり92条によると，法律行為に関する限り任意規定より，慣習が優先するとされている（当事者にその意思あるとき，との条件がついているが，通常その意思ありと判断されるため，結果としてこうなる）．この意味の慣習は事実たる慣習とよばれる(9)．

通則法3条によると，慣習（法）は制定法を補充する役割にとどまるのに対し（第1部第3章第5節），民法92条では（事実たる）慣習は任意規定に優先する場合のあることが認められている．2つの規定は，矛盾するのではないか．この点，以下の考え方が有力である．すなわち，一般に任意規定の方が，法律

(8)　債権法の大部分は任意規定である．なお，椿寿夫編著『強行法・任意法でみる民法』（日本評論社，2013）．

(9)　慣習と任意規定の関係については，川井5頁，135頁参照．

ではない慣習より優先して当然である．しかし，契約の解釈にあたっては，なにより当事者の意思が優先されるのだから，契約解釈という場面に限っては，当事者の意思により近いと推測される慣習の方が任意規定より優先されてよい，ということである（92条は通則法3条の特則）[10]．これは法律行為規範の拘束力を高めることでもある．

なお，慣習も任意規定もない場合は，どうするか．条理や信義則に従って判断すべきである，とされる．これによると，当事者が当該事態について何も考えていなかった場合も，その契約の趣旨目的，当事者の利益状況を勘案して，衡平になるよう，契約を解釈すること，すなわち，契約条項の補充が指示されるわけである．

(3)　修正的解釈

たとえば，賃貸借契約で，1カ月でも賃料の遅滞があれば，無催告で解除ができると定められていたとする．賃貸借契約自体は違法ではない．しかし，これほど賃借人に不利な契約条項の効力をそのまま認めてよいのかどうか．認められないとすると，わざわざこのような条項が設けられた理由はほかにあるのではないか．違法なものにならない限度で，意味あるものとして解釈してはどうか．このような問題が起こることもある[11]．

たとえば，かなりの期間滞納しても，通常なら，催告してはじめて解除できるのだが，そのような場合は上記条項を根拠に催告なしの解除を認める，と

---

(10)　上記のように解釈すると，慣習があれば，任意規定は無力化するので，不要になるのでは，との疑問が生じかねない．しかし，慣習は地方単位，法律は全国単位のルールである．したがって，たとえば東京に任意規定と異なる慣習があっても，大阪に同様の慣習がない限り，大阪では任意規定が適用され，意味はある．また，慣習は悪弊であってはならないのであって，その慣習が公序良俗に反する場合，当然，それは契約内容にはされない．しかし，当該の慣習が公序良俗に反するか否かを判断する場合，それが任意規定とどのくらいかけはなれたものであるか，ということも1つの考慮因子となる．その意味でも，任意規定は無意味ではない．

(11)　1カ月分の滞納について，「家屋の賃貸借契約において，一般に，賃借人が賃料を1箇月分でも滞納したときは催告を要せず契約を解除することができる旨を定めた特約条項は，賃貸借契約が当事者間の信頼関係を基礎とする継続的債権関係であることにかんがみれば，賃料が約定の期日に支払われず，これがため契約を解除するに当たり催告をしなくてもあながち不合理とは認められないような事情が存する場合には，無催告で解除権を行使することが許される旨を定めた約定であると解するのが相当である」とする判例（最判昭和43年11月21日民集22巻11号2741頁）がある．

いった解釈である．

すなわち，催告なしに解除できると考えても，あながち不合理とは言えない事態を想定した規定であると，当事者の意思を修正して解釈し，違法でもなく，かつ，無意味でもないように解釈するのである．明確に決めていることを修正するので，「修正的解釈」とよばれる[12]．

第3節　法律行為の内容的規整

契約の解釈は，契約内容をいかに確定するかという問題である．ここでは，確定された内容の契約を法的に是認できるか否かが問われる．これには，①契約内容の社会的妥当性と，②強行規定に違反する契約の効力の問題がある．つまり，適法性の問題である．①と②ともに，効果は，その契約を「無効」とすることである．以下，「適法性」から，取り上げる．

1　契約内容の適法性

法律と矛盾する内容の契約，ないし契約条項は有効か．これについては，法律の趣旨によることになるが，民法（私法）の規定は，任意規定（任意法規）と強行規定（強行法規）に大別される．

強行規定とは，「法令中の公の秩序」に関する規定のことであり，強行規定に違反した行為は無効となる（91条参照）．任意規定とは，法律行為において当事者の意思が明らかでないとき，これを補充するための規定をいう．任意規定と異なる意思のあることが分かると，法律行為で定めたことが優先する．以下，その役割を取り上げる．

(1)　**任意規定の場合**

(i)　従うかどうかは当事者の任意に任されているという趣旨で任意規定とよばれる．当事者が契約内容を明確に定めていなかった場合に備えて，その場合はこのように補充してあげますとか，あるいは当事者に対して，もし契約するのであれば，このくらいの内容がちょうどよいのではと，推奨する程度の意味で，規定を設けられた場合がこれにあたる．

(ii)　違う内容で契約することを禁止しているわけではないから，当事者が法律とは違う内容で契約しても，契約はその内容で完全に有効である．

---

(12)　手法は，「補充的解釈」と類似するが，当事者が決めていなかったことを補充するものではない．両者は一線を画する問題である．

このことの根拠は民法91条にある．同条は，「法令中の公の秩序に関しない規定」（任意規定）と異なることを定めた場合，当事者の意思が優先すると定める．

つまり，法がこれだけは絶対に守ってもらわねば困ると考えている規定以外の規定，つまり，従うも従わないも自由である任意規定とは，違う取り決めをしてよい，という趣旨である[13]

⑵　強行規定の場合

(i)　強行規定とは，当事者がどのように考えようと，とにかく法の力で強行する，という趣旨の規定である．法の側からみると，これは絶対に守ってもらわねば困る，どうしても守ってほしいと判断した規定がある．これが強行規定である．

(ii)　強行規定と任意規定には，以下の役割分担がある．すなわち，強行規定には，私的自治を排除する機能がある．これに対して任意規定には，私的自治を補助する機能がある[14]．

(iii)　では，任意規定と強行規定とはどのように見分けることができるか．これが強行規定，これは任意規定と，指示されている場合は少ない[15]．個々の条項の解釈によって決するほかない．

一応の目安として，契約内容にかかわる通常の規定は任意規定である．これに対して，取引を行うために定めた最低限のルールないし，とくに一方当事者の立場に配慮して定めた法律は強行規定であることが多い（詐欺強迫であっても取り消せないとか，未成年者でも取り消すことはできないといった内容の契約は無効である．取消しのさい，善意の第三者を保護する，といった内容も同様である）．

⑶　強行規定と任意規定の区別

(i)　強行規定と任意規定の区別について，もう少し考えてみよう．立法者は

⒀　ただし，消費者契約法10条では，任意規定と異なる定めをした契約の効力について（消費者の利益を一方的に害する条項の無効），一定のワクが設けられていることが注目される．「民法，商法その他の法律の公の秩序に関しない規定の適用による場合に比し，消費者の権利を制限し，又は消費者の義務を加重する消費者契約の条項であって，民法第1条第2項に規定する基本原則［信義則］に反して消費者の利益を一方的に害するものは，無効とする」との規定である．

⒁　四宮205頁参照．

⒂　条文中に「できない」，「しなければならない」といった文言が入っていれば，およそ強行規定であり，「別段の定めがない限り」といった文言が入っていれば，任意規定である．

この区別を明示していない．そのために，条項ごとに判断しなくてはならない．

一般的には，当事者間の財産的関係（とくに債務関係）に関する規定は任意規定である（ただし，経済的弱者を保護するため，強行規定とされる場合がある．民法349条（質流の禁止），利息制限法1条など）．これに対して社会秩序の根幹にかかわるものは強行規定である．当事者以外の第三者の権利関係にかかわるものも同様である(16)．

(ii)　立法者はなぜこのような方法を選択したのであろうか．判断に苦しむ場合があるとしても一々明文をもって指示することはできないとか，明文による主義は危険でもあるということが考慮された．任意規定の場合にその旨を明示することを忘れたときはどうなるか．性質上，強行規定でないことが明らかであるような場合にも，明文がないことのゆえに，実際上の議論が生じることがあるということである(17)．

(iii)　民法は1000条を超える法典であることを想起すると，この危惧はわからないことはない．理論と実際の調整からみても，（実際的思考方法は民法制定過程でしばしばみられることである），うなずけるところである．

民法の適用にあたっては，法の体系の中で論理的に考えること，すなわち論理的思考方法は重要な約束ごとである（文理にかなう解釈，論理的一貫性，体系的なつながり，立法趣旨の尊重など）．しかし，立法にあたっては，実際的思考方法が必要となる場合がある．このような思考方法は，問題解釈能力をサポートするものとして，具体的な法律問題の解決にあたっても，求められるものである(18)．

2　強行規定に反する契約の効力

(1)　**強行規定に違反とは**

ある規定が強行規定であるとして，それに反する契約はすべて無効になるのであろうか．

---

(16)　例，物権法や法人に関する規定の多数，親族編・相続編の規定は公序に関するものである．

(17)　任意規定の存在意義については，大村・読解283〜284頁．

(18)　意思表示の効力の発生時期に関する到達主義と発信主義をめぐる議論も，理論と実際の関係（せめぎ合い）に関する応用問題として，興味深いものがある．星野英一「編纂過程から見た民法拾遺」同『民法論集第1巻』（有斐閣，1970）186頁以下，209頁以下参照．

(ア)　取締規定と強行規定

(i)　その法律がそれに反する契約を無効にすることを欲している場合，あるいは欲していると解釈できる場合，その契約は無効となる[19]．これらはまさに契約の効力そのものをどうにかしているのである．

これを狭義の「強行規定」という．あるいは単に「強行規定」というときはこれを指すことが多い．

(ii)　ところが，法がある一定の取引を禁止ないし規制している場合でも，その主な目的が刑罰や行政上の不利益を課すことにある場合もある．これに違反した契約は無効であろうか．これが「取締規定違反の規定の私法上の効力」とよばれる問題である．

私法上の規定ではないが，行政上の目的を達成するために，事実行為（例，車両のスピード制限）や取引行為を禁止・制限する法令がある．これを「取締規定」という．取締規定は直接には行政上の目的を達成することを主眼とする．すなわち，強行規定違反は即無効というように，契約の効力が一義的に決まってくるのとは異なる．

(iii)　取締規定には，2つのタイプがある．

①　違反行為を無効とはしないもの――「単なる取締規定」（狭義の取締規定）

②　違反行為を私法上無効とするもの――「効力規定」

後者の②の問題が入ってくるため，取締規定が民法の「強行規定」の箇所で論じられることになる．①②との対比でいえば，強行規定は，違反行為を私法上無効とするのみで規制を加えないもの，ということもできる．いずれにせよ，②の問題があるために，取締規定については，ある規定が効力規定かどうかが議論される必要がある．

効力規定の場合には，結果的には「強行規定違反」の場合と同じ効果が生じる．学説によっては，効力規定は強行規定の性質を合わせもっていると説明されることがあるのは，このためである[20]．

(イ)　「効力規定」と「単なる取締規定」の区別

実際に問題となるのは，取締規定のうち，いずれが「効力規定」で，いずれ

---

(19)　意思表示や制限行為能力者に関する規定（取引の最低限のルールを定めた規定），借主保護を目指した借地借家法の規定（明文の規定がある．9条参照など）．

が「単なる取締規定」かということである．

（i）従来は規定の趣旨を中心に判断していた．たとえば，行為自体を禁止・制限しようとしているのか．行為の結果として生ずる物の移動まで抑止するのか．後者では，行為（たとえば，売買契約）の私法上の効力まで否定する必要がある．未履行の売主に買主からの履行の請求があったとする．売買が無効であることを理由に履行の拒絶ができるとすると，目的物が売主から買主に移動することをくいとめることができる．

さらに，無効とすることによってＡＢ間（さらに第三者たるＣ）にどのような結果がもたらされるか，ということも判断要素として重要である．

（ii）前者の規定の趣旨が公益上の問題とすれば，後者は私的利益の調整の問題である．後者のみでよいとの考え方もあるが，私的利益の調整の指針となるのは規定の趣旨であるから，前者をぬきにして考えることはできない．２つの視点からの総合判断によるとすべきである[21]．

⑵　取締規定の趣旨目的

（i）以上から分かるように，法規に抵触する契約の効力は，その規定の趣旨

⒇　注意を要するのは，用語法が論者によって異なることがあることである．たとえば，従来の慣用とは違って，強行法規 ── 本来の意味の強行法規と効力規定をともに含む，取締法規 ──「単なる取締規定」とされる場合がある．これによると，法規違反が無効をもたらす場合のすべてが強行法規にあたる．

㉑　規定の趣旨から類型的考察が行われる場合がある．①契約の主体が問題となる場合と（行政上よく問題となるのは無免許営業の例である），②契約の目的物自体が問題となる場合とがある．これはそのような取引行為そのものを禁止制限する趣旨の取締規定の場合である．たとえば，禁制品，危険物，有毒物の取引（食品衛生法など）などがこれにあたる．これらの規定のなかには，効力規定と解釈すべきものもある．ただ，とくに目的物の製法などに規制がかかっている場合，どの程度，有害で危険であるかを斟酌したうえ，効力を判断した方が適合的な場合がある．そのため，判例は 90 条（公序良俗違反）を介した判断をすることが多い．製法の規制や有害物等とは異なるが，最決平成 21 年 8 月 12 日民集 63 巻 6 号 1406 頁も取締規定か効力規定かよりも，公序良俗に反するか否かという基準から無効の判定を行っている．同決定では，弁護士が債権譲渡を受け，これを被保全権利として仮差押さえを申し立てた．この行為が弁護士法 28 条に違反し，仮差押決定の効力が否定されるかが争われた．裁判所は，弁護士法 28 条が取締規定であるという先例を踏襲しながらも，「債権の管理又は回収の委託を受けた弁護士が，その手段として本案訴訟の提起や保全命令の申立てをするために当該債権を譲り受ける行為は，他人間の法的紛争に介入し，司法機関を利用して不当な利益を追求することを目的として行われたなど，公序良俗に反するような事情があれば格別，仮にこれが弁護士法 28 条に違反するものであったとしても，直ちにその私法上の効力が否定されるものではない」とした．

目的を明確にすることが前提となる．そのうえで，具体的問題の処理にあたっては，無効とした場合の結果の妥当性を考慮する．ということである．まとめると，

① 任意規定なら，それに反しても有効である．

② しかし，契約の効力を否定することを主たる目的とした強行規定と判断できる場合は，契約は無効となる．

③ 行政上の取締を主たる目的とした規定の場合は，効力規定（契約の効力を否定する趣旨の規定）と解される場合と，取締規定（直接にはそこまでの効力を目的とするものではない）にとどまる場合がある，ということである．

(ii) 実際には，どのような判断にもとづいて，結論が引き出されるのか．判断の具体的プロセスを取り上げてみる(22)．

たとえば，食品衛生法上の2つの判例を対比してみよう．

① 最判昭和35年3月18日民集14巻4号483頁

食品衛生法上の営業許可を受けていない者が，食肉を買い入れ，その引渡しを受けていた場合であるが，売主が買主に対して代金の支払いを請求した．同法21条（営業の許可）の趣旨が問題となるが，この規定が効力規定であるとすると，売買契約は無効となり，売主は代金請求ができないことになる．

ところが，最高裁は，売主の請求を認容した．すなわち，食品衛生法は「単なる取締規定にすぎないものと解するのが相当」であり，「(旧) 食品衛生法21条による食肉販売の営業許可を受けない者のなした食肉の買入契約は無効でない」とするのである．これによると，21条は行為自体を禁止・制限しようとする規定であって，行為の結果として生ずる物の移動まで抑止するものではない，と解されたことになる．

これに対して，次の判例では，これとは別の判断が行われた．

② 最判昭和39年1月23日民集18巻1号37頁

アラレ菓子の継続的販売のケースである．売買代金支払いのために買主（菓子販売業者）が引き受けた為替手形にもとづいて，売主（食品製造販売会社）が支払請求をした事件である．

本件では，アラレ菓子の中に毒性の「硼砂」が混入されており，それを販売

(22) 以下の問題提起については，磯村保「取締規定に違反する私法上の契約の効力」民商50周年記念Ⅰ（1986）1頁参照．

することは（旧)食品衛生法4条（不衛生食品等の販売等の禁止）に違反する．買主は売買契約の無効を主張して代金の支払いを拒否．（取締法規違反のほかに90条違反も主張されている）

第1・第2審では，売買契約は有効とされた（売主の勝訴)．ところが，最判では，破棄自判となり，売買契約は無効とされた（買主の勝訴)．すなわち，代金支払いのために引き受けた為替手形金を支払う必要はない，とされたのである（90条違反)．本件は取締法規に違反したケースであるが，判旨は90条違反（公序良俗違反）に言及していることが注目される．

(iii)　①と②の違いをどのように考えるべきか．引渡済の商品の代金請求という点では，同じでありながら，両者の判断が別れたのはなぜか．規定の趣旨からすると，無許可業者による取引と有害な食品の取引とでは，後者に対してより強い規制が加えられるべきであろう（規定の趣旨)．その意味では，結論が別れたのは一応うなずける．

(iv)　しかし，商品が履行されていることを考えると，②も①と同じように有効として代金請求を認める余地があったかもしれない（当事者間の利益調整)．

それにもかかわらず，②が無効となったのは，「有害食品の取引」というほかに，「取引を継続」していたということが大きな原因となっているのではないか．1回かぎりの売買なら「有効」とするのは合理的解決であるとしても，継続的売買であれば，どうであろうか．

もし有効とされると，「買主は引渡を強制しうべく，売主は引渡さないときは債務不履行の賠償責任を負うから，自ら履行を心理的に強制されることになり，大衆［消費者］の口に入る結果となって国民健康確保のための，食品衛生法の目的は達せられなくなるであろう」（谷口)．

つまり，最高裁では，「一般大衆の購買のルートに乗せたもの」と認められた．「有害食品が市場に流通することは当事者の主観的態様如何に拘わらず防止すべきである」（磯村（後述)）と判断されたのである．

(v)　このように，個別的な利害調整をこえて，「公益的見地」から，取締規定違反の契約を無効としなければならない場合があることは確かであり（公序による否定的評価)，②の結論は，そのかぎりで妥当であると思われる（当事者間の私的利益の調整によるだけではすまない問題がある)．

本件で，90条違反の判断が加わって効力規定とされたのは，公序にもとづく違法判断が必要とされる場合があることを物語る．

⑶　私的利益の調整

(i)　もっとも，取締規定の効力については，私的利益の調整に重きをおく立場もある．前記①事件が有効とされたのは，規定の趣旨というよりも，履行が終了しているからではないか．履行が済んでいるかどうかに決定的なウエイトをおく見解のあることが想起される[23]．

取締規定があるにもかかわらず禁止行為が事実上行われてしまった以上は，禁止規定の目的をいってもはじまらない．取締規定違反の制裁は公法の規定にまつほかない．履行ずみの場合をできるだけ有効として処理する考え方に一理あることは確かである．

(ii)　この考え方は，履行段階説とよばれる．取締規定に違反した契約の履行がどの段階まで進んでいるかにより，法的対応を区別すべきと考えるものである．これには，２つの考え方がある[24]．

(iii)　第１の考え方によると，未履行の段階では，取締規定の趣旨にしたがって，違反行為の履行請求を否定すべきかどうかが判断される．既履行の場合は，取締規定による規制は及ばない．取引の安全，当事者間の信義・公平という私法に固有の観点が重要となる．この段階では，契約を無効とすることは許されない．したがって，履行済の給付の返還請求を認めることはできない[25]．

これによると，②事件の判旨は疑問となる．目的物が引き渡されているのであれば，代金請求で満足すればよい．事後的に無効の主張を許すと，おかしなことになる（代金の支払いを拒否する）．

この考え方は，当事者間の私的利益の調整に重点をおいたものであるが，この説を成り立たせているのは，取締規定の目的の独自性である．すなわち，取締規定の趣旨は，国家の政策にもとづいて，一定の行為が現実に行われることを阻止することにある．この目的が意味をもちうるのは，違反行為が未履行の段階にある場合に限られる，とされるのである．

(iv)　これに対して第２の考え方では，未履行の段階について，違反行為の効力が一律に無効とされる[26]．第１の考え方は，「法秩序内部における自己矛盾」

---

(23)　川井健『無効の研究』（一粒社，1979）62頁以下．

(24)　通説・判例の立場は，「それぞれの取締法規について，立法の趣旨，違反行為に対する社会の倫理的非難の程度，一般取引に及ぼす影響，当事者間の信義・公正などを仔細に検討して，決定する他はない」（我妻263頁以下）というものである．

(25)　前述注(23)参照．

を認めるものとして批判される．しかし，既履行の段階では，契約を私法上も無効とすることによって効果的な取引目的を達成することは否定できない(27)として，諸要因の相関的な評価によって違反行為の効力が決まる，とする（この段階では，通説と同様の判断が行われる）．

(v)　両者には，取締規定の趣旨を考慮すること，履行段階に対応するあつかいの必要性において共通するものがあるが，両者を分けるのは，取締規定によって具体化された法的価値判断は法秩序の内部において貫徹されるべきであるのかどうかにある．貫徹されるべきであるとすると，民法上の取引においても，未履行の段階では，履行を請求することは原則として認めるべきでないことになる．三層構造に照らすと，現実問題対応型判断（この場合は当事者間の利益調整など諸事情が衡量される）にゆだねるべきでない問題があるということである．

3　経済的公序

(1)　**「財産の法」に関するあらたな視点**

(i)　あらたな動向として注目されるのは，経済的公序である．取締規定として，従来は「警察法令」が中心であったが，「経済法令」が重要となってきた．経済法令は，取引と密接な関連をもつため，法令の目的は，取引の効力と無関係であることはありえない．警察法令とは違いのあるところである．

(ii)　経済法令には，「取引利益保護法令」（個々の取引において当事者の利益を保護することを目的（の1つ）とする法令）と，「経済秩序維持法令」（取引の環境となる市場秩序の維持を目的とする法令）に大別される(28)．

消費者保護法が前者にあたるが，「取引利益保護法令」では，違反取引の効力を否定することが，法令の規制目的に役立ち，当事者の信義・公平にかなう．これに対して，後者にあたるのが，独占禁止法や不正競争法である．ここでは違反取引を無効とすると，当事者間の信義・公平を害するおそれが出てくる．しかし，市場を確保し，競争を維持することは，個別取引の前提である．そうすると，後者の価値を尊重することにより，ある程度まで当事者間の信義・公平を後退させることもやむをえない(29)．

---

(26)　磯村・前掲注(22)参照．なお，谷口知平〔判評〕民商51巻4号162頁（1965）も参照．

(27)　磯村・前掲注(22)14頁，18頁．

(28)　商品取引所法（先物取引），割賦販売法など，特別法．

(iii)　以上は，取締規定違反の効力を判断するにあたり，取引における具体的当事者の利益の保護（取引利益保護法令）および取引環境の整備（経済秩序維持法令）に焦点をあてる考え方である．取引利益の保護（特に消費者の利益）および取引環境をまもることが主たる目的となるため，経済法令は，いわば公序をまもるための法令として位置づけられる．経済法令違反の効力は，公序に反する行為として評価されるべきものと，されるのである．

第1部で取り上げたように，民法の基本的仕組みは，民法の実質的役割から見ると，「人の法」および「財産の法」として運用されるべきものである．この点からすると，経済秩序維持法令は「財産の法」における公序にかかわる問題として対応すべきこととなる．その意味で経済的公序で問われるのは，民法の現代的役割を支える法的仕組みのあり方である(30)．

(2)　**「経済的公序」――公法と私法の関係**

ところで，経済的公序は，公序にかかわる仕組みであるため，「公法と私法」の関係という視点からも検討される必要がある(31)．

(i)　従来の考え方によると，公法（規範）と私法（規範）の関係については，二分的（二元的）に構成される．公法が国家と市民との間の垂直関係を規律するものであるのに対して，私法（民法）は市民相互間の水平関係を規律する．しかし，取締規定であっても，規範目的を実現するために，私人による法律関係に対してもその効力が及ぶことがある．判例（通説）は，公私二分論に立つことを前提として，民法の規範目的との調整をはかるものである．このことは履行段階説にもあてはまる．

(ii)　ところが，経済的公序論は公私二分論を必ずしも前提とするものではない．ここでは取引と密接に関連する法令であるかどうかが重要なのであって，

---

(29)　以上は，山本敬三「取引関係における公法的規制と私法の役割」同『公序良俗論の再構成』（有斐閣，2000）239頁以下による．より一般的には，大村敦志「取引と公序」同『契約法から消費者法へ』（東京大学出版会，1999）163頁以下参照．

(30)　消費者の保護は「人」としての消費者を保護することであるから，「人の法」における公序にあたる．消費者取引は，取引が介在する点では「財産の法」であるとしても，消費者取引で問題となるのは，取引利益の保護一般ではなく，具体的な消費者の利益の保護の問題である．その意味で，消費者取引は，「人の法」の問題でもある．消費者保護は「人の法」と「財産の法」の両翼にまたがる問題である，といえよう．

(31)　公法と私法の区別の標準については，今村成和『行政法入門〔第9版〕』（有斐閣，2012）19頁．詳しくは塩野宏『公法と私法』（有斐閣，1989）など．

取引に関連のあるかぎり，私人間の法律関係に影響をあたえるのは，規範目的からして，当然のことである．

(iii)　このように考えることができると，経済的公序については，規範目的に対応する規律が行われれば十分であって，公法規範と私法規範の区別は形式的なものにとどまる．少なくとも，公法と私法は対立するものではない．両者があいまって「財産の法」におけるルールがつくられることになる．民法の役割からみると，経済的公序論は，「財産の法」を支える基礎理論である（三層構造では，第2，第3段階にあたる）．そこにあるのは，公法規範と私法規範の対立ではない（公私二元論）．同一目的を達成するための協働のあり方である[32]．

(iv)　この観点に立つと，憲法と民法の関係もわかりやすい．これまでの考え方によると，憲法は公法に属する．公法に属する憲法が民法にどのような影響を及ぼすことができるか．従来の議論はこの問いかけからはじまるものであった．

しかし，公法と私法は格別に区別されるべきものではないと考えると，憲法と民法の関係も特別のものではなくなる．残るのは規範としての上下関係のみであって（憲法は国の最高法規（98条1項）であり，民法の上位法にあたる），2つの規範がそれぞれの目的に応じて，法律行為の規整にあたる．ここにあるのは，憲法価値の実現がいかにして行われるべきか，ということであって，これは民法のいう「財産の法」固有の問題として解決されるべきことである．憲法は上位法であるとしても，この点において民法と区別されるべきものではないと思われる．

(3)　「経済的公序」と民法90条

「経済的公序」というとらえ方は90条違反（公序良俗違反）の場合にも問題となる．同じ「経済的公序」でも問題のとらえ方により，その役割が異なる．ここで取り上げるのは取締規定違反の関係における公序のあつかい方であり，90条では，より一般的に民法の基本的仕組みのあり方（「財産の法」）に関する公序のあり方が問われる．両者の判断が重なることもあるが，基本的には区別されるべきことである．

---

(32)　経済的公序論については，山本・前掲注(29)48頁以下参照．

4　取締規定違反の効力と三層構造

(i)　取締規定違反の効力は，法律行為の内容規整の問題であるが，判例通説の枠組とあらたな動向を対比すると，法律行為の内容規整に関する考え方の違いを読み取ることができる．この変遷を三層構造にあてはめてみよう．

判例通説は，取締規定の趣旨目的を勘案しながら，当事者間の利害調整に目を向ける．いわば関連のある具体的利益（当事者の利益を含む）を総合的に考慮して，妥当な判断を見つける．三層構造から見ると，目の前にあるツール（衡量要素）を最大限活用することにより，あらたな規範をつくる．そのための工夫の結実したものが判例通説による問題解決のアプローチであると思われる．

その点で，判例通説は，現実問題対応型判断（第1段階）により導かれたものである．履行段階説は，この判断を推しすすめ，紛争解決のための具体的基準としてまとめあげられたものである．

(ii)　これに対して，経済的公序（論）は，判例通説（及び履行段階説）と同じ段階にある議論とは思われない．取締規定違反の効力を判断するにあたり，当事者間の利害調整を起点とするのではなく，取締規定の制度趣旨そのものを民法の役割と関連づけることから，議論を起こそうとする．

すなわち，実質的意義の民法（民法の役割）を「人の法」と「財産の法」に分けると，経済的公序は，「財産の法」としての民法に求められる公序とはどのようなものであるかを，第一義的な課題と考えるものである．「財産の法」に対応する公序であるがゆえに，ここで問われるのは，まさに経済的公序のあり方である．

(iii)　このような法的思考は，判例通説（及び履行段階説）とは明らかに異なる．取締規定違反の効力には，法律行為の内容規整のあり方という，よりひろい問題がある．その問題を固めることが先決であって，そこが固まると，取締規定違反の具体的な効力問題はおのずから解決の糸口を見つけることができる．

その点で，経済的公序は，取締規定違反の効力問題にとっては，いままでみることのできなかった，あらたな基礎理論である．三層構造にあてはめると，基礎理論対応型判断（第2段階）によるものと位置づけることができる．

(iv)　しかし，解決の道筋はそこにとどまるものではない．経済的公序は，公私一元論と関連づけられていることが重要である．判例通説が公私二元論を前提とするものであるとすると，経済的公序には「財産の法」としての民法の基礎理論にとどまらない，より根本的な問題提起が含まれているということができる．すなわち，民法と行政法（経済法）との連携のあり方である(33)．これは「財産の法」に関する公法と私法の役割分担の問題である．

三層構造からみると，制度的基礎対応型判断（第3段階）が求められざるを得ない．

(v)　取締規定違反の効力は，公法と私法のはざまにある問題である．しかし，法律行為の内容的規整のあり方が問われる点で，民法の継続的発展とつながりのある問題である．「財産の法」にとって必要な公序とはどのようなものであるべきか．この問題の重要性は，三層構造によると明らかとなる．

5　脱法行為

強行規定との関係で注意を要するのは，脱法行為である．

(i)　脱法行為とは，一見すると（形式的には）強行規定に違反していないが，実際にはそれを潜脱することを目的とした行為のことである．たとえば，「恩給」を担保に入れてはいけないとされているのに，取立委任をさせる場合がこれにあたる（取立てを債権者に委任すること．これを認めると，恩給が事実上，担保目的で使われると同様の結果になる）．恩給担保を禁止する恩給法の規定（11条）の趣旨に違反する行為として無効となるべきものである(34)．

(ii)　脱法行為が無効とされるのは，これをそのまま放置しておけば強行規定の趣旨が貫徹されなくなるからである．脱法行為は強行規定があるから問題になることであるが，では，強行規定に問題があると判断される場合はどうなるか．民法にとって必要な規定・制度が確立されていない段階で，強行規定を潜脱するかたちをとりながらも，現実に需要のある問題に対応しなければならない場合もある．強行規定の解釈問題として処理できるのであれば問題は生じないが（既存のルールの解釈・適用の問題），その意味において脱法行為で問われるのは，規定の制度趣旨の再確認である(35)．

(33)　大橋洋一「民法と他領域(2)行政法」争点10頁，川濱昇「民法と他領域(5)経済法」争点16頁参照．

(34)　なお，脱法行為の行われることが明文で禁止されている場合がある．利息制限法3条（みなし利息）．

(35)　譲渡担保は物権法定主義（175条）に反するが，判例は有効とした．

第 4 節　契約内容の社会的妥当性

1　基本的ルールの存在

⑴　立法者の見解

法律行為の内容が強行規定違反のものであれば，無効である．基準は明確である．

（i）では，法律に反していなければ，どんな契約でもよいのか．この問題について，民法は［包括的］な規定を用意した．「公序良俗」に違反する契約は無効であるとした（90 条）．反社会的，つまり，社会的妥当性を欠く契約は無効であるとしたのである．

もっとも，公序良俗違反の基準は不明確である（一般条項）．このような抽象的で裁量の余地の大きい規定を裁判所に恣意的に判断されては困る．当然のことながら，類型化が課題となる．類型化にあたっては，①どのような行為が実際に行われたのかが問題となる．②しかし，それが社会的妥当性に欠けると判断されるか否かは，時代による．この規定をめぐる問題は［時代を映す鏡］として重要な役割をになう．

（ii）立法者の見解としては，契約の自由の原則に対して忠実であった．90 条違反の場合は狭く解されていたのである．すなわち，「公の秩序」とは，行政警察・司法などの国の制度にかかわるものであり，「善良の風俗」とは（主として）性風俗にかかわるものであった．経済的問題は対象とされていなかったのである．「暴利行為論」[36]はあとから出てきた問題である．90 条は不法行為の違法性判断の基準となる場合がある．不法行為法は包括的救済規範であるから，同条では全法体系にかかわりのある規範がルール化されている，といえよう．契約自由の原則も，この規範と抵触しないかぎりにおいてのみ是認されるにすぎない．

⑵　規範内容の変遷

（i）問題は，公序良俗違反の規範内容は，時代とともに変わることにある．たとえば，人倫に反するとか，家族秩序の要請との関連で取り上げられる問題に，婚姻関係にない男女間で行われるような金銭的給付約束の問題がある．

---

(36)　のちに給付の均衡論の基礎をつくる．大村敦志『公序良俗と契約主義』（有斐閣，1995）3～7 頁参照．

(ii)　戦前の大審院判決では，関係の維持を目的とする契約は無効であるが，関係を終止するための約束であれば（手切金契約），有効である，と解されていた[37]．ところが，最判昭和61年11月20日民集40巻7号1167頁では，遺産の3分の1を晩年に同棲していた女性のために遺贈する遺言も，必ずしも無効とされるべきものではない，と判断された．

2　類型化の必要性

(1)　問題のとらえ方 ── さまざまな視点

(i)　90条ではある契約の社会的妥当性が問われるのであるから，被害者が見あたらない場合もある．契約内容が反社会的であるがために無効とされるのである．被害者の視点に立つと，90条違反は，被害者を想定しなくてよい場合と，被害者の保護を目的として，契約を無効とする場合に分けることができる．

(ii)　特に，被害者はいないかもしれないが，反社会的であるために無効とされる場合には，犯罪に関する契約（悪事の対価，悪事をしないことに対する対価の約束など），賭博ないし賭博のために金を貸す契約，がある．目的物が人体に影響を及ぼすほど有害であった場合も，これにあたる（前述の有毒アラレ事件参照）．その他，人倫に反する行為も，このカテゴリーに含めることができる．

(iii)　被害者の保護を目的とするものとしては，自由を極度に制限するものがある．かつての芸娼妓契約はこれにあたる．最近では，競業避止義務がある．塾の講師をするさい，もしやめたら，向こう10年間いっさい他の塾の講師をしないなどの約束をしていた場合である．相当期間，相当範囲なら，とくに対価の有無も考慮しつつ，許されるが，不当なものは無効である．

(iv)　その他，暴利行為からも保護される必要がある．利息には利息制限法があるが，他人の窮状に付け込んで，不当に安く買うことも暴利行為にあたる．消費者保護の観点から，不公正な取引行為を公序良俗違反と判断する場合もある．勧誘行為が，取引の危険性を隠し，執拗だった場合などである（消費者契

---

(37)　関係をやめるための約束については，私通関係をやめる目的でその対価として手切金を贈与する契約は公序良俗違反であるが，私通関係をやめる際に手切金を贈与する契約は有効であるとした判決に，大判大正4年5月15日新聞1031号21頁がある．また，大判大正12年12月12日民集2巻668頁は，金銭的利益を得て私通関係をやめることを約束するのは，善良の風俗に反する無効の行為である，とする．

約法4条との関係が問題となる）．不当な約款やホステスの保証のように，地位の濫用による給付の不均衡をもたらす行為も違法とされる．

男女平等に反する定年差別なども，90条違反にあたる（均等法は禁止した）．

(v)　観点は異なるが動機の不法（動機の違法）とよばれる問題がある．

法律行為の内容には不法はないが，行為者の動機が公序良俗に反するとき，法律行為の効力を認めることができるかである（たとえば人を殺すために包丁を買う，という事件にめぐりあわせた場合，その行為の効力をどのように判断すべきかである）．

行為を無効とするためには，動機が表示されていることが必要であると解されているが（通説），この要件はゆるめられるべきであるとの考え方も有力である．相手方に認識可能性があれば足りるとか，動機の不法性の程度にもとづき客観的な基準にもとづいて判断すべきであるとか，さらには相手方が善意無過失の場合は無効を主張できないとの説もある．公序良俗をまもるためには，当事者の事情をこえる判断が必要となる場合がある．客観的基準にもとづき判断するためのルールづくりが必要である．

(2)　類型化の役割

(i)　具体的に被害者がいるかどうか，すなわち被害者の保護の視点から分けると，上記のようになる．これは通説的理解を前提として，より具体的に判断しようとするものであり，三層構造から見ると，現実問題対応型の判断にとどまる[38]．

(ii)　ところが，公序良俗違反は，その一方で，全法体系（全法秩序）にかかわる規範であるとの理解がある．この考え方をそのとおりに受けとると，公序良俗違反で問われるのは，民法の具体的なルールの適用のあり方というよりも，「民法の基本的仕組み」の運用のあり方ではないか，と考えることもできる（第1部第3章参照）．この視点を設定すると，90条については，議論のあり方について，通説的理解とは異なる道をすすむことも可能である[39]．

---

(38)　通説的理解として我妻類型とよばれるものがある．我妻272頁以下によると，①人倫に反するもの，②正義の観念に反するもの，③他人の無思慮・窮迫に乗じて不当の利を博する行為，④個人の自由を極度に制限するもの，⑤営業自由の制限，⑥生存の基礎たる財産を処分すること，⑦著しく射倖的なもの，である．なお，椿久美子「我妻類型とその現代的変容」椿寿夫＝伊藤進編『公序良俗違反の研究』（日本評論社，1995）89頁以下参照．

3　90条違反のあらたな動向

民法の継続的発展として注目されることは，2つある．第1は，反倫理性を問題とする事例よりも，経済的取引の公正さの確保を目的とする事例が増加していることである．この点は，立法当時，経済的問題は対象とされていなかったことを想起すると，経済社会の仕組みが構造的に変わりつつあることをうかがわせる．第2は，憲法の基本的価値の実現と，90条違反との関係が直截に論じられるようになったことである．

(1)　取引の公正さ

(i)　取引の公正さは，暴利行為論の現代的展開というかたちで問題提起された．「他人の無思慮・窮迫に乗じて不当の利を博する行為」というのが暴利行為の伝統的理解であった．

これについては，この趣旨を広げるべきではないかとの考え方がある．すなわち，一方では，優越的地位，他方では，対価を考慮する．このような要素を実質的に判断して，より幅のある対応を講じるべきではないか，である．

(ii)　この考え方が契約の法理としてまとめられたものが「給付の均衡」法理である．契約が有効に成立するためには，当事者の合意が存在することが必要であるが，そのほかに当事者による給付に（実質的な）均衡の存在することが要求される，とする考え方である(40)．

(iii)　当事者による合意の存在が私的自治の原則を体現するものであるとすると，給付間の均衡は，契約法の仕組みから要求される規範的判断，すなわち，

---

(39)　争点では，吉田克己「公共の福祉・権利濫用・公序良俗」が，「総論」（「総則」ではない）に分類されている．

(40)　大村・前掲書注(36)3～7頁参照．暴利行為の類型的理解の変遷には社会の変動を読みとることができる．山本・前掲書注(29)185頁によると，第Ⅰ期（明治・大正期）にはまだ件数そのものが少なかったが．第Ⅱ期（戦前昭和期）には急増する．単に内容の不当性だけではなく，相手方の窮迫・軽率・無経験に乗じたことも必要だという一般的な基準が確立．第Ⅲ期（戦後1965年まで）には件数が増加．代表例は代物弁済の予約であるが，内容の不当性と同時に，相手方の窮迫・軽率につけこんだことがしばしば認められている．そうして第Ⅳ期（戦後～1966年以降）になると，代物弁済予約について清算義務を認める判例が確立．暴利行為は主要な適用領域を失う．問題となるケース自体が非常に少なくなったとする．この経緯を踏まえると，暴利行為が主要な適用領域を失うのに変わり，あらたな法理として「給付の均衡」法理が登場したことになる．民法の基本的仕組みとしては，「商品交換の法」から「人の法」および「財産の法」への転換が必要とされたことについては，第1部で述べた．暴利行為論は「商品交換の法」における基本類型としてみるべきものである．

契約とはこのようなものでなければならないとの，契約の本来的役割（契約の本質というよりも，「制度目的としての契約」の役割）から導かれるものである．「契約における公平の実現」ということもできるが，より具体的には，経済取引の公正さ，すなわち，「財産の法」としての民法に求められる契約法理と解することもできよう⑷¹.

⑵　憲法的価値の実現

(i)　もう1つの柱が，憲法の基本的価値の実現のあり方である．憲法と民法の関係については，不法行為法で問題となる場合と⑷²，契約法，すなわち法律行為法で問題となる場合がある．

不法行為法では権利保護が目的となるため，憲法上の価値は権利保護のあり方の問題としてあつかわれる．これに対して，契約法では，契約の効力問題として関わることになる．契約法は私的自治を原則とする法領域であるため，これを制約する原則は一元的なものではありえない．多様な視点が必要とされるが，その中の1つとして，憲法からみた基本的価値の実現のあり方が問われるわけである．

たとえば，最判昭和56年3月24日民集35巻2号300頁では，女子の定年年齢を男子より低くする就業規則の効力が問題となった．これは就業規則の拘束力が憲法的価値の視点から規範的評価の対象となる場合である⑷³.

(ii)　憲法的価値の実現については，これを基本権の保護の問題ととらえる考え方がある⑷⁴．これは憲法的価値の実現を「基本権の保護」の問題ととらえるものである．契約の内容的規整は，基本権の保護の視点からアプローチすべきものとされる．このような問題意識の起点は，法律行為を通じて基本権が侵害されることも，決してまれなことではない，ということにある．これは契約の締結過程に光をあてる考え方である⑷⁵.

(iii)　従来の公序良俗論では，法律行為の内容的規整に焦点があてられていた

⑷¹　「給付の均衡」法理はとくに消費者契約にあてはまる．消費者契約は，消費者という「人」を保護するという視点と，「経済取引（経済システム）」に取り込まれた消費者を保護するという視点からの特別法であるが，民法からみると，「人の法」と「財産の法」の2つの側面をもつ，民法の継続的発展にとって重要な契約類型である．

⑷²　藤岡・講義Ⅴ 208頁参照．

⑷³　『判百Ⅰ』（第5版）13事件（水野紀子）．

⑷⁴　山本・前掲注⑷⁰193〜197頁参照．

ため，契約締結過程の法的規整は必ずしも十分でなかった．基本権の保護という視点の導入は，契約内容にとどまらず，契約締結過程にも目を向けさせることになったのである．この考え方を取り上げてみよう．

(90 条違反は)「たとえば暴利行為のように，一方当事者に不当に不利な内容をもつ契約についてとくに問題となるが，かならずしもそうした内容をもたない契約についても考えられる．この場合には，その侵害を受けた当事者は，自由に意思形成をおこなう機会を奪われ，本来ならばするはずのなかった契約に拘束される状態にさらされることになる．これを自己決定権ないし契約自由の侵害だとみるならば，ここでもまた基本権の侵害が問題になっているということができる」(46)．「こうした場合のための受け皿として考えられるのが，民法 90 条である」．「この規定は，基本権を保護するための私法上の手段として位置づけられてきたし，実際またそうした役割を果たしてきたということができる」(47)．

(iv)　この考え方で指摘されているのは，民法上の法的紛争の解決にとっての，憲法的価値の視点の必要性である．この視点の必要性は，90 条が契約の内容的規整にかかわる一般条項であることから説明することができるが，その特徴は，憲法的価値の実現を基本権の侵害（逆からいうと基本権の保護）に焦点をあてて論ずるところにある．90 条の基本類型としてあげられているのは，①秩序の維持，②権利・自由の保護，③暴利行為であるが，②の権利・自由の保護が基本権の侵害とかかわることになる．

(3)　民法の基本的仕組みとの関係

(i)　以上は，あらたな動向である．民法の法発展をどのように受けとめるべきか．公序良俗違反として，3つの類型にまとめる考え方がある．①人倫に反する行為，②経済・取引秩序に反する行為（経済的公序），③憲法的価値・公法的政策に違反する行為，である(48)．これによると，契約正義（「給付の均衡」法

(45)　芸娼妓契約などの人身売買，雇傭契約の締結ないし終了に際して，競業禁止特約が締結される場合など．この類型は，契約締結段階において，意思決定に対し不当な干渉がくわえられる場合である．契約が成立したあとで，合意形成過程に問題があったとして無効となる場合のこと．

(46)　山本・前掲注(29)194 頁．

(47)　山本・前掲注(29)195 頁．

(48)　四宮＝能見 266 頁以下による．

理）は②に，憲法的価値は③の問題として，それぞれの位置があたえられることになる．

公序良俗違反は，公序にかかわる問題であることは間違いない．かつては「公の秩序」として国の制度にかかわるものと狭く解されることもあったが，民法は社会の基本法であることを考えると，公序も民法の基本的仕組みに係わる問題としてとらえることができる．

(ii)　この点について，本書は，基本的仕組みを「人の法」と「財産の法」に分けて考えるものであるが，これによると，上記の3類型は，以下の役割をになうことになる．

すなわち，①は「人の法」（の公序にかかわる問題）として，②は「財産の法」（の公序に係わる問題）として理解されるべきであるが，さらに，③の基準が加わる．民法には憲法的価値にかかわる問題があるが，それには，「人の法」としてかかわる場合と，「財産の法」としてかかわる場合がある，ということである．公序を民法の基本的仕組みにかかわる問題であるとすると，公序とは，民法の基本的仕組みをどのように動かすかについての統一的視点と解すべきことになる(49)．

4　公序良俗違反の判断と三層構造

90条違反の法律行為は無効である．法律効果からみると，きわめてわかりやすい規定であるが，公序良俗違反の行為はどのように類型化されるべきか，その基準は必ずしも明らかでない．

同条が一般条項であることから説明することもできるが，公序良俗違反の内容が時代とともに変わることに主たる理由があると思われる．すなわち，90条違反を類型化するためには，基本的な視点の確立が求められる．この点を三層構造にあてはめてみよう．

(i)　公序良俗の諸類型を，被害者を想定できるかどうかで大別する考え方がある．90条が適用されるためには公序良俗規範が具体化される必要がある．これは当事者の利害調整とは異なる問題であるから，被害者の保護の視点は必ずしも求められるものではない．それにもかかわらず，具体的な当事者の立場が考慮されるのは，法律行為を無効であると判断することの効果が及ぼす影響

---

(49)　公序の統一的視点にもとづいて，公序良俗違反が類型化されることになる．

も判断要素に加えなければならない，との考え方によるものである．

その点で，ここにあるのは，紛争解決のあり方としての無効判断の効果である．すなわち，90条の本来の役割は当該の法律行為が社会的妥当性に欠けるものであったかどうかの判断であるが，当事者に目を向けることにより，紛争解決のあり方が問われることになったのである．この点を取り上げると，被害者の視点を持ち込む考え方は，現実問題対応型判断（第1段階）によるものである．

(ii)　これに対して，「給付の均衡」法理（契約正義）では，具体的な当事者の保護ではなく，両当事者の給付が均衡であることにより実現されるべき，契約法のあり方が問われる．契約法の基礎理論の再構築であるが，三層構造に照らすと，契約法の基礎理論の90条違反への応用を試みるものである．90条からみると，類型化のための基礎理論が提示されたことになる．基礎理論対応型判断（第2段階）として位置づけることができる．同じことは，憲法的価値の実現をはかることを目的とする「基本権の保護」の視点にもあてはまる．90条からみると，あらたな基礎理論の提示である．

(iii)　さらに，90条が時代を映す鏡であるとすると，同条は民法の基本的仕組みとつながりのあるものでなければならない．民法の継続的発展は，民法の基本的仕組みにもとづいて行われる．「人の法」と「財産の法」の役割分担と協働の仕組みであるが，90条の公序は，「人の法」および「財産の法」それぞれにおけるにおける仕組みのあり方（公序）と密接なつながりをもつ．90条違反の判断では，民法の基本的仕組み（民法という法制度の仕組み）との関連が問われざるをえない．三層構造にあてはめると，これは第3段階の制度的基礎対応型判断の問題である．

90条違反の法律行為の効力は無効である．この規定の具体的適用にあたっては，どの段階の議論を経て結論が導かれることになるのか．民法の継続的発展にとっては，この点を明確にすることが必要である．

5　公序良俗違反の判定時期

(i)　さいごに，法技術的問題を取り上げてまとめとしよう．公序良俗違反は「時代を映す鏡」であるとすると，いつの時点を基準として判断するかは，きわめて重要な課題となる．時の経過と公序良俗違反の関係である[50]．

契約の成立時と履行時とで，判断基準が変化したときに問題となる．このうち，成立時には公序良俗違反であったが，履行時の基準では違反していない場合には，原則として無効となる．公序は民法の基本的仕組みに対する規範評価の問題であるとすると，公序に違反する行為が行われたということは，それ自体が否定的に評価されるべきことである．当事者の利害調整をはかるためには，履行時の判断を考慮することが必要であるとしても，公序の問題を重要と考えると，原則として無効とすることが妥当と思われる．

(ii)　それでは，逆の場合はどうであろうか．成立時の基準によると違反していないが，履行時には公序良俗違反と判断できる場合である．これについては判例がある（最判平成15年4月18日民集57巻4号366頁）．公序良俗違反の判断は法律行為時に行うべきであるから，契約締結時に公序良俗違反とはいえない行為は，履行時においても有効である（ただし，例外的に無効となる場合がある）[51]．この点については，90条の目的は公序良俗違反の行為の実現をゆるさないことにあり，履行時の基準では公序良俗違反となる場合は，契約自体を無効とすべきとの考え方がある．三層構造からみると，いちどは「公序」（民法の基本的仕組み）に反しないとされたのだから，制度趣旨の判断を尊重し，無効となるのは例外的な場合に限るという考え方もありうる（当事者の個別的利益が衡量される）．

---

(50)　時の経過と法については，第8章注(4)参照．

(51)　法律行為が行われた時点の公序に照らして判断すべきであるのは，以下の理由による．「民事上の法律行為の効力は，特別の規定がない限り，行為当時の法令に照らして判定すべきものであるが，この理は，公序が法律行為の後に変化した場合においても同様に考えるべきであり，法律行為の後の経緯によって公序の内容が変化した場合であっても，行為時に有効であった法律行為が無効になったり，無効であった法律行為が有効になったりすることは相当でないからである」．

第7章　代　理 ── 私的自治の制度的保障

第1節　代理の意義

1　代理のメカニズム

(i)　たとえば，売買契約をするとしよう．売買の法律効果を発生させるためには，自分で契約をするのが原則である．代理とは，他人が代わって契約をして，その効果を本人に帰属させる制度である．代理を立てることができれば，自分の活動範囲を広げることができるし，そもそも本人の判断能力が十分でないときは，法はこの者を支援する必要がある．前者を任意代理，後者を法定代理という(1)．このうち，本章では，任意代理をあつかう．

(ii)　ところで，代理制度一般の問題として，法定代理の必要性を振りかえってみよう．第2章で述べたところであるが，たとえば，親は法定代理人として子名義（本人）の不動産を売ることができる．代金の支払い，登記など，すべてが親と相手方との間で約束される．

しかし，ひとたび契約が成立すると，その効果は本人に帰属するため，契約の当事者としては子が売主となる．

子には，売主として，所有権移転登記義務が生じるが，その代わり，売主であるから，代金請求権をもつ．しかし，このような権利の行使，義務の履行は，本人は子供であるから，自分で行うことは無理である．代理人を通じて行うことになる．

実際問題として，親はさいごまで契約関係にかかわらなければならないとしても，法律上は，売買契約の当事者はあくまでも，子自身である(2)．

(iii)　以上は法定代理の場合であるが，他人による法律行為（意思表示）の効果が，本人に帰属する制度，という点では，法定代理と任意代理とで変わりは

---

(1)　不在者の財産管理人も法定代理の一種であるが，これは本人の判断能力が十分でないケースには該当しない．

(2)　この例は，石田 251 頁による．

ない．このような制度があると，本人の活動範囲を広げることができる．これは，とくに任意代理にあてはまる（任意代理では，本人は代理人を自由に選択することができる）．このことは，代理は，私的自治の原則とかかわりのある制度であることをうかがわせる．私的自治の原則とは，自己の意思にもとづいて自由に法律関係を形成できることである．本人だけではできない場合も，他人による「意思表示」を通じて，自己の活動範囲を拡大することができる．代理は，私的自治を保障する制度，ということができる．

なお，代理人は本人からあたえられた権限の範囲で代理権を行使することになるが，自分の判断にもとづいて代理権を行使することができる．その点で，単なる使者と異なる．注意しておきたいところである(3)．

(iv)　代理のメカニズムを構成するのは，本人，代理人および相手方の3人である．改めるまでもないが，契約の当事者とは，売買契約における売主と買主のことである．すなわち，法律行為の効果として生じる権利関係（権利・義務）の帰属主体を指す概念が当事者であり，意思表示その他の行為をする者を意味するものではない．代理人とは，契約を現実に行う「人」のことを意味するにすぎない．代理関係における当事者は，法律効果の全面的な帰属主体たる本人その人のことである（売主・買主とよばれるのは本人であり，代理人ではない）(4)．

2　代理制度の目的と機能

代理は私的自治を支える制度としてきわめて重要な制度である．しかし，代理制度の運用については，積極面と消極面の両面が存在することを考えておく必要がある．

(1)　代理制度の積極面

(i)　私的自治は本人の自由な判断を尊重することである（本人の判断に法律上の効力をあたえること）．しかし，経済社会の仕組みの中では，制限行為能力者のように本人に任せておけないという場合もある．「人」としての活動をまっとうすることが私的自治の原則にかなうとすれば，判断能力の十分でない「人」に対しても，その「人」を支援し，能力を補完し，「人」としての地位をまもることが要請される．これが法定代理であるが，私的自治からみると，法

(3)　使者の役割は本人の意思表示を相手方に伝達することにとどまる．なお，代理の仕組みは代表者の行為について「法人」にも応用することができる．

(4)　辻 271 頁（「代理の基礎理論」）．

定代理の役割は，私的自治の補充にある[5].

(ii)　他方で，判断能力は備わっているとしても，「人」には，1人では，十分な活動をすることができない場合がある．自己の活動範囲を広げるためには他人の力を借りなければならないが，その場合に使われるのが任意代理である．私的自治の拡充の役割をになう制度である．

民法の基礎には私的自治の原則があるといっても，「人」が1人でできる行為には限度がある．私的自治の補充と拡充が必要とされるゆえんであるが，この要請を実現する法的仕組みが代理制度である．代理制度をぬきにしては，私的自治の役割を考えることはできない．私的自治を制度的に保障する制度が必要である．これが代理である．

(iii)　代理の積極面において注目されるのは，代理に関する規定のみが民法典・商法典よりもかなり早く制定されたことである[6]．振り返ると意外なことであるが，その理由は当時，多数の外国商人・商社（とくにイギリス）が日本の商品を買い占めたことにあるといわれる．外国商人が独占による不当な利益を得たために日本商人と外国商人との紛争が絶えなかった．日本商人が代理人を通じて他の日本人や外国人と取引する場合に，代理制度の確立が必要とされたのである[7].

(2)　代理制度の消極面

(i)　しかし，代理には消極面もある．ものごとにはウラオモテがあるため，当然のことであるが，他人（代理人B）が自分（本人A）の名で契約することの危険性である．このようなことが本人の承諾なしに行われると，本人にとってはたまったものではない．ここから2つの問題が生じる．本人の保護と，相手方の立場をどのように考えるか，である．

(ii)　まず，相手方（第三者C）からみて契約の当事者はAまたはBのいずれであるのか，はっきりさせなくてはならない．そこで代理行為であるといえるためには，代理人としては「本人のためにする」ことを示す必要がある（99条1項〔顕名主義〕）.

「本人のためにする」とは，本人の利益をはかるという意味ではない．本人

(5)　法定代理を「私的自治の制限に対する代償」とみる考え方がある．佐久間毅「代理の法的構成」争点72頁.

(6)　「代理人規定」（太政官布告215号）は1873年に「民法典」は1898年に施行された.

(7)　遠田新一『代理法理論の研究』（有斐閣，1984）11頁による.

の名前を明らかにして意思表示を行うことである．すなわち，自分は「A代理人B」として契約を行うこと，つまり，代理人であるという自分の立場を明らかにしなければならない．

(iii)　次に，代理行為はあったが，代理権が存在しなかった場合はどうなるであろうか．代理には常にこのような危険がともなうため，これに対処する制度的措置を講じておく必要がある．これには，表見代理（109条・110条・112条）と無権代理（113条）がある．

表見代理は，相手方Cの立場に配慮し，代理権の存在を信頼していたCに一定の要件のもとで代理権があったと同様の保護をあたえる制度である（「権利外観法理」の一翼をになう制度）．しかし，そのような要件が充足されていないと，無権代理としてあつかうほかないことになる．この場合には，代理人が無権代理人としての責任を問われる（117条）．

第2節　代理制度の基本的仕組み

1　代　理　権（および代理権授与行為）

(1)　**代理権の発生原因**

(i)　まず問題となるのは，代理権の発生原因である．代理権はどのような場合に，どのようにしてあたえられるか．法定代理権は，本人の意思とは無関係に法律の規定するところに従い発生するため，授権行為（代理権授与行為）という問題のとらえ方が必要なのは，任意代理の場合に限られる．

すなわち，代理権は本人の意思表示にもとづいてあたえられる．通常は委任状が使用されるが，代理権授与行為は要式行為ではないため[(8)]，委任状がなくても代理権を授与することはできる．

(ii)　民法では，「委任による代理人」（104条）と規定されている．通常の場合，代理権は委任契約によって授与される（643条参照）．しかし，代理権の発生は委任契約に限られるわけではない．委任のほかにも，雇用，請負などが，代理権の発生原因となることもある．委任，雇用，請負などは，他人の事務を処理するための契約として，事務処理契約とよばれる．これによると，代理権の発生原因は，事務処理契約である[(9)]．

---

(8)　要式行為とは，法律行為の成立に一定の方式を必要とする行為をいう．

(9)　事務処理契約について，四宮242頁．

⑵　代理権の授与 ── その法的性質

(i)　代理権授与は委任以外にも考えられるとして，次の問題が生じる．代理権授与行為はＡＢ間の契約（事務処理契約）による，ということの意味である．「空な議論は此忙しい世の中で止して貰ひたい」（法典調査会委員〔磯部〕）との発言が想起されるが，しかしながら，ささいにみえることでも十分につめておくことが必要である．この点について，大きくは，次の２つの考え方に分かれる．

①　代理権授与行為は事務処理契約に含まれるとするもの．

②　代理権授与行為は事務処理契約とは別個の法律行為であると構成するもの．これは代理権授与行為の独自性を強調する考え方である．

(ii)　なぜこのような議論が必要とされたのかといえば，取引の安全（相手方の保護）が問題となるからである．事務処理契約（委任）の無効・取消しなどにより，代理権授与行為も当然に無効とされることになるのか．そうなると，困るのは誰か．取引の相手方である．無権代理となるリスクを相手方に負担させてよいか，が問われる（代理権授与行為が無効になると，無権代理となる）．

(iii)　そこで，できるだけ，取引の相手方を保護したいとの趣旨から，代理権授与行為の独自性を認めたうえで，代理権授与行為は，事務処理契約の無効・取消しによって影響を受けないとの立場があらわれる（無因論〔原因関係を切断すること〕）．

代理権授与行為の独自性を認めると，事務処理契約との関係については，２つの立場がありうる．すなわち，──

①　代理権授与行為も効力を失う，という考え方（有因論［原因関係がある］判例・多数説），

②　代理権授与行為は存続する，という考え方である（無因論）．

後者によると，代理権授与行為は影響を受けないので，第三者保護になる（有力説）[10]．

以上のように構成できるとすると，代理権授与行為と委任（事務処理契約）との関係は，決して「空な議論」ではないことが分かる．むしろ，本来行われ

⑽　授権行為の観念をめぐる争いについては，森島昭夫「委任と代理」契約法大系刊行委員会編『契約法体系Ⅳ』（有斐閣，1963）307頁以下．委任から直接代理権が発生するとの説がある（同312頁）．

るべき規範づくりにとって不可欠な作業と思われる．

(iv)　注意を要するのは，その一方で，事務処理契約と代理権授与行為を区別しない考え方も有力であることである（事務処理契約説）．これによると，代理権は委任その他の契約そのものにもとづいて授与される．立法者意思にもかなうとされる．代理権授与行為の独自性を認めない考え方である(11)．

事務処理契約説に従うと，代理人側の事情で委任（事務処理契約）が取り消されたとき（代理人が制限行為能力者であることを理由に代理の根拠となっている事務処理契約を取り消した場合）に問題が生じることがある．授権行為も失効するおそれがあるからである．これに対しては，取消しの効果は代理権授与の部分には及ばないと解する考え方がある．その実質的理由は，取消権は制限行為能力者を保護する制度であって，すでになされた代理行為を否定するものではない，からであるとされる．

(v)　なお，代理権授与行為の独自性を認めた場合，その法的性質については，「無名契約説」と「単独行為説」がある．単独行為は本人の側で一方的に行われる行為であるため，事務処理契約が代理人の側から取り消されたとしても，授権行為の効力には影響を及ぼさない．単独行為説をとると，無因論をとらなくても，第三者保護をはかることが可能となる．

(3)　議論の進め方

代理権授与行為の性質をめぐっては，さまざまな考え方がある．代理において第三者の保護をどのように考えるか，切実な問題を突きつけられているからである．代理の消極面から提起された問題であるが，だからこそ，その対応には万全を期す必要があるのではないか．この問題は決して「空な議論」ではないのである．万が一の場合にそなえて，議論を突きつめておくこと，このことは代理に限られることではない．法的判断にはさまざまなレベルの判断があること，このことを気づかせる論点でもある(12)．

---

(11)　その理由としてあげられているのは，授権行為は不要式行為であること，取引社会では，独自の授権行為の観念はなく，代理権は委任から直接生ずると考えられていること，である．

(12)　佐久間・前掲注(5)72～73 頁参照．

2　代理行為の内容

(1)　代理権の範囲

(ア)　法定代理の場合　　制限行為能力者の場合，代理権は法律の規定に基づいて発生する．法定代理（人）とよばれるのはそのためであるが（立法過程では「法律上の代理人」とされていた），誰がそれにあたるかも決まっている．代理権の範囲も法律で決まっている（818条・824条）．

このほか，不在者が財産管理人を選んでいなかったとき，利害関係者は裁判所に財産管理人を選んでくれといえる．そうして選ばれた財産管理人も，必要最小限の範囲において，代理権を有する（28条）．腐敗しやすいものを倉庫業者に預けることができないとすると，管理を十分に行うことはできないからである．財産管理人も法定代理人であり，その代理権は法律によって決まっている．

(イ)　任意代理の場合

(i)　任意代理にあっては，代理権の授与，つまり，代理権の発生根拠は契約である[13]．代理権が契約によって与えられるのであれば，当然，その代理権の範囲も契約によって決定される．すなわち，代理権の範囲は代理権授与行為（事務処理契約）の解釈による．なお，代理権が包括的に与えられるのは稀である．通常は委任状という書面が交付される．

ただし，漠然と「留守中の財産管理を頼む」といわれても，どこまで任されたか分からないこともある．そこで，この場合に備えて基準が設けられた．代理権の範囲が不明な場合には，代理人の最小限の権限として，いわゆる管理行為をなす権限が認められている（103条）．

管理行為とは，処分行為（物を売る）と対置される行為で，保存行為・利用行為・改良行為がこれにあたる．たとえば屋根を直すため，修繕の契約を結んだとか（保存），銀行に預金するとか（利用），その程度のことはできることになっている．これは不在者の財産管理人の標準でもある[14]．

(ii)　このように，代理権の範囲は代理権授与行為の解釈問題である．解釈によっては第三者に及ぼす影響は大きいが，第三者を保護するためには「表見代理」の制度がある．それとのバランスをとりながら，表示行為の社会における

---

(13)　これは，原因行為と代理権授与行為を区別する場合にもあてはまることである．

(14)　梅・要義266頁，267頁．

一般的意味を確定する必要がある．

代理権の範囲にあれば問題は生じないが，表見代理に頼らざるをえないときは，相手方の善意・悪意・過失の有無が問われることになる⒂．

㈢　法人の代理

(i)　法人の代理（代表）について付言すると，法人制度を認めた以上，法人が活動するためには，個人が法人にかわって行動することを認める必要がある．法人の場合には，通常「代表機関」とよばれる（一般社団法人では，理事）．理事個人として行動するのではなく，法人を代表して行動するという意味で法人の場合は「代表」という言葉が使われている．

しかし，第三者（相手方）に対する関係では，代理ととくに区別する必要はない．定款・総会決議によるなど，内部的制限があることに注意を要する．

(ii)　このように，法人についても，「代理」を語ることができるが，「法人」の代表と，「人」の代理を同様のルールであつかってよいかは問題もある．法人には目的があり，代表は法人の目的を実現する機関であるにすぎない．ところが，代理では，代理人による法律行為の効果は，本人に帰属する．

法人と代表との関係はこのようなものではない．代表は法人の機関であり，法人からみて他人ではない．この違いは，代理権（代表権）の範囲や代理権濫用（代表権濫用）の問題にあたって注意を要するところである．

⑵　代理行為の仕組み

(i)　代理は，他人が代わって契約をして，その効果を本人に帰属させる制度であるから，この目的を実現するための仕組みが用意される必要がある．すなわち，代理人による意思表示の効果が本人に帰属するには，意思表示の効果が自分ではなく，他人に直接に帰属する旨を相手方に知らせるせることが必要である（99条1項）（「A代理人B」）．

これが顕名主義とよばれる仕組みである．このルールは代理人の行った意思表示（能働代理）のほか，代理人が意思表示を受領した場合にも適用される（99条2項）．

(ii)　99条は代理に関するもっとも重要な規定とされる（起草者見解（富井））．権限内においてなしたものであるかどうか，が問われるのが「代理権」であるのに対し，本人のためにすることを示してなしたことが「顕名」の問題であ

⒂　ここにあるのは契約の解釈に関する利益考量的判断である．

る．代理制度の根幹にあたる問題であるので，立法の経緯をみてみよう．

富井によると，代理関係には２つある（法定代理，任意代理を問わない）．①本人と代理人の関係と，②代理人と法律行為をなした第三者と，本人または代理人との関係である．

このうち，②が純然たる代理関係であり，代理（99条以下）の目的は主としてこの関係を規定することにある（本人と代理人との関係は通常は委任契約で，第３編（債権）による．ただし，純然たる委任契約の関係を除く外は，本人と代理人との関係も代理の中に規定されている）．

(iii)　ところで，旧民法では，主に契約上の関係が規定されているため，②についてはその条項が「はなはだ少ない」．フランスその他多くの法典の例にならった．これは真の代理，近世の法理による代理を認めなかったローマ法の遺法である．ローマ法では，代理人が行為を行い，その効力が直ちに本人に効力が及ぶという制度，つまり今日いうところの代理を認めなかった．その原則を引っくり返して，代理人の行為によって本人が直ちに権利を得，義務を負うという主義．これが民法の代理である[16]．

(ウ)　間接代理　　民法でいう代理に対して，代理人が（本人のために）自己の名において法律行為をすることを間接代理という．代理とちがい，行為の効果は当然には本人に及ぶことはない．しかし，本人と代理人との間に行為の効果を本人に帰属させるとの合意があれば，それにしたがい最終的な経済効果を本人に帰属させることができる．問屋（商法551条）は間接代理の例である．

3　代理の法的構成 ── 代理の制度的基礎と三層構造

(1)　3つの考え方

(i)　ところで，代理という制度は，ローマ法には存在しなかった．代理は，他人による法律行為（意思表示）の効果を直接本人に帰属させるための制度である．意思表示の原則からすると，代理には特別な効果があたえられていることになるが，このような特別あつかいを正当化できる根拠は何か．これは「代理の法的構成」とよばれる問題である．これについては，３つの考え方がある[17]．

①　本人行為説（本人意思説）

---

(16)　『法典調査会民法議事速記録一』（日本近代立法資料叢書１）２頁（富井）．

②　代理人行為説（代理人意思説）

③　共同行為説（共同意思説），である．

(ii)　本人であれ，代理人であれ，行為者の意思が基準とされているのは，意思表示は法律関係に変動を生じさせる起点となる手段であるからである．このうち，通説とされてきたのは，②の代理人行為説である．代理人行為説では，法定代理と任意代理が統一的に説明できるとされる．

法定代理は本人の判断能力が十分でない場合につかわれる制度であるから，本人行為説によると，本人が不利益を被るおそれがある（本人にまかせておくと，代理人をコントロールすることができない場合が生じる）．代理人行為説は代理人の行為（意思）を基準とするものであるため，法定代理と任意代理を対等にあつかうことができる．代理人行為説によると，代理権のあり方が，重要となる．

(2)　代理の制度的基礎

(i)　代理の法的構成は代理の正当化根拠であるとすると，ひとたび代理制度が認められると，代理の法的構成はその役割を失うことになるのであろうか．この点については，そうではない，と考えることもできる．

すなわち，代理が制度として法認されると，次に問題になるのは，代理制度の運用のあり方である．代理は，どのような考え方にもとづいて運用されるべきものであるのかが問題とならざるをえない．この場合，代理の法的構成が，代理の制度的基礎を理解する鍵となることが考えられる．代理の制度的基礎が固まると，代理の運用のあり方に関わる問題，つまり具体的問題の解決にとってどのようなルールが妥当であるのか，解決の道筋が明らかになる．

(ii)　代理の法的構成を，代理の正当化根拠と考えるか，代理の制度的基礎とみるかによって，法的構成のあつかいかたも変わってこよう．

たとえば，本人行為説は，正当化根拠の視点では，「もっぱら本人の意思にもとづく」説，と割りきる必要がある．しかし，代理運用の制度的基礎とみる場合は，制度的基礎は具体的な問題を考える場合の基礎となる指標であるから，「本人の意思に重きを置く」考え方というように，幅をもたせて，あつか

---

(17)　「代理の法的構成」については，佐久間・前掲注(5)71頁に負う．同『代理取引の保護法理』（有斐閣，2001）をも参照．以下では，法的構成の問題を代理の制度的基礎にかかわる問題と受けとめ，三層構造の視点から，この問題を位置づけておきたい．

うことができる．このような幅のある考え方は，代理人行為説や共同行為説をとる場合でも，あてはまることである．正当化根拠のレベルではこのような操作はゆるされないとしても，具体的な運用の場面では，幅のある対応策を用意しておくことも必要である．

(iii)　代理の法的構成を，代理の制度的基礎の問題とみるこの考え方は，三層構造によると，より明確となる．代理はどのような考え方にもとづいて運用されるべきであるのか，起点として必要とされるのは，制度的基礎対応型判断である（第3段階）．すなわち，代理の法的構成とされた従来の考え方は，制度的基礎対応型判断の問題として，あらたな役割をあたえられるべきものである．

代理の法的構成に関する3つの考え方，①②③のいずれが妥当であるか．これは代理の正当化根拠ではなく，代理の運用のあり方の問題であるから，従来の議論にとらわれる必要はない．代理にとって，何がだいじか，これは代理の制度目的を明確にする作業である．すなわち，代理を法的に根拠づけることではない（代理の正当化根拠）．代理の具体的運用の基礎となる考え方をどこに求めるかである．

(3)　私的自治の制度的保障

(i)　この点，①②③のいずれも，「人」の「意思」にもとづいて，代理の法的構成を考えるものであった．意思表示は法律関係に変動を生じさせる手段であり，私的自治の観点からとらえると，意思表示とは「私的自治を実現するための手段」である(18)．

代理を私的自治を制度的に保障する制度と理解すると，私的自治にとってだいじなことは本人の意思を尊重することであるから，代理にあてはめると，本人行為説にもとづく判断が，重要となる（制度的基礎対応型判断〔第3段階〕としての本人行為説）．代理の具体的運用は，このことを前提として判断されるべきことになる（現実問題対応型判断〔第1段階〕および，この判断を基礎づける，基礎理論対応型判断〔第2段階〕）．

(ii)　もっとも，このことは代理人行為説や共同行為説の有用性が失われることを意味するものではない．本人行為説は，本人の行為（意思）に重点をおく考え方であるから，代理人行為説や共同行為説との協働が必要となる場面もあるのである．

---

(18)　佐久間・前掲注(5)71頁．

三層構造をあてはめると，制度的基礎対応型判断を起点とすると，代理運用のあり方について，ルール適用の道筋が見つけやすくなるのではないか，ということである⒆.

4　代理行為に関する基本的なルール

代理の運用にはいる前に，代理行為の効力に関連する問題を取り上げる.

⑴　本人のためにすることを示さない意思表示（顕名しない場合）

この場合は代理関係が表示されているとはいえないため，代理人を当事者とする意思表示が成立する．すなわち，代理人としては，自己のためにしたものとみなされる（100条）．つまり，代理人に効果が帰属するとのルールがつくられた．相手方保護のための規定であるが，代理人自身に対する制裁ととらえることもできる.

以上は原則である．代理人の意思表示は本人のためになされたものであることを相手方が知り，または知ることができたときは，99条1項の規定が準用される．すなわち，代理の効力が生ずる（100条ただし書）.

⑵　代理人の行為能力（102条）

ところで，代理人は行為能力者であることを要しない（102条）．未成年者が代理人になってもかまわないわけである．判断能力が十分に備わっていない者がなぜ本人を代理できるのか，この条文をとっさに読むかぎりこのような懸念が生じるかもしれない．しかし，代理人は本人が選ぶのであるから，これでかまわないわけである．不利益を被るおそれがあるのは承知の上ということである．なお，法定代理については，特別の規定のある場合がある（例．未成年者は後見人となることができない．847条1号）.

⑶　代理行為の効力を判断する基準

（i）代理行為に瑕疵のある場合，代理行為の効力を判断するあたり，代理人と本人のいずれを基準とすべきかが問題となる．これについては，代理人を基準とするという規定がある（101条1項）．すなわち，意思表示の効力が意思の不存在（心裡留保，錯誤，虚偽表示の場合），詐欺・強迫，またはある事情を知っていたこともしくは知らなかったことにつき過失があったことによって影響を

⒆　代理人行為説には根本的問題もあることについて，佐久間・前掲注⑸73頁．代理の運用にあたり，どのような問題が生じるかについては，代理の基本的仕組み（代理の構造）と，無権代理の仕組み（表見代理と無権代理の関係）に分けて考える必要がある.

受けるべき場合には，その事実の有無は，代理人について決する．これによると，代理人が詐欺・強迫にあったときは，本人は代理行為を取り消すことができる．これが同項の趣旨である．

(ii)　代理人が特定の法律行為をすることを委託された場合については，別に定めがある（２項）．

代理人が本人の指図に従ってその行為をしたときは，本人は，みずから知っていた事情について代理人が知らなかったことを主張することができない．本人が過失によって知らなかったことがらについても，同様とする．この規定は法人の場合にも適用がある．

(4)　代理権の消滅

代理権は本人が死亡すると，消滅する．これはよく分かる規定であるが，そのほかにも消滅事由についての規定がある．すなわち，代理権は，本人の死亡のほか，代理人の死亡又は代理人が破産手続開始の決定もしくは後見開始の審判を受けたこと，により消滅する（111 条１項）．

また，委任による代理権は，以上の事由のほか，委任の終了によって消滅する（２項）．これは任意代理に特有の消滅事由である．

5　代理権の行使

代理権の授与にともない，代理人はどのような義務を負うことになるか．代理権の行使にともなう問題である．

(1)　善管注意義務

代理人は信認関係にもとづいて他人の事務を処理する者であるから，善良な管理者としての注意義務を負う．この義務に違反して本人に損害をあたえた場合は，損害を賠償しなければならない．

(2)　自己執行義務（復代理の問題）

(i)　代理人は本人のために（自分に代わる）代理人を選ぶことができるか．これが復代理の問題である．復代理とはどのような問題であるのか，確かめておこう．

①　第１に，復代理とは，復代理人の行為によってその効果が直接本人に及ぶ場合のことを指す（復代理人は本人の代理人である）．逆にいうと，代理人が自分自身の代理人として選任する場合，それは復代理ではない．たとえば，不動産売買を依頼された代理人が，候補地を調査するために測量を行うさい，どこ

の測量業者に頼むかについて，事情に通じた人を自分自身の代理人として選定することは自由である．この測量契約の当事者は「代理人」であって，本人とは無関係であるからである．

②　第2に，代理行為をするため，事務的な補助者や使者を使うのは自由である．そうでなければ，弁護士業務などできるものではない（資料を収集・作成する人は必要である）．

また，使者の場合，その効果は直接本人に帰属するが，これは完成した意思表示を伝えるだけの事務的な仕事であるため（判断作用を含まない），他人に任せてよいからである（不始末の責任は本人が負う）．使者は，連絡役である．

③　第3に，代理権を与えるさい，復代理を選んでよいと決められている場合は問題がない（本人があらかじめ許可している場合）．明示の場合もあるし，黙示の場合もある．

(ii)　以上は，とくに問題のない場合である．しかし，ある弁護士を信用して，不動産売買を任せたら，彼が自分の一存で復任（復代理人を選任すること）してしまったらどうなるか．普通，代理人とは，誰でもいいのではなく，その人だから頼むのである．本人としては，勝手に外の人を選ばれても困る．その行為の効果が自分に及ぶのであるから，黙って見すごすことはできない．

では，要件が満たされているときはどうなるか．復代理は直接本人を代理する．つまり，復代理人の行為の効果が直接本人に及ぶ（107条1項．復代理人は，本人を「代表」する，とされていることに注意）．また，本人，相手方に対する関係でも，代理人と全く同じ地位に立つ（107条2項）．

(iii)　代理人の責任については，規定がある．

①　任意代理の場合，復代理人の選任は，原則としてできない．ただし，本人の許諾を得たとき，または「やむを得ない事由があるとき」は復代理人を選任することができる（104条）．

代理人が復代理人を選任したときは，選任および監督について本人に対してその責任を負う（105条1項）．責任の内容は善管注意義務にもとづいて判断される．代理人が本人の指名に従って復代理人を選任したときは，代理人は責任を負わない．ただし，「その代理人が，復代理人が不適任又は不誠実であることを知りながら，その旨を本人に通知し又は復代理人を解任することを怠ったときは，この限りでない」（105条2項）．代理が信認関係にもとづくことをうかがわせる，細やかな規定である．

②　法定代理の場合，法定代理人は自己の責任において復代理人を選任できる（106条）．つまり，自分で責任をとるつもりであればいつでも復任できるということである．法定代理人を誰にするかは法律の規定によるため，代理人としては，意思に反して代理人に就任するという場合もあるかもしれない．復代理人を選任できる場合が広いのは理にかなうことであるが，責任は重い．この点は注意を要するところである．

⑶　**忠 実 義 務**

(i)　代理人や復代理人は，代理権の範囲内の行為であれば，ただちにどのような契約でも締結することができるか．そこにおのずから限界がある．

①　第1は，自己契約である．つまり，代理人が契約の相手方になることである．たとえば，誰かからマンションを借りてくれと代理権を与えたとき，代理人が自分のマンションを貸した場合である．つまり，代理人が一方では代理人として，他方では，契約の相手方として登場する場合である．

②　第2は，代理人が貸主の代理人にも，借主の代理人にもなるケースである．つまり，契約当事者の双方の代理人となる場合である．双方代理という．

108条は，以上の2つのケースを禁止した．

(ii)　ところで，①②とも，規定のないときは，代理人がなすことができることがらである．それにもかかわらず，禁止規定が設けられた理由は以下のとおりである．すなわち，――

「代理人なる者は代理を為すに付ては忠実に其務をせねばならぬ，［①の場合］然るに本人の利益と自分の利益と衝突する場合には一々己れの利益を先きにして本人の利益を後に仕易いものである，［②の場合］又常に自分の利益を抛って本人の為めにせよと云ふは人情難きを責むる最も濫用の恐れある事柄でありまするに依て之を禁ずることに致しました訳であります」．

［本案〔民法〕でも法人について，商法でも代弁について双方代理が禁止されている］ところ，「皆同じ精神に基くものと考へます，本条は一般の原則として其禁止法を設けることを至当と認めて置いたのであります」[20]．

この説明には，なるほどと，うなずかせるものがある．代理権を形式的にとらえれば，このようなことができるとしても，法の一般原則に鑑み，そのようなことはゆるされない，と判断されたのである．

⒇　『法典調査会民法議事速記録一』（日本近代立法資料叢書1）97頁，98頁（富井）．

(iii)　①と②が禁止された理由には，共通点がある．

これを認めると，権限が濫用され，本人が害される恐れが強いからである．自己契約の場合，契約内容がお手盛りになる可能性が高い．双方代理の場合も，一方にとってそうなる可能性が高いのである．そこで，これを禁止した．その結果，もしそのような行為をされても，代理人には当該行為をする権限がないので，無権代理となり，契約の効果は本人には及ばないことになる．

(iv)　以上，自己契約や双方代理が禁止されるのは，本人を保護するためである．そうすると，逆に本人がそれでもかまわないといっている場合，これを禁止する理由は見あたらない．

たとえば，「あなたが，今，貸しに出しているあの物件を含め，検討してほしい」と本人（借主）があらかじめ頼んでおいた場合である（「あらかじめ許諾した行為」にあたる）．

また，本人と代理人との間に利害対立をもたらさないという意味では，債務（義務）の履行もこれにあたる．つまり，義務を履行することは当然なすべきことであるので，とくに利害の対立はないと考えるのである（あらたに権利義務関係が形成されるときとは違う）．実際問題としても，たとえば登記申請の場合，売主買主とも同じ司法書士に頼むことが多い（双方代理）．また，金さえもらえば相手に申請を任せることもある[21]．

6　代理権の濫用

さいごに残る問題がある．代理人が代理権を濫用して，私利私欲をはかったら，どうなるか．不動産売買の代理権をあたえられているものが，売却代金を遊興費に当てるため，売買した場合である．本人が代理人に責任を追及できることは言うまでもない．しかし，そのような代理人は逃げている場合が多い．そうすると，相手方との契約自体を何とかしたい，本人がこのような心境にいたることはよく分かることである．代理制度はこの要請にこたえることができるか．

(i)　まず，代理人の意図はどうあれ，とにかく売却の代理権ある者がそれを行使しただけであるから，相手方は契約の有効性を主張できるというべきであ

(21)　以上につき，108条ただし書参照．もっとも，（理論的には）債務の履行として意思表示することは多くはない．自己契約・双方代理を禁止した実質判断により導かれる帰結である．

ろう．相手方としても，そのようなことで，一々無効にされたのではたまらない．そもそもそのような代理人を選んだのは本人であって，相手方ではない，ということも考えなければならない．

(ii)　では，常に有効か．たとえば相手方が現に代理人の意図を知っていた場合にまで，本人の利益を犠牲にして，あえて相手方を保護する必要はあるまい．

問題は相手方に過失があった場合である（代理人の意図を知らなかったことについて，過失があるとき）．この場合については，いろいろな考え方がある．

①　相手方悪意の場合に限って，相手方は代理行為の有効性を本人に主張できないとすることで足りる．これによると，過失があるにすぎない場合は相手方が救われることになるが，これは取引の安全を重んじる考え方である（信義則から導かれる考え方）．

②　過失ある相手方との関係でも，代理行為の効果は本人に帰属しないとする説（判例は心裡留保の規定である 93 条ただし書を類推するという）．

ただ，この場合，どこに心裡留保を見出すかについては，議論が分かれる．代理人が自分のためであるのに（自己の利益をはかる），本人のためであると示している点か（顕名主義）．しかし，代理人には法的効果を本人に帰属させる意思はあるから，（意思と表示との間に）不一致はなく，心裡留保はあるまい．

だから，判例は類推適用としたのである（93 条の直接適用ではない）．すなわち，代理人には，代理意思はある．したがって，意思と表示の不一致（意思の不存在）はない．しかし，本人と相手方の利益状況を衡量すると，解決の基準としては，93 条ただし書の趣旨と類似の構成で処理するのが妥当でないか．すなわち，類推によるあらたな規範創造が必要とされたのである(22)．

③　代理人には権利濫用する権利はないから，無権代理を構成し，そのあとで表見代理の保護を考える説がある．代理権濫用を実質的には，代理権限外の行為と解するものである．相手方が「悪意」である場合には，無権代理にとどまる（110 条の問題）．しかし，代理人がどう思って行動するかによって，代理権があったりなくなったりするのはおかしなことではある．

(iii)　なお，代理権の濫用は，任意代理，法人の代表機関(23)のほか，法定代理

(22)　93 条ただし書の類推適用が問題となるのは，主として法人の場合である．なお，本人と代理人を一体として見ると，類推適用という必要はなくなることにつき，内田 144 頁．

でも問題となる（最判平成4年12月10日民集46巻9号2727頁〔親権者〕）.

第3節　表見代理と無権代理

1　表見代理と無権代理の関係

(i)　代理行為と称されるものはあったが，実は代理権はなかったという場合がある．このような場合を無権代理という．代理権のない者が他人の代理人としてした契約は，本人が追認をしなければ，本人に対してその効力を生じることはない（113条1項）.

(ii)　しかし，無権代理の中には，取引の安全から，相手方の信頼を保護するために，本人に何らかの帰責性のある場合，一定の要件の下で，本人の責任を認める制度が用意されている．これが表見代理である（「表見代理」ということばは109条・110条・112条の見出しにある）．表見代理も無権代理の一種であるが，代理制度の信用を維持する機能をもつことから，まず表見代理を取り上げる．

2　表見代理の場合

(1)　表見代理の基礎

(i)　代理権はないのだが，本人と無権代理人との一定の関係を考慮し，相手方を保護するため，代理権があるのと同様の効果が認められる場合がある．これが表見代理である．代理権がないため無権代理であることに変わりないが(広義の無権代理)，権利外観の法理により特別の制度として設けられた(24)．表見代理には3つの類型ある．

① 代理権授与の表示による表見代理（109条）　甲土地を売るためにBに代理権を与える表示をした．しかし，実際には与えていなかったという場合．

② 代理権の範囲を越えることによる表見代理（110条）　甲土地を売る代理権を与えたが，代理人は甲土地ではなく乙建物を売る場合．

---

(23)　最判昭和38年9月5日民集17巻8号909頁．なお，会社の主任の職位に伴う代理権濫用につき最判昭和42年4月20日民集21巻3号697頁がある．

(24)　中島玉吉「表見代理論」京都法学会雑誌5巻2号1頁（1910）により表見代理という概念が誕生．その後，鳩山，我妻により概念が固められる．この流れにつき，安永正昭「表見代理」講座1　489頁．

③　代理権消滅後の表見代理（112 条）　　甲土地を売る代理権がかつてはあったが，現在はない．しかし，実印等を返還しないで，再び甲土地を売るという場合．

(ii)　3 類型にはそれぞれ以下のような特色がある．

①では，代理権があたえられたことはない．代理権授与の表示があるにすぎない．

②と③では，代理権の存在が一応前提されている．②は代理権の範囲を超える代理行為がなされた場合であり，③は，代理権が過去にあった場合である．

表見代理の要件であるが，代理権が存在しなかったことについて，相手方の善意無過失が要求される（判例・通説）．110 条では正当な理由とされているが，その趣旨は善意無過失と同じである(25)．

表見代理が成立すると，本人は代理権があったと同じ責任を負わせられる．つまり，本人は代理権があった場合と同様，代理行為の効果を引き受けなければならない．

(iii)　表見代理が必要とされた経緯であるが，110 条は 112 条にヒントを得てつくられたものである．109 条はあとから，民法編纂作業の最終段階で構想された(26)．

この経緯からも分かるように，民法典編纂の段階では 3 類型の共通性は必ずしも意識されていなかった．「表見代理」という表現がはじめて用いられたのも，学説においてであった．帰責の根拠が，本人が第三者をして代理権ありと信じさせる「外形の事実」を生じさせたこと，つまり，「本人の表見的行為」に求められていたことが，注目される(27)．

(iv)　ところで，本人はなぜ，表見代理責任を負わせられるのであろうか．

起草者見解によると，110 条・112 条については比較的明らかである．110 条については，「本来無権代理であるが，第三者において，代理人に権限あるものと信ずるに足るべき正当の理由があれば，とくに本人に責任を負わせ，取引の安全を保つことが条文の趣旨である」．また，112 条については，「代理権

(25)　109 条の善意無過失は，平成 16 年民法改正で明文化された．

(26)　110 条・112 条は，明治 19 年（1886）3 月に脱稿したボアソナードの旧民法草案でできあがっていたが，109 条は明治 26 年ないし 29 年（1893–1896）の民法修正草案の立法過程で現れた．

(27)　中島玉吉「表見代理論」『民法論文集』（金刺芳流堂，1915）183 頁による．

の消滅を過失なくして知らないで代理人と取引した第三者の保護を目的とした公益規定である」.

112条で公益規定が必要とされる理由は，――

① かかる規定がなければ，第三者は安んじて代理人と取引ができない.

② 公平の観点からして，代理人を使用する場合においては本人はいっそう自己の責任を重んじ，代理権消滅の場合には，種々の方法を用いて第三者に代理権の消滅した者と取引をなさしめないよう注意すべきである，

ということである(28).

(v) 110条・120条と対比して，109条では，かなりの議論があった．有権代理ではないのか，の議論である．とくに代理権授与行為を単独行為として理解した場合に，主張される．109条（原始規定）では，規定上善意無過失が要求されていなかったこととも一致する．この規定が問題視されるようになったのは，代理権授与行為を委任契約とする主張が通ったことにある.

委任契約はないが，表示行為のみあるという場合の相手方保護の規定としてできた．すなわち，「本人からの錯誤主張を排除し，取引上の善意の相手方第三者を保護するために，「代理権授与の内容の明確な外観表示」という「観念の通知」を行った，或は，少なくともそう見られる外観惹起を誘引した本人に対し，意思表示の解釈を準用して本人の表示責任を認める規定である」(29).

(vi) 表見代理の帰責根拠（本人に責任を負わせる根拠）については，２つの法原則がある．すなわち，――

① エストッペル（estoppel）の法理（禁反言）―― ある者が自己の行為または捺印証書に反する主張をすることが法律上禁止される（英米法）(30).

② 権利外観の法理 ―― 事物の外観と真実とが一致しない場合にその外観を信頼して，ある行為をしまたはしなかった者に対して外観によって事物を決することができるようにする（ドイツ法）(31).

①と②とでは，取引関係に入った第三者を保護する考え方が異なる．①は，行為者の態様を，②は，第三者の信頼を，重視する．たとえば，議論の実益として，法定代理にも表見代理の規定の適用はあるかという問題がある．法定代

(28) 以上は，梅委員の説である．安永・前掲注(24)492頁参照.

(29) 以上，遠田・前掲注(7)219頁による.

(30) 捺印詔書とは，署名，捺印された書面のこと（不動産の譲渡など重要な契約で使われる).

(31) 四宮267頁参照.

理には，外観作出者の責任があるとは考えられないからである．①と②の違いは，第三者保護の要件についても，生じる．

どちらが妥当であるか．表見代理の3類型には，2つの考えが入りこんでいる．どちらからのほうが説明しやすいというようなことは，一義的には言えない．ただし，109条については，行為者の態様が問われるのであるから，責任根拠としては，①が基礎にあることは確かである[32]．

⑵　109条の表見代理

この類型では，本人の表示責任が問われるが，表示の方法は問わない（書面でも口頭でもよい．また，特定人に対する通知であると，一般人に対する通知（新聞広告など）であるとを問わない）．

ただし，実際に問題になるのは，委任状ないし白紙委任状が交付されている場合である（代理権の授与がないのに，このような書類を交付した場合）．

㈠　109条が適用される場合，どのようなことが問題となるか

(i)　代理権授与行為がないのに，本人により交付された委任状を呈示して代理行為が行われた場合である．例としては分かりやすいが，実際に問題となるのは，白紙委任状が交付される場合である．白紙委任状が本人の予定に反した使われ方をされた場合（白紙委任状の濫用），本人の表示責任はどうなるか．

(ii)　委任状には，受任者欄（代理人），委任事項欄（売買契約など）および名宛人欄（相手方）があるが，白紙委任状とは，その一部または全部が空欄になっている書状である．

白紙委任状が交付されると，白地であることをよいことに，本人の意図に反した使われ方がなされるおそれがある．本人の利益保護をどうするか，（代理人による）記載を信じた第三者をどこまで保護するのがよいのか，2つの利益の衡量が必要である[33]．

(iii)　ところで，本人が白紙委任したのであるから，日常用語法から考えると，委任状がどう使われようと本人にとっては特別の問題は生じないようにも思える（本人としては，安全だから白紙委任したわけで，（万が一の）リスクの負担は含意されていたと考えることもできよう）．しかし，白紙委任状を交付することは，

---

(32)　110条は，信用できない者を代理人に選んだ本人にリスクを負担させる制度である．内田187頁参照．

(33)　白紙委任状による代理権授与については，半田正夫『やさしい民法総則〔第5版〕』（法学書院，2010）148頁以下参照．

コントロールをしないということではなく（コントロールのない状態におくこと），白紙委任状を交付する本人には使われ方に対する注文がある．それに反する使われ方がなされたときに問題になる（つまり，当該問題との関連で代理権がなかった）．109条が問題となるのは，この場合である．

(イ)　問題解決の方向性　　白紙委任状には，「正当に取得した者なら誰が行使しても差し支えないという趣旨で交付される場合」（転々予定型）と，「代理人も相手方も多かれ少なかれ限定する趣旨で交付される場合」（非転々予定型）の，２つの類型がある[34]．

後者は，本人が使われ方に注文をつけている場合であり，予定しない者が代理人または相手方として登場した場合に表見代理の問題が生じる[35]．

(ウ)　最判昭和42年11月10日民集21巻9号2417頁の場合　　具体的にどのような判断が行われるのか，判例をみてみよう．

(i)　本件では，保証人になるつもりでいたＡが交付した白紙委任状が問題となった．Ａは白紙委任状をＢに交付したところ，Ｂはこれを Ｃに交付した．ＣはＡの意に反して，Ａの代理人として，ＣのＤに対する債務をＡが連帯保証する旨の契約を締結した．本件は白紙委任状の転得者（Ｃ）による濫用のケースであるが，Ａとしては，ＣがＢを通じてお金を借りるのであれば保証人になってもよいと考えていた．ところが，実際には，ＣはＤから融資を受けることになったため，Ａは，当初想定していたのと異なり，ＣのＤに対する債務について，連帯保証人となった，という事件である．

判旨は，ＡはＤに対し，Ｃに代理権をあたえた旨を表示したものと解するのが相当であるとした（109条の適用を肯定）．

(ii)　ところで，本件でＡにとっての思惑違いは何であろうか．なるほど，代理人は予定された者とは異なる．しかし，それによってＡに大きな不利益がもたらされたか．ＡはＣの債務を保証することは覚悟していた．ただ，Ｃの借入先がＡの予定に反した経過で決まり，かつＣが代理人として行動したにすぎない．

転得者による濫用は，通常，委任事項，相手方の部分の濫用をともなう．本

(34)　四宮245頁．

(35)　最判昭和39年5月23日民集18巻4号621頁参照，白紙委任状の転得者による濫用は原則として109条の要件をみたさない．例外は，直接の被交付者による濫用の場合である（たとえば，委任事項の不当補充）．

件は委任事項も濫用されたケースであるが，保証契約においては，債権者が誰であるかはだいじであるとしても，債務者がきちんと弁済してくれることこそ，保証人の関心事である．本件は，転得者による濫用であるとはいえ，委任事項，相手方の欄の濫用の程度が軽いものであった．本件で 109 条責任が肯定された実質的理由はこの点に求めることができる．

⑶　110 条の表見代理

㈠　基本代理権　　代理人が「権限外の行為」をした場合に適用される表見代理である．代理権の範囲をこえる場合が問題とされるのであるが，もともと代理人がもっていた権限を基本代理権という．

(i)　では，基本代理権とは何か．代理権というからには，私法上の法律行為をなす代理権であることと解するのが自然であるが，その範囲は必ずしも限定的ではない．「権限外」の行為をしたことが問題とされているのであるから，本人から何らかの権限が与えられているのであれば，表見代理が成立する可能性を否定することはできない．問題はその基準をどこにおくかである．

(ii)　契約を本人に代わって行うという厳密な意味の代理権である必要はなく，事実行為を代行する権限をあたえられている場合も，適用がある（多数説）．保険外交員として顧客の勧誘をまかされている者も，これにあたる[36]．判例は消極的であるが[37]，基本代理権を「基本権限」の意に解すると，「基本代理権」の範囲を拡張する法的装置ができあがる．

㈡　問 題 提 起

(i)　もっとも基本代理権の要件を緩やかにすると，本人の保護がおろそかになる場合がある．この点は，相手方の要件としての「正当理由」を通じて行われるべきとの考え方もある．すなわち，第三者が表見代理として保護されるためには，「代理人の権限があると信ずべき正当な理由」が必要である．「正当理由」という要件に，利益衡量の手段としての役割を認めるものである．

---

(36)　対外的な関係を予定しつつある行為を委託した事実があればよい（有力説）．

(37)　公法上の行為については，基本代理権にあたらないとする判例がある（最判昭和 39 年 4 月 2 日民集 18 巻 4 号 497 頁）．表見代理は取引の安全を目的とする制度であるため，私法上の行為についての代理権であることを要する，とされるのであるが，「私法上の法律関係に関連して公法上の行為につき代理権を与えられた者は，何らかの私法上の行為についてもまた代理権を与えられている場合が多いであろうし，その場合は，その私法上の行為についての代理権が前記の基本代理権となり得ることは勿論である」と，留保が付されていることに注意しておきたい．

(ii)　最判昭和 51 年6月 25 日民集 30 巻6号 665 頁を取り上げてみよう．

本件では，連帯保証契約の締結にあたり，代理権はなかったが保証人欄に本人の実印が押されていたため，相手方が 110 条にもとづいて請求した．本人（A）と代理人（B）の間には以下のようないきさつがあった．C社（Bの関連会社）が他から社員寮を賃借するについて保証契約を締結する権限をAが B にあたえ，そのさい B は保証契約の締結および印鑑証明の交付申請のため，A から実印を預かっていた．そこで B は連帯保証人欄にAの実印を押し，印鑑証明書を添付した．そのため，相手方Dは，正当理由ありとして，Aに連帯保証人としての責任を追及した[38]．第1審（D敗訴），第2審（D勝訴）を経て，最判で破棄差戻しされた．

(iii)　判旨によると，印鑑証明書を徴した以上は，特段の事情がないかぎり正当理由がある．では，本件ではどう考えるべきか．とくに代理人が利益を受けることをどう評価すべきか，相手方Dとしては，本人の保証意思について疑問をいだいてしかるべき特段の事情があった（本件保証人の責任は重い）．したがって，本人に直接照会するなど可能な手段でその保証意思の確認をしない以上，正当理由はない．

(ウ)　代理の制度的基礎との関連性

(i)　これはかなり厳しい要件である．判例は総じて，正当理由の認定について慎重である．本人の保護をはかるということであるが，この判断は，ボワソナードの構想に合致する．ここまでくると，代理も，制度目的の原点に立ち返る議論が必要なことがわかる．

(ii)　代理は私的自治の制度的保障を旨とする制度であるが，その制度の運用にあたっては，具体的事件を解決するために利益考量的判断が必要となる場合がある．しかし，利益考量的判断にゆだねることには限度がある．本件は，正当理由の判断において慎重な態度がとられた点で注目されるが，表見代理の成否は代理の制度的基礎のとらえ方と関連のあることを示すものとして，注目される．この点で，ボアソナードの代理構想が想起されたことは，代理制度の運用のあり方にとって，重要な問題提起であった．

(4)　112 条の表見代理

(i)　表見代理については，もう1つ別の類型もある（112 条）．これは甲土地

(38)　『判百1』（第6版）30 事件．

を売る代理権はあったが，現在はない．しかし，実印等は返還しないで，再び甲土地を売る，という場合である．表見代理として相手方（第三者）が保護されるための要件は，かつてあった代理権が消滅したことと，取引当時代理権が存在しなかったことについて，相手方が善意無過失であることである．この要件が満たされると，本人は有効な代理権があったと同様の責任を負わせられる．つまり，本人は代理人のなした行為の効果を引き受けなくてはならない．

(ii)　110条と112条を比較すると，110条は代理権の範囲をこえる代理行為が行われた場合であり，112条の場合は，代理権が過去にあった，という場合であるが，よく問題になるのは，両者がともに適用される場合である．

(5)　表見代理に関する規定の重畳適用

(i)　109条・110条・112条のうち，複数の規定がともに適用され，表見代理の責任が認められることがある．組み合わせとしては，110条と112条が結びつく場合と，109条と110条とが結びつく場合とがある．

(ii)　前者は，代理権の消滅後に，従来の代理権の範囲をこえる代理行為が行われた場合である．立法過程では，110条は112条に示唆を得てつくられたものであることを考えても，110条と112条が結びつくのは想定されていた問題ともいえる．

(iii)　後者は代理権授与の表示のあった代理権の範囲をこえる代理行為がなされた場合である．代理権授与の表示のあった代理権を基本代理権とみて（110条），これをこえる権限外の行為がなされた場合（112条）の，表見代理責任である．

なお，複数の規定が適用される場合を重畳適用とよんでいるが，複数の規定の結合というとらえ方もある．

3　無権代理の場合

(1)　無権代理の構造

(i)　無権代理のうち，表見代理の規定の適用がない場合はどうなるか．ここであつかうのは，その場合の法的処理のあり方である．

無権代理の場合，本人，代理人，相手方の三者関係はどうなるか．この問題に対する原則を確認しておこう．

本人は，代理人と称する者に，代理権などあたえていなかった．とすると，その代理行為の効果が本人及ぶはずがない．これが，当然の大原則である．つまり，本人にとっては代理行為の効果はなく，無効である（113条）．ただし，無効といっても，契約内容に何か問題があったためではなく，権限のない者が締結したから，という理由であるため，普通，「効果不帰属」とよばれる．

(ii) ところが，本人が無権代理人の締結した契約を有利だと思った場合はどうなるか．相手方がその契約を望んでいることは明らかだから，この場合は契約が有効に本人に帰属すると考えても，誰も困らない．もう一度契約するより，便利である．そこで，民法典は，本人が「それでよい」とさえ言えば，本人に効果が帰属することを認めた（もちろん相手方にも）．これも「追認」にあたる（単独行為）．

以上をまとめると，──

① 本人が，有利だと思えば，「それでよい」と追認する．効果帰属が確定する．

② 本人が，不利だと思えば，追認を拒絶する．効果不帰属が確定する．

③ 本人が，様子をみたいと思えば，黙っている．ここでは原則のとおり，効果は帰属しない．

しかし，後に追認すると，効果は帰属するから，効果帰属の可能性がある不帰属，つまり確定しないことになる．

(iii) ここにいう「追認」であるが，「追認」とは，その契約の効果を自分が引き受けると本人が言うことである．この場合，契約の効果は本人に及ぶ（113条1項）．

そうして，追認すると，原則として，最初から，代理権があったのと同じように扱われる（遡及効がある）．そのほうが本人の意思に適っているのではないか，との推測にもとづき，また相手方も望むところであろう．追認の拒絶については，113条2項で規定されている．

追認ないし追認の拒絶は，相手方に対してしなければならない（113条2項）．なぜなら，拒絶の方は相手方も覚悟しているからどうでもよいが，相手方の知らないところで，追認され，あとから追認した，追認したといわれても困る．ただ，無権代理人に対して，追認ないし追認拒絶しても，相手方がそれを知れば，それでよい．

(iv) 他方，相手方の立場はどうであろうか．いつまでも様子をみられたのでは，たまったものではない．相手方にも次のような手段があたえられた．

① 催告（114条）　本人に追認するかしないかの態度決定を迫る．追認す

るかどうかは本人の自由である．追認すると，契約ははじめから有効なものとなる．追認を拒絶すると，無権代理行為として確定する．そのため，不安定な状況におかれる相手方の立場を考慮して，本人に対して追認するかどうかを催告する権利をあたえた．催告に対し期間内に確答を発しない場合は，追認を拒絶したものとみなされる（同条後段）．

② 取消し（115条）　いつ追認されるか，拒絶されるか分からないような契約に引きずられる必要はない．自分のほうから撤退する，という意思表示である．すなわち，代理行為からの相手方の離脱の問題である．取消しがあると，無権代理行為は効果不帰属に確定する[39]．

相手方が本人に言えることは，原則として，以上のとおりである．しかし代理権もなく，追認も得られない代理人に対して，相手方がこのような権利を有するのは当然のことである．しかし，民法では相手方をより強く保護するために，特別な規定がおかれている．

③ 無権代理人の責任（117条）と，

④ 本人への責任追及である．

つまり，普通，本人は無権代理については何も責任も負わないが，特別な事情があるから，本人として責任を負うべきであると考えるものである．これは「表見代理」の場合である．本節では，表見代理を先に取り上げたが，法律上の位置づけとしては，表見代理は，無権代理の場合に，相手方（第三者）保護のために創設された特別の制度である．

⑵ 無権代理人の責任（117条）

⑺ 履行責任と損害賠償責任

（i） 117条1項によると，相手方は無権代理人に，契約の履行ないしは損害賠償責任のうち，自分の選択により追及できる．履行責任は不法行為責任からは生じない効果であるため，117条の実益がある[40]

履行責任を追及した場合，相手方の立場はどうなるか（もっとも，履行の責任を追及する場合，相手方と無権代理人との間に，有効な代理であれば相手方と本人との間に生じたであろう契約と同様の責任が発生するのだから，相手方は無権代理人に履行

[39] ただし，注意を要するのは，無権代理人の責任を追及できなくなることである．

[40] 他方，金銭による損害賠償については，信頼利益の賠償（たとえば，その土地が手に入ると信じたがために被った損害）に限られるわけではなく，履行利益の賠償も請求できる（たとえば，その不動産の所有権を取得しておれば得たであろう利益の賠償）（判例・通説）．

の請求ができるだけではなく，無権代理人に対し債務も負わなければならない）．この世にたった1つしかない不動産を所有者（本人）が手放さないとき，結局，相手方としては，無権代理人対して履行を求めても意味はなく，損害賠償を求めるしかない．しかし，それ以外の場合は威力を発揮する(41)．

(ii)　たとえば，不動産売買では，こうである．「あなたがこの不動産を売ると言ったのだから，本人から買い受けて自分のところへ移転しなさい」と．この場合，本人が無権代理人に売らないと言えばそれまでである（究極的には損害賠償請求の問題）．しかし，無権代理行為の目的物である不動産を無権代理人が手に入れた場合には，117条の履行責任を追及することによって，相手方はその不動産の所有権を取得することができる．

(iii)　これからすると，117条の実益があるのは，契約目的物が市場でも手に入るものである場合（相手方は無権代理人に市場でそれを買ってきて自分に渡せと言える）である．市場で手に入らないものでも，本人が追認しないのは値段が気にいらないからなのかも知れない．そうすると，本人から通常の値段で買って，自分に渡せと言える．

(イ)　無過失責任であることの意義

(i)　ところで，117条の責任は，無過失責任である（判例）．無権代理人に過失がなくても，とにかく117条の責任を負わなければならない．

もちろん，通常は，過失のある場合であろう．しかし，（代理権授与にあたり）本人に錯誤があった場合のように，代理人が無過失であることもある．考え方としては，その場合，無権代理人は責任を負わないとの方策もある．しかし，「代理制度」の安定のため，とにかく無権代理人に責任を負わせることにした．あとで無権代理人が本人に責任を追及すればよいと考えたのである（本人に錯誤があるとき，不法行為責任を問われる場合もありうる）．

すなわち，無過失責任とは，客観的に無権代理行為をしたこと自体でもって責任を負担することである．上記のように，無権代理であることにつき無権代理人になんら責められるべき事由がない場合でも責任を負わされる．しかも責任の内容は履行を基本とする．

---

(41)　なお，履行の責任を追及する場合，相手方と無権代理人との間に，有効な代理であれば相手方と本人との間に生じたであろう契約と同様の責任が発生するのだから，相手方は無権代理人に履行の請求ができるだけではなく，無権代理人に対し債務も負わなければならない．（契約当事者となるわけではないが）注意を要するところである．

(ii)　それでは，なぜ，無過失責任を負わなければならないのか．判例によると，「相手方の保護と取引の安全並びに代理制度の信用維持のために，法律が特別に認めた無過失責任」である（最判昭和 62 年 7 月 7 日民集 41 巻 5 号 1133 頁）．しかし，この点については，代理の構造からすると，「履行責任」という特別に重い責任（「法律行為に類する責任」）を負わせる理由とはなり難い，との批判もある．民法の他のところにはない「特殊な責任」である，とされるのである[(42)]．

(ウ)　無権代理人の責任と私的自治の制度的保障

(i)　無権代理人にどこまで責任を負わせてよいか．上記の考え方からわかるのは，代理の制度趣旨にさかのぼる必要性である．本章は，代理の制度的基礎を私的自治の制度的保障にあると考えるものである．「人」は「人」としての活動（の自由）が保障されなければならないが（私的自治の保障），個人としての「人」の活動には限度がある．活動の自由が保障されるためには，活動範囲を広げるための制度的措置が講じられる必要がある．すなわち，代理は私的自治の制度的保障の役割をになう制度である．

(ii)　判旨にいう「代理制度の信用維持」は，相手方の保護や取引の安全とは別に，代理制度の信用維持そのものを重要と考えるものであるが，この考え方の根底にあるのは，私的自治の保障の問題ではないかと考えられる．「人」の活動範囲を広げる措置がつくられるのであれば，取引の相手方も保護される必要がある．取引の相手方としては，代理制度それ自体が信頼にあたいする制度である必要がある．無過失責任が責任内容の重すぎる「特殊な責任」であるのかどうかは，代理の制度目的，すなわち私的自治の制度的保障にさかのぼって考察されるべきものである．

(エ)　無権代理人の責任と三層構造

(i)　三層構造にあてはめると，無権代理人の責任については，代理の制度目的にさかのぼる必要があるのではないか．つまり，求められているのは，第３段階（制度的基礎対応型判断）の法的判断であり，さらには，第２段階に対応する基礎理論の展開である．このように階層的理解がすすむと，「特殊な責任」であることの意味は，（代理の）制度目的に対応する特別の責任である，と理解

(42)　安永正昭「無権限取引における信頼保護と損害賠償」ジュリ 1081 号 94 頁（1995）．制度趣旨にさかのぼって，その妥当性が検討されるべきとする．同 95 頁．

することができよう．判例はこの特別な責任を，無過失責任と解するものである．

もっとも，これにより問題がすべて解決されるわけではない．無過失責任をどのように構成するかは，立法政策の問題であって，ここにいう無過失責任は例外のない絶対的責任を意味するわけではない．特別の事由があれば免責を認めることは，無過失責任と相反するものではない．無過失責任の内容をどのように構成するかは，代理が現実の経済社会でになう役割に規定される問題でもある．

三層構造にあてはめると，この問題は第1段階の法的判断として議論されるべきものである（現実問題対応型判断）．無過失責任説をとるとき，残されているのは，この問題ではないかと思われる．

このように，無権代理人の責任内容という，具体的な問題の基礎には，代理の制度目的をどのように考慮するかの，制度的基礎対応型の判断にさかのぼることが求められる．この点は，留意されるべきことである．

(ii)　もっとも，相手方が保護されるためには，以下の要件を満たす必要がある．

①　第1に，もちろん，無権代理であること．

②　第2に，当然，本人の追認がないこと（以上につき，117条参照）．

③　第3に，115条の取消権を行使していないこと．これは論理必然的な要件ではないが，自分で，もうこの契約から離脱すると意思表示をした者に，履行の利益など与える必要はないからである．

④　第4に，相手方が善意無過失であること（117条2項）．

⑤　第5に，無権代理人が制限行為能力者でないこと（117条2項後段）[43]．

(iii)　以上の要件の内，第4の要件について考えてみよう．まず悪意の相手方を保護する必要はないであろう．自業自得である．もちろん，無権代理人との

(43)　どうして，このような規定がおかれたのか．たとえば未成年者が代理人になる契約を結んだとしよう．ところが，代理行為の後，その委任契約が不利であることが判明し，それを取り消した．となると，未成年者はとりあえず無権代理人となり，無権代理人としての責任を負うが，はたしてこれでよいであろうか．よくないと思われる．なぜなら，これでは未成年者が厳しい責任を負うため，結局，委任契約を取り消せなくなってしまうからである．この場合，取消しは遡及しないことにすればよく，現にそうだったのではないか（102条の趣旨），との反論もあろう．しかし，本人が先に錯誤を主張した場合，やはり未成年者は無権代理である．そのため，はっきりした条文が設けられた．

間で，追認を得るよう努力するとの契約があったのに，それを代理人が怠ったということも考えられる．この場合は，もちろん，契約違反を理由に責任は追及できるが，これは別物である．

次に過失については，これをどうするかは，一応問題となる（当然ではない）．

しかし，無権代理人の責任は，無過失責任である，とすると，過失ある相手方が無過失の代理人に責任を追及できるというのは，いかにもバランスを失している．相手方が117条1項の責任を追及するには，善意無過失である必要があるというわけである．

(iv)　バランス論が必要とされるのは，なぜであろうか．無権代理人の無過失責任は，代理の制度趣旨から説明することができる（私的自治の制度的保障）．

三層構造からみると，第3段階の法的判断によるものであるが，その判断をどこまで貫徹することができるか，すなわち，具体的問題を解決するための利益衡量的判断が求められる場合もあるからである．これが善意無過失の要件であるが，ここで行われる法的判断は，代理の制度目的を前提としたうえでの判断，すなわち，代理の運用面における具体的妥当性の判断である．三層構造でいえば，第3段階の法的判断を前提とする，第1段階の判断（現実問題対応型判断）によるものである．このように，三層構造は，代理の運用の場面においても，応用的なはたらきをすることができると，考えられる(44)．

(3)　無権代理と相続

(ア)　権利義務の承継　　無権代理には，もう1つ，相続に関連する問題がある．これは民法が，相続人は一切の権利義務を承継すると定めていることから発生する問題である（896条）．

(i)　たとえば，不動産の売買が無権代理人（売主側）により行われたとする．

この場合，本人は追認を拒絶できる．他方，無権代理人は，相手方の選択により履行または損害賠償の義務を負う．履行が選択されても，無権代理人は所有権者ではないため一般には履行不能であり，損害賠償の問題となる．ところが，相続により本人の地位と無権代理人の地位が同一人に帰した場合はどうな

(44)　なお，117条2項の過失は重過失に限定すべきはないかとの考え方がある．表見代理との関係で問題となるが，最判昭和62年7月7日民集41巻5号1133頁では，本条2項にいう「過失」は，重大な過失に限定されない．無権代理人は，表見代理の成立を抗弁として，本条1項による責任を免れることはできない，とされた．

るか．相続による権利義務の承継を形式的にあてはめるとしよう．

(ii)　本人の立場からみると，追認を拒絶することができるが，無権代理人の立場からは，相手方から履行を求められれば履行義務がある（目的物の所有権を有しているため，履行可能でもある），という矛盾する地位ないし権利関係が同一人に併存する事態が生じる．相続により生じる2つの権利関係をどのように調整するかの問題である．

このような問題が生ずるケースは3つのタイプに分けることができる．

民法にもとづく問題解決とはどのようなプロセスを経て行われているものであるのか．「無権代理と相続」からは，その一端をうかがうことができる．

(イ)　無権代理人が本人を相続した場合

(i)　親の財産を息子が無権代理人として勝手に売った場合である．後で息子が本人である親を相続した場合に問題となる（共同相続は除く）(45)．たとえるなら，悪いことをした人が生き残った場合，死亡した親の権限を主張することができるか，である．ここではまず無権代理人である息子が唯一の相続人である場合（単独相続のケース）について考えよう．

まず，親が死んでいない場合を想定してみる（代理問題の復習）．本人（親）は，追認も拒絶もできる．他方，息子は拒絶されると，117条の責任を負う．

親が追認してから死ぬと，親のいっさいの権利義務を承継する息子は，親が負っていた履行責任を承継し，履行責任を負う．

では，親が拒絶してから死ぬとどうなるか．本人である親にとって，無効（効果不帰属）が確定しているから，相手方は息子に117条責任を追及できるだけである（もっとも，息子は親の財産を相続しているから，（事実上）履行可能になっていよう．また信義則上，親の拒絶権を持ち出せないとの解釈は可能である）．

では，親が黙って（追認も拒絶もせずに）死ぬとどうなるか．相続の問題である．息子は追認も拒絶もできる親の地位をそのまま相続しそうだが，無権代理行為をした息子に拒絶権をあたえるのはいかにもおかしい．判例は，単独相続の場合に，信義則上追認を拒絶できないという(46)．

(45)　共同相続とは，同順位にある2人以上の相続人（例．夫が死亡したときの妻と子）が各自の相続分に応じて相続すること．相続人が1人の場合を単独相続とよぶ．なお，3つのタイプがあることについては，山本387頁以下参照．

(46)　結果的には，無権代理は当然有効となる（最判昭和37年4月20日民集16巻4号955頁〔ただし，本人が無権代理人を相続したケースにおける傍論〕）．

(ii)　ところが，相続人が無権代理人のほかにもいる場合（共同相続のケース）は，「無権代理行為は，無権代理人の相続分に相当する部分においても，当然に有効になるものではない」とされる（最判平成5年1月21日民集47巻1号265頁）(47).

(iii)　当然有効説に立つと，息子の相続分の限度で，当然有効とすることもできないわけではないが，そのような結論になっていないのである．判旨は本人の追認権（113条）を取り上げ，追認権は共同相続人全員に「不可分的」に帰属するものであるため，「共同相続人全員が共同してこれを行使しない限り，無権代理行為が有効になるものではない」という（共有物に関する251条参照）．これによると，他の共同相続人が追認拒絶すると，相手方としては，117条による責任を追及するほかないことになる．逆に，他の共同相続人全員が追認する場合は，自ら無権代理行為をした相続人（息子）が追認を拒絶するのは信義則に反し許されない（その結果，無権代理行為が全体として追認された）ことになるであろう(48).

(ウ)　本人が無権代理人を相続する場合　　無権代理をされた本人は，悪いことをした者（無権代理人）の責任を引き継がなくてはならないか．(イ)とは逆の場合の，法的処理のあり方である．これについては，──

①　本人は固有の権利として，追認拒絶権を行使できる．

②　他方で，相続により承継した無権代理人の義務として，相手方の選択に応じて，履行又は損害賠償をまぬかれることはできない(49).

(i)　民法のルールを形式的にあてはめると，このようになる．しかし，この結論は妥当であろうか．この考え方によると，本人に追認拒絶権を認めた趣旨が損なわれることにならないか．代理の消極面（無権代理のリスク）に対する手当の必要性であるが，代理は私的自治の制度的保障であるとする，本人の保護

(47)　本件は，息子が父親を無権代理して，連帯保証契約を締結したケースである．父親が死亡したため，息子と母親が2分の1の割合で相続した．

(48)　百選Ⅰ 39事件（安永）．判旨は追認権の不可分一体性に着目するものであるが，その背後にあるのは，共同相続人の意向を無視することはできないとの判断である．すなわち，ここで問われているのは，無権代理の効果をどの範囲まで及ぼすべきかの判断であって，三層構造から見ると，現実問題対応型判断に対応するものである．なお，最判平成10年7月17日民集52巻5号1296頁をも参照．

(49)　最判昭和48年7月3日民集27巻7号751頁．無権代理行為が保証契約（金銭債務）の場合．

についても，しかるべき措置が講じられる必要がある．本人のあずかり知らないところで生じた事態に対しても，本人が責任を負わなければならない必然性はないからである．

(ii)　問題はどの程度のリスクまで，本人に求めることができるかである．この問題について，特定物売買（特定物の引渡債務）の場合に，無権代理人を相続した本人は履行義務を負わない．損害賠償義務のみを負担する，との考え方がある．金銭債務の場合には，本人が履行義務を負うといおうと，履行に代わる損害賠償債務（金銭債務である）を負うといおうと，結論は異ならない(50)．信義則にもとづく解決策であるが，ここにあるのは三層構造の第1段階，すなわち現実問題対応型判断である(51)．

(エ)　第三者が本人と無権代理人の双方の地位を相続した場合

(i)　このタイプには，①第三者がまず本人を相続した後，無権代理人を相続した場合と，②まず無権代理人を相続した後，本人を相続した場合がある．例えば，妻の財産を夫が無権代理人として勝手に売った後，先に妻が死亡したため，夫（無権代理人）と子（第三者）が妻（本人）を相続し，その後，夫が死亡して子が相続したというのが①のケース，逆に夫が先に死亡したため，妻（本人）と子（第三者）が夫（無権代理人）を相続し，その後，妻が死亡して子が相続したというのが②のケースである．

(ii)　いずれのケースでも，第三者は最終的に本人の地位と無権代理人の地位の双方を相続している（双方の地位が同一人に帰属している）が，第三者は本人の立場にもとづいて追認拒絶権を行使できるか，がここでの問題である．

①を本人が無権代理人を相続した場合（上記(ウ))，②を無権代理人が本人を相続した場合（上記(イ)）と同視すれば，①のケースでは，先に本人の地位を得た第三者は，後に無権代理人の地位を相続したとしても，本人の地位にもとづいて追認拒絶権を行使できる（拒絶権の行使は信義則に反しない．ただし，117条の責任は負う）ということになるが，②のケースでは，第三者は先に無権代理人の地位を得ている以上，後に相続によって取得した本人の地位にもとづいて追認拒絶権を行使するのは信義則に反する（その結果，無権代理は当然有効となる），

---

(50)　②のケースにつき，最判昭和63年3月1日判時1312号92頁．

(51)　最判昭和49年9月4日民集28巻6号1169頁（他人物売買）とのバランス，信義則の適用範囲など（相手方は，元々本人が追認すれば履行を受けられない立場にある）．

ということになろう．先行する地位と矛盾した権利行使が信義則に反する，とみるのであれば，この判例の考え方も理解できるところである．

(iii)　しかし，第三者が本人と無権代理人のどちらを先に相続したかという偶然の事情によって結論が全く異なるというのはおかしくはないであろうか．

なるほど，無権代理行為をした者が，後に本人の地位を取得したからといって，本人の立場で追認拒絶権を行使できる，というのは不当であろう．しかし，それは自らが無権代理行為をしておきながら，その者自身がそれと矛盾する追認拒絶権を行使するのは信義則に反する，と考えられるからではないか．つまり，追認拒絶権の行使が信義則に反するとされる理由は，それが先行する地位に矛盾するという点にあるのではなく，自らが行った行為（無権代理行為）と矛盾するという点にあるのではないか．

(iv)　このように考えるならば，①のケースはもちろん，②のケースであっても，第三者は自ら無権代理行為をしたものではないから，本人の地位にもとづいて追認拒絶権を行使することは信義則に反しない（追認を拒絶できるが，無権代理人の地位も有する以上，117 条の責任は負う），ということになる．

第8章　期間その他

第1節　総　　説

本章では，期間のほかに，条件と期限を取り上げる．時の経過に関連のある制度としては，共通するところがあるからである．

(i) 期間とは，何日から何日までというように，時の経過に一定範囲の区切りをつけること（または区切られた時間の長さ）である．期間の満了にともない法律関係に変動が生じる．時の経過そのものに法的効力があたえられるため，期間の定め方について特別の規定が置かれている（第6章）[(1)]．

期間（時間の経過）という要素は，次章で取り上げる時効のほか，行為能力（成年），権利行使（期間制限）といったさまざまな法律効果等と結びつけられており，期間に関するルールは法の一般原則として重要な意味をもつ．

(ii) 条件と期限は，契約の成立したあと，条件が成就した場合や期限が到来したときに，法律関係の変動を認める制度である．法律行為の規整としては付随的なものであるが（法律行為の付款），時の経過に関連のある制度として，本章でまとめてあつかうことにする[(2)]．

第2節　期　　間

(1) 期間の計算

期間は時の経過を区切ることであるから，どのようにして区切るのかが問題となる．

(i) 契約において当事者は期間の計算方法についても定めることができる（法律行為規範の効力）．このような場合のほか，法律の規定・裁判所の命令に特別の定めがある場合は，その定めによる．それ以外の場合について，民法は，

---

(1) 「時の経過」（富井）という考え方については，大村・読解470頁参照．

(2) 民法の規定では，期間には独立の章（第6章「期間の計算」）があるが，条件・期限は第5章（法律行為）第5節に配置されている．

計算方法に関する一般準則を定めた（138条）．

(ii)　期間を定めるためには，起算点・満了点および計算方法（自然的・暦法的）が問題となる．民法には，期間の定め方については，以下の3つの基準がある．

①　第1は，期間を「時間」によって定めた場合である．この場合は，期間は，即時から起算される（139条）．

②　第2は，「日，週，月又は年」によって定めた場合である．この場合は，期間の初日は算入しない．「初日不算入の原則」とよばれる．

ただし，その期間が午前零時から始まるときは，この限りでない．

なお，期間は，その末日の終了をもって満了する（141条）．ただし，これには例外がある．期間の末日が日曜日，国民の祝日に関する法律（昭和23年法律第178号）に規定する休日その他の休日にあたるときは，その日に取引をしない慣習がある場合に限り，期間は，その翌日に満了する（142条）．

③　第3は，期間を「週，月又は年」にもとづいて定めた場合である．この場合には暦による計算が行われる（143条1項）．これについては，以下の補足的規定がある．

(iii)　すなわち，「週，月又は年」の初めから期間を起算しないときは，その期間は，最後の週，月又は年においてその起算日に応当する日の前日に満了する．ただし，「月又は年」によって期間を定めた場合において，最後の月に応当する日がないときは，その月の末日に満了する（143条2項）[(3)]．

(2)　期間の定め方と民法の基本原則

(i)　以上が期間の計算に関する民法の規定である．権利義務関係の発生・継続・消滅の根拠となる期間の定め方は，諸法に共通する問題として，沿革的には法制度の整備にあたり必須の課題であった．このことは民法典に期間に関する一章があたえられていることからもうかがわれる．

(ii)　期間の定め方が決まると，あとに残るのは，期間に関するルールの適用のあり方の問題である．このことは法律行為にあてはめると，よく分かる．期間の満了により権利義務関係に変動が生じることに問題はないとしても，期間がどのような目的で定められているのか，権利の行使・義務の履行において，

(3)「年齢計算ニ関スル法律」（1902（明治35）年）によると，年齢は出生の日から起算される．

期間の規定にしたがうだけの解決が当該紛争処理にとって妥当でないと判断される場合もあるのではないか．

すなわち，期間の問題についても，信義則や権利の濫用など，民法の基本原則にもとづく実質的な判断が要請される場合もあるのではないか．期間の規定においても，慣習が考慮されていることは（142条），期間の定め方をきめておけば万事が解決する，というものではないことが分かる．

(iii)　このことは，期間に関するルールの基礎には，さまざまな考え方があり，民法の規定は，その中の一部，時の経過に関する法技術的断面を選び取ったものにすぎないのではないか，ということをうかがわせる．期間は，「法と時間」にかかわる問題として，期間の定め方にとどまらない，より広い範囲から検討されるべき事柄である(4)．

第3節　条件および期限

1　法律概念としての条件および期限

(1)　法律用語としての条件・期限

契約が有効に成立した場合，その時点で，その契約の効力が発生する．もっとも，契約の効力を先延ばしにすることもある．条件及び期限の問題である．契約の単なる一条項（法律行為の付款）であるとしても，契約の効力にかかわる規定であるため，特別に規律される必要がある．

条件や期限は日常でもよく使われることばであるため，まず問題となるのは法律上の概念（法律用語）としてはどのような意義をもつ概念であるのかである．

(2)　条件と期限の意義

(i)　条件とは，大学に合格するなど，実際にそのことが起こるか否かが不確定である場合を指す．条件については，停止条件と，解除条件の2種類がある．

①　停止条件とは，その事実が発生するまで，契約の効力が停止している（眠っている）と定められる場合である（大学に受かったらパソコンを上げるという場合）（127条1項）．

---

(4)　この点について，千葉正士『法と時間』（信山社，2003）208頁，大村読解470頁など参照．

②　解除条件とは，ある事実が発生した場合，その契約の効力を失わせることにする条件のことである（2項）[(5)]．

条件となっていた事実が発生することを，条件の成就という．

なお，条件には遡及効は原則としてない（別段の定めがある場合はそれによる）（3項）．

(ii)　期限とは，必ず起こる事実を契約の効力にかからしめた場合のことである．

これには期限が確定している場合と不確定の場合がある．後者は，必ず来るが，それがいつ来るかは分からないという事実を効力発生時期とした場合である．「不確定期限」とよばれる（例．余命いくばくもない親がいる子に，もし親が死んだら援助してあげようと言った場合）[(6)]．

なお，期限についても，停止条件と解除条件と同じく，それまで効力がある場合とそれから効力がある場合とがある[(7)]．

(iii)　以上が基本概念としての条件と期限の意義である．しかし，実際には条件とも期限（不確定期限）ともつかない紛らわしいものがある．いわゆる「出世払債務」がこれにあたる．当事者がどちらに定めたかによる．通常はどちらであるか，当事者の意思を判断することになる[(8)]．

(3)　法 定 条 件

条件には，法律行為による条件のほか，法定条件とよばれるものがある．農地の売買には農業委員会などの許可が必要である（農地3条）．そのために当事者が許可がおりたら契約することにしよう，と約束したとする．この場合の許可は当事者にとっては売買の条件であるが，法律で定められた条件にあたるた

---

(5)　たとえば，学費を援助するが，留年したら打ち切る（あるいは返還してもらう）という場合．

(6)　日常用語では，条件とよぶこともある．しかし，人間とは必ず死ぬものであるから，法律用語としては期限にあたる．ただし，それがいつであるか分からないため，「不確定期限」となる．

(7)　期限の使い方．①来年の4月から月々5万円援助する（始期．そこからはじまるという意味で使う）②来年の4月まで月々5万円援助する（終期．そこで終わるという意味で使う）．

(8)　「出世払債務」とは，今は援助を受けるが，出世したらそれを返済すると約束した場合である．援助を受けた人が，一生，平社員でうだつが上がらなかったら，どうなるか．（停止）条件説と（不確定）期限説の2つの可能性がある．判例は，原則期限説をとる．「出世する」ことの意味あいにもよるが，「人」の可能性に期限をつけることには問題があるのではないか．条件として，条件の解釈（当事者の意図）にゆだねるのが妥当である．

め，法定条件という．法律で定められた特別の条件のことであるが，行政目的を実現するためのもので，民法上の条件ではない(9)．

2　条件の場合

(1)　条件に関する一般的問題

(i)　条件はどのような仕組みからなる制度であるのか．民法の規定から分かるのは以下のことである．

契約内容は，原則として自由である．どのような条件をつけてもよいはずである．しかし，そこには一定の制約もある．条件は「原則として将来の事実で，その発生が不確定であるもの」であるが，「時の経過」に関連する制度であるから，過去に起こったことを条件とすることもできる（131条）．これは既成条件とよばれる(10)．

(ii)　既成条件の効果については定めがある．①条件が既に成就していた場合，それが停止条件であるときはその法律行為は無条件となる．解除条件であるときは無効となる（131条1項）．②条件の不成就が確定していた場合は，停止条件であるときは法律行為を無効とする．解除条件であるときは無条件となる（2項）．③として，①と②の場合において当事者が条件の成就または不成就を知らない間は，128条（条件の成否未定の間における相手方の利益の侵害の禁止）および129条（条件の成否未定の間における権利の処分等）の規定が準用される（131条3項）．

(iii)　条件に親しまない行為がある．婚姻や婚約など，家族法上の行為には条件をつけることができない(11)．また，取消し，追認などの単独行為（一方的行為）には条件はつけられない．

(iv)　条件は契約内容として約定されたものであるから，契約の有効要件と同じ規制がかぶさる．

---

(9)　法定条件に，130条の類推適用を肯定できるかが問題となる．

(10)　既成条件は調査のために行われることもある．もし昨日の火事で焼けていなければ，あの別荘を譲る，といった場合である．

(11)　離婚したら結婚しようという約束など．判例では，条件に親しまず，全体が無効となる（大判大正9年5月28日民録26集773頁．公序良俗違反を理由に契約（とそれに含まれる付款）を無効とした）．気が変わるということもあるから仕方ないとしても，ただし，婚約が無効となるのでは，それを信じて離婚した方にとってはたまらない．婚約破棄で慰謝料をとれてよいのではないか．そうすると，全体を無効とすることには問題もある．

①　不法な条件は許されない（132条）　不法な条件を付すことも，不法な行為をしないことを条件とすることも，できない．その法律行為は無効となる．

②　不能条件（133条）　実現可能性の問題である．停止条件の場合は法律行為は無効となり，解除条件の場合は，無条件となる．

③　随意条件（134条）　停止条件付法律行為は，その条件が単に債務者の意思のみにかかわるときは，無効となる．これは契約内容における不確定性の一部である．何を条件としているのかが分かるとしても，それをどのように決めるかが分からない場合である．これでは判断のしようがない．

⑵　条件付法律行為における当事者の保護

(i)　条件が成就されたときは，権利義務の関係に変動が生じる．条件の成就により将来法律上の利益を得る者の地位は，どのようにして守られるのか．これが条件付法律行為における当事者保護の問題である．条件は将来起こるできごとであるため，条件の成否未定の間における当事者の保護については，あらかじめ規定を定めておく必要がある．民法の用意する手段は以下のとおりである．

①　条件の成就が妨害される場合　条件の成就を，その成就によって不利益を受ける当事者が故意に妨げたときは，条件が成就したものとみなすことができる（130条）．よく起こるのは，不動産売買において，仲介業者に委託した場合である．もしあなたを仲立ちとして契約が締結されたなら，報酬を支払うと言っておきながら，その仲介業者が見つけてきた相手と直接契約してしまうことである[12]．故意に妨げたことが要件とされているため，条件成就の蓋然性は必要である．

②　期待権の保護が問題となる場合　条件の成否が未定の段階でも，利益を受ける当事者は条件の成就について期待しているはずである．この期待を保護することはできないか．この点について，条件付法律行為の各当事者は，条件が成就した場合にその法律行為から生ずべき相手方の利益を害することができない，との規定がある（128条）．

⑿　最判昭和45年10月22日民集24巻11号1599頁．これは仲介によってまもなく契約が成立することを熟知しながら，当事者が，仲介による成立を避けるために，仲介人を排除して契約を成立させたという事件である．

これは期待権の保護といわれる問題．つまり，条件は法律上の概念であるから，法律上の利益としてどの範囲の期待を保護することができるかという問題である．

③　さらに，条件の成否未定の間における権利も，一般の規定に従い，「処分し，相続し，若しくは保存し，又はそのために担保を供することができる」（129条）．不動産を他人に売られるおそれがあるときは，仮登記もできる[13]．

(ii)　条件付法律行為の当事者が保護されるのは，条件が法律上の概念として使われる場合である．すなわち，条件が法律行為の一部となっている場合である（法律行為の付款）．このことから分かるのは，条件に拘束力をあたえるべきかどうかについては，どのような条件を法律行為の構成要素とすべきであるのか，法律行為の解釈が重要になる，ということである．

条件は将来起こる不確定の事実であるため，条件に拘束力をあたえるべきかどうか，一義的には定まらない場合もある．信義則にもとづいて判断すべき場合が起こりうる．条件付法律行為において注意を要するところである．

3　期限の場合

(1)　始期と終期

期限については，条件における成就とか，未定の問題は生じない．期限の到来の効果には始期と終期の区別がある．

①　法律行為に始期を付したときは，期限が到来するまで履行を請求することができない（135条１項）．

②　法律行為に終期を付したときは，法律行為の効力は，期限が到来した時に消滅する（２項）．

(2)　期限の利益

(i)　期限について唯一問題となるのは，「期限の利益」の法律上のあつかい方である．

「来年の３月に100万円を返済する」と約束したとしよう．来年の３月には100万円を返済しなければならない．それ以前に金が出来たので，100万円を返してよいか．「期限未到来」のうちに返済してかまわないのかである．来年の３月に返済するということは，通常の場合，借主のために猶与があたえられ

(13)　石田505頁，河上510頁．

たことを意味する．3月までに戻せばよいと考えるのが常識的で，「借主の側」はその利益を放棄するのは自由のはずである．民法はこの常識に沿ったことを（疑いが出てくるといけないので），明示した（136条）．

(ii)　では，利息付きで借りていた場合はどうか．貸主は来年3月までの利息を当てにしている．それ以前に返されると，利息を得ることができなくなる．その場合の手当を考える必要はないか．解決策は，借主は早く返してもよいが，3月分の利息まで払わなければならないとすることである．民法の規定は，このような解決策を肯定する．すなわち，「期限の利益は，放棄することができる．ただし，これによって相手方の利益を害することはできない」（136条2項ただし書）．

なお，期限未到来の当事者の保護については，128条・129条の類推適用による（通説）．

(3)　期限の利益の喪失

期限の利益を主張することができない場合もある．来年の3月まで貸すことにしていたが信用不安や信義に反する行為のため，借主に引き続き期限の利益をあたえるのは妥当でないと，考えられる場合である．借主は期限の利益を失う（137条）．

①　第1は，借主が破産したときである．貸主はすぐ返せと言える．

②　第2は，借金のかたに，物を預けた（質）のに，それを壊した場合である．

③　第3は，担保を出す，たとえば，保証人を立てると言ったのに，それをしなかった場合である．

ただし，この規定は「任意規定」である．そんなことがあっても，期限の利益を失わないと定めることは自由であるし，逆にちょっとしたことでも失うと，厳しく定めるのも自由である[14]．

---

(14)　後者の例として，銀行取引約定書における期限利益喪失条項がある．

第9章　時　効──法と権利

第1節　総　　説

時効は，時の（経過の）効果として，法律関係に変動を生じさせる制度である．ローマ法の中にすでにその原型を見出すことができるが，以来，どの国の民法にも時効は存在する．

民法の歴史からも，時効という制度の必要性はわかるとしても，その根拠はどこに求めることができるのであろうか．これは時効の存在理由とよばれる問題である．

1　時効の意義

(i)　時効とは，ある一定の期間が経過したことを理由に，ある権利を得たり，ある権利がなくなったりする制度である．時効という制度は刑法にもあるが，民法の時効は，時間が経っただけで，権利と義務の関係に変動を生じさせる制度である（権利の取得・消滅に関する制度）．

例えば，物を20年占有すると（事実上支配すること），その物の所有者になる（162条1項〔取得時効〕）．これでは窃盗を認めたのも同然ではないか．10年，借金を返さないと，その借金はなくなったことになる（167条1項〔消滅時効〕）．これでは踏み倒しを奨励しているようなものである．

(ii)　時効は不道徳な制度ではないのか．ボアソナードは自問したとされるが，これはだれもが抱くことである．「始めて時効を学んだときにこのような疑問を持たなかった法律家があったとは思われない．」[(1)]．

では，時効は不道徳な制度か．2つを区別して考える必要がある．

(1)　星野英一「時効に関する覚書──その存在理由を中心として」同『民法論集（4）』（有斐閣，2003）171頁．なお，フランス普通法にさかのぼる議論であるが，「法と道徳」の緊張関係について，金山直樹『時効理論展開の軌跡──民法学における伝統と変革』（信山社，1994）が示唆に富む．ドイツについて，吉野悟『近世私法史における時効』（日本評論社，1989）参照．

(iii)　まず，制度全体として，不道徳なものか，という問題がある．そのような考え方も十分にありうる．しかし，どの国の制度でも，時効は存在する．これが不道徳だとすると，民法の歴史には，不道徳の側面があることを認めることにならないか．しかしながら，これは法の常識に反することである．とすると，時効は制度全体（時効制度）としては，何か正当な目的を持っているはずである．

(iv)　もっとも，時効制度が個々の事案で，不道徳に働く場面はないか，という問題は別である．これは，おそらく否定しようがない．時効法の適用において工夫を要するところであるが，そのような場面がなくなることは不可能である．では，なぜ，不可能であるのか．時効法の課題とは，つまるところ，その点にあるといって過言でない．

これはウラから見ると，「時効法を超える問題はあるか」（時効に服さない場合があるか）という問いを発することでもある．

2　時効の存在理由

(i)　時効の存在理由とは，時効を全体として正当化する理由のことである．

代理では，「代理の法的構成」とよばれる問題がこれにあたるが，時効は制度として当然に必要なものとされてきたため，「時効の存在理由」には，正当化根拠というよりも，制度の存在を前提とした，実質的理由という性格がある（制度の必要性をあとづけする理由）．

(ii)　時効の存在理由については，一般に，次の3つの存在理由があげられている．

① 第1は，社会の法律関係の安定のためである．ある事実状態が長期にわたり継続すると，その事実状態を前提として法律関係が築かれることがある．法律関係の安定のためには，事実状態に対する信頼を保護する必要がある(2)．

② 第2は，権利の上に眠る者は保護に値しない，ということである．

③ 第3は，証明の困難を救済するため，である．すなわち，長期間継続した事実状態は真の権利関係と一致している蓋然性が高い．時効制度があれば，権利の取得・消滅という過去の事実の立証の困難を救済することがで

(2)　時効の存在理由については，松久三四彦『時効制度の構造と解釈』（有斐閣，2011）114頁，121頁以下．

きる，という理由である．

後述するように，①②は，実体法説（実体法上の権利の得喪を問題とする）から，③は訴訟法説（時効を証拠に関する訴訟法上の制度と見る考え方）から説明できる考え方とされる．

(iii)　では，上記の存在理由は説得的であろうか．以下の問いを発することができないわけではない．

第1の理由に対して．なぜ，真の権利者を害してまで，安定をはからねばならないのか．借金は返すべきものではないのか．どうして借金を返さぬ者に安定を与える必要があるのか．

第2の理由に対して．なぜ，保護に値しないのかとの根本的な問題がある．権利者は権利者であって義務者ではない．権利を行使するか否かは，権利者の自由なはずである．なぜ，その行使が制限されるべきであるのか．

第3の理由に対して．証明が困難なら，たとえば裁判手続上，証明を軽減するなどの方法を用いればよいだけではないのか．

(iv)　ここから分かることは，時効の存在理由といっても，絶対的なものではない，ということである．そうであるとすると，時効においては時効の運用のあり方が問題となるのではないか．この問題をあつかうためには，時効は，どのような制度として，構築されているのか，その仕組みを理解しておく必要がある．詳しくは，後述するが，その特徴は以下の点にある．

3　時効の仕組み

(1)　**取得時効と消滅時効**

(i)　時効には，取得時効と消滅時効の2つの制度がある．取得時効は，所有権その他一定の財産権の取得（162条・163条），消滅時効は債権その他一定の財産権の消滅を認める制度である（167条）．

所有権や債権などから分かるように，時効の対象となる権利は財産権である．つまり，人格権については，時効法は直接には語るところがない．

(ii)　生命，身体，名誉など，人格権が侵害された場合は，被害者は不法行為法にもとづいて損害賠償を請求することができる（709条・710条）．損害賠償は金銭債権であるから，時効法上は，損害賠償債権（財産権）の消滅時効の問題と位置づけられ，当該の損害賠償債権は人格権の侵害を原因として発生したものであることは，時効法の仕組みとしては，規律の対象とされていない

(724条参照)．つまり，人格権侵害は，時効法上は，財産法上の問題としてあつかわれているのである．この点の当否は後述するが，現行法の時効は，時効を財産法上の問題としてあつかうものである（「財産の法」としての時効)．

⑵　**時効の効果**

(i)　ところで，時効の効果であるが，一定期間の満了により時効が完成すると，取得時効の場合は，「所有権を取得する」(162条1項)．消滅時効の場合は，「債権は，10年間行使しないときは，消滅する」(167条1項)．これによると，権利の取得と消滅に関するルールが時効法である[(3)]．

(ii)　しかし，時効期間の満了により時効が完成したとしても，ただちに時効の効果を主張できるわけではない．時効は「当事者」が「援用」しなければ，「裁判所がこれによって裁判をすることができない」(145条)．時効の援用とは，時効の利益を受ける旨の行為のことであるが，この趣旨の行為がなければ，時効の利益を受けることはできない，とされているのである．このような規定は，時効の効果に関する規定と，矛盾することにならないか．援用規定が設けられた理由が問われる．

(iii)　この点は時効の存在理由ともかかわるが，時効には不道徳な側面があるという，時効法上の難点を克服するための対応策と見ることもできる．時効の利益を受けるかどうかは当事者の判断にゆだねるということであるが，当事者にまかせることで，不道徳な側面を解消できると判断されたのであれば，当事者に無理を強いることにならないか．当事者としては，時効という制度があるから，時効の利益を受ける，との態度決定を行ったのであって，1つひとつの態度決定について，決断の当否を問われては，時効制度が設けられた趣旨が損なわれるおそれもある．

(iv)　母法との関係を見ると，フランス民法では，取得時効と消滅時効はまとめて規定され，援用規定もあるが，ドイツ民法では，総則において消滅時効が

⑶　ここで，「時効の効果」と，「時効の要件」との関係をのべておこう．時効の効果が発生するためには，一定の財産権につき一定の事実状態が一定期間継続すること（「時効期間の満了」という)，すなわち「時効の完成」が必要である．時効が完成するとただちに時効の効果が発生すると考えると，時効の要件は時効完成の要件と一致する．しかし，民法には，時効の利益を受けるか否かを当事者の意思に委ねている規定がある（145条・146条)．この規定を（広い意味で）要件と解すると，時効の要件のなかで，「時効の完成」のほかに，「時効の援用」と「時効利益の放棄」の問題があつかわれることになる．時効の要件と効果の関係については，石田（編）267頁以下（藤岡＝松久)．

規定され，消滅時効にかかると，債務者（義務者）に履行拒絶の抗弁権があたえられる．これによると，民法の立場はフランス民法と親近性がある．援用の必要性は，時効にとって不可欠な制度ではなく，制度設計上の判断にもとづく，選択肢の1つであることが分かる．わが国では，援用制度の導入によって時効運用のあり方が実質的に問われることになった．

4　時効の運用のあり方 ―― 時効観

⑴　時効観とは

（i）　それでは，時効はどのように運用されるべき制度であるのか．この点については，大きくは2つの考え方がある．これは時効観とよばれる考え方である．時効法では，存在理由のほかに，時効観が必要であるとされるのは，時効の仕組みからもわかるように，時効法はある種の矛盾を抱える制度であることによる．どのような視点から時効法を運用すべきか，具体的な問題の解決にあたり，指標を定めておく必要があるからである．これが時効観とよばれる問題である．

(ii)　時効観の違いが生じる契機は，時効の効果が民法の規定上は，権利の取得（取得時効）と権利の消滅（消滅時効）と定められていることにある．消滅時効でいえば，時効の効果は債権の消滅であるから，時効が完成すると，まだ弁済していない者でも（未弁済者）でも，債務の支払いをまぬかれることができる．これはおかしなことではないか．この点が問題だということであれば，時効法はおかしな事態はできるだけ回避されるよう運用上工夫されるべきである，ということになる．

⑵　実体法説と訴訟法説

㋐　実体法の視点と訴訟法の視点

（i）　運用上の工夫について，議論の契機となったのは，実体法の視点と，訴訟法の視点を区別する考え方である．すなわち，民法の規定では，時効の効果は，権利の取得・消滅とされているのであるから，時効の効果は，確定的に発生する，と考えてもよさそうであるが，これだと未弁済者も大手をふるって義務から解放されることになりかねない．このような結論を正当化しかねない運用は，妥当でない．このような疑問を契機として，2つの考え方が比較されることになった．

(ii)　この問題の契機となるのは，実体法説と訴訟法説の対立である．実体法説は，時効を権利得喪の効果が生じる実体法上の制度と解する考え方である．これによると，時効は外形的事実（取得時効の場合は占有，消滅時効の場合には権利不行使）と真の権利関係の不一致（占有者は所有権者ではなく，債権は消滅していない）を前提とする制度である．不一致にもかかわらず，時効が完成すると，所有権を取得し，債権は消滅する，という効果が生じる．この点に時効の本来的役割があるとみる考え方である．

(iii)　これに対して，訴訟法説は，時効を，外形的事実と真の権利関係が一致する（占有者は所有権者であり，債権は消滅している）蓋然性が高いことを前提とする制度であると考える説である．これによると，時効は，当事者が所有権者（取得時効）や弁済者（消滅時効）であることの証拠に関する訴訟法上の制度と解すべきものである[(4)]．

(イ)　弁済者の保護と未弁済者の立場

(i)　時効を実体法上の制度とみるか，訴訟法上の制度と位置づけるかは，時効法のつくり方（どのような仕組みをつくるか）の問題であるが，民法の規定をみると，時効の効果は，所有権を取得し（162条1項），債権は消滅する（167条1項），と書かれているのであるから，実体法上の制度と解するのが素直な制度理解と思われる．それにもかかわらず，訴訟法説が必要とされたのは，実体法説では時効における負の側面が正面から肯定されることになり，それでは困ると憂慮されたからである．

消滅時効にあてはめると，時効の期間が満了したというだけで，未弁済者が義務を免れる（義務からの解放）のは，法の正義に反することにならないか．時効の存在理由は認めるとしても，この点に関する手当なしに時効法が運用されるのは，問題があるのではないか，ということである．

(ii)　これに対して，訴訟法説では，弁済者の保護に焦点があてられる．すでに弁済している場合であっても，長期間の経過により，証拠が残されていない場合もあるであろう．このような場合，時効により弁済者を保護することが消滅時効の目的である．訴訟法説は，このような判断にもとづいて，時効は訴訟法上の制度と解するものである．すなわち，時効は，弁済者（取得時効の場合は

(4)　実体法説と訴訟法説の対立については，於保不二雄「時効の援用及び時効利益の放棄」法曹時報5巻7号303頁（1953）．この対立を時効観の対立として，より一般的にとらえるものとして，石田(編) 264頁（藤岡＝松久）．

所有権者）であることの証拠に関する訴訟法上の制度である，とされる．

ところで，証拠保全の困難を救済するという訴訟法説の考え方は時効の存在理由の１つでもあったが（３番目の理由），訴訟法説はこの意図を訴訟制度の問題として受けとめる．そこにあるのは，真の弁済者が保護されるべきであるとの時効観である．

(iii)　これに対して，実体法説の基礎にあるのは，未弁済者が保護される場合があるとしても，時効制度が認められる以上受け入れざるをえないことであり，批判されるべきことではない，という考え方である．この考え方を徹底させると，未弁済者が義務から解放されることがあるとしても，それは決して不道徳なことではない，ということになる．

(ウ)　時効法の運用

(i)　結局のところ，実体法説と訴訟法説の対立は，未弁済者に対する態度決定，すなわち，①未弁済者が保護される場合があるとしても，やむを得ぬ事態と考えるか（訴訟法説．そのような望ましくない事態は，できるだけ回避されるべきであり，時効はそのように運用されるべきである），それとも，②そのような結果が生じるのは織り込み済みと考えるかの，時効観の違いにあると考えられる．

(ii)　時効観とは，結局，時効における「負」の側面に，どのように向きあうかの問題である。そうすると，時効観とは，時効の運用に関する考え方の問題であるということができる．実体法説と訴訟法説は，時効の運用に関する問題提起であるとすると，両者を対立した考え方と見るのではなく，２つの考え方の調整をはかることも必要となるのではないか．実体法説に立つとしても，権利の消滅を自己目的化することは許されないから，時効法の運用としては，時効の目的は弁済者の保護にあるが，未弁済者が保護される場合があるとしても，それは時効制度に内在する問題である．負の側面にどのように対応するのか，この点においてこそ時効法の真価が問われる，ということである[5]．

---

(5)　時効観については，権利消滅説（実体法説）と推定説（訴訟法説）の対立とみることもできるが，実体法説と訴訟法説が時効観をめぐる対立であるとすると，さまざまな視点から時効観を取り上げることができよう．本書では，時効観の違いを，実体法説と訴訟法説に代表させることにする．なお，松久「消滅時効の機能」争点 84 頁．時効観について，より詳しくは，松久・前掲注(2) 3 頁，117 頁，163 頁，544 頁，592 頁．時効観の違いは時効の規定の運用のあり方のみならず，時効法の改正にも影響をおよぼす問題である．

5　類型的考察の必要性

(i)　では，どのように考えるべきか．時効にも何種類かのものがある．それぞれに時効の存在理由は異なると考えられている（有力説）．これについては，後に取り上げる（時効制度の機能）．以下では，どのような視点（時効観）が必要であるのかを具体的に検討するには，時効制度一般ではなく，個々の時効制度との関連を考えねばならないことについて述べる．

(ii)　時効の存在理由として，以下のように考えることができる．

①　取引の安全，善意の取得者を保護する制度としての時効を考えることができる（物の流通の保護）．たとえば，162条2項である．

同項は，たとえば不動産の真実の権利者でない者を真実の権利者と誤信して，彼から不動産を購入した善意無過失の取得者を保護する．ただし，真の権利者の利益との調整をはかるため，10年の占有を条件とする(6)．なお，動産では，即時取得がこれにあたる（192条）．動産では，より強く流通の安全をはかるため，購入し，引渡しを受けた瞬間，購入者のものになる．いわば瞬間的に時効が起こる（瞬間時効）．これらの制度は，真の権利者から権利を剥奪することを目的としているが，流通の安全のために，やむを得ないといえる．

②　必ずしも流通の安全と関連するとは限らないが，とにかく法律関係の安定のために，時効が求められている場合がある（取消権は5年で時効にかかる(126条)）．この制度の目的は，法律関係の「確定」にある．

第1に，それは当事者間で作用する．詐欺者，強迫者といえども，いつまでも不安定な地位に置いておくのはよくない．権利者には十分な考慮期間をあたえるが，その後はもう権利はあたえない，ということである．第2に，取消しの場合，遡及効があるため，「第三者」のことを考えると，やはりこうしておかないと，流通の安全が害される．このように，これもまた真の権利者から取消権という権利を剥奪することを意味するが，相手方や第三者のことを考えると，やむを得ないことである．

③　さらに，以上とは逆に，真の権利者や弁済者を保護するための時効もある．たとえば，その土地を20年も占有していれば，真の所有者である蓋然性が高いであろう（162条1項）．また，10年も前の借金なら，すでに支払われて

(6)　ただし，取引が介在しない場合も，2項の適用がある（有力説）．占有の対象は「物」であるから取引行為によらないで動産の占有を取得した場合も，同じである．

いることが多いであろう（167条1項）.

そこで，そのような真の権利者や弁済者を保護するため，実際の所有者と称する者，あるいは貸主と称する者の請求を切断する．これは，何らかの理由があって，真の権利者の権利を剝奪することを目的とする，①②の時効とは異なり，真の権利者や弁済者を保護することを目的とする(7).

そうすると，時効の効果は，「推定」でもよいではないか，との疑問も生じる．しかし，権利者や弁済者にしてみれば，そもそも証拠がないのである．とすると，訴訟上，「推定」してもらったところで，何の役にも立たない．そのため，「推定」ではなく，「確定」することにしたのである．

(iii)　以上から分かるように，時効の存在理由といっても，一般的に取り上げるだけでは十分でない（時効制度の全体的存在理由）．各種の時効ごとに個別的に検討することも必要であるが，この点は，民法制定時に指摘されていたことでもある．時効は公益のための制度であるとし，公益の内容として，取引の安全と証明困難からの救済が例示されているのが注目される．取引の安全は，①でいわれていたことであり，証明困難からの救済は，③の問題解決にとって妥当な視点である(8).

(iv)　制度全体としては，時効は不道徳な制度ではないと考えられる．しかし，個別的な場合に，不道徳に作用する局面はないかといえば，これを否定することはむずかしい．

法はこれを防ぐためにさまざまな手段を用意している（後述，時効の仕組み参照）．しかし，完全に防ぐことはできない．そうすると，やはり不道徳ではないのか．疑念は残る．では，どう考えるべきか．

ボアソナードは言う．「地球を照らし暖める太陽が善人に対してと同じく悪人をも利するという理由で，太陽は悪人のために作られたとするのは，誹謗である，と」(9)．ここにあるのは時効が不道徳にはたらく場面があることと，制度全体としてそれが不道徳であるかどうかは別問題であるとの考え方である．

---

(7)　もっとも，「所有権の証明困難の救済という存在理由を強調することは，歴史的にはともかく，現在では適当ではなくなっているのではないか」との指摘もある．四宮＝能見358頁．

(8)　起草者見解でも，時効の存在理由を抽象的に取り上げていないことにつき，松久・前掲注(5)争点83頁．公益のための制度としての時効について，梅・要義369〜370頁．

(9)　星野・前掲注(1)187頁による．

(v)　確かに，時効は，個別的には，不道徳に働きうる．しかし，それを止めれば，もっと不道徳なことが起こる．その選択はやむを得ないのである．ここに時効観の役割がある．時効観とは，要するに，どこを起点として，時効法を運用するかの問題である．これは個々の制度に対応して考える必要がある．

第２節　時効の仕組み ── その全体像

１　時効の基本構造

(1)　時効の意義

(i)　時効とは，一定の法律関係について，一定の期間継続した（時効期間），一定の事実状態に対応して，その権利義務関係に変動を生じさせる制度である．一定の期間，一定の事実状態がつづくと，時効は完成するが，時効の完成にとって障害となるものがある．時効の中断と時効の停止である．

(ii)　時効の中断とは，事実状態の継続が破られることである．中断があると，それまで進行した期間は，時効の完成にとって，無意味となる．

時効の停止とは，時効の進行を一時的に停止することである．停止があると，あとは残存期間の満了により時効は完成する．

(iii)　しかし，時効の完成により，ただちに時効の効果が生じるわけではない．時効の利益を享受するか否かは，当事者の意思にゆだねられている．これが時効の援用および時効利益の放棄の問題である．

以上が，時効の仕組みの基本構造であるが，本節であつかうのは，時効法の具体的仕組みである．

(2)　取得時効と消滅時効

まず問題となるのは，時効の種別であるが，民法では，２つの類型が設けられた．

①　第１は，権利が取得される型の時効である（取得時効）．主に，所有権の取得が考えられている．

②　第２は，権利が消滅する型の時効である（消滅時効）．主に，債権，つまり借金がなくなることを考えている．

2　取得時効

⑴　10年時効と20年時効

所有の意思をもって，他人の物を占有した場合の取得時効には，20年時効と10年時効がある（162条）．占有開始の時に善意無過失であれば，10年時効が適用される（同条2項）[(10)]

20年時効の目的は多様である[(11)]．

⑵　取得時効の要件

しかし，取得時効の要件としては，善意無過失の他は，20年時効と10年時効は共通する．

(i)　まず，占有，つまり，占拠していること．他人に貸していてもよい．しかし，外形的に権利を行使していることが，重要である（真の権利者に，プロテストのチャンスをあたえるためである）．

(ii)　所有の意思のあること．「自主占有」という．権原の客観的性質によって決定される[(12)]．そうでないと，賃借人に20年後，実は所有の意思をもっていたといわれても，困るからである．

(iii)　その占有は平穏かつ公然でなければならない．強盗は，平穏ではなく，窃盗も公然とはいえない．落とし物も公然ではない．つまり，盗みは絶対に保護されないということである[(13)]．

なお，善意無過失は，10年時効においてのみ，要件となる．20年時効は，悪意有過失でもかまわない．

⑶　占有の対象としての「物」

占有の対象となる「物」とは，他人の物である（162条参照）．ただし，自分の物の時効取得も，判例は認める[(14)]．奇妙であるが，贈与を受けたあと，長期

⑽　本項の原始規定では「他人ノ不動産」と規定されていたが，民法の現代語化のさいに「他人の物」に改められた．

⑾　動産，不動産に共通する．たとえば①過失ある取得者の保護，②不安定さからの解放（たとえば錯誤無効からの解放），③真の所有者としての推定＝蓋然性（境界事例もこれにあたる），④裁判例によると，登記なき第1買主が，登記ある第2買主に勝つ場合も認められており，二重譲渡の場合の，登記以外の優劣基準として作用している場合もある（177条参照）．

⑿　権原とは，他人の物を利用する権利のことである．

⒀　なお，強暴隠秘は限時的であって，隠秘の状態が過ぎれば平穏に戻るといった考え方もある．

間経過して，贈与者からの買主が現われた場合の，受贈者を保護するためには仕方のないことである⒂.

⑷　起算点その他

(i)　起算点は，占有開始時である．時効の基礎となる事実の開始された時である（判例)⒃.

なお，占有が奪われた場合，時効は中断＝断絶する（振り出しに戻る．164条)．また，占有が相続や売買によって承継された場合，占有者は自己の占有のみを主張してもよいし，前占有者の期間を合算して主張してもよい．ただし，後者の場合，占有の瑕疵も承継される．

(ii)　取得時効の効果は，所有権の取得である（反対に，真の所有者は所有権を失う)．この効果は，起算日にさかのぼる（144条)．

(iii)　なお，所有権以外にも，地上権，地役権，永小作権，賃借権など，占有になじむ財産権は，取得時効される．もちろん，自己のためにする意思が必要である（163条)⒄.

⒁　最判昭和44年12月18日民集23巻12号2467頁.

⒂　訴訟法説（時効観を参照）によると，「他人の物」である必要はなく，理論的には，「自己の物」（ただし，立証できない）でもよいことになる.

⒃　大判昭和14年7月19日民集18巻856頁，最判昭和35年7月27日民集14巻10号1871頁．起算時は固定される必要がある．ただし，取得時効期間の逆算を認める有力説がある．これは「取得時効と登記」というテーマに関連する問題である．なお，取得時効に関する近年の重要判例に，最判平成24年3月16日民集66巻5号2321頁がある．Xは，A所有の土地を購入したが，未登記のまま占有をつづけていた．Yは，Xの同土地占有後にAから同土地に抵当権の設定を受け，その旨の登記を得た．XはYに対し，同土地の占有継続による時効取得にもとづいて抵当権の消滅を主張した事件である．判旨によると，「不動産の取得時効の完成後，所有権移転登記がされることのないまま，第三者が原所有者から抵当権の設定を受けて抵当権設定登記を了した場合において，上記不動産の時効取得者である占有者が，その後引き続き時効取得に必要な期間占有を継続したときは，上記占有者が上記抵当権の存在を容認していたなど抵当権の消滅を妨げる特段の事情がない限り，上記占有者は，上記不動産を時効取得し，その結果，上記抵当権は消滅すると解するのが相当である」．詳しくは物権法にゆずる.

⒄　所有権以外の財産権として，賃借権については，最判昭和43年10月8日民集22巻10号2145頁．宅地利用目的の土地賃借権をもつ者が，同土地を農地として継続利用した結果，農地利用目的の土地賃借権を時効取得した.

3　消滅時効

(1)　時効期間

債権の時効期間は10年である．10年間，権利不行使の状態がつづくと，債権は消滅する（167条1項）．債権または所有権以外の財産権も消滅時効に服するが，その期間は20年である（同条2項）．なお，物権的請求権は消滅時効にかからない（通説）．

債権の時効期間は，10年が原則である．定期金債権については，特別の定めがある（168条）．また，判決で確定した権利についても，特別の規定が設けられた（174条の2）．

(2)　短期消滅時効

10年時効については，短期消滅時効の例外がある（169条〜174条）．ただし，債権の種類，短期の期間，さらには短期消滅時効の制度目的について，（債権法の現代化の視点から）議論がある(18)．

(3)　不法行為法と時効

損害賠償債権については，不法行為法に特則がある（724条）．債務不履行による場合は10年時効が適用されるが，不法行為は一般第三者間に生じる問題であるため，特別のルールが必要とされた．この規定によると，不法行為の場合，被害者が損害および加害者を知ったときから3年間，損害賠償の請求権を行使しないときは，時効により消滅する（3年時効）．また，不法行為の時から20年を経過したときも，同様である（20年時効．724条）．

(4)　消滅時効の起算点

(i)　消滅時効の起算点は，「権利を行使することができる時」である（166条1項．民法140条により初日は参入しない）．

確定期限付きまたは停止条件付き債権については，期限到来または条件成就の時である（なお，166条2項参照）．

期限の定めのない債権については，原則としていつでも請求することができる．そのため，債権成立の時が起算点とされている(19)．このことは，不当利得

---

(18)　短期消滅時効については，169条（定期給付債権の短期消滅時効）のほか，3年（170条・171条），2年（172条・173条），1年（174条）の時効期間について，特別のルールがある．短期消滅時効は民法（債権法）改正の論点の1つである．金山直樹（編）『消滅時効法の現状と改正提言』別冊NBL122号（2008）所収の各論文を参照．

(19)　大判大正9年11月27日民録26輯1797頁．

返還請求権のような法定債権であって（法の規定にもとづいて発生する債権），発生と同時に請求することができる債権についてもあてはまる（判例）[20].

(ii)　ところで，起算点に関するルールを素直に解釈すると，権利行使について法律上の障害のないことが要件となるが（典型的には，履行期の到来），この点については，「権利を行使しうることを知るべかりし時期」とする有力説がある．すなわち，債権者の職業・地位・教育などから，権利を行使することを期待ないし要求することができる時期から時効は進行する，と考えるべきだとされる．同様の考え方に立つ判例として，最(大)判昭和 45 年 7 月 15 日民集 24 巻 7 号 771 頁がある[21].

(iii)　この考え方は起算点について，規範的判断の必要性を主張するものと考えられる．時効制度の運用面における具体的妥当性の問題である[22].

時効は法によりつくられた法的創造物であるが，時効制度がどう運用されるべきかについては，時効にかかわる当事者の立場（「人」の立場）をぬきにして考えることはできない，ということである．有力説から分かるのは，時効の運用に関する実質判断の必要性である．時効は所与の制度であるとしても（誰も反対することはできない），どのような場面で問題となっているのか，その場面に応じた運用が必要であることをうかがわせる一例である．

(iv)　なお，「安全配慮義務違反」にもとづく損害賠償請求権について，法律上の行使可能を基準とする判例がある[23].

---

(20)　この点，債務不履行にもとづく損害賠償請求権（415 条）については議論がある．なお，近年の消費者金融に対する過払金返還訴訟においても消滅時効は非常に大きな問題となっている．「法的判断の三層構造」から見ても重要であるが，この種の判例をあつかうためには，消費者金融の契約形態に加えて，利息制限法の制限超過利率の取り扱い，元本充当，過払金の発生，不当利得返還請求権の発生というプロセスの理解が前提となる．ここでは，問題の指摘にとどめる．

(21)　供託金取戻請求権の消滅時効が問題となった（賃借料の供託）．判旨によると，「単にその権利の行使につき法律上の障害がないというだけではなく，さらに権利の性質上，その権利行使が現実に期待できるものであることを必要とするのが相当である」．

(22)　三層構造から見ると，現実問題対応型判断（第１段階）における規範的判断の必要性であるが，この判断が説得的であるためには規範的判断が問われる理由が明らかにされなければならない．これは時効の運用面における基礎理論対応型判断（第２段階）の課題である．

(23)　最判平成 6 年 2 月 22 日民集 48 巻 2 号 441 頁．本件は，じん肺罹患を理由とする損害賠償請求事件である．じん肺法所定の管理区分にもとづき最終の行政上の決定を受けた時に法律上行使が可能となる．損害賠償請求権の消滅時効はその時点から進行する．

4　時効の中断

⑴　**意　　義**

(i)　時効の完成を障害する事由として，時効の中断と停止がある．

(ii)　時効の中断とは，時効の完成にとって必要な事実状態の継続と，相反する事態が生ずることである．中断事由の終了した時から，再度，時効が進行する．中断があると，それまで経過した期間は時効の完成にとって無意味となる．

(iii)　中断には，自然中断（取得時効にだけ存在する．164条・165条）と法定中断の区別がある．

⑵　**中断事由**

取得時効と消滅時効に共通する中断事由は3つに分けることができる（147条）．

①請求（1号）と，②差押え，仮差押え・仮処分（2号），および③承認（3号）である．①と②は時効の不利益を被る者により権利行使が行われる場合である．③は，逆に，時効の利益を受ける者により権利（所有権）の不存在（取得時効）ないし権利（債権）の存在（消滅時効）が承認される場合である．

以下，中断事由の特徴を取り上げる．

㋐　請求（149条～153条参照．直接には中断の効力が失効する場合について定める）　　請求とは，時効によって利益を受ける者に対して権利者が行う権利の主張のことである．中断事由となる請求には，たんなる請求（催告）と，一定の手続をともなうものとがある．もっとも重要な手続は，裁判上の請求である．

(a)　催告　　催告とは，義務の履行を求めることであるが，「裁判外の請求」ともいわれる．催告は，6カ月以内に，裁判上の請求，支払督促の申立て，和解の申立て，民事調停法もしくは家事審判法による調停の申立て，破産手続参加，再生手続参加，更生手続参加，差押え，仮差押えまたは仮処分をしなければ，時効の中断の効力を生じない（153条）．

催告が中断事由とされたのは，時効を中断するために突然訴えを提起する弊害を避ける必要があるからである（起草者見解）．この考え方によると，催告だけでは中断の効力は確定的に生じない．裁判上の請求などによる補強が必要である．催告のみでは権利主張の意思が十分明確ではないからである[24]．

(b)　裁判上の請求（149条）　　訴えの提起である．訴えの形態は問われない[25].

裁判上の請求は，訴えの却下または取下げの場合には，時効の中断の効力を生じない．

「裁判上の請求」に準ずる場合，抗弁の中にあらわれるような訴えの形式を備えない裁判上の権利主張でもよいか．判例は，「裁判上の請求」を緩やかに解する傾向にある．たとえば，①債務者から提起された債務不存在確認訴訟の被告として債権者が債権の存在を主張する場合（大(連)判昭和14年3月22日民集18巻238頁），②所有権にもとづく登記手続請求訴訟の被告として所有者が自己に所有権のあることを主張する場合（最(大)判昭和43年11月13日民集22巻12号2510頁[26]）．

(c)　和解および調停の申立て（151条）　和解の申立てまたは民事調停法もしくは家事事件手続法による調停の申立ては，相手方が出頭せず，または和解もしくは調停が調わないときは，1カ月以内に訴え提起しなければ，時効の中断の効力を生じない．

(d)　支払督促（150条）　金銭債権等の簡易な執行方法として，民事訴訟法は支払督促の手続を定め，異議がなければ仮執行ができるとしている（民訴382条以下）．支払督促は，債権者が民事訴訟法392条に規定する期間内（仮執行の宣言の申立てをすることができる時から30日以内）に仮執行の宣言の申立てをしないことによりその効力を失うときは，時効の中断の効力を生じない．

(e)　破産手続参加等（152条）　破産手続参加，再生手続参加または更生手続参加は，債権者がその届出を取り下げ，またはその届出が却下されたときは，時効の中断の効力を生じない．

---

(24)　「裁判上の催告」ないし「強き催告」（我妻）とは，「裁判上の請求」との対比で，広く中断の問題を解決しようとする考え方である．最(大)判昭和38年10月30日民集17巻9号1252頁（留置権の主張）参照．

(25)　通常想定されるのは給付の訴えであるが，確認の訴えでもよく，反訴，再訴でもよい．

(26)　なお，被告としての権利主張ではなくはじめから原告としての権利主張がなされた場合にも問題になりうる．たとえば，最判昭和34年2月20日民集13巻2号209頁（一部請求であることの明示があれば残債権については時効は中断しない）．①については，債権を満足させるための権利主張としては実効性に乏しい，との疑問もある．これに対して，②は，被告が所有権者として請求棄却を求める場合である．原告の請求が棄却されると従来の登記は維持される．それによって通常は所有権も確保される．被告としては，このように考えてのことであるから，結論は妥当である．

(イ)　差押え・仮差押え・仮処分（147条2号）

(i)　いずれも裁判所の関与する権利実現の方法であり，権利行使の証拠も明確であるため時効中断事由とされる．差押えは金銭執行手続の第1段階にあたるが，仮差押えはそのための権利を保全する手続である．仮処分は現状の変更を回避するため（現状が変更されると，権利の実行ができなくなるおそれが生じる），権利の保全を目的として行われる処分行為のことである．

(ii)　時効中断の効力が生じない場合についての規定がある．すなわち，――

①　差押え，仮差押え及び仮処分は，権利者の請求により又は法律の規定に従わないことにより取り消されたときは，時効中断の効力を生じない（154条）．

②　差押え，仮差押えおよび仮処分は，時効の利益を受ける者に対してしないときは，その者に通知をしたあとでなければ，時効の中断の効力を生じない（155条）．

(ウ)　承　認（156条）

(i)　承認とは，時効により権利を失うべき者に対して，権利の存在を認める行為のことである．時効による利益を受けるべき者のいかなる行為が承認にあたるかは，中断の根拠をどのように解するかによる．承認の方式は問われない．たとえば，支払猶与の申込みはこれにあたる．一部弁済は残額についての承認となる．

(ii)　承認は法律行為ではない．準法律行為にあたる（観念の通知）．なお，承認をするには，「相手方の権利についての処分につき，行為能力又は権限があることを要しない」（156条）．これは承認する者が相手方の権利をもつと仮定して，それを処分する能力・権限を有しなくてもよいという意味である．承認は管理行為である，ことが理由とされる．

(iii)　では，どのような行為が承認にあたるか．これは中断の根拠をどこに求めるかによる．承認は権利の存在（または不存在）に関する明らかな証拠であるから，といわれる．これは権利の取得（取得時効の場合）・消滅（消滅時効の場合）の蓋然性がなくなること（訴訟法説）から説明できる．中断の根拠は時効の存在理由とつながりのあることが分かるが，権利者をして権利の行使を不要と思わせることに由来するとの考え方もある．これによると，どのような行為が承認にあたるか，これは行為者の主観的事情をはなれ，客観的に判断されるべき問題である，ということになる．

(3)　中断の効果

中断の効果は，それまでの期間の経過を無意味なものとし，終了の時からもういちど時効を進行させることにある．ただし，中断の効力が失われる場合がある（遡及的消滅）．これについては，既に述べたとおりである．この場合，中断の効力はそもそも生じないと考えることもできるが，一定の事由は中断後に生ずる問題である．したがって，理論的には一度生じた中断の効力がさかのぼって消滅する，と解すべきだとされる．

なお，時効の中断（法定中断）は，「当事者及びその承継人」の間においてのみ，その効力を有する（148条）．

5　時効の停止

(i)　時効を中断しようとしても，その手続がとりにくい事情が発生した場合はどうなるか．この事情が時効の完成まぎわに生じたとすると，法が手をこまねいていては権利者が不利益を被るおそれがある．そこで民法は，時効の中断のほかに，時効の停止という制度を設けた．

時効の停止とは，時効の完成のまぎわに，時効の中断を困難にする事情が発生した場合に備え，（時効の進行を停止し）その事情の消滅後残りの期間が経過するまで，時効の完成を延期する制度である[27]．

時効の停止はそれまで経過した期間を無意味なものとするものではない．中断の場合は中断によって時効の期間が改めて進行することになるが，停止の場合は，時効の完成が延期されるということである．

(ii)　停止事由については，４つの場合について規定がある．

未成年者・成年被後見人がかかわる場合（158条），夫婦間の権利に関する場合（159条），相続財産に関する場合（160条）および天災その他避けることのできない事変のため時効を中断することができないときである（161条）．最後の場合は，その障害が消滅した時から２週間を経過するまでの間は，時効は完成しない．

---

(27)　四宮＝能見399頁参照．

第 3 節　時効の援用

1　援用規定の意義

(1)　当事者による選択

(i)　時効が完成するとどうなるか．時効が完成すると，当事者は所有権を取得し（取得時効．162 条・163 条），債務を免れることができる（消滅時効．167 条）．これが時効の効果であるが，その一方で，時効は，当事者が援用しないと，「裁判所がこれによって裁判をすることができない」（145 条）とある．援用規定は時効の効果と矛盾することにならないか．援用の規定に接してただちに生じる疑問である．

(ii)　この点，起草者見解をはじめ通説的見解は，これを良心規定とみる．つまり，時効という，ある種不名誉な制度の利用はその人の自由に任せる．時効の利益の享受を潔しとしない場合，その利用を裁判所が強制することはできないとした，とされるのである．

なるほど，たとえ時効が成立しているとの完全な証拠が裁判所に提出されていたとしても，世間体まで考えるなら，時効で勝つくらいなら，負けた方がよい，と思う人間がいる可能性はある．時効には一種独特なイメージがある．裁判において最初に時効を主張されることがないとの事実はこのことを如実に示している．当事者としては，とにかく弁済で争い，それで負けたら，仕方がない．そのように決断するかどうかの自由を債務者に与えることは，とくに時効の場合は必要である．したがって，当事者の意思を重視し，援用をわざわざ定めたことには理由がある．

(iii)　このように，時効の利益の享受を，当事者の選択に委ねることは妥当であると思われる．時効によるあらたな法律状態の創出が当事者の選択に委ねられることは，当事者の判断が尊重されること，すなわち，私的自治の原則との関連をうかがわせる．時効は法律上必要な制度として，制度化されたものであるが，制度利用の最終的な判断が当事者にまかされた．援用の意義はこの点にある．

(2)　「良心規定」か

(i)　そうすると，援用を良心規定と解することには，若干抵抗もある．たとえば，真に権利者の推定や弁済の推定のための時効においては，「良心をもって，それを利用しない」という表現はなるほどと思わせるものがある．しかし，不動産取引の安全のための時効，またとくに，法律関係安定のための取消権の時効においては，端的に，法のあたえた保護を利用するかしないかの問題で，（日本語として）良心がどうのこうの，という問題ではないのではないか(28)．

(ii)　同じ援用とはいっても，なぜ，援用が必要かという問いに対する回答は，各時効によって異なり，生活用語でいう，まさに「良心」もあれば，現に存在する時効制度に則した態度決定を行うという場合もあることになる．

(3)　法と権利

(i)　ところで，時効には，弁済していない者も，債務を免れる場合がある（義務からの解放）．援用を良心規定と見る考え方には，良心に反することをしてはならないとの含意が含まれているとすると，それは当事者に難きを強いるものではないかとも思われる．時効という制度が存在する以上は，制度の利用者が「良心に反する」ことをしたと，とがめられることは，時効法にとっても本意なことではない．非弁済者が不利益を被ることがあるとすると，まわりからの取引上の不利益（そのような「人」と取引したくない）であって，そのような不利益を甘受するかどうかは，当事者が判断すべき問題である．その判断は不道徳な判断である，という批判を超えたところで，制度化されたものが，時効法ではないかと，考えられるのである(29)．

(ii)　援用規定を良心規定と解する考え方は，時効法を「法と道徳」のはざまにある制度とみる立場のなごりであるが，時効法は民法の重要な制度として，法認されたのである．時効法で問題とされるべきは，「法と権利」の関係，すなわち，権利の取得・消滅のルールが法として確立されたわけであるから，ルールの運用は，法の問題として解決されるべきではないか．援用のあり方が問題となるとすると，どのような場面で，どのような当事者により行われたのか，時効の運用の問題として，各種の時効に対応して，具体的に判断される必要がある（三層構造によると，現実問題対応型判断（第１段階））．この点は，時効法は「財産の法」（財貨秩序の法（財産法））として構築されていることからもうかがえることである．

(4)　援用の制度的位置づけ

(28)　もっとも，不動産では，登記原因に「時効」と書かれたくないとのメンタリティーも働く．

(29)　このことは，民法の基本原則（信義則）により，援用権の行使に歯止めが必要とされる場合のあることを否定するものではない．

(i)　ところで，援用には，なぜ必要かという理由のほかに，条文間の整合性の問題がある．一方では，時効が確定的な効果を発生させるかのような言葉が使われているにもかかわらず，他方では，時効の効果を主張するには，援用が要求されているからである．これは時効の仕組みのつくり方の問題であるが，両者の関係については以下の考え方がある．

①　第1に，時効は時の経過により，確定的な効果を生じ，ただ，弁論主義の要請から，援用が要求されているにすぎない，との見解がある．当事者が訴訟資料を出すことを，攻撃防禦方法ということから，攻撃防禦方法説という．

②　第2に，これとほとんど似ているが，時効制度を1つの証拠と考え，援用はその証拠の提出であると考える説もある（法定証拠説）．

③　第3に，時効は時の経過のみによって，確定的に成立するのではなく，援用をまって，はじめて，成立する，いわば援用が停止条件になっていると解する説がある．この時の経過だけでは，不確定であるとの説を，不確定効果説（停止条件説）という（通説）．

④　第4に，要件説とよばれる考え方がある．これは，援用を，時効の完成とならんで，時効の効果が発生するための要件と解する説である（星野）．

(ii)　①と②は，援用を良心規定と解することと抵触することになるが，③と④は，当事者の（実体的）判断をまつという点で，良心規定と整合的である．問題は良心規定という性質決定の妥当性にあるが，既述のとおり時効は「法と権利」の問題として運用されるべきであるとすると，援用はその要となる制度として，「人」の意思による法的判断の側面に重点がおかれることになる．

③と④は実質的に異ならないが，条件という特別の概念をまつまでもなく，単に要件としておけば足りる問題でもある（援用が良心規定でないとすればなおさらである）．その点で要件と解することに問題はない．

2　援用権者の範囲

(1)　当事者の意義

(i)　次に問題となるのは，援用できるのは誰か，援用権者の範囲である．これについて，民法は「当事者」とのみ定める（145条）．それでは，当事者とは誰か．判例によると，当事者とは，「時効によって直接に利益を受ける者およびその承継人」をいう(30)．

(ii)　取得時効でいえば，所有者となる者，消滅時効でいえば，債務を免れる者である．他方，間接的な利益しか受けない者は援用ができない．たとえば債務者の，他の債権者とか，非所有者（占有者）の債権者などである[31]．このような人の援用を認めたのでは，法が時効の利益の享受（援用）を，利益を受ける人の自主的判断に委ねたことが無意味になる．

(iii)　しかし，微妙な場合もある．たとえば債務者の保証人である．もし債務者が金を払うことができない場合は，代わりに払うと約束した人が，債務者についての時効を援用できるかである．債務者自身が援用していれば，問題ないが，債務者が時効完成にもかかわらず，払うと言っている場合である．判例は，この場合も，直接利益を受ける者であるから，時効を援用できると判断する．この考え方は物上保証人や抵当不動産の第3取得者にまで拡張されている．

(2)　範囲画定の基準

(i)　援用権者の範囲については，その基準をより緩やかにすべきとの考え方がある．これについては，判例にいう「直接利益者」の範囲を広げる方法と，「間接利益者」など，「直接利益者」とは別の基準を設ける方法がある．

(ii)　時効の相対的効力を考えると，範囲を拡大したとしても，援用制度の趣旨は損なわれないということもできる[32]．時効の相対効はこの問題を考える判断要素の1つになるとしても，時効の相対効は，いわば時効法の仕組みにかかわる問題である．援用の問題が時効の基本構造の柱とされていることに鑑みると[33]，援用権者の範囲については，時効の存在理由との関連が重要である．

(iii)　この点，時効観を考慮すべきとの考え方がある．たとえば，実体法説によると，時効は所有権を取得し（162条），債権を消滅させる制度であるから（167条），本来，時効利益は直接の当事者（占有者・債務者）のためにあると考えることもできよう．これによると，問題の立て方としては，それ以外にどの

---

(30)　大判明治43年1月25日民録16輯22頁．

(31)　最判昭和44年7月15日民集23巻8号1520頁．土地の取得時効を完成させたAから，その土地上の建物を賃借したXは，同土地の取得時効を援用できない．

(32)　「援用」制度の趣旨からは，援用権者の範囲を制限する必要はないとする考え方もある．なお，訴訟法説（法定証拠説）でも，一般的には広くなる（証拠の提出は自由）．

(33)　時効の章は144条（時効の効力）から始まるが，時効の援用は145条で規定されている．援用は時効の根幹に関わる制度であることがわかる．

範囲の第三者までが援用しうるか，である．一般的な方向性としては，時効制度がある以上，権利者は（万が一の）不利益を覚悟すべきであるとすれば，結果的には援用権者の範囲が拡げられることもやむを得ないと受けとめるほかない．しかし，その範囲は援用制度の目的から正当化できるものである必要がある．

(iv)　援用については，当事者の意思による選択を保障したもの，すなわち私的自治の原則と関連のある制度であると解すると，援用権者の範囲は，自主的判断が保障される範囲の問題となる．当事者の意思が尊重されるのであるから，（直接）当事者とのつながり方が重要となる(34)．

3　時効の利益の放棄

(1)　意　　義

(i)　では，逆の場合，つまり，時効の利益を放棄することは可能か．時効の利益を受けたくなければ，援用しなければよいだけのことであるから，その点では，放棄を議論する意義は少ない．しかし，一度，放棄してしまうと，後になって，援用する，とは言えなくなるので，やはり放棄と，単に援用していないこと，とは別である．放棄はそれ自体の問題として考える必要がある．

(ii)　この点，時効の利益は，あらかじめ放棄することができない，との規定がある（145条）．時効完成以前に，「時効が完成しても，時効を主張することはない」と合意したとしても，それは無効である．そのような合意は無意味であるとした規定である．このようなことをゆるしておけば，（法が証明の困難性に配慮して）時効制度が設けられた意味がなくなる．また債務者としては，長期間経って，はじめて証拠のない苦しみを知るのである．時効の放棄が濫用されては困るので，この種の規定を置いたとされている．

しかし，時効完成後であれば（期間経過後），濫用の危険はない．時効が完成してなお，それでもいったん払う，というのであれば，法の関知するところではない．完成後の放棄が認められているのはそのためである．

(iii)　ところで，放棄とは，自分は時効の利益を受けないとの決断であって，

(34)　なお，判例は後順位抵当権者が先順位抵当権の被担保債権の消滅時効を援用することを認めていない．最判平成11年10月21日民集53巻7号1190頁．援用権者の画定基準については，松久・前掲注(2)219頁，森田宏樹「時効援用権者の画定基準について(1)(2)」法曹時報54巻6号1579頁，7号1813頁（2002）など．

単に現状に対する事実認識の通知ではない．これも1つの意思表示である．明示である必要はなく，黙示，たとえば，きちんと弁済するから待っていてほしいと伝えることも，また，一部の弁済もこれにあたる．

⑵　援用権の喪失

(i)　それでは，時効の完成を知らないで，このようなことをすれば，どうなるか．債務の存在を前提とする自認行為であるが，放棄の意思表示とは解釈できまい．この場合，放棄しようとは思っていなかったからである．

(ii)　判例は，当初，放棄の意思表示と解釈した．しかし，その後，態度を改め，一度，債務の存在と弁済していないことを認めた人間（「人」）が，その後，時効を援用するのは信義に反するとして，その場合，信義則上，援用権は喪失するとした[35]．時効が真の弁済者を保護する局面で機能する場合は，特に問題はない．法的安定を目指す局面でも，いったん，不安定でよいと言ったら，また安定化を望むべきではない，と思われる．

時効利益の放棄も，時効の運用の問題であるが，時効の存在理由（時効観）とつながりのあることがわかる．時効法の特徴である[36]．

(iii)　なお，放棄後も，その時点から時効は進行する[37]．

⑶　援用権の行使と民法の基本原則

(i)　ところで，時効をめぐっては，このほかにも，そもそも援用するのが信義に反する．あるいは権利濫用であるとされることがある．たとえば善処するとか，調査するとかいって，たらい回しにしておいて，突如として時効を主張する場合である．不法行為でよくある[38]ことである．このように，不道徳に作用しうる時効は，なるべくそうならぬよう，さまざまな工夫が施されている．

⒇35　最(大)判昭和41年4月20日民集20巻4号702頁．

(36)　放棄も，援用と同様，相対効である．

(37)　最判昭和45年5月21日民集24巻5号393頁（援用権喪失のケースで肯定）．「すでに経過した時効期間について消滅時効を援用しえないというに止まり，その承認以後再び時効期間の進行することをも否定するものではない．けだし，民法157条が時効中断後にもあらたに時効の進行することを規定し，さらに同法174条の2が判決確定後もあらたに時効が進行することを規定していることと対比して考えれば，時効完成後であるからといって債務の承認後は再び時効が進行しないと解することは，彼此権衡を失するものというべきであり，また，時効完成後の債務の承認がその実質においてあらたな債務の負担行為にも比すべきものであることに鑑みれば，これにより，従前に比して債務者がより不利益となり，債権者がより利益となるような解釈をすべきものとはいえないからである」とされる．

(38)　ただし援用者側の信義に反する態度や権利者側の事情が前提となる．

時効制度の運用にともなう問題である.

(ii)　ただ，それでも「払っていないが，時効を援用する」と言ったような場合は，時効の成立を認めざるをえず，やはり信義に反する場合を完全に払拭するとはできない．時効法に不可避な側面であるが，この点に関する対応策は，時効を「法と権利」（「法と道徳」ではない）のせめぎ合いの制度として位置づけことに見出されると思われる.

第４節　時効の効果

(1)　どういう問題か

(i)　時効の効果については，法文上は明確である．すなわち，取得時効の効果は，所有権その他の一定の財産権の取得にある（162 条・163 条）（原始取得（通説）とみるか承継取得（有力説）と解するかの対立がある)．消滅時効の効果は，債権その他一定の財産権の消滅である（167 条).

(ii)　法文を見るかぎり，時効の効果は実体法説と整合的であるが，訴訟法説に立つと，これとは異なる説明が必要とされる．これによると，取得時効では占有者が所有権者であること，消滅時効の場合は債権が消滅していることについて，証拠力のあることが時効の効果とされる[39].

(iii)　それでは，時効の効果はいつ発生するか．この点は，援用の法的性質による．これについてはすでに述べたとおりである.

(2)　時効の遡及効

(i)　時効には遡及効がある.「時効の効力は，その起算日にさかのぼる」(144 条)．時効の利益を受ける者にとって有利な規定であるが，消滅時効によって債務をまぬかれた者は，時効期間中の利息・損害金を支払う必要はなくなる.

(ii)　時効は時の経過に一定の効果を認めたものであるから（「法と期間」)，時効の効力は，本来，期間満了後に発生すべきものである．遡及効が認められたのは，期間中に生じた法律関係を断ち切るためであるが，結果的には時効の利

(39)　訴訟法説の中には２つの考え方がある．法定証拠であることに時効の本来的役割を見出す考え方（川島）と，時効の効果を法律上の推定と見る考え方（星野）である．後者によると，権利者でないこと，弁済していないことが明らかになった場合は時効の保護を与える必要はないことになるが，このような実質判断の可能性を残しているところに，後者の特徴がある.

益を受ける者に有利に作用することになったことが注目される．三層構造によると，ここにあるのはルールがつくられる場合の実際的見地，すなわち現実問題対応型判断（第1段階）である．

第5節　時効制度の機能

1　時効の役割 ── 機能的考察の必要性

⑴　時効の運用のあり方 ── 時効の機能

（i）時効制度の機能とは，時効が現実にになっている役割のことであるが，この点が明らかになると，時効の運用のヒントをみつけることができる．このような作業が必要とされるのは，時効がある種の不合理な結果を受け入れざるをえない制度であるからである．

(ii) もっとも，時効の効力を主張するためには当事者による援用が必要である．したがって，時効の機能とは，どのような場面で時効が援用されているのか．援用という当事者の自主的判断が紛争解決においてになってきた役割の問題でもある．

⑵　判例の役割

（i）この点，判例から分かることがある．「判例にあらわれた時効制度の機能」として[40]，取得時効では，短期取得時効（10年時効）（162条2項）と，長期取得時効（20年時効）（同1項）では，その役割が異なるとの指摘がある．

10年時効では，取引行為において前主が無権利の場合にも善意・無過失の転得者を保護する（前主とは，A→B→Cと転売された場合の中間者Bのこと）．また，有効な譲渡行為が行われた場合，占有を取得したが未登記の者を保護する．

20年時効が問題となるのは，たとえば，売買契約によって占有を開始したがのちに取消しなどによって効力が否定された場合とか，権利の淵源が明らかでないため権利関係を認定する必要がある場合，などである．

---

(40) 議論の出発点になるのは，星野・前掲書167頁である．「わが判例から見た時効の機能」として，取得時効，消滅時効のそれぞれについて，わが国における時効制度の機能が明らかにされた．これは時効の存在理由をたんなる理論として受けとめるのではなく，本来あるべき時効制度の存在理由を明らかにしようとするものである．三層構造に照らすと，第1段階を起点として，第2，第3段階の議論を展望する時効法の基礎研究である．この研究から引きだされた時効の機能について，石田（編）311頁，312頁（藤岡=松久）参照．

(ii)　時効観からみると，取得時効では，非権利者が権利を取得する場合と，真の権利者（と思われる者）の権利が確定する場合のいずれもがある．ところが，消滅時効の場合は，非弁済者の保護が原則となっている，とされる(41)．この点は，時効の存在理由について考えさせられるものがある．「法と道徳」から「法と権利」の問題に時効法を転換させたとしても，なお残る問題である(42)．

(iii)　ところで，短期消滅時効については，権利者の権利行為を促進する機能が強い，といわれる．その一方で，弱小債権者の法的保護を不当に拒否するおそれがある，ともされる．短期消滅時効の存在根拠が問われるところである．

(3)　取得時効の場合

(i)　以上は，時効の機能を考える原点と目されるべき立ち位置の問題である．時効の機能が紛争解決における援用の役割の問題であるとすると，紛争類型に対応した検討が必要とされる．

この点は，とくに取得時効にあてはまる．財貨の帰属（所有権）と財貨の移転（契約）の秩序の中で，取得時効はどのような場合に援用されているのか，である．この点は，紛争類型により異なるが，不動産所有権の取得時効については，取引の安全の保護，立証困難の救済，境界確定など，重要な機能をになっているとされる(43)．

(ii)　ここから分かるのは，紛争解決の手段としての時効の機能という考え方の必要性である．つまり，時効の運用にとってだいじであるのは，時効の存在理由や時効観を一般的に取り上げることではなく，どのような場面で時効が援用されているのか（これは当事者の判断にゆだねられている問題である），紛争解決の現場の特徴を明らかにすることである．取得時効にあてはめると，不動産取引法の仕組み，相続法の仕組み，境界確定の仕組みにおいて，時効の役割は異なるはずである．取得時効の機能とは，この意味の時効の役割を規定すること

(41)　星野・前掲注(1)295 頁．

(42)　この点の解決策については，援用権行使の妥当性を，信義則や権利濫用法理など，民法の基本原則にもとづいて判断することもできよう．

(43)　この点は，辻伸行「取得時効の機能」争点 87 頁以下に負う．ここでは取得時効の類型として，①無権利者からの譲受人占有型，②譲渡有効譲受人登記未了型，③譲渡無効型，④譲渡不存在型，⑤譲渡人占有型，⑥相続人独自占有型，⑦境界紛争型など，7 類型があげられている．

にある．

⑷　**消滅時効の場合**

（i）時効の機能は，消滅時効についてもいわれる．債権の消滅時効では，債権関係の帰趨が問題となるにすぎないため，ここでの主題は，非弁済者が保護される可能性のある制度をどのように運用すべきかにある．

（ii）この点は，前述のとおり，時効観により考え方の分かれるところであり，時効が「現に」有している機能の問題ではない．時効の機能としては，一定の期間の経過により債権が消滅することが，法律的にはどのような意味をもつかが明らかにされれば足りる．この点が取得時効の場合と異なるところである[44]．

２　時効法と「人の法」

⑴　**時効の課題**

時効は，時の経過に関する法として，その存在理由を認められた制度である．あとに残るのは，制度のつくり方と，制度運用の指標を提示することである（時効観とよばれる問題）．

制度のつくり方としては，所有権の取得（取得時効）と債権の消滅（消滅時効）が柱とされ，財貨帰属と財貨移転の法，すなわち「財貨秩序の法」（従来の観念では財産法）として規律された制度である．

本書はこれを「財産の法」として，民法の役割を実質的にとらえるものであるが，そうすると，時効は「人の法」とは無関係な制度となるのであろうか．時効法のさらなる発展は，この問い掛けにはじまる．三層構造にあてはめると，制度的基礎対応型判断のさらなる必要性である（第３段階）．

⑵　**「財産の法」としての時効制度と「人の法」としての視点**

（i）時効法において「人の法」が具体的に問題となるのは，人格権が侵害された場合であるが，人格権の保護は時効法でどのようなあつかいを受けるのであろうか．これは不法行為による損害賠償請求権の期間制限の問題であるが，不法行為法の規定によると，人格権の侵害と財産権の侵害とは，区別されていない（724条）．同条によると，（どのような権利の侵害であれ）損害賠償請求権

---

(44)　松久三四彦「消滅時効の機能」争点84頁では，証拠保存解放機能，義務解放機能・権利行使促進機能，裁判所の負担軽減機能（提訴抑止機能，判決迅速化機能）があげられている．

は，被害者が損害および加害者を知った時から3年間行使しないときは，時効によって消滅する．不法行為の時から20年間を経過したときも，同様である．

(ii)　人格権侵害と財産権侵害が時効法では同一のルールに服するのは，損害賠償請求権という財産権（債権）の発生原因としては，人格権侵害と財産権侵害を別異にあつかう必要はない，と考えられたからである．

しかし，生命，身体（健康），自由，名誉など，人格権については，財産権と同様のルールを適用してよいか，問題は残る．本来金銭に換算できない苦痛を抱えこむことになるのが人格権侵害の特徴であるから，人格権侵害を財産法の問題として，財産権侵害の場合と同一の（短期の）消滅時効に服させるのは，妥当でないと考えられる[45]．しかし，このような考え方を実現するためには，時効法の原点にもどり，時効法の制度的基礎の再構成をはかる必要がある．

(3)　民法の基本原則と時効

(i)　本書は，「民法の役割」を「人の法」と「財産の法」の2つの柱を中心として理解するものである．これは両者をひとまず区別するものであるが，それぞれの役割を分断的にとらえるものではない．時効は「民法の仕組み」としては，財産法に属する．本書は，財産法の仕組みを「財産の法」として経済社会との関連においてその役割を動態的に把握するものである．これによると，時効は「財産の法」に属することになるが，「財産の法」においても，人格権の保護を考える必要がある．民法の役割を，「人の法」と「財産の法」の2つを柱として，協働的な関係として把握するメリットはこの点にある．

(ii)　なるほど，時効の存在理由は重要である．しかし，民法の適用については，民法の基本原則についても，考えなければならない．民法を「人の法」の側面から見ると，人格権の保護は民法の重要な課題である．この課題を実現す

---

(45)　人格権侵害による損害賠償請求権については，民法の規定を形式的に適用する場合に生じる難点を解消するための工夫が講じられている．不法行為にもとづく国家賠償の請求事件であるが（国賠法1条1項），以下のように判示した最高裁判決がある（最判平成10年6月12日民集52巻4号1087頁〔予防接種ワクチン禍事件．接種時から22年後に請求〕）．「不法行為の被害者が不法行為の時から20年を経過する前六箇月内において右不法行為を原因として心神喪失の常況にあるのに法定代理人を有しなかった場合において，その後当該被害者が禁治産宣告を受け，後見人に就職した者がその時から六箇月内に右損害賠償請求権を行使したなど特段の事情があるときは，民法158条〔時効の停止の規定〕の法意に照らし，同法724条後段〔20年の消滅時効期間を定める〕の効果は生じないものと解するのが相当である」．

ることは，個人の尊厳（個人の尊重）という民法2条および憲法13条の趣旨にかなうことでもある．時効法のさらなる発展は，時効の存在理由をあらためて「尋ねる」ことにあると思われる．制度的基礎対応型判断の必要性である．三層構造の第3段階から出発すること，この点が，ほかの制度と異なるところである(46)．

3　時効法と民法

もっとも，時効における制度的基礎対応型判断の重要性はいまにはじまることではない．

(i)　時効の運用に関する判例分析のなかでつとに行われてきたことであるが，時効の判例に関するかぎり，そこで問われていたのは，時効の運用のあり方であり，具体的な問題の解決にとどまるものではなかった．

(ii)　三層構造に照らすと，時効の機能を考える出発点は判例であるとしても，そこで問われていたのは現実問題対応型判断（第1段階）の妥当性におわるものではない．おのずと，第2（基礎理論対応型判断），第3段階（制度的基礎対応型判断）にいたる階層的判断が行われていたのであり，その意味で時効には民法の役割について考えるさまざまの要素が含まれていることは間違いない．

(iii)　時効は民法の基礎となるべき問題が凝縮されている法制度である．この点を想起させることになるのが（判例にもとづく）機能的アプローチであった．時効は「法と実務」の関係を考える場の1つでもあるのである．

---

(46)　時効では，援用は良心規定であるのか，との難問がつきまとうが，援用をするかどうかは広い意味では自己決定の問題でもある．そうであるとすると，時効は「財産の法」にとどまるものではなく，「人の法」としての視点が必要となる場合があるのではないか．これからの課題である．「尋ねる」ことの必要性については，第1部第1章第1節注(1)参照．

事項索引

◈ こ ◈

◈ さ ◈

◈ し ◈

◆ち◆

◆つ◆

◆て◆

◆と◆

◆な◆

◆に◆

判例索引

[高等裁判所判例]

[地方裁判所判例]

〈著者紹介〉

藤岡康宏（ふじおか やすひろ）

1939 年　広島県に生まれる
1967 年　北海道大学法学部卒業
1978 年　北海道大学教授
1994 年　早稲田大学教授
現　在　北海道大学名誉教授・早稲田大学名誉教授

〈主要著作〉

『民法講義Ⅴ 不法行為法』（信山社，2013 年）
『法の国際化と民法』（信山社，2012 年）
『損害賠償法の構造』（成文堂，2002 年）
『民法理論と企業法制』（編著，日本評論社，2009 年）
『ヴァイヤース ＝ ヴァント　保険契約法』（監訳，成文堂，2007 年）
『民法Ⅳ　債権各論』（共著，有斐閣，1991 年初版・2009 年第 3 版補訂）ほか

民法講義 Ⅰ
民法総論

2015（平成27）年 1 月28日　第 1 版第 1 刷発行
1171-9：P416 ¥4200E-012-010-002

著　者　藤　岡　康　宏
発行者　今井　貴　稲葉文子
発行所　株式会社　信　山　社

〒113-0033　東京都文京区本郷 6-2-9-102
Tel 03-3818-1019　Fax 03-3818-0344
info@shinzansha.co.jp
笠間才木支店　〒309-1600 茨城県笠間市笠間515-3
笠間来栖支店　〒309-1625 茨城県笠間市来栖2345-1
Tel 0296-71-0215 Fax 0296-72-5410
出版契約 2015-1171-01011 Printed in Japan

印刷・製本／亜細亜印刷・牧製本
ISBN978-4-7972-1171-9 C3332　分類324.550-C001
1171-0101：012-010-002